GESTÃO DE VENDAS

GESTÃO DE VENDAS

2021

Luís Raimundo Schwab

ACTUAL

TÍTULO
Gestão de Vendas

AUTOR
Luís Raimundo Schwab

CONJUNTURA ACTUAL EDITORA, uma chancela de Edições Almedina
Sede: Rua Fernandes Tomás, 76-80, 3000-167 Coimbra
Delegação: LEAP CENTER – Espaço Amoreiras
Rua D. João V, n.º 24, 1.03 - 1250-091 Lisboa – Portugal
e-mail: editoras@grupoalmedina.net

REVISÃO
Inês Castelhano

CAPA
FBA

PAGINAÇÃO
Rosa Baptista

IMPRESSÃO E ACABAMENTO:
FORMA CERTA
Julho, 2022

DEPÓSITO LEGAL
482957/21

ACTUAL | GRUPOALMEDINA

BIBLIOTECA NACIONAL DE PORTUGAL – CATALOGAÇÃO NA PUBLICAÇÃO

SCHWAB, Luís Raimundo

Gestão de vendas. – (Gestão)
ISBN 978-989-694-313-4

CDU 658

Este livro é dedicado a:

Artur, Emilia, David, Patrícia e Cristina.

Aos meus colegas, clientes e professores,
que me ensinaram muito daquilo que sei.

Aos meus alunos,
que, através da sua exigência, interesse, partilha e amizade, ao longo de mais de 20 anos, me estimularam a ser melhor todos os dias.

AGRADECIMENTOS

Agradeço, em primeiro lugar, à minha editora, a Almedina, e à Dr.ª Ana Margarida Pinheiro, por todo o apoio que me deram neste processo, pela paciência e por tornarem possível a publicação deste livro. Também quero agradecer a todos os revisores, paginadores e demais pessoas da editora que contribuíram para que este livro seja o que é.

À Dr.ª Paula Valente, pelo convite, suporte e orientação que me forneceu ao longo do caminho.

Aos profissionais de topo que contribuíram com a sua sabedoria e experiência para elevar a qualidade deste livro: Anabela Chastre, Bruno Lucas, Carlos Gomes Pires, Eduardo Nader, Eduardo Shana, Fernando Silva, Henrique Soares, Hugo Sanina, João Paulo Nascimento, José Bancaleiro, José Barata Dias, José Carlos Nunes, José Pires, Manuel Castelo Branco, Miguel Violante Rodrigues, Paulo Gouveia, Pedro Mendes, Pedro Ramos, Sara Costa. A todos, o meu muito sincero obrigado.

À minha família, pelo incentivo, apoio e compreensão pelo tempo que não teve comigo.

A todos os meus colegas, clientes e professores, a quem também dedico o livro. Tive muita sorte ao longo da vida com as pessoas fantásticas que encontrei, na sua vasta maioria de elevada competência, experiência e exigência. Tornaram a minha vida profissional e pessoal muito mais rica, com as discussões que tivemos, os sufocos que passámos e os desafios que me lançaram. Muito do que aprendi convosco está neste livro.

Tenho de mencionar um colega especial ao longo de muitos anos, o Prof. Doutor Carlos Viana, companheiro de muitas jornadas e de muitos desafios conjuntos, que sempre me estimulou a ir mais longe e me apoiou nos projectos mais improváveis. Lamento que não possa estar aqui nem ver este livro, mas fica registado o meu agradecimento por tudo o que me deu, e que é muito.

Por fim, mas de forma alguma com menos importância, os meus inesquecíveis e muito estimados alunos. Só quem é professor percebe este relacionamento e o quanto uma pessoa cresce quando ensina, a responsabilidade maior que tem em ajudar os outros a serem melhores. Foi sempre este o meu desafio e o meu estímulo. No meu caso, fiquei eu melhor com tudo o que recebi dos alunos e, por isso, o meu sincero agradecimento. Este livro incorpora inúmeras horas de trocas de experiências e de conhecimento convosco. (E não esqueçam o €!).

ÍNDICE

Introdução

Caro leitor,

Agradeço o facto de ter escolhido este livro. Vivemos num mundo desafiante, e todos nós percebemos a exigência constante de mudança e adaptação a uma realidade tão dinâmica, que muitas vezes é disruptiva e nos desperta o sentimento de que algumas coisas que resultaram no passado já não resultam tão bem, sendo preciso mudá-las.

Este livro foi escrito não como um exercício intelectual, mas sim para apoiar as pessoas que querem melhorar as vendas, sejam administradores, gestores, directores comerciais, vendedores, empresários, empreendedores, estudantes de licenciatura, de mestrado ou de pós-graduações.

A quem procura receitas rápidas, resultados imediatos e poções mágicas, agradeço a atenção, mas este livro não lhe é destinado. Se procura identificar questões de fundo, compreender melhor como o ecossistema e os compradores mudaram, ligar a teoria à prática e aplicar novos processos de gestão de vendas com resultados progressivamente melhores, então convido-o a ler o livro. Esta será uma viagem conjunta de partilha. Comecemos por analisar alguns aspectos que serviram de base a este trabalho.

O ecossistema de negócios mudou, o *procurement* e as pessoas de compras mudaram, as organizações estão perante o enorme desafio de acompanhar a rapidez e a dimensão da mudança em várias áreas e nas vendas em particular.

Por isso, não bastam alterações pontuais, introduzir novas técnicas, uma nova metodologia de vendas com uma *buzzword* fantástica ou mudar os vendedores.

É preciso ir à raiz da situação, compreender as principais causas da mudança, identificar a *customer centricity* (foco no cliente) como algo fundamental, que não é um mero conceito ou uma moda, mas sim uma lógica que influencia como a empresa deve pensar e operar no mercado.

Partindo da *customer centricity*, é essencial compreender quem é, o que quer e como opera o cliente; o que é a *customer experience* (CX) e como as vendas contribuem para e gerem a CX.

É fundamental compreender que hoje as vendas não podem ser uma actividade isolada num departamento à parte, mas sim um conjunto de processos perfeitamente integrado na organização, sendo o negócio, e não o departamento A, B ou C, o objecto de atenção da gestão e de todas as pessoas da organização.

É preciso modernizar a gestão das pessoas, repensar o que é chefia, evoluir rapidamente para formas efectivas de liderança e prestar especial atenção à gestão e à motivação de equipas; redefinir as funções de vendas; identificar as «novas» competências com o respectivo redesenho dos planos de formação; actualizar os incentivos e os planos de remuneração e ajustar os objectivos, a avaliação e o controlo de vendas a uma situação de foco no cliente.

Toda a análise de vendas deve ser cada vez mais precisa e incluir também métricas de cliente, sem as quais toda a lógica de *customer centricity* não teria nenhum sentido para as empresas.

O novo ecossistema de negócios é fortemente influenciado pelo digital, *social media*, inteligência artificial e sistemas de informação e, ao contrário do que afirmam muitos textos, as vendas participam, influenciam e são moldadas por estes elementos da nova realidade, pelo que devem ter uma noção clara do seu papel na transformação digital, não podem ser agentes passivos dessa transformação.

A adaptação das vendas B2B a esta nova realidade foi o que motivou a publicação deste livro.

É pretensioso imaginar que o tema de vendas caberia num só livro; seria preciso uma enciclopédia para tal. O que aqui se apresenta é o que tenho presenciado em mais de 30 anos de vida profissional e mais de 20 de vida académica na área de Marketing e Vendas como sendo os temas com mais impacto no sucesso das organizações em termos de vendas.

A estrutura do livro é a seguinte:

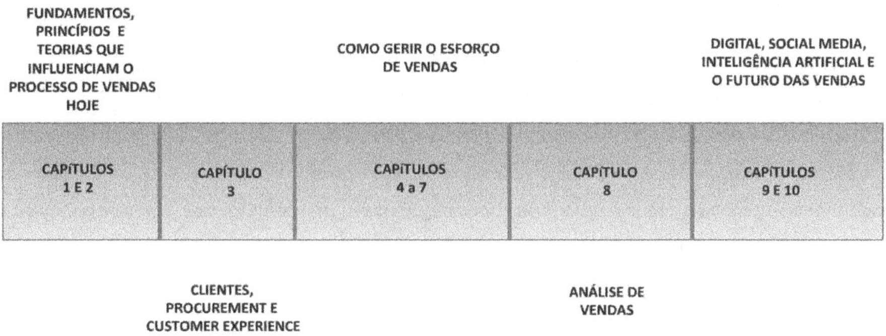

Gostaria também de referir que encontrará ao longo do livro momentos de reflexão com o símbolo , que são pequenos comentários para reforçar alguns temas; encontrará também desafios que são exercícios propostos para ajudar a consolidar o conhecimento num determinado momento igualmente, conceitos-chave, definições e princípios-chave para consolidar tópicos que não podem ser deixados ao acaso.

A área de vendas é pródiga em significados diferentes para o mesmo termo: basta mudar a empresa para que muitos dos termos de vendas signifiquem coisas diferentes. Contudo, procurei e encontrei significados mais abrangentes e mais utilizados no geral. Sei que alguns dos leitores poderão discordar de alguns, mas é o risco inerente a um livro de vendas.

Também quero chamar a atenção para alguns termos utilizados. Alternarei vendedores com pessoas de vendas. Muitas vezes serão sinónimos, mas noutras vezes as pessoas de vendas não representam o vendedor clássico, mas sim alguém que participa no processo de venda (por exemplo, no digital), sem o papel clássico do vendedor.

Outro termo que será utilizado com frequência é o de «área» de vendas. O princípio na utilização do termo «área» e não «departamento» prende-se com o facto de a minha visão de uma empresa ser primeiro funcional e só depois organizacional; por isso refiro «área» quando quero mencionar as pessoas que estão envolvidas naquela função, mesmo que pertençam a «departamentos» diferentes. Fica o leitor esclarecido quanto ao sentido que quero dar.

Gostaria de realçar também o facto de vários profissionais de topo terem escrito textos que exemplificam e reforçam temas importantes na área de vendas, ficando o livro enriquecido com o seu contributo, alargando esta visão.

Por isso, espero que esta *journey* seja proveitosa, ainda que possa ser inevitável que alguns aspectos tenham mais importância para si do que outros. Gostaria muito de receber os seus comentários e as suas sugestões em livrogv@gmail.com.

Deixo uma nota final em relação a falarmos muito de mudança, inovação e *change management*. Por vezes, quando lemos livros que falam nestes tópicos, ficamos com a sensação de que tudo o que fizemos até hoje estava errado; essa não é, minimamente, a abordagem neste livro. A forma correcta de encarar a situação é saber o que deve ser adaptado e o que deve ser mantido: nem tudo o que se fez funciona no contexto actual, nem tudo o que sabe está desactualizado. O que interessa verdadeiramente é perceber a situação, dar a resposta adequada e ter um negócio de sucesso. Boa leitura!

MIND MAP 1

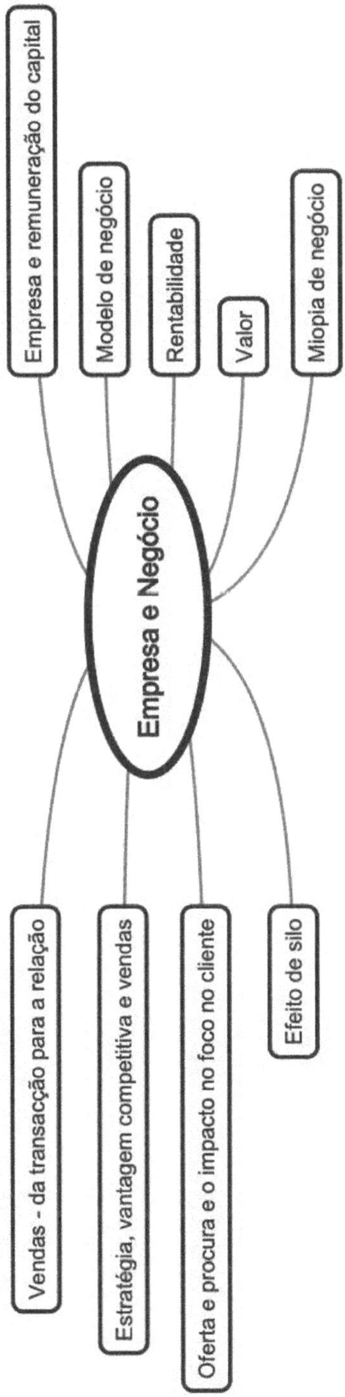
Empresa e Negócio
Empresa e remuneração do capital
Modelo de negócio
Rentabilidade
Valor
Miopia de negócio
Vendas - da transacção para a relação
Estratégia, vantagem competitiva e vendas
Oferta e procura e o impacto no foco no cliente
Efeito de silo

1. Enquadramento geral da actividade da empresa

1.1 O QUE VEM ANTES DAS VENDAS — O NEGÓCIO

Ao longo dos anos, a área de vendas tem sido muito **isolada** da organização, focada no **produto** e que pressupõe que o seu papel é encontrar compradores e colocar nestes aquilo que a sua empresa produz e «tem para vender».

Contudo, convém olhar para o contexto competitivo actual e compreender quais são os factores que regem e determinam o sucesso de vendas, na prática, o *back to basics*, sem o qual não se compreende verdadeiramente o **que se vende** e, pior, qual o papel das vendas na organização.

Primeiro, não se pode olhar para as vendas, nem para nenhuma outra área da organização, sem perceber o **negócio**. Parece óbvio, mas a realidade mostra o contrário.

O esquema seguinte resume a actividade de uma organização e qual o seu papel num ambiente de negócio:

FIGURA 1 **Esquema geral de compreensão do negócio**

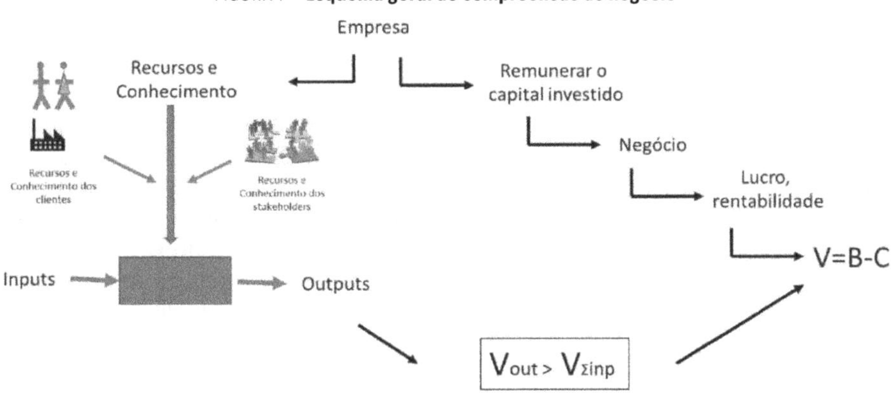

A lógica da Figura 1 assenta no facto de o objectivo da criação de uma empresa[1] ser a **remuneração** do capital que nela é investido, da geração de capital e/ou pela valorização dos activos.

A primeira questão fundamental é que a empresa estabelece e depende de um **modelo e plano de negócio**[2], isto é, um conjunto organizado de objectivos, normas e procedimentos que orientam a actividade da organização.

Para alcançar este objectivo, a empresa terá um determinado modelo de negócio que definirá as linhas mestras da sua existência, a sua forma de operar e os seus clientes. Por isso, o **modelo de negócio é a essência**, o ponto de partida para compreender a operação da própria empresa.

Há dois problemas que subsistem:

i. muitas empresas ainda **não têm um modelo** de negócio bem definido;
ii. os modelos de negócio **não são difundidos** pela organização.

Quanto ao primeiro ponto, é simples: basta **desenhar o modelo de negócio**, que é um exercício que fornece sempre *insights* importantes para a gestão.

No segundo ponto, trata-se de uma questão mais profunda de cultura de empresa, da **partilha dos elementos de gestão por toda a organização**. Como noutros pontos do livro, o segredo já não é tanto a alma do negócio, mas qual a informação que é preciso partilhar e ainda não o foi. Por isso, não existe uma empresa 5.0, interactiva, inovadora, pró-activa e co-criadora de valor diferenciado sem a participação das pessoas da empresa dos aspectos essenciais do negócio e o seu conhecimento deles. O modelo de negócio está aqui incluído.

[1] Chamamos a atenção para o facto de, ao longo do livro, as referências a organizações e empresas respeitarem a organizações com fins lucrativos (OCFL), muito embora os tópicos mencionados se apliquem também às organizações sem fins lucrativos (OSFL), no sentido em que estas normalmente prestam serviços e, por isso, devem considerar-se vendedoras de serviços.

[2] Hoje a discussão académica dos modelos de negócio, sobretudo numa era em que o digital e as tecnologias alteram constantemente o ambiente competitivo, assume uma importância cada vez maior. De modo geral, quer em OCFL quer em OSFL, o modelo de Osterwalder e Pigneur de 2005, comummente conhecido como *canvas*, tem sido utilizado nas mais diferentes instituições e também internacionalmente.

Desafio n.º 1: a sua empresa tem um modelo de negócio?

Desafio n.º 2: o seu modelo de negócio é conhecido por todas as pessoas da empresa?

Na Figura 1, depois de consolidado um **modelo de negócio,** surge uma questão essencial de qualquer empresa: a **rentabilidade**, intimamente relacionada com o conceito de lucro.

Nas áreas de vendas, e de uma forma geral pela empresa, é dada muita importância ao **volume de vendas** e **pouca relevância à rentabilidade**. Porquê?

Como se verá adiante, é mais fácil **focar** no volume de vendas; o lucro é mais complexo, mais trabalhoso e envolve mais áreas da organização, nomeadamente a financeira e a de produção, que não estão mentalizadas para participar no processo.

Daí, poder-se-á afirmar que, enquanto a evolução dos volumes de vendas reflecte a **aceitação geral do mercado** às nossas propostas, o lucro ou a rentabilidade da nossa operação reflecte a **sustentabilidade** do negócio.

Por isso, o **indicador das vendas sem a noção clara de rentabilidade** é **deficiente** do ponto de vista da gestão, sendo um bom exemplo o que acontece na análise das promoções de vendas.

Por fim, ainda na Figura 1, temos que, do ponto de vista conceptual, uma empresa terá **lucro** se tiver tido capacidade de **co-criar valor** para o mercado.

Então, e olhando para o esquema, chegamos ao conceito que o **valor**, na prática, **está na base de qualquer negócio.**

Afinal o que é o valor?

Conceito-chave n.º 1: valor

V = B – C — Valor é o benefício que o cliente[3] obteve da nossa proposta menos o custo total incorrido (custos de um bem, de um serviço, de uma ideia, custo financeiro, psicológico, social, entre outros).

Esta é uma das inúmeras definições possíveis, mas que traz uma simplicidade importante ao conceito. **Benefício** é normalmente associado à

[3] Utilizar-se-á ao longo do livro o termo cliente de uma forma abrangente, incluindo consumidores, clientes industriais (empresas) e governos, entre outros.

satisfação de necessidade, um conceito sonante, mas, na prática, **pouco claro e pouco traduzível** no dia-a-dia das organizações.

Dever-se-á olhar para o benefício sempre como **utilidade,** ou seja, a pergunta básica e fundamental de toda a organização é:

Desafio n.º 3: qual a utilidade que o cliente retira «daquilo»[4] que vendemos?

Citando um exemplo clássico, ninguém compra um **berbequim**, o que as pessoas compram é **um furo na parede** (**utilidade** produzida pelo berbequim); ninguém compra uma **passagem de avião**, o que realmente compram é a **deslocação do ponto A para o ponto B** (que poderá ter complementos ao nível de conforto ou outros); não se compram **óculos**, compra-se uma **visão melhor**, **saúde ocular** e/ou um **adereço estético.** E é a partir daqui que o conceito de negócio é definido; sem ele, a empresa não entende verdadeiramente o que está a «vender».

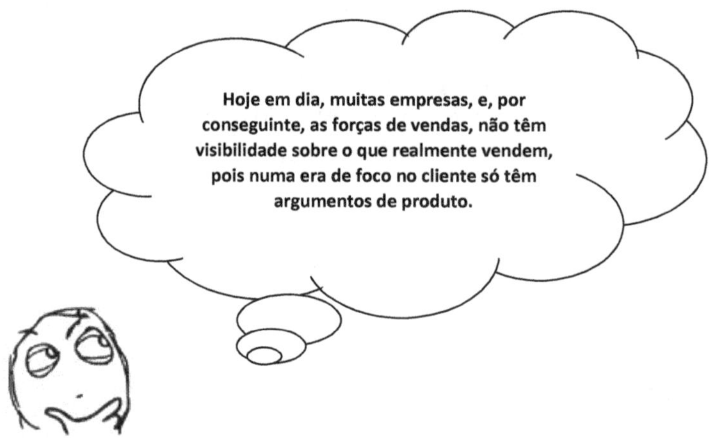

Reflexão n.º 1: o que realmente se vende?

Por isso, dado que muitas empresas têm um foco de negócio em produto, importa introduzir aqui um conceito que estará presente ao longo do livro: o de miopia de negócio.

[4] «Daquilo» é o que normalmente designamos por produto (bens serviços, ideias e outros), que terá uma nova abordagem ao longo do texto, sobretudo no ponto da *Service Dominant Logic.*

Conceito-chave n.º 2: miopia de negócio[5]

Miopia de negócio — A miopia de negócio consiste em a empresa considerar que o seu negócio é vender produto, e não criar valor com os clientes. Reside na ideia de que uma empresa existe para vender algo que produz, e não para ter um determinado impacto no cliente. É agravada pela ausência de modelos de negócio e/ou pelo modelo de negócios não estar disseminado por toda a organização.

A miopia de negócio significa normalmente:

A área de vendas estar separada das demais.
A empresa pensar em termos de departamentos, e não como um todo.
O foco estar no produto, e não no cliente.
Ter um maior conhecimento sobre a concorrência do que sobre o cliente.
Ter uma reduzida interacção entre as diferentes áreas da organização.
A empresa ser mais reactiva do que pró-activa.

Na miopia de negócio, importa destacar **o efeito de silo**, que faz com que uma empresa não seja verdadeiramente uma unidade, mas sim um conjunto de departamentos ou divisões autónomas, com objectivos distintos e, às vezes, conflituosos.

[5] Recomenda-se a leitura de um artigo clássico, «Marketing Myopia», de Theodore Levitt, que, apesar de ter sido publicado em 1960 na *Harvard Business Review*, se mantém surpreendentemente actual.

FIGURA 2 **Efeito de silo**

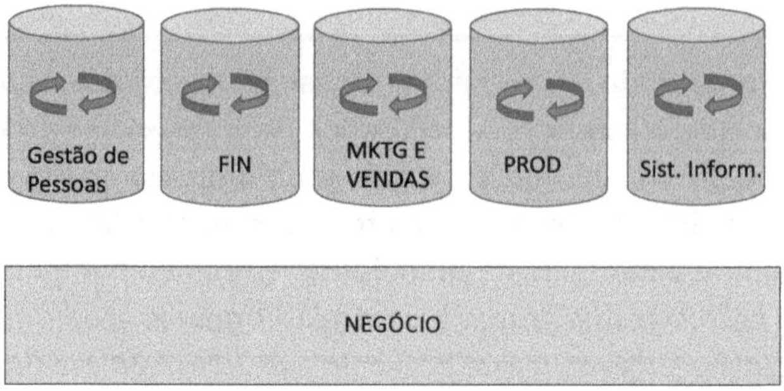

A Figura 2 representa um conjunto de departamentos fechados em si próprios, com baixa interacção e partilha de informação e conhecimento, com um foco muito reduzido no negócio; aqui o foco é o **desempenho do departamento e da função de cada um em particular**.

Por outro lado, a Figura 3 representa uma organização onde os departamentos têm o negócio como foco central e os limites do departamento estão a tracejado, indicando uma permeabilidade e transparência à troca de informação e de conhecimento com outras áreas. Aqui o foco **é o negócio**, e o pensamento dominante **é como o departamento ou a função contribuem para um melhor negócio.**

FIGURA 3 **Departamentos focados no negócio**

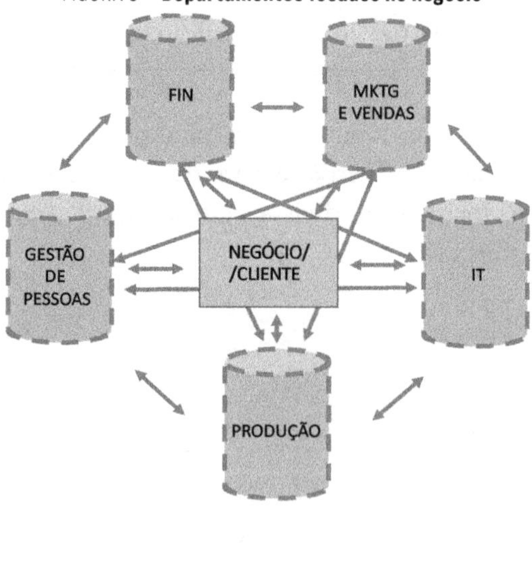

Como se verá ao longo do livro, **a quebra dos silos** é uma condição essencial para o sucesso de qualquer negócio que opere numa lógica 5.0. Por isso, surgem desafios que devem ser respondidos por cada pessoa e por cada departamento:

Desafio n.º 4: qual é o contributo de cada departamento para o negócio?

Desafio n.º 5: qual é o seu contributo, enquanto colaborador, para o negócio da empresa? Como contribui para o aumento do benefício para o cliente? Como contribui para a redução de custos nos processos em que está envolvido?

FIGURA 4 **Processo geral de negócio**

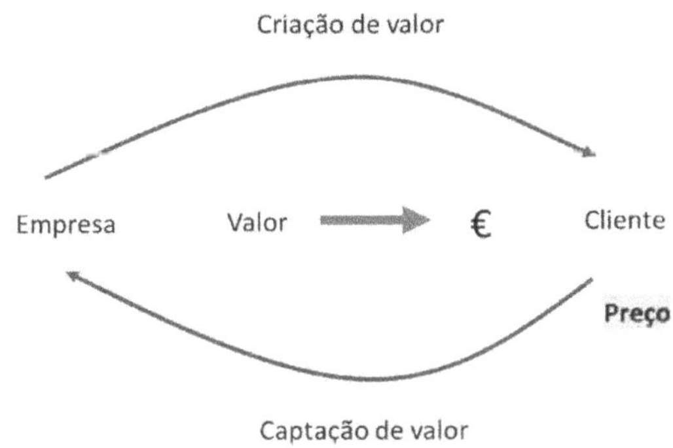

Depois de compreender a questão do foco, convém que a ideia de negócio esteja verdadeiramente presente na mente de todos os colaboradores da organização.

A Figura 4 ilustra a ideia de que qualquer negócio assenta em **dois megaprocessos**: um processo de **criação de valor**, em que a empresa, o cliente e outros parceiros co-criam o valor, e um processo de **captação de valor**.

Então, poder-se-á dizer que um **negócio** é, na prática, a **troca de valor** (utilidade, não produto!) por **dinheiro**, em que o preço é a variável que converte o **valor económico** (utilidade criada pelo valor de referência mais a componente de diferenciação) em **dinheiro**, que será captado pela organização.

Importa realçar que a **conversão de valor em dinheiro** é feita através do **preço**, que reflecte em si, ou deveria reflectir, o valor que foi co-criado pela empresa. Quando isto não acontece, significa que a empresa tem uma gestão de preço deficiente.

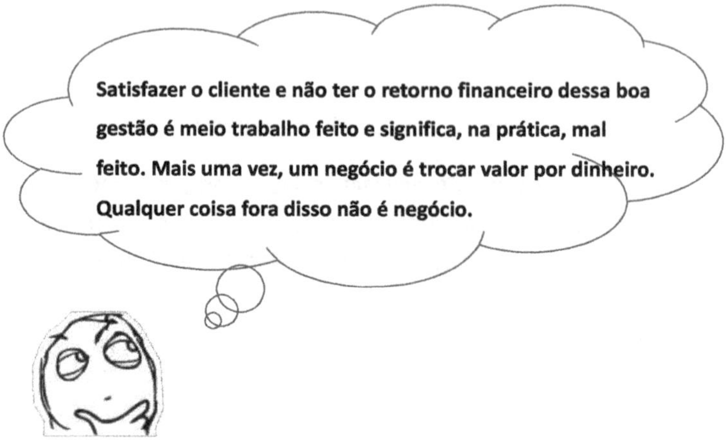

Reflexão n.º 2: valor e dinheiro

Por isso, o preço é da **maior importância** na gestão de qualquer negócio. Uma redução de preço pode significar que o valor que a empresa co-criou junto com o cliente não é devidamente remunerado.

Gerir preço é gerir a remuneração de toda a actividade da organização. Daí que as áreas que gerem a variável preço — finanças, marketing e vendas — devam trabalhar em conjunto nas tomadas de decisão sobre o preço.

Não há nada mais ingrato do que a empresa trabalhar muito bem no primeiro megaprocesso, **o da criação**, e não **converter o valor que foi criado** com o cliente em dinheiro, por exemplo, devido a descontos mal calculados ou a um preço mal fixado.

Sendo, então, o conceito de valor tão central no negócio, como se pode exemplificar valor, como se podem identificar os benefícios obtidos pelo cliente?

O quadro abaixo apresenta um conjunto de exemplos de **valor** ou **benefícios**[6] obtidos pelo cliente depois da aquisição de algo na empresa vendedora (cf. ponto 3.7. — Propostas — importância e elaboração). É muito importante entender que tipo valor a empresa fornecedora co-cria

6 Ao longo do livro, utilizar-se-ão os termos «valor», «benefício» e «utilidade» com o mesmo sentido.

com o cliente e como reflecte este valor no dia-a-dia do relacionamento com o cliente.

Exemplos de valor criado com o cliente
melhoria de qualidade
escalabilidade
inovação
compliance
melhoria de padrões éticos
produtividade — redução de tempo
produtividade — redução de esforço
conectividade
melhoria da organização interna
simplificação de processos
qualidade da informação
aumento da transparência
variedade — o cliente passa a poder produzir coisas que até aqui não produzia, alargando o seu portefólio
disponibilidade — melhor distribuição, capacidade de armazenagem ou capacidade de produção
expertise — melhora o domínio do cliente numa determinada área do conhecimento
capacidade de resposta
comprometimento
estabilidade
adequação cultural

Depois de compreendido o foco do negócio e o valor, e de forma a concretizar uma ideia de negócio numa lógica trabalhável e concretizável, uma organização deverá ter muito claro o seu **modelo de negócio**. Desde a sua criação, o modelo de **Osterwalder e Pigneur** tem sido adoptado como o modelo de referência em todo o mundo, quer em contexto académico quer em contexto mais prático, por exemplo, projectos submetidos a fundos europeus e *business angels*, entre outros.

A Figura 5 representa este modelo:

FIGURA 5 **Modelo de negócio — Osterwalder e Pigneur**

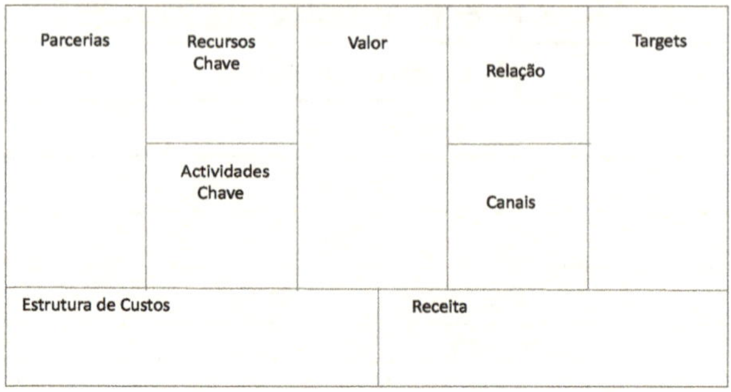

A essência do modelo reside na definição dos ***targets*** e do **valor** a ser criado, em como será feita a relação destes *targets* e quais os canais de comunicação e distribuição a utilizar. Para que o negócio exista, que recursos e actividades-chave deverá a empresa ter e desenvolver, e quais serão os parceiros que teremos no negócio. Por fim, qual a estrutura de custos (não o valor, mas quais serão as tipologias de custos principais) e quais serão as fontes de receita.

Este é um modelo com muitas variantes, mas o que importa é que seja realmente desenhado e partilhado com toda a empresa, para que cada pessoa perceba o seu papel nele. Quanto maior o conhecimento das pessoas sobre o negócio, maior o **envolvimento** e a **participação**.[7]

Gerir um negócio significa perceber onde a empresa opera e a consequente dinâmica dos mercados onde está inserida. Inúmeros factores influenciam os negócios, os sectores e as empresas, mas será importante referir a evolução da relação entre a **oferta e a procura**, dado o seu impacto na evolução dos negócios hoje em dia.

[7] Numa lógica de gestão mais aberta e oposta ao tradicional, «só a gestão de topo é que sabe do negócio», o autor participou em vários projectos nos quais a toda a empresa foi explicado o modelo de negócio, com resultados muito interessantes ao nível da compreensão, motivação e sobretudo do envolvimento de pessoas que, até então, nunca tinham tido a menor explicação sobre estes temas.

1.2 RELAÇÃO OFERTA/PROCURA NO CENTRO DOS DESAFIOS

É inegável que os ecossistemas de negócio apresentam dinâmicas que nunca foram tão intensas e fontes de mudança como as actuais. Todos os principais modelos de gestão foram desenvolvidos ao longo de décadas, alcançando a forma de um ecossistema mais ou menos **estável** e um **relacionamento** entre empresas e o mercado fundamentalmente **através do produto**. Hoje, tudo isso mudou, e importa perceber qual foi um dos principais factores que contribuiu para essa grande mudança.

A Figura 6 apresenta uma situação em que uma jovem tem cinco pretendentes. Aqui interessa perceber qual será o comportamento desta jovem: arrogante ou humilde?

FIGURA 6 **O namoro e a escolha**

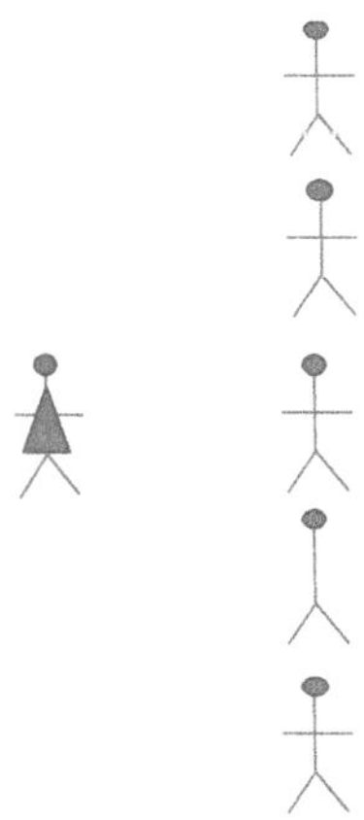

Não é difícil perceber que a jovem, por ter vários pretendentes, decide o que acontece e, provavelmente, não leva em conta a opinião de cada um deles. Por exemplo, se ela quiser ir jantar a um restaurante mexicano e o primeiro disser que não gosta desse tipo de comida, não há problema, algum dos outros quatro deverá acompanhá-la. Com o passar do tempo, a nossa jovem desenvolve, naturalmente, **uma postura arrogante**, pois quem tem escolha escolhe.

Agora poder-se-á imaginar uma situação em que, ao fim de alguns anos e devido a algum efeito demográfico, a situação da nossa jovem passou a ser a seguinte:

FIGURA 7 **O namoro e a escolha 2**

O que aconteceu? A nossa jovem passou a ser uma das cinco, o que significa que o hábito que adquiriu de comandar os pretendentes, de não ligar à opinião deles, de não se preocupar com a especificidade de cada um, **não lhe serve mais**; agora, ela compete com as outras quatro pela preferência do rapaz, o que faz com que tenha de o conhecer melhor do que as outras e de se adaptar à vontade do jovem para lhe agradar, caso contrário, fica sozinha.

Passando a situação, *mutatis mutandis*, para a evolução da relação entre a oferta e a procura ao longo das últimas décadas, tem-se a representação seguinte:

FIGURA 8 **Evolução da relação entre a oferta e a procura**

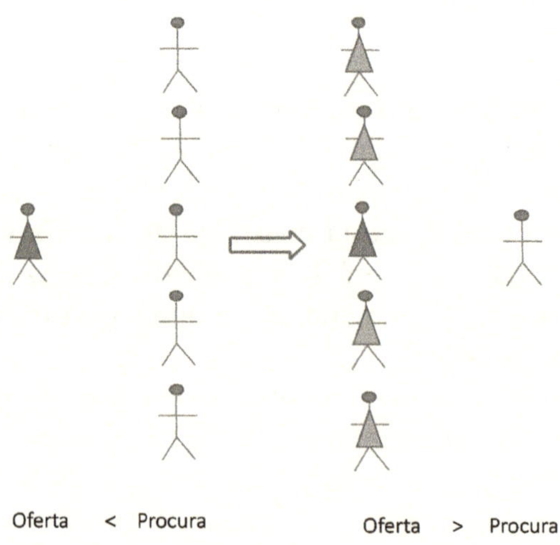

No tempo do Marketing 1.0, a procura na maioria dos sectores de actividade era superior à oferta, daí que o sucesso de uma empresa dependesse sobretudo do **produto** e fosse a empresa que ditasse para o mercado o que os clientes deviam comprar. Era a época do «*one to many*», da comunicação de massas, do «*one fits all*». Vivia-se a era de arrogância por parte das empresas, pois estas «sabiam» do que o cliente precisava e ditavam o que ele iria comprar.

Hoje, devido à disseminação da tecnologia, à globalização e a outros factores, em muitos sectores de actividade, a oferta ultrapassa a procura. Essa **inversão** na **relação oferta/procura** alterou completamente décadas e décadas do que era o mais fundamental nos negócios, que era toda a organização focada no produto.

O cliente passou a ter em seu poder um factor absolutamente essencial: **a escolha**, o que altera toda a forma de relação entre empresa e clientes. Por isso, o cliente, hoje tendo mais opções, muda de fornecedor num ápice; **o poder está do lado de quem tem escolha, e esta está do lado dos clientes**. Logo, conforme o exemplo da jovem da Figura 8, ou a empresa conhece o cliente melhor do que a concorrência e é capaz de co-criar com ele um valor que as outras empresas não conseguem, ou tem duas opções: **concorre pelo preço ou está fora do mercado**.

Por conseguinte, para muitas empresas, o mercado está muito difícil, não pelo mercado em si, mas porque estas têm um modelo de negócio errado, ou seja, focado em produto, quando deveriam ter um modelo de negócio focado no cliente.

Foco no produto → Foco no cliente

Se assim é, porque é **tão difícil mudar**?

Porque toda a lógica de gestão dominante nas últimas décadas assentou em produto e mudar requer um **novo paradigma**, um conjunto vasto de novas competências e o redesenho da maioria da organização.

Porém, a questão da **mudança não é uma escolha**, é uma **certeza** do ecossistema ao qual a empresa deve adaptar-se.

Nesse contexto de escolha, todas as organizações deverão partir do pressuposto de que a sua base de clientes **pode desaparecer num ápice**, pois há outros fornecedores que têm uma oferta, no seu geral, mais interessante.

Por isso, cada organização deverá responder ao seguinte desafio:

Desafio n.º 6: o que iremos fazer hoje para evitar que todos os nossos clientes passem para a concorrência?

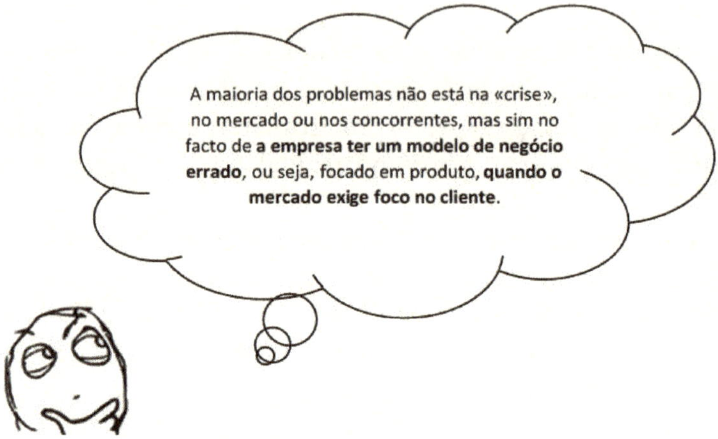

Reflexão n.º 3: problemas das empresas e modelo de negócio

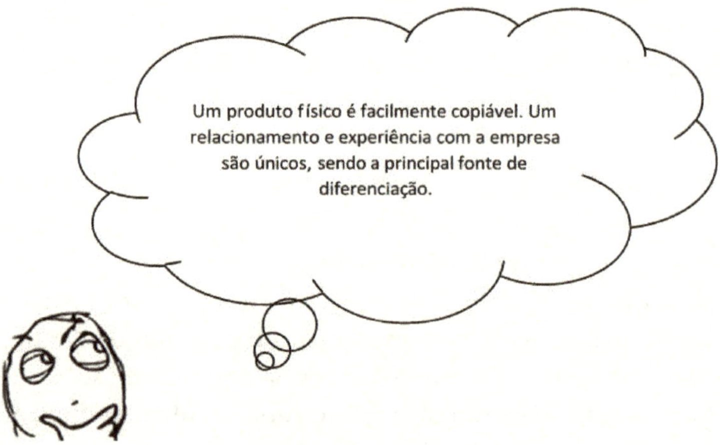

Reflexão n.º 4: diferenciação

Durante muito tempo, o produto foi a principal fonte de diferenciação das organizações; hoje, a diferenciação é mais complexa; através da análise estratégica, percebe-se melhor o que a empresa e a área das vendas devem fazer.

1.3 ESTRATÉGIA E VENDAS

As áreas de vendas são vistas como sendo essencialmente operacionais, pelo que a visão de estratégia aparece muitas vezes arredada da discussão em vendas.

As pessoas de vendas **não desenham estratégia**. Contudo, e com a evolução do conceito de negócio para a ideia de que **cada cliente é um micronegócio** independente de outro cliente, as pessoas de vendas passam a ter de **analisar cada cliente** de uma forma própria, bem como a perceber como os **recursos e competências** da empresa são capazes de **co-criar valor** com o cliente; por isso, dado o seu valioso *input* sobre cada cliente, é essencial que as pessoas de vendas **passem a fazer parte** da análise estratégica das organizações.

Aqui interessa não um desenvolvimento aprofundado do que é a estratégia em termos de negócios, mas como é que a **área de vendas deve olhar para a estratégia empresarial**, o que deve ir buscar à estratégia e o que pode ser útil para o sucesso da actividade de vendas.

Em primeiro lugar, e numa interpretação directa, o termo «estratégia» em grego, *strategos*, significa condução de exércitos; dito de outra forma, o que se deve conquistar para atingir os objectivos. Em termos empresariais e de negócios, e simplificando muito a ideia, interessa obter **vantagem competitiva sobre a concorrência**, ser melhor em algo com significado no negócio.

Análise estratégica → **Vantagem competitiva** → **Lógica de vendas**

A base do pensamento em estratégia é a seguinte:

FIGURA 9 **Base da análise estratégica**

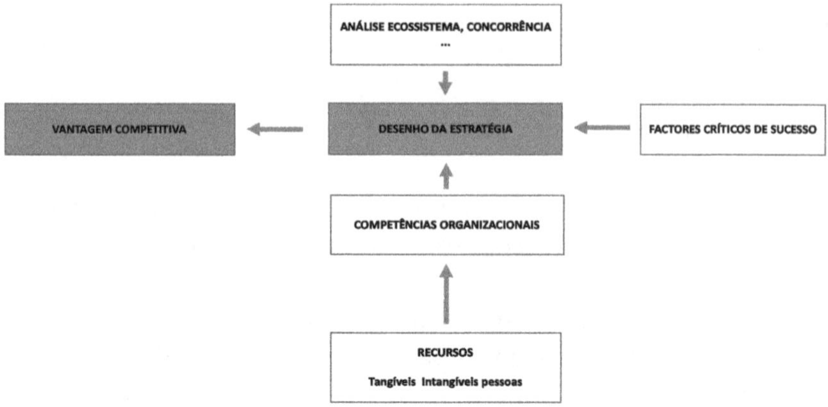

A Figura 9 representa o *core* da análise estratégica. Um dos aspectos centrais desta análise é a avaliação dos **factores internos** da empresa (recursos e competências) e dos **factores externos**[8], em que os **factores críticos de sucesso** representam aqueles factores mais importantes do negócio, que se obtêm da análise do que os clientes mais valorizam num determinado sector e dos factores centrais de competitividade face aos concorrentes.

Uma lógica que ajuda a traduzir a estratégia para o dia-a-dia é a **visão baseada em recursos**, ou ***Resource Based View*** (RBV).

A RBV pressupõe que a competitividade de uma organização resulta da **combinação única de recursos e de competência**s[9], sendo aqui os conhecimentos que a empresa tem para aplicar os recursos na consecução de um objectivo considerados competências.

Então, os recursos em si mesmos não são capazes de produzir nada, isto é, um *software* de CRM é um recurso essencial, mas não cria valor; exige **competências** para ser utilizado convenientemente.[10]

A competência organizacional depende da **coordenação** das competências das pessoas e entre estas e os sistemas de informação. Na discussão do **perfil do vendedor** (cf. ponto 5.4.1), far-se-á a análise das competências essenciais à força de vendas no contexto actual.

[8] Estes elementos são reflectidos na Análise SWOT, tão comum nas organizações.

[9] Pressupõe-se neste livro que a *Knowledge Based View* (KBV) — visão baseada no conhecimento — está incluída na RBV, uma vez que o conhecimento deve ser considerado um recurso da organização.

[10] Para as pessoas que estão a ler este livro ao nível de licenciatura ou mestrado, recomenda-se o aprofundamento deste tema com a consulta dos tópicos *operant* e *operand resources*.

Se os vendedores avançam cada vez mais como gestores de um micro-negócio chamando clientes, importa então que saibam definir os recursos essenciais à relação com o cliente. Por isso, compreender recursos significa gerir melhor e compreender a base da vantagem competitiva, que também passa pela área de vendas.

Os recursos que servirão de base a uma vantagem competitiva deverão ser:

Relevantes, isto é, devem ter impacto nos factores críticos de sucesso (FCS). Se um FCS for rapidez, o recurso em causa deve contribuir para este FCS.

Escassos — Os recursos/competências devem ser **raros**, isto é, só podem ser diferenciadores se não forem abundantes no mercado, o que evita que todos os outros concorrentes os tenham. Por exemplo, e mantendo a questão da rapidez, se a empresa tiver um sistema de informação desenvolvido internamente que permita uma maior rapidez de resposta, este sistema de informação é um recurso dificilmente copiável. Se for um *software* comprado no mercado, qualquer um o pode ter.

Uma vez determinada a vantagem competitiva, com muita facilidade ela vai perdendo a **diferenciação**, pois os outros concorrentes tendem a copiá-la; por isso, algumas características dos recursos são importantes na **manutenção** da vantagem competitiva:

Manutenção no tempo — por quanto tempo se consegue manter a vantagem competitiva? Se a vantagem competitiva residir na imagem de marca, se a empresa gerir convenientemente a marca, poderá manter por muito tempo essa vantagem.

Não serem transferíveis — processos, conhecimento, cultura da empresa, competências entre departamentos são difíceis de transferir, pelo que contribuem para a manutenção da vantagem competitiva.

Não serem copiáveis — um concorrente não consegue copiar o recurso em causa. Imagine-se uma relação com o cliente: é possível copiá-la? Não.

Com o contexto de mudança presente em quase todos os negócios, foi ganhando importância outro conceito, que é o de **competências**

dinâmicas, muito forte nas áreas tecnológicas, mas que tem sido alargado a negócios de todas as áreas.

As competências dinâmicas são a capacidade que uma empresa tem de perceber as mudanças no seu ecossistema, identificar oportunidades e melhorar, redefinir e reconfigurar os recursos da organização, de modo a ter sucesso num novo contexto de negócio. A importância do conceito de competências dinâmicas é chamar a atenção para a necessidade de **melhoria contínua de recursos e competências**, pois um recurso/conhecimento que seja importante hoje, dada a mudança no ecossistema, poderá ter pouco valor amanhã.

O desenho da estratégia leva em conta os FCS, a análise do ecossistema — de onde surgem as oportunidades de negócio — e deverá conduzir às **vantagens competitivas** que a empresa possuirá no mercado. Por conseguinte, o fundamental no suporte da estratégia é o ***strategic fit***[11], que assenta na permanente comparação entre as condições de sucesso no mercado e o que a empresa possui em termos de recursos e competências.

Numa era de **produto**, era relativamente fácil o diagnóstico: temos ou não um produto melhor do que a concorrência.

Numa era de ***customer centricity***, as coisas mudam de figura, pois o que está em causa é a criação de valor, ou melhor, a co-criação de valor.

Por isso, dever-se-á ter presente que a finalidade da estratégia, ou seja, a **vantagem competitiva**, deve ser refinada de vantagem competitiva no mercado em vantagem competitiva em **cada cliente**, pois as **vantagens respeitantes a um cliente podem significar nada noutro cliente.**

Princípio-chave n.º 1

A análise estratégica deverá garantir que uma empresa é capaz de co-criar um valor com o cliente que a concorrência não consegue copiar; aqui reside a vantagem competitiva, cliente a cliente.

Este princípio torna a **participação da força de vendas absolutamente essencial** para o **sucesso do negócio**, quer no que concerne aos

[11] O *strategic fit*, ou a adequação estratégica, seria então o acerto, ajustamento entre os recursos e competências organizacionais que a empresa possui e as oportunidades que o mercado oferece.

inputs sobre cada um dos clientes quer quanto à **implementação** da estratégia em cada um dos clientes.

A Figura 10 permite efectuar uma analogia entre uma corrida de cavalos e a concorrência hoje:

FIGURA 10 **Concorrência no passado e no presente**

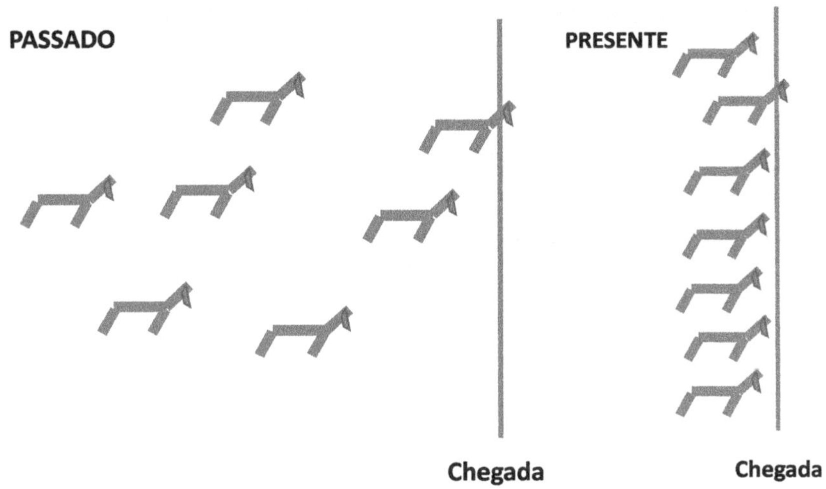

No passado, existiam grandes diferenças entre concorrentes, o que permitia ter uma vantagem competitiva geralmente bem definida; no presente, os concorrentes que estão em jogo têm uma oferta muito semelhante, formas de operar semelhantes, sistemas de informação semelhantes, o que significa que os negócios se **decidem nos detalhes**, são muito pequenas as diferenças entre quem ganha e quem perde. A **excelência** é aquilo que permite ter o conjunto de detalhes que faz a diferença, e, hoje, excelência é ter **inteligência sobre o cliente** e ser capaz (ter recursos, conhecimento e competências) **de co-criar com ele um valor que mais ninguém consegue.**

Desafio n.º 7:

- **Quais são os recursos/conhecimentos na área de vendas que são essenciais à competitividade da minha organização? (Ou na organização de um determinado sector?)**
- **Os recursos em causa são relevantes, escassos, mantêm-se no tempo, são não transferíveis e não copiáveis?**

- **Como varia a aplicação de recursos/conhecimento de um cliente para outro?**
- **Quais são os factores críticos de sucesso no meu sector? (Num determinado sector.)**
- **Os recursos/conhecimentos da minha empresa na área de vendas suportam os FCS? (Que recursos são precisos para a empresa que idealizei para suportar os FCS na área de vendas?)**
- **A análise estratégica na minha empresa é feita ao nível do sector ou é feita cliente a cliente? (Como é possível fazer uma análise estratégica cliente a cliente?)**

1.4 VENDAS — DA TRANSACÇÃO PARA A RELAÇÃO

A transacção, isto é, a troca da posse de algo por dinheiro ou por outro género, foi, desde a Antiguidade até ao tempo presente, a forma normal de operar entre um fornecedor e um comprador. A Figura 11 ilustra a evolução da oferta ao longo dos tempos.

FIGURA 11 **Evolução da oferta**

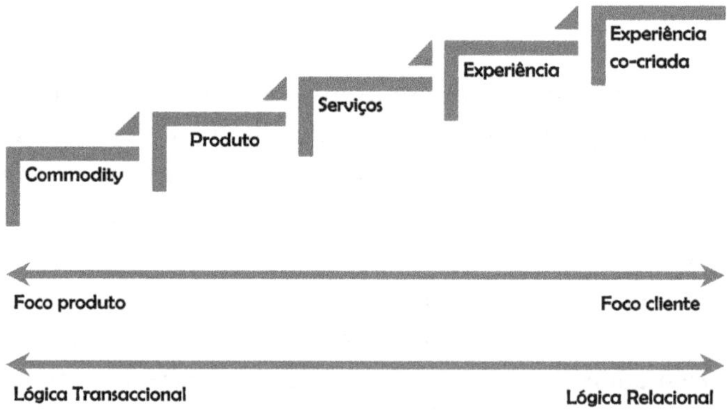

No início, a oferta seria de ***commodities***, produtos naturais que se extraem do sector primário ou que são nele produzidos. *Commodity* tem hoje, além do seu significado original, uma conotação de produto indiferenciado; imagine-se uma *t-shirt* branca sem marca ou um computador de secretária sem nenhuma característica particular. Nesta fase, bem como numa fase simples de produto, existiria uma transacção simples, representada na Figura 12:

FIGURA 12 **Papel do vendedor na transacção**

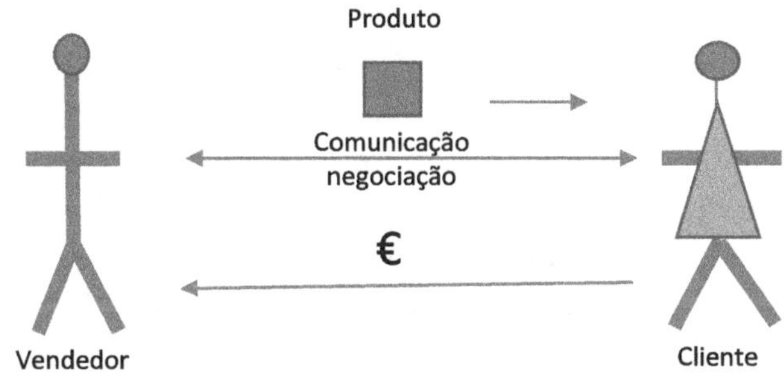

Aqui, o papel do vendedor centra-se na comunicação/negociação de um produto definido, ocorrendo a **transacção,** que seria a troca de posse de um bem por dinheiro.

Depois, a oferta diferenciou-se na Revolução Industrial e na evolução da industrialização com produtos cada vez mais sofisticados, embora cada vez **menos diferenciados.**

Em determinado momento, os **serviços** passaram a ser os grandes factores de **diferenciação**, pois a componente tangível da oferta tornou-se cada vez mais fácil de ser copiada. Assim, no desenho e *delivery* dos serviços, o conhecimento sobre o cliente revelou-se cada vez mais importante e a questão **relacional** teve um importante papel nesse conhecimento.

Com o tempo, também os **serviços** começaram a sofrer de «**comoditização**», na medida em que ficaram cada vez mais iguais e deixaram de ser fonte de diferenciação.

Surge então a lógica da **experiência** entre o cliente e a empresa e/ou marca, em que a experiência seria um **somatório de diferentes interacções entre as partes**, uma visão muito mais integradora das várias áreas da organização com o cliente. Nesta visão, a avaliação do cliente, a sua satisfação, seria influenciada pelas várias interacções.

Se, nos serviços, a **gestão da relação** já tinha um **papel fundamental,** nas vendas, na fase de experiência, a **relação** é **verdadeiramente essencial.** Dado que a satisfação é central na repetição de compra e na recomendação, dois dos principais *drivers* de negócio hoje, todas as pessoas que participam na experiência do cliente influenciam a satisfação, pelo que são decisivas em negócios futuros, quer de clientes actuais quer de novos clientes recomendados por estes. Essa ideia **holística de participação** na venda e no negócio altera profundamente a forma como deve ser analisado o processo de venda e o papel de cada um, que **deixa de ser exclusivo** do **vendedor** para passar a ser mais **abrangente**.

Assim, o vendedor, que era o «**único**» interveniente no processo de vendas, pode passar a coordenador de um **conjunto de pessoas** que interagem com o cliente. Esta é uma função desafiadora e nova para a vasta maioria de pessoas de vendas.

Deste modo, a capacidade de uma empresa gerir o aspecto relacional com os seus clientes (e também com outros *stakeholders*) é um factor essencial na diferenciação e competitividade dessa mesma organização.

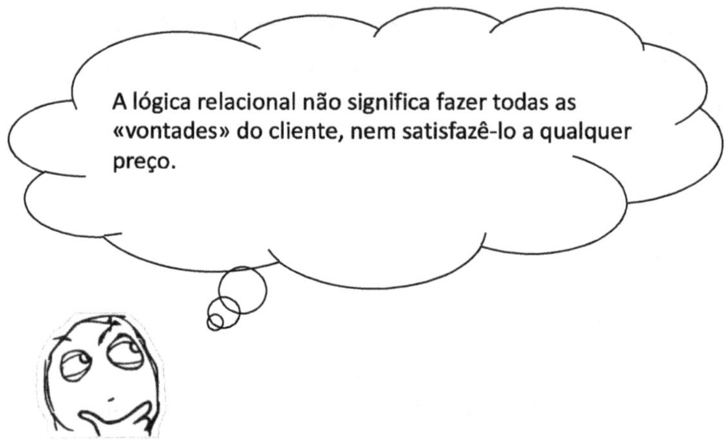

Reflexão n.º 5: o que a relação não é

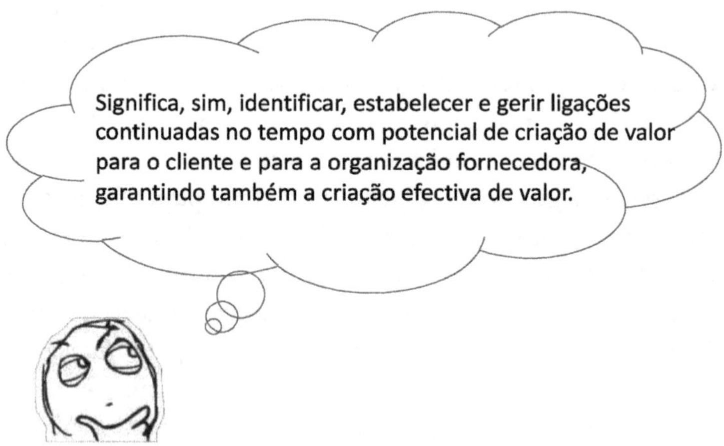

Reflexão n.º 6: o que deve ser a relação

Tradicionalmente, a preocupação das áreas de marketing e vendas reside na aquisição de novos clientes. Com o marketing relacional, o foco muda. A Figura 13 ilustra uma das principais lógicas do marketing relacional:

FIGURA 13 **Lógica de marketing relacional**

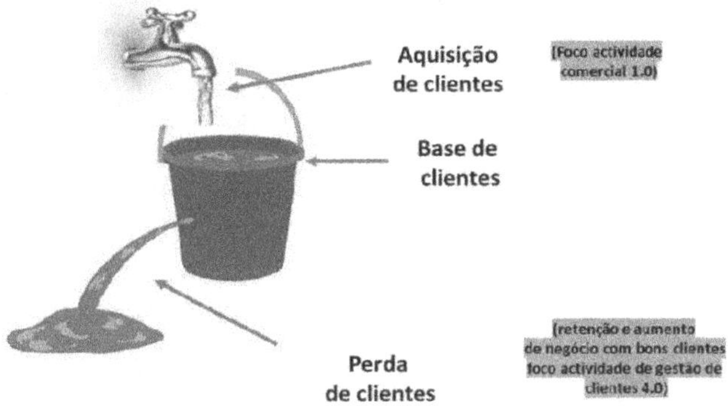

Numa era pura de produto, o processo de venda «**terminava**» no **fecho da transacção**; seria necessário «conseguir novos clientes» para manter o fluxo de vendas. Numa era relacional, como é cada vez **mais difícil adquirir novos** clientes, é absolutamente essencial ao negócio a manutenção e o aprofundamento/incremento do negócio/vendas com os clientes actuais[12], tendo em conta também factores como rentabilidade e o potencial futuro do cliente.

Assim, a retenção destes clientes passa a ser uma questão de rentabilidade geral da organização, pois o **potencial de negócio depende do potencial da base de clientes.**

[12] Importa reter os clientes que a empresa identifica como «bons» em termos de vendas, rentabilidade.

Acresce ao que foi referido anteriormente:

Crise de 2008 e a confiança nas organizações	**Vários estudos referem que, no mundo ocidental, as pessoas perderam a confiança nas organizações, quer em termos da relação colaborador-empresa quer em termos da relação cliente-empresa, o que afectou profundamente a interacção entre as partes, tanto em B2B como em B2C.**
Facilidade de partilha na informação entre clientes	**Um número crescente de *softwares* e plataformas permitem a partilha de informação, classificação da oferta em diferentes parâmetros pelos clientes, gerando informação sobre as empresas sem nenhuma hipótese de intermediação pelo lado da oferta.**
O controlo da informação e comunicação deixa de pertencer à empresa vendedora	**O facto de os clientes partilharem informação entre si põe o controlo sobre a reputação de uma empresa e, no limite, a própria imagem de marca, praticamente toda do lado da procura. Isto envolve a alteração dos mecanismos tradicionais de desenvolvimento da reputação organizacional, a partir de *inputs* gerados pela empresa, para uma situação de geração de *inputs* pelo lado da procura, como resultado da experiência entre o cliente e a empresa, fora do controlo desta.**
A iniciativa de interacção passou para o lado dos clientes	**Enquanto, no passado, a comunicação da organização iniciava a maioria das interacções com o cliente, hoje os clientes detêm o poder e estabelecem o *timing* e os meios através do quais interagem com a empresa, criando a necessidade da gestão de múltiplos canais de comunicação numa lógica cada vez maior de integração de comunicação.[13]**

QUADRO 1 **Factores que afectam a relação cliente-empresa**

Por conseguinte, hoje, o processo inicial de vendas deve focar-se não só na **angariação de novos clientes, mas na angariação de negócio.**

[13] Realça-se aqui a renovação de importância de um conceito central em Marketing, que é o de *Integrated Marketing Communication* (IMC). Este é, ou deveria ser, sobejamente conhecido, mas é muito pouco praticado, pois, para que seja efectivo, deverá haver uma função de marketing integrada na organização, e não departamentos separados de comunicação, de vendas, de relações públicas e evento, com baixa coordenação entre eles. Acresce ainda ter a componente digital dirigida por um departamento de SI, ou pior, por uma agência externa que não tem a visão integrada do processo comunicacional.

De acordo com o referido anteriormente, a **manutenção e o crescimento da base de clientes** dependem, essencialmente, de dois factores:

Repetição de compra pelos clientes
Passa-palavra positivo dos clientes

QUADRO 2 **Condições fundamentais de manutenção e crescimento de base de clientes numa era 4.0**

Nos dois factores supracitados, o precursor fundamental é então a **satisfação do cliente.** Por conseguinte, pode ser afirmado que a nossa base de negócio depende da satisfação dos clientes, e quem for o responsável por esta satisfação é o garante do negócio futuro da empresa.

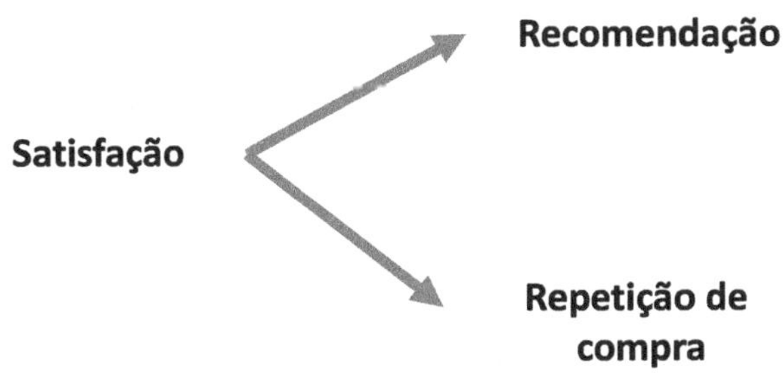

Então, o cerne da venda **desloca-se para a relação** e, com ela, altera-se o papel tradicional da força de vendas. A essência da actividade de um vendedor continua a ser útil, isto é, ainda são precisas competências a nível de comunicação e negociação, mas alarga-se a intervenção do vendedor.

Esse **novo papel** será aprofundado na componente de **gestão de clientes**, como se de um micronegócio se tratasse. Nesta nova abordagem, a força de vendas é responsável por (cf. 5.3.1):

FIGURA 14 **Principais tarefas na gestão da relação**

Vendedor/ Gestor de clientes

Tarefas do gestor de clientes

1. Compreender o negócio do cliente (B2B;B2G)
2. Detectar oportunidades de negócio (necessidades/dores do cliente/ pontos de melhoria/utilidade ...)
3. Gerir o desenvolvimento de soluções (gestão da oferta)
4. Gerir a comunicação entre as partes
5. Negociar
6. Coordenar o *delivery e* toda a equipa que interage com o cliente
7. Gerir a experiência do cliente
8. Acompanhar a co-criação de valor (uso,...)
9. Avaliar a satisfação do cliente
10. Gerir a componente financeira da relação
11. Determinar o potencial da relação

Cliente

Detecta-se, então, a alteração das funções de um vendedor tradicional para um (verdadeiro) gestor de clientes e o conjunto de novas competências que a força de vendas necessita hoje em dia (o que será tratado no ponto da formação).

Interessa destacar desde já a questão de ***customer experience***, que é a experiência que o cliente tem com uma marca/empresa e que resulta fundamentalmente da sua *journey*, que, por sua vez, pode ser considerada o somatório das interacções entre a empresa e o cliente. A partir daqui, será formada uma determinada imagem no lado do cliente, e esta será importante na sua decisão de continuar ou não a fazer negócio com a marca/empresa analisada.

A Figura 15 ilustra a interacção entre o cliente e a empresa ao longo do processo de compra e utilização e realça o papel do gestor de cliente ao longo do processo, pois, se o gestor de cliente deverá ser o **garante da sua satisfação**, não o pode garantir se não acompanhar todo o processo de interacção.

FIGURA 15 ***Customer experience*** **e o papel do gestor**

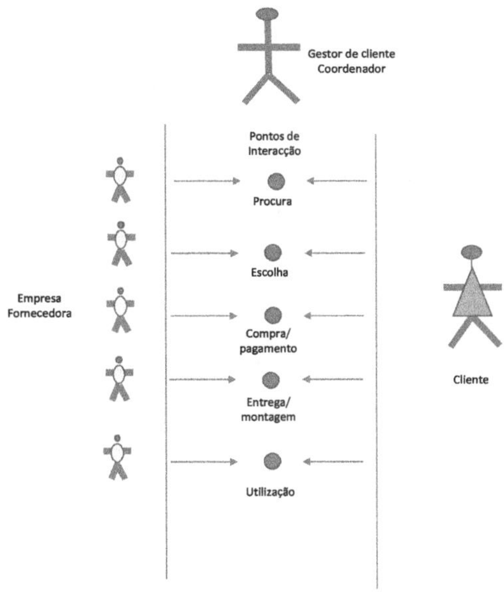

A questão relacional alarga então o âmbito de contacto do cliente com a empresa, aumentando também o número de interlocutores e de intervenientes na relação/experiência que o cliente tem com a organização. Daí que se deve ter em conta que, apesar da importância do gestor de cliente, este deverá ser acompanhado c cnvolvido por **toda** a organização, de onde resulta:

Princípio-chave n.º 2: o cliente é da empresa

Numa lógica de *customer centricity*, toda a empresa deverá ter uma cultura focada no negócio e em vendas. Por isso, o cliente é de toda a empresa, não só da área de vendas, e toda a empresa está e deverá estar focada em participar na co-criação de valor — de uma forma diferenciada da concorrência —, apoiando e sendo coordenada pelo marketing e pelas vendas, na relação (experiência) que o cliente terá com a organização.

Obviamente que o cliente nunca o foi, mas, na prática, o seu distanciamento da empresa significava um contacto quase exclusivo com o vendedor, que era a ponte para a organização; agora, a organização toda contacta com o cliente. Se este princípio não for claro e posto em prática em toda a sua extensão, a lógica de experiência e de gestão de cliente não irá funcionar, como será claro, por exemplo, no ponto do CRM.

Digno de nota, o conceito de **momento da verdade**, um clássico em gestão, largamente aplicado por Jan Carlzon — CEO da SAS (Scandinavian Airlines) —, que nos anos 80 recuperou a empresa, transformando-a na melhor empresa ao nível de *business class* da Europa, e talvez do mundo. A sua lógica assentava, já naquela altura, no foco no cliente, e o momento da verdade é aquele momento em que o negócio de uma empresa **está em jogo,** o que, segundo Jan Carlzon, e bem, seria em cada **interacção** com o cliente. É verdadeiramente aí que toda a actividade da empresa, todos os modelos de consultoria, todas as teorias se encontram com a realidade daquele que verdadeiramente é o centro da empresa: o cliente. Nas organizações onde ainda subsiste a ideia de que o cliente atrapalha, é chato e incomoda — quantos não têm essas sensações quando visitam um ponto de venda ou negoceiam com uma empresa? —, o destino está traçado!

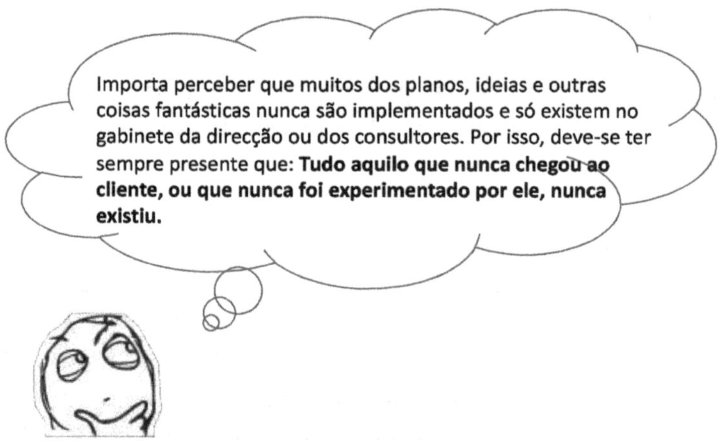

Reflexão n.º 7: o planeado e implementado na relação com o cliente

A Figura 16 esquematiza o que é hoje **gerir a relação em oposição a vender produto**, esclarece o que pode ser a ligação entre transacção e relação, designando-se como um ciclo de transacções dentro de uma lógica relacional.

FIGURA 16 **Ciclo de transacções dentro de uma relação**

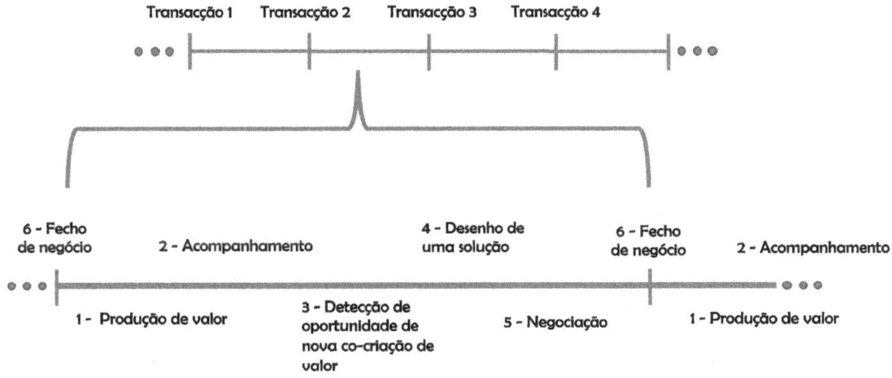

No esquema da Figura 16 estão subjacentes dois aspectos essenciais:

Interacção
Continuidade

Considera-se que dentro de uma **relação**, ao longo do tempo, existirão **várias transacções**. Na visão estritamente transaccional, depois de um fecho, eventualmente poderia haver uma manutenção pós-venda, desligada do vendedor, mas, na maioria dos casos, a transacção significaria o final do contacto com o cliente.

Na **visão relacional**, esse é o **início ou o reforço** desta relação. O objectivo de um negócio é a criação de utilidade com e para o cliente e da remuneração, tendo lucro no processo. Então, depois de feito o negócio, a etapa seguinte é **estimular/verificar/garantir** que a **utilidade/benefício/valor foram** co-criados.

Por exemplo, um cliente comprou uma **máquina industrial** para obter um aumento de **produtividade**. O acompanhamento pelo vendedor deve analisar:

- Está a utilizá-la correctamente?
- O cliente retira verdadeiramente o potencial de valor que a máquina tem?
- Extrai/produz a maior utilidade possível?

Se não, o valor não será criado, a satisfação será reduzida, não porque a **máquina não seja capaz** de produzir o resultado esperado, mas porque o cliente não foi capaz de a utilizar correctamente, e as duas condições de negócios futuros — a repetição de compra com a empresa vendedora e a recomendação a terceiros — não existirão, diminuindo a base de clientes.

Por isso, é tão importante a fase de produção de valor (***customer success***, na Figura 17), a seguir ao fecho de negócio, garantindo que a utilidade é efectivamente produzida. O mesmo deverá ser feito para um cliente final. Imagine-se, por exemplo, o caso de um robô de cozinha. Neste caso, o número de clientes torna praticamente impossível um acompanhamento individual (o que muda num contexto de inteligência artificial), mas a empresa tem outras formas de facilitar e estimular a produção de valor, através de vídeos de receitas, demonstrações, revistas e *workshops*.

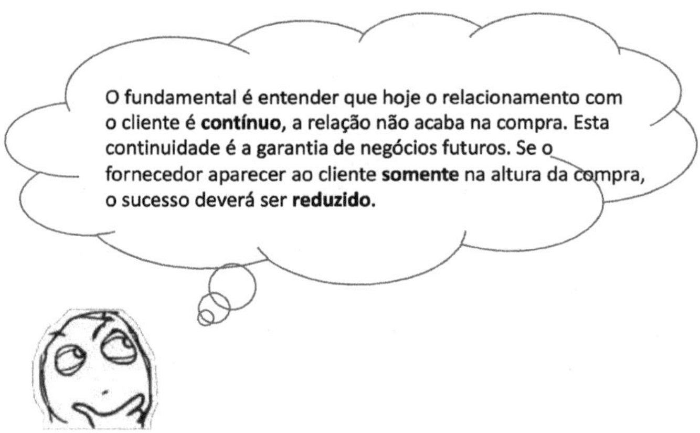

Reflexão n.º 8: continuidade da relação

Poder-se-á alterar a Figura 16 da seguinte forma:

FIGURA 17 **Ciclo de transacções dentro de uma relação 2**

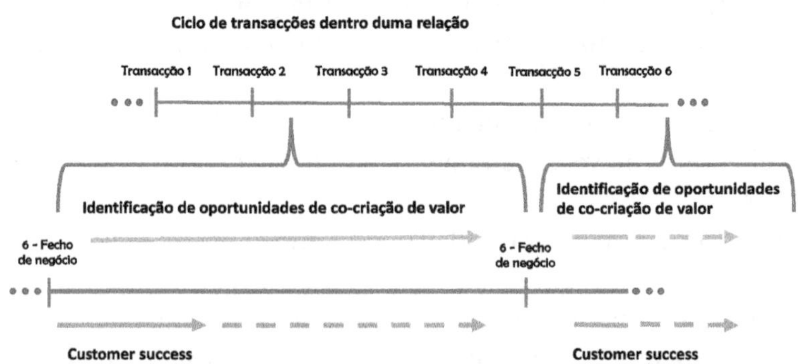

Depois da produção de valor, deverá ocorrer uma gestão do cliente tendente a detectar novas oportunidades de negócio. Nestas fases, aprofunda-se o conhecimento do cliente, desenvolvendo-se factores essenciais às relações, como a **confiança** e o **comprometimento**, além da manutenção de serviços relacionados com transacções anteriores. Nestas fases, devido a um melhor conhecimento do cliente, deve aprofundar-se o conhecimento do negócio dos clientes (caso B2B) ou do seu comportamento (B2C) e descobrir necessidades por satisfazer, pontos de melhoria, «dores» por resolver.

Aqui importa mencionar a questão do cliente, isto é, numa visão 5.0 do negócio B2B, deve ser analisado como é que a empresa fornecedora tem impacto no negócio do seu cliente, de modo a alargar o âmbito da sua intervenção e aumentar o potencial de criação de valor. Por exemplo, a figura seguinte exemplifica o caso da Ligerex, que vende a um retalhista e que se preocupa somente com o retalhista, acabando neste o seu negócio.

FIGURA 18 **Venda com preocupação somente no cliente imediato**

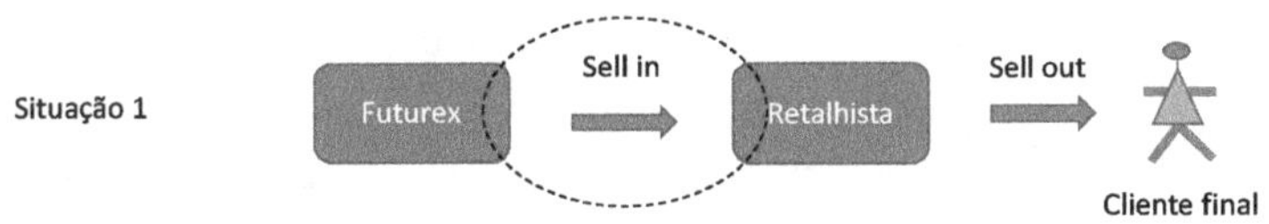

Já no caso da Figura 19, a Futurex trabalha em detalhe com o retalhista (1 e 2), e alarga o seu âmbito, estudando o mercado do seu cliente e indo até ao cliente final (3 e 4), o que lhe permite desenvolver uma oferta que tenha um impacto alargado no seu cliente, podendo, inclusive, participar com o retalhista em acções mais eficazes na venda ao cliente final. Do mesmo modo, num fornecedor cujo cliente principal é uma fábrica que vende a outras empresas, quanto mais bem compreendido for o mercado da fábrica, o cliente do cliente, maior é o potencial de diferenciação e de parceria do fornecedor.

Passadas as fases de detecção de novas oportunidades de negócio, vem o desenho da solução (que é a oferta que a empresa terá para o cliente específico), a negociação e o fecho, começando de seguida um novo ciclo. No limite, pode imaginar-se que o negócio não existe, tem de ser criado a cada ciclo, a partir da detecção de oportunidades nos clientes. Significa que, se estas fases não forem desenvolvidas numa organização, a probabilidade de venda é cada vez menor. Importa analisar com muito cuidado a qualificação e a gestão do *pipeline* comentada pelo Dr. Fernando Silva mais à frente e do Dr. Carlos Gomes Pires no marketing relacional.

FIGURA 19 **Venda com preocupação no cliente do cliente**

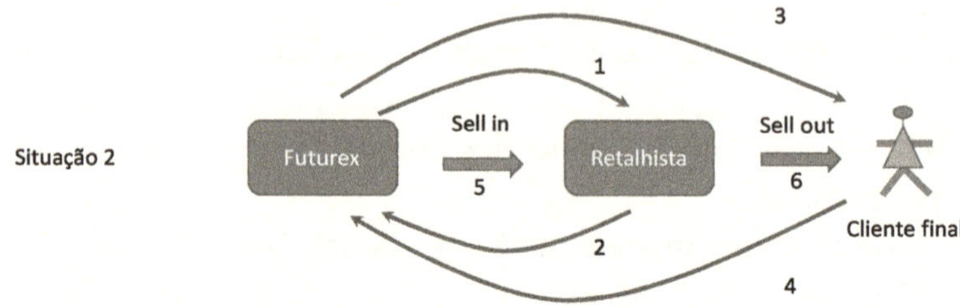

Contributo n.º 1 — Carlos Gomes Pires

Lógica relacional e vendas

Carlos Gomes Pires[14]

Vivemos tempos pautados pela globalização, digitalização, mobilidade, conectividade, *big data*, 3D e inteligência artificial que promovem transformações profundas nas envolventes contextual e transaccional onde operam as organizações. A combinação destes fenómenos com factores geográficos, políticos e sociais (tais como preocupações com o ambiente e migrações, entre outros) adensa o ambiente de competitividade, com repercussões nos modelos e negócios.

Assistimos ao *empowerment* dos clientes, com o marketing a protagonizar mudança de paradigma, evoluindo do registo transaccional, centrado apenas no produto e na transacção imediata, intermitente, indiferente ao mercado e às suas vicissitudes, para o registo de cariz relacional, centrado no cliente, aspirando à relação com este, que se pretende permanente, duradoura, próxima e profícua para ambas as partes, numa perspectiva *win-win*.

[14] Carlos Gomes Pires — empresário, consultor de marketing, *relationship marketing specialist*, co-autor do blogue Intel2Marketing, licenciado em Gestão, pós-graduado em Marketing Digital e mestre em Marketing e Direcção Comercial, com 26 anos de experiência, com passagens pelas áreas de seguros, automóvel, imobiliário e comércio.

O marketing relacional com foco no cliente encara este como um parceiro, trabalha com ele e não para ele, numa perspectiva colaborativa que privilegia o *engagement*. Com base na detecção das necessidades dos clientes, o *customer development* visa a criação de soluções, cujos benefícios respondam simultaneamente a anseios funcionais e emocionais, por via da co-criação e customização que contempla a participação do cliente em todo o processo, com vista à satisfação continuada deste.

A lógica relacional, centrada no cliente como ser humano, investe na longevidade da relação, assente em constructos como a lealdade, a satisfação, a confiança, o compromisso, a qualidade do produto/serviço e o serviço pós-venda, os mais citados pela diversa literatura. Esta lógica trabalha a retenção do cliente, com vista à conquista da lealdade e advocacia deste — *brand advocacy* —, preocupando-se com todos os aspectos e fases do percurso do consumidor — *Customer Journey*, hoje mais complexa pela revolução digital verificada (aparecimento de novos segmentos, que Kotler designa por JMN — jovens, mulheres e net cidadãos) —, contemplando mais uma fase, a do aconselhamento, posicionada antes do momento da compra. Emerge a necessidade de maior atenção com métricas, como valor do cliente (*lifetime value*), taxa de retenção, custo de aquisição e NPS (*net promoter score*). Numa economia digital, as marcas investem na conjugação do offline com o online, no marketing omnicanal e no enriquecimento das interacções/conversas com os clientes, por via do marketing de conteúdos e reforço da experiência digital do cliente com aplicações móveis.

Este novo quadro impõe transformações e desafios no propósito das vendas, observando-se, por um lado, sobreposição entre as funções de gestão de clientes e gestão de vendas, e conjuntamente um indesmentível destaque e prevalência da gestão de clientes decorrente da irreversível lógica relacional. A função de marketing deverá, em alguns mercados, assumir o controlo e a coordenação da gestão de vendas, integrando-as no plano e estratégia de marketing, com possíveis implicações organizacionais.

Segundo P. Kotler *et al.* (2013), é crucial pôr-se fim à guerra entre as vendas e o marketing, porque a falta de alinhamento acaba por prejudicar o desempenho da empresa. Não existem dúvidas para estes autores de que, quando as vendas e o marketing trabalham bem juntos, as empresas apresentam melhorias substanciais nas métricas de desempenho. Os mesmos autores recomendam uma nova relação entre as vendas e o marketing, com determinado grau de interligação e comunicação disciplinada, com vista a enfrentarem os desafios comerciais. No entender dos mesmos autores, face a realidades cujos mercados se apresentem mais comoditizados ou customizados, o alinhamento entre as referidas funções revela-se essencial. Por outro lado, perante mercados cuja concorrência é mais complexa, os autores defendem a integração completa das equipas das forças de vendas e marketing, partilhando métricas de desempenho e recompensas.

Lancaster e Jobber (2009) defendem ser essencial que as vendas e o marketing sejam integrados, uma vez que os esforços de vendas influenciam e são influenciados por decisões de marketing. Segundo os mesmos autores, nas organizações orientadas para o marketing, esta função assume um papel de maior destaque nas actividades da organização, aparecendo as vendas como uma parte do seu programa de marketing, o que não significa, porém, que as actividades de vendas sejam menos importantes, mas a ênfase do marketing e o aumento da abordagem profissional das vendas causou mudanças nestas. Defendem os mesmos autores que, perante os desenvolvimentos expressivos nos modelos de negócios, nas práticas empresariais e no desenvolvimento do conceito de marketing, a gestão das vendas e o exercício destas passou a envolver maior complexidade e profissionalismo, contemplando a preocupação e análise das necessidades e desejos dos clientes, através dos esforços de marketing. Na Figura 1, abaixo, os autores apresentam uma visão geral da relação de marketing e vendas, contendo as principais áreas afectas à ditas funções.

FIGURA 1 ***Marketing strategy and management of personal selling***

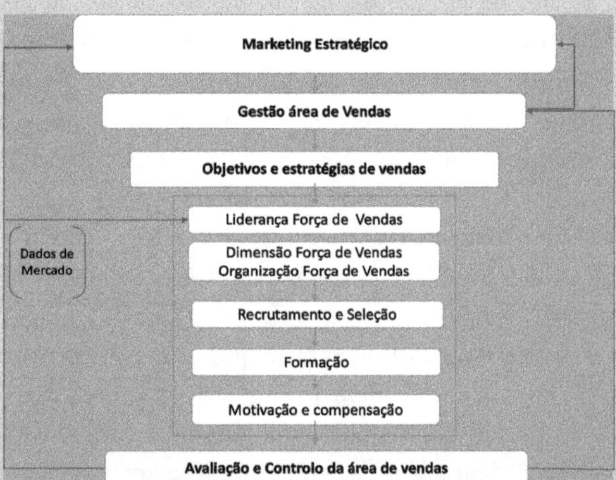

Nestes termos, em linha com os autores citados, considero pertinente o alinhamento das forças de vendas com o marketing, sob a lógica relacional, prevendo a necessidade de um ajustamento dos processos que compõem as funções de vendas.

Além das transformações no papel das vendas no seio de uma organização orientada para o marketing relacional, antevejo que as forças de vendas conhecerão necessidade de apuramento do seu desempenho, por via do conhecimento e aperfeiçoamento de *skills,* em resposta às exigências e prioridades que a lógica relacional impõe.

Confrontados com o cenário actual, a irreversível revolução tecnológica, a exigência e o poder dos clientes e o redesenho de alguns modelos de negócios, as organizações serão forçadas a adoptar, em toda a sua linha de actuação, uma lógica relacional, tornando-se consequentemente imperiosa a aposta na gestão de clientes e na gestão de relacionamentos, em detrimento da linear gestão de vendas prevalecente até aqui. Deitando um olhar para o futuro próximo, vislumbro o marcar de diferença por parte das organizações, com fortalecimento do foco nos clientes e relacionamentos com estes.

MIND MAP 2

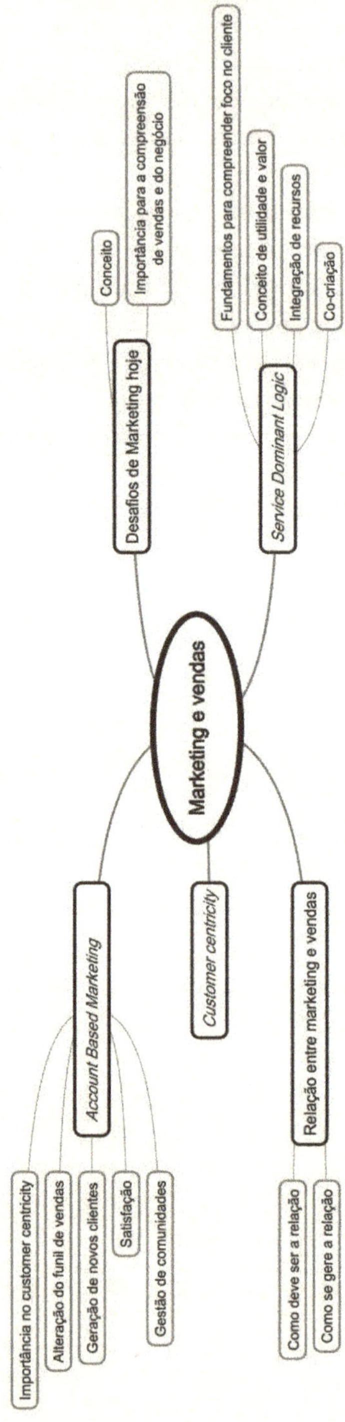

Marketing e vendas
Desafios de Marketing hoje
Conceito
Importância para a compreensão de vendas e do negócio
Service Dominant Logic
Fundamentos para compreender foco no cliente
Conceito de utilidade e valor
Integração de recursos
Co-criação
Account Based Marketing
Importância no customer centricity
Alteração do funil de vendas
Geração de novos clientes
Satisfação
Gestão de comunidades
Customer centricity
Relação entre marketing e vendas
Como deve ser a relação
Como se gere a relação

2. Marketing e vendas — faz sentido a separação? SDL: teoria de marketing e marketing relacional

2.1 MARKETING

O papel do marketing na organização é cada vez mais central, e a sua interligação com o processo de vendas torna cada vez mais difícil justificar a separação entre marketing e vendas, sobretudo em B2B.

Começando pelo início, a função do marketing é frequentemente mal definida e mal implementada nas organizações, com impacto directo na área de vendas.

É normalmente associado à comunicação e publicidade, e, mesmo na comunicação, é ligado a aspectos mais superficiais de comunicação como eventos ou material promocional, e não à comunicação integrada do marketing[15], que é efectivamente a forma como a comunicação é abordada em marketing.

Além disso, as abordagens correntes do marketing estão muito longe de representar o papel absolutamente central que este tem no negócio.[16]

Outra questão preocupante é considerar o marketing um **departamento**, o que **não é**. As empresas pequenas, sem departamentos, não têm marketing? Claro que têm.

[15] Para maior detalhe, consultar material de bibliografia sobre IMC — *Integrated Marketing Communication*.

[16] A discussão sobre a definição de marketing e demais aspectos relacionados está fora do âmbito deste trabalho; contudo, é essencial definir marketing para a compreensão da lógica que será discutida ao longo do livro.

Adicionalmente, e aceitando uma definição de um dos maiores autores sobre marketing, Evert Gummesson, o marketing é também uma cultura que a empresa tem do mercado e, por isso, é transversal a toda a organização. Nas palavras do autor:

O marketing é uma cultura, uma função organizacional e um conjunto de processos organizados para criar, comunicar e produzir valor com os clientes, e para interagir numa rede de relacionamentos de modo que beneficie a organização, os seus clientes e outros *stakeholders*.[17]

Como pode, então, o marketing ser definido? Qual a importância desta definição para o negócio? Porque é importante falar em marketing num livro de vendas?

Não é possível ter hoje sucesso no negócio sem uma visão de marketing, ou seja, integrada e com estreita relação entre as dinâmicas ao nível da própria empresa, o ecossistema e, mais particularmente, os clientes.

Então, poder-se-á definir marketing como:

Conceito-chave n.º 3: marketing

Estabelece uma relação bidireccional entre a empresa e o ecossistema/ /mercado, recolhendo informação do ecossistema/mercado, processando esta informação, desenvolvendo oportunidades de negócio e desenhando uma oferta superior à dos seus concorrentes, ao mesmo tempo que desenvolve uma determinada imagem diferenciada no mercado. O marketing coordena a empresa para responder ao ecossistema de uma forma adequada, integrada e, idealmente, pró-activa — fluxos de bens, informação, serviços, inteligência de negócio —, co-criando valor para a organização, os seus clientes e os demais *stakeholders*. Na prática, funciona como o sistema neuro-hormonal de uma organização.

[17] Gummesson, E., *Total Marketing Relationship*, 3.ª ed. Burlington, MA:BH, 2008.

[18] Aqui utiliza-se «ecossistema/mercado» porque, por vezes, o ecossistema é compreendido como a macro envolvente da organização. Na nossa visão, o ecossistema e tudo aquilo exterior à organização, e, por conseguinte, clientes, fornecedores, concorrentes e demais elementos, fazem parte do ecossistema; contudo, acrescentou-se o mercado para deixar mais claro este ponto.

Logo, e de acordo com a definição acima, dependem do marketing aspectos essenciais, como:

1. **Perceber o ecossistema**: quais são os elementos essenciais do ecossistema? Como irão mudar estes elementos num futuro próximo — análise de tendências? Quais os comportamentos dos clientes que são determinantes no nosso negócio? Como irão mudar num futuro próximo? Qual é a informação que será essencial acompanhar? O que acontecerá no nosso sector? Qual é a dinâmica do mercado e dos concorrentes? Que tecnologias temos à nossa disposição e como alterarão estas o mercado? As respostas a estas perguntas fazem claramente parte do marketing.
2. **Identificar oportunidades de negócio**: quais os segmentos de mercado que não estão servidos? As alterações no ecossistema que oportunidades de negócio criarão? Os novos comportamentos e atitudes dos nossos clientes que oportunidades nos criam?
3. **Definir a «resposta» a este ecossistema de modo que crie mais utilidade para os clientes e de uma forma superior aos concorrentes:** que oferta, isto é, que conjugação de produtos, serviços, informação, inteligência de negócio e outros deve a organização ter para ser competitiva? Como o fazemos melhor do que a concorrência? Partindo do princípio de que a oferta da empresa é o factor essencial de ligação ao mercado, se esta oferta não estiver adequada a um contexto, em termos de níveis de serviço, quantidade, tecnologia, preço, ou outros, significa que o marketing falhou. É de notar que aqui reside um grande desafio, discutido ao longo de todo o livro, que é o facto de hoje, em muitas empresas, **a oferta ser desenhada e definida cliente a cliente, transacção a transacção.**
4. **Coordenar a empresa na resposta:** as novas exigências do ecossistema, sobretudo ao nível da *customer experience* e *journey*, fazem com que a empresa seja hoje muito mais transparente para o mercado e tenha formas e tempos de resposta muito específicos, o que leva a que toda a organização interaja com o cliente. Hoje, o foco é o cliente, e quem conhece o cliente é o marketing, pelo que, sem uma coordenação do marketing, ter-se-ia não a interacção com a empresa, mas com um conjunto de silos (cf. 1.1 — O que vem antes das vendas — o negócio).

5. **Determinar e gerir os elementos de diferenciação no mercado**
6. **Gerir a comunicação numa lógica de Integrated Marketing Communication**
7. **Medir e avaliar o sucesso do negócio**

Por isso é que o marketing tem uma função de coordenação interna de outras áreas ou departamentos para garantir que a oferta chega ao mercado como deve chegar.

Quem define o perfil das pessoas para prestar um determinado serviço? O marketing, porque é o marketing quem conhece o cliente e a diferenciação pretendida.

Quem define a tecnologia que deve ser incorporada num determinado produto? O marketing. Quem define o preço que a organização irá praticar? O marketing, juntamente com as vendas e a área financeira.

Quem coordena a produção em termos de definição do que será oferecido, como os tempos de entrega e o acompanhamento pelo cliente da produção? O marketing, e poder-se-ia dar mais um conjunto de exemplos.

Obviamente que os exemplos anteriores realçam o papel de coordenação das várias áreas funcionais da empresa para garantir que o cliente tem aquilo que deve ter e que a empresa cumpre o posicionamento e a diferenciação pretendidos.

Em termos práticos, o marketing, entre outros:

Segmenta o mercado, até ao nível da família, indivíduo, empresa, cria/analisa comunidades
Define o posicionamento da organização
Gere a marca da instituição e as marcas comerciais do ponto de vista estratégico e táctico
Recolhe informação sobre os elementos do ecossistema e efectua estudos de mercado
Identifica, interpreta e incorpora tendências
Define oportunidades de negócio
Recolhe e analisa informação de concorrentes, clientes, parceiros e outros *stakeholders*

Adapta e adequa a oferta ao mercado
Gere a analítica da organização
Gere preços
Gere a comunicação
Participa no processo de vendas
Participa na coordenação do *supply chain* e da distribuição
Coordena a área digital da organização

QUADRO 3 **Papéis da função do marketing**

Como o marketing é o responsável por garantir a competitividade da organização, num ecossistema em constante mutação, onde é cada vez mais difícil prever e ter uma oferta adequada ao mercado, a importância do **papel do marketing aumenta**.

Sendo o marketing a função abrangente e central do negócio, coloca-se uma questão:

> Qual é a resposta que o marketing tem para este novo contexto competitivo, em que uma empresa se deve focar na utilidade para o cliente e não no produto, em que a relação entre a oferta e a procura mudou com o cliente a ter uma escolha que nunca teve, em que o ecossistema tem uma mutabilidade nunca vista, em que o conhecimento sobre produto é facilmente copiável, em que as estruturas tradicionais de protecção de mercado (como a geografia) erodem facilmente, entre outros?

Uma das respostas que têm sido desenvolvidas na área de marketing nos últimos anos tem sido o *Service Dominant Logic*, que nos ajuda a perceber o que vendemos e como devemos encarar o processo de vendas.

2.2 *SERVICE DOMINANT LOGIC* (SDL) — COMPREENDER O QUE A EMPRESA VENDE

Uma das respostas mais interessantes de marketing surge em 2004, com a proposta de um conceito de *Service Dominant Logic* (SDL) por dois autores, Vargo e Lusch[19]. Desde então, esta tem sido a área com maior desenvolvimento em termos de investigação e publicações em marketing e tem um impacto muito forte na concepção do negócio e na potenciação e compreensão das vendas.

Por ser um tema muito vasto, com uma discussão teórica profunda e muitas variantes, serão aqui referidos apenas os pontos que se considera terem um maior impacto na área de vendas.

Alguns pontos fundamentais do SDL:

1. «*Service*» aqui não representa um serviço no sentido tradicional do termo, mas sim a **criação de utilidade**, logo, em todo o negócio, o **objectivo principal** é a **criação de valor** (utilidade, explicada anteriormente).
2. Numa *network* de criação de valor, onde coexistem empresas e clientes, ocorre partilha de recursos[20], pelo que todos **os actores são integradores de recursos** de outros actores. Hoje há maior transparência e maior colaboração entre empresas e entre estas e os clientes, num verdadeiro sentido de parceria.
3. Os produtos são **intermediários de criação de valor,** ou seja, o produto em si mesmo **não tem nenhum valor**, a menos que contribua para a **criação de valor**. Não significa que o produto não seja importante, pelo contrário, é extremamente importante na relação com o cliente. A diferença é que o negócio não se esgota na venda do produto, mas avança e tem como objectivo a criação de valor no cliente; aqui está a diferenciação e o potencial do negócio.
4. Os clientes são **parte activa e decisiva na criação de valor**, isto é, se o valor só ocorre quando existir **produção de utilidade**, sem produção de utilidade, o valor nunca será criado nesta *network*. Por conseguinte, e segundo a SDL, uma empresa nunca cria valor **para** o cliente; fornece um **valor em potencial** que será ou não traduzido em valor se o cliente for capaz de transformar o **valor potencial em utilidade**. Por isso, o valor é **co-criado** entre fornecedor(es) e

[19] Vargo, S. L., & Lusch, R. F., «Evolving to a new dominant logic for marketing», *Journal of Marketing*, 68(1), 2004, pp. 1–17.

[20] Consideram-se aqui recursos e conhecimento, pois, em bom rigor, o conhecimento é um recurso.

cliente. Este será um termo largamente utilizado ao longo do livro e será central na lógica de vendas aqui contruída.

5. De acordo com o ponto anterior, o **valor é determinado pelo cliente** na proporção da utilidade produzida por si, pelo que o valor só acontece aquando da utilização de algo, o que se designa de ***value-in-use***, ou seja, só existe valor na utilização das coisas.

EXEMPLO N.º 1

Um consumidor final compra **um robô de cozinha** (que é um recurso que tem imbuído em si mesmo um conhecimento da empresa que o fabricou). Deste modo, a máquina tem um **valor em potencial**, precisa de que **alguém** transforme aquele valor potencial em valor real, o que acontecerá quando o consumidor produzir a sua refeição. E se a máquina for muito complexa e o consumidor não conseguir manipulá-la? O valor (utilidade) **não será produzido**, e a máquina, na prática, vale zero!

É por isso que a venda baseada na transacção, acabando na troca, que não considera a produção de utilidade, está **completamente fora** da lógica do foco no cliente. Hoje, uma empresa deve contribuir activamente para a co-criação de valor, neste caso, com demonstrações, revistas, vídeos nas redes sociais e cursos de culinária, entre outros, de mancira a cstimular c tornar a utilização do robô o mais fácil possível. Esta etapa de criação de valor é indissociável da transacção; é um contínuo, o futuro da base de clientes depende desta etapa (cf. 1.4 — Vendas — da transacção para a relação).

EXEMPLO N.º 2

1. Um fornecedor desenvolveu uma determinada **máquina industrial** (da mesma forma que o robô de cozinha, este é um recurso com um conhecimento da empresa fabricante imbuído na máquina) que poderá ter um impacto na redução de consumo energético **até 20%** (valor potencial), e foi este o principal **argumento de venda**.

2. Vende esta máquina a uma empresa que a colocará numa linha de produção (integração de recursos).

3. A empresa vendedora não dá o acompanhamento necessário à incorporação na linha do cliente, apenas realçando os aspectos de manutenção.

4. O cliente **não utiliza correctamente** a máquina, e só reduz o consumo em 5%; por conseguinte, ocorreu uma criação de utilidade **muito inferior à utilidade potencial.**

5. Outro exemplo de um processo de «venda» mal gerido e míope, pois o processo (acompanhamento, *customer success*) deverá **ir até à produção de utilidade** para garantir que a **expectativa** gerada pela empresa vendedora é **cumprida**, gerando **satisfação, repetição de compra e recomendação.** (cf. 1.4 —Vendas — da transacção para a relação, 3.7 — Propostas — importância e elaboração)

Numa situação de produto, as situações acima descritas de não obtenção do valor potencial não seriam de especial relevância, pois haveria uma grande possibilidade de angariar novos clientes.

Contudo, no contexto actual de **menos clientes por empresa** (cf. 1.2 — Relação oferta/procura no centro dos desafios), a **satisfação dos clientes é a garantia** da base de clientes, devido à repetição de compra e à recomendação. Por isso, a **utilidade** criada é fundamental, pois **determina a satisfação** dos clientes.

Utilidade zero significa satisfação zero

Esta é uma das razões fundamentais do **acompanhamento do cliente depois de fechado** um acordo comercial; o fornecedor deverá **preocupar-se** e ajudar o cliente a co-criar **valor**, pois é do interesse do fornecedor que o cliente converta **todo o potencial** de criação de valor em **utilidade.**

O processo de apoio ao cliente pode ser feito através de um processo de «educação» via afectação de recursos directamente no cliente (pessoas, por exemplo), *workshops,* conteúdos online, vídeos, revistas, material de suporte, entre outros.

Conceito-chave n.º 4: vendas

Poder-se-á definir vendas à luz do SDL como um processo relacional contínuo e interactivo de identificação de potencial de alinhamento de recursos e de conhecimento entre actores de uma *network* de valor (aplicável, por exemplo, ao caso de fornecedor-cliente), que tem em vista a co-criação de valor, sendo o sucesso do processo medido não na transacção, mas na produção de utilidade.

2.3 RELAÇÃO ENTRE MARKETING E VENDAS

A relação entre marketing e vendas é historicamente tensa e, normalmente, mal gerida. Os vendedores consideram que as **pessoas de marketing** não percebem nada do mercado e perdem tempo com coisas pouco importantes, muitas vezes referidas como CE2F[21]; para as pessoas de marketing, os vendedores **não conseguem ver além daquilo que fazem** há muitos anos e não implementam correctamente as estratégias desenhadas pelo marketing.

Numa versão ainda mais restrita do papel de cada um, muitas vezes é definido que o marketing «cria» uma necessidade e as vendas a satisfazem.

Estas questões, quer da relação entre marketing e vendas quer dos papéis de cada um, estão claramente ultrapassadas, mas, curiosamente, a maioria dos livros de marketing e de vendas continuam a abordar o tema superficialmente.

Na realidade das organizações, vendas e marketing aparecem muitas das vezes como «departamentos» distintos, concorrentes, e até antagónicos. De uma forma mais simples, poder-se-á considerar a relação entre marketing e vendas como tendo quatro formas possíveis:

[21] CE2F — Chazinhos, eventos, folhetos e festarolas.

FIGURA 20 **Relação entre marketing e vendas**

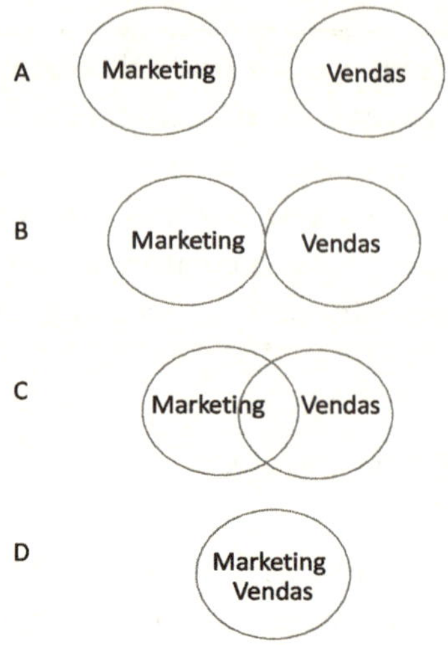

Numa primeira relação (A), marketing e vendas são entidades separadas que não comunicam ou não têm uma relação, ainda que mínima, funcional; na segunda (B), marketing e vendas têm alguma relação; na terceira (C), marketing e vendas têm uma relação profunda de colaboração, e na quarta, (D) marketing e vendas estão completamente integrados.

O objectivo numa era de foco no cliente é que a organização se encontre na fase D.

As vendas são uma componente de marketing, o que não significa que não seja preciso uma especificação em termos de competências e tarefas inerentes a esta função, como acontece com *marketing research* ou a área de comunicação; o que não pode existir é a ideia de que a área de vendas é uma área isolada do resto em termos de objectivos e interacções e que as suas **decisões podem ser independentes** de uma lógica geral de marketing, que visa coordenar a empresa como um todo.

Algumas razões para uma maior interacção entre marketing e vendas numa lógica B2B:

Melhor selecção de potenciais clientes
Melhor qualidade da informação sobre clientes. Por exemplo, melhor informação sobre o comportamento do cliente ou potencial cliente no digital (normalmente controlada por marketing) e *inputs* dos clientes ou potenciais clientes obtidos pela força de vendas.
Desenho de propostas mais adequadas aos clientes ou aos potenciais clientes
Melhor controlo nos elementos de satisfação do cliente
Coordenação da comunicação da organização
Melhor gestão do processo de ABM (cf. 2.3.1 — *Account Based Marketing*)
Maior capacidade de gestão relacional de clientes
Melhor detecção de oportunidades de negócio
Melhor preparação do processo de vendas
Maior capacidade de coordenar e sensibilizar outras áreas da empresa no sentido de um maior foco no mercado

Por isso, frequentemente, os gestores de topo perguntam como fazer a **fusão entre departamentos de marketing e vendas**. De uma maneira objectiva, a fusão de departamentos normalmente consome imensa energia, promove fortes perturbações dentro da organização e induz um período de enorme instabilidade.

Mais do que a fusão entre departamentos, o importante é **estimular e garantir** a colaboração e a partilha de informação entre as áreas por forma a trabalharem em conjunto. A seguir, apresentam-se acções eficazes no **estímulo** da **colaboração** entre marketing e vendas:

Criar a figura no *board* de *Chief Experience Officer* ou *Chief Client Officer*, que estará acima dos departamentos e a quem os departamentos de marketing e vendas respondem, permitindo uma melhor coordenação efectiva de ambas as áreas para o fim comum de trabalharem melhor o cliente e, por conseguinte, contribuírem melhor para o negócio.
Ter proximidade física entre as equipas em termos de instalações, o que motivaria uma maior socialização e uma maior partilha de conhecimento tácito (cf. 3.8.1 — Sistemas de informação).
Desenvolver projectos em conjunto desde o seu início
Ter reuniões e actividade de grupo em comum
Ter alguns dos objectivos comuns e interdependentes
Ter alguns prémios e bónus comuns
Gerir informação e ter acessos comuns ao CRM
Ter algumas tarefas cíclicas e importantes desenvolvidas em conjunto, por exemplo, o *forecast* e o plano de marketing.
Ter algumas acções de formação em conjunto
Rodar algumas pessoas entre as áreas durante algum tempo, isto é, pessoas de vendas trabalham na área de marketing durante 1 a 2 semanas e vice-versa.

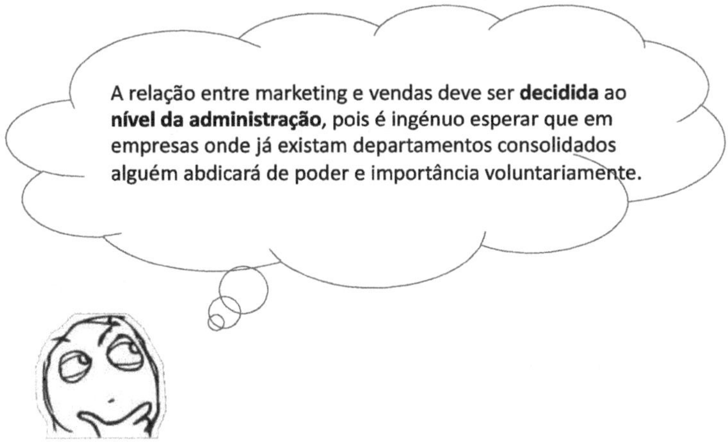

Reflexão n.º 9: relação entre marketing e vendas

Em termos práticos, marketing e vendas **constituem uma só área**[22] que tem um papel especial no negócio e na relação com o cliente, devendo, por isso, ser verdadeiramente um departamento ou coexistindo dois departamentos muito interligados do ponto de vista funcional.

O objectivo é que constituam o que normalmente se designa por ***sales marketing interface***, que seria uma estrutura responsável pela sensibilização, mobilização e coordenação interna da organização no sentido do foco no negócio, explicando o negócio à restante organização e coordenando os esforços das várias áreas no sentido da melhoria de resposta desta ao ecossistema, aos clientes em particular, aumentando, assim, a competitividade.

Uma das mudanças mais acentuadas em B2B, e que envolve directamente marketing e vendas e a sua relação em conjunto, é a forma de angariar e gerir clientes. Um dos *frameworks* que tem vindo a ser cada vez mais adoptado nas empresas é o ***Account Based Marketing***, que aqui será mencionado, dada a sua pertinência numa lógica de foco no cliente.

[22] As formas mais comuns como algumas empresas designam esta «área conjunto» são *smarketing* (*sales* + *marketing*) ou departamento de *customer experience*.

2.3.1 ACCOUNT BASED MARKETING (ABM) — O SEU PAPEL NA ANGARIAÇÃO E GESTÃO DE CLIENTES

A fase de aquisição de clientes é uma fase crítica em qualquer negócio. Conforme referido anteriormente, na relação oferta e procura, existe cada vez mais oferta, o que implica um número cada vez menor de potenciais clientes[23] por empresa.

A análise do funil de vendas é normalmente aplicada tanto em B2C como em B2B. Se em B2C ainda é praticada por inúmeras empresas (é importante ver o texto do Dr. Fernando Silva para compreender como hoje a ideia de *pipeline* faz muito mais sentido do que o funil), em B2B, a lógica de *customer centricity* faz com que seja cada vez mais inadequado e menos utilizado por empresas de topo.

Uma das razões mais fortes para a sua não utilização é a de que, sendo o foco em número, que grande parte do nosso esforço de aquisição de clientes será perdido quando se passa de um nível para outro (por isso tem um formato de funil!).

A ideia central de *customer centricity* implica, desde o início, uma abordagem diferenciada.

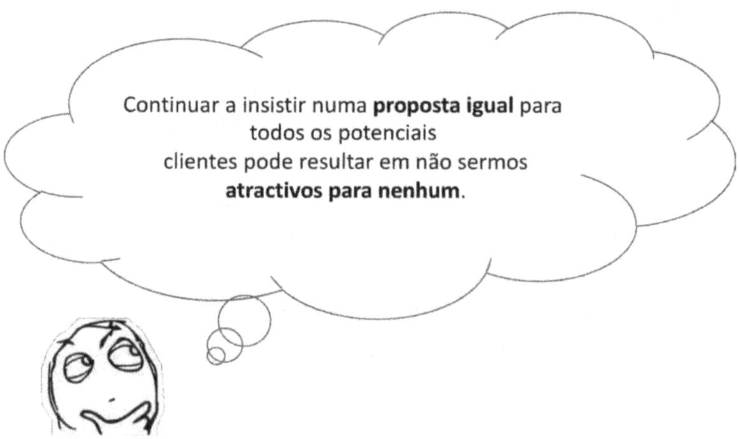

Reflexão n.º 10: tentar atrair clientes com uma abordagem não específica

[23] A utilização da designação de potenciais clientes visa simplificar e representar as várias designações (*suspects*, *leads*, *prospects* e outros) que designam empresas que estão a ser trabalhadas para se tornarem clientes.

Contudo, a Figura 21 mostra uma situação muito comum em períodos difíceis do mercado, em que as vendas diminuem ou ficam aquém dos objectivos.

FIGURA 21 **Paradoxo do esforço de vendas**

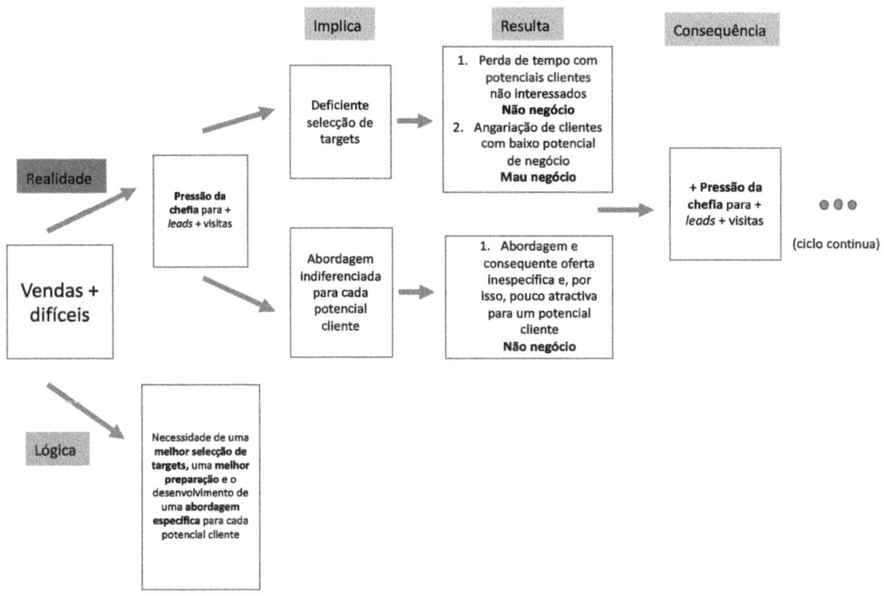

Esta é uma questão central, e que torna a tarefa de **angariação** de novos clientes ou de novos negócios em clientes existentes cada vez mais desafiadora.

De notar que é assumido em *customer centricity* que investimos num processo de venda cada vez mais específico cliente a cliente e que a ideia de que, de muitos contactos, algum será transformado em vendas, apesar de lógica e de ter resultado no passado, **resulta cada vez menos**; muitas forças de vendas ficam imenso tempo a trabalhar em *leads*, ao invés de trabalharem com clientes ou potenciais clientes com **alta probabilidade de sucesso.**

Hoje **não funciona** uma aquisição atabalhoada, não específica e que não tenha uma abordagem individualizada.

FIGURA 22 **Abordagem individualizada por cliente**

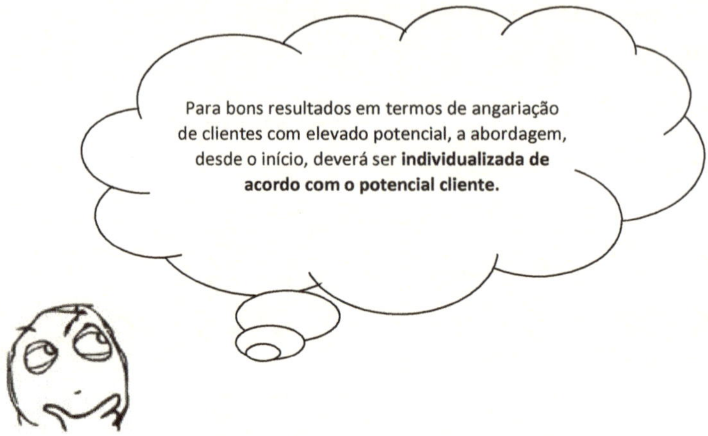

Por isso, tem sido desenvolvida uma lógica de angariação e gestão de clientes que dá uma resposta diferente do funil de vendas e mais apropriada à lógica de *customer centricity*. Esta lógica designa-se por **Account Based Marketing**, e tem sido aplicada de uma forma crescente em empresas que trabalham em B2B, com impactos positivos em vários indicadores, por exemplo, uma maior velocidade de conversão e uma maior rentabilidade por cliente adquirido.

Conceito-chave n.º 5: *Account Based Marketing*

É o conjunto das **acções** que permitem **identificar os *targets* ideais** para a empresa vendedora, bem como **definir a melhor forma de interagir** com os potenciais/actuais compradores **nos diferentes meios**, de acordo com as **preferências desses potenciais/actuais clientes**, subindo a função de *relationship* para níveis mais **estratégicos** na organização vendedora e aumentando a escala em que este trabalho pode ser feito.

Negócios focados em clientes implicam **uma maior atenção** e **especialização de resposta** por cliente potencial; por isso, sendo a afectação de recursos por potenciais clientes maior do que numa situação de produto, existem menos recursos disponíveis para o processo de angariação, o que significa que, não podendo intervir em muitos processos, dever-se-ão **concentrar os recursos** naqueles processos que têm um maior potencial de produção de resultado e não focar/repartir os recursos e o esforço por várias *prospects*, *leads*, cuja qualificação é, por vezes, generalista e, por isso, não específica.

O ABM aponta, então, numa **direcção diferente** daquela que se tem seguido como uma prática completamente enraizada na área de vendas, que é o **funil de vendas**. O funil deve ser repensado, pois:

1 — É mais eficaz numa lógica de **consumidor final e não B2B**, porque a tomada de decisão num contexto empresarial é complexa (cf. 3.4 *Buying center*). Por isso, num contexto B2B, o tipo de interacção e de influência de decisão exige não a assunção de que o potencial comprador não quer mais, mas o **que se deve fazer para inverter a situação a favor do vendedor.**

2 — Com a alteração da relação oferta/procura e o foco no relacional e no envolvimento com a empresa-cliente, a ideia antiga de que, para continuar a haver negócio, o fundamental era a aquisição de novos clientes deve ser substituída pelo **foco na manuten**ção, aumento de rentabilidade por cliente, repetição de compra e aquisição de novos clientes, o que faz com que a lógica quantitativa de muitas *leads* no topo do funil não vá ao encontro das prioridades de negócio actuais.

3 — A passagem de uma etapa do funil para outra tende a ser padronizada. Trabalham-se grandes números na expectativa dc quc, actuando de uma determinada forma, a taxa de conversão se mantenha; o segredo reside no número inicial de *leads*; hoje, **a solução deve ser individualizada** e a progressão na evolução da relação resulta não só no número inicial de *leads*, mas na **capacidade de compreender e solucionar cada** situação, sendo assim mais atractivo para o cliente e um maior potenciador de negócio.

O ABM pode ser imaginado como um processo em que existe uma **inversão do funil de vendas**; começando com os potenciais clientes, que deverão ter um maior potencial de sucesso para a empresa vendedora, e depois, a partir destes clientes e da sua recomendação, ir expandindo a base de clientes.

Normalmente, o processo de ABM tem cinco fases, que podem ser designadas da seguinte maneira:

FIGURA 23 **Etapas do ABM**

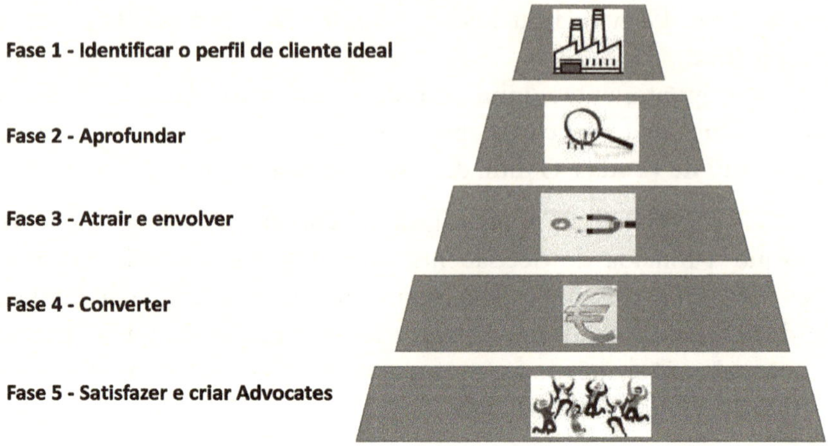

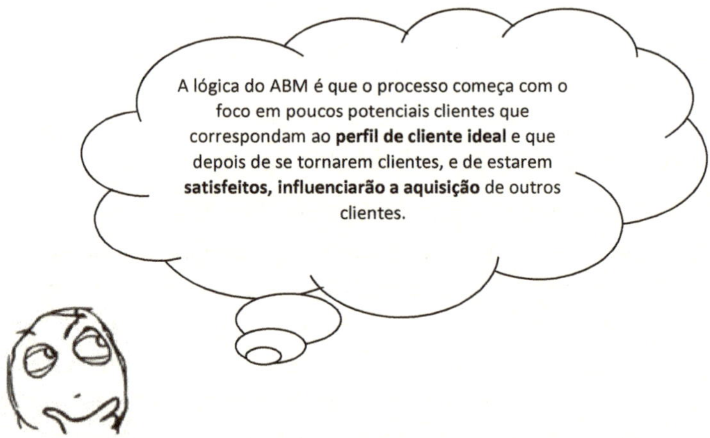

Reflexão n.º 11: ABM

Em termos práticos, o ABM implica:

Menos quantidade e mais qualidade
Menos conflito e mais colaboração
Maior eficiência e menos perdas
Menos reactivo e mais pró-activo

O ABM assenta muita da sua utilidade no **foco em *insights* e não em *leads***. O que promove a aceleração de conversão de potencial cliente a cliente é a **inteligência e o conhecimento** sobre o potencial cliente em termos de comportamentos, necessidades e intenções; o ABM começa exactamente por se focar aí.

1 — Identificar

A grande diferença face ao funil tradicional é que, no ABM, o **número**, na fase inicial, é menos importante do que a **«qualidade»** do potencial cliente. Por isso, e dada a lógica de *customer centricity* seguida, é definido o Perfil Ideal de Cliente (PIC), isto é, em termos de histórico, qual tem sido o perfil de cliente **mais interessante** para a empresa? Se este é o perfil mais interessante para a empresa, não faria sentido tentar angariar mais clientes com este perfil? Claro que sim.

Cada empresa, em cada negócio, e consoante o seu objectivo, deve definir então qual é o PIC.

Alguns exemplos:

> Qual é o perfil de cliente com melhor **resultado de vendas**?
> Qual é o perfil de cliente com maior **crescimento do negócio**?
> Qual é o perfil de cliente com maior **rentabilidade**?
> Qual é o perfil de cliente com melhor **resultado de satisfação**?

Aqui, a análise de histórico de clientes e da sua relação com os resultados obtidos é fundamental. Em empresas **sem historial** de clientes, ou que **iniciam a operação** num novo mercado, a construção do perfil que a empresa considera como *target* principal no seu modelo de negócio poderá ser utilizada nesta situação.

Esta definição do PIC (que muitas empresas definem como *persona*[24]) deverá incluir a segmentação nos aspectos importantes de firmografia (dimensão da empresa, geografia, área de negócio, entre outros), mas também componentes de **motivação dos compradores** (necessidades, tipo de decisão, orientação técnica...), o **estilo de relacionamento** (social, cultural...) e de **gestão do risco** (gestão de incerteza, inovação...),

[24] Conforme referido anteriormente, consideramos que o termo *persona* é mais adequado à caracterização de uma pessoa, e por isso mais aplicável a uma lógica B2C e não como descrição do perfil de uma empresa.

e outros elementos particulares de gestão identificados como sendo potenciadores de um cliente interessante para a organização.

2 — Aprofundar

Esta é a fase em que se faz uma análise mais detalhada do potencial cliente, sobretudo das áreas da organização com as quais se pode fazer negócio, diferentes ***buying centers*** (cf. 3.4 — *Buying center*).

Depois de identificados os diferentes *buying centers*, deverá ser efectuado um *scoring* por *buying center* que pretende assinalar a receptividade das pessoas que fazem parte daquele *buying center* às diferentes acções que, entretanto, foram desenvolvidas, por exemplo, abertura de *e-mails*, viagem pelo site (*hot zones* e trajecto), conteúdos visitados, *download* de conteúdos.

Nesta fase, idealmente (apesar de nem sempre ser possível), alguns aspectos essenciais à negociação começam a ser aferidos, nomeadamente:

Existe um *timeline* definido por parte do cliente para a compra?
Existe *budget* disponível para a aquisição?
Quem é o decisor principal do processo?

Se as respostas às questões acima não forem claras, provavelmente o prospecto/cliente **não está verdadeiramente em processo de negócio**.

3 — Atrair e envolver

Nesta fase, existe uma interacção mais forte com os potenciais clientes, e o que está em jogo aqui, e a **definição e gestão** dos **canais e os conteúdos** mais eficazes para conseguir o envolvimento com o cliente.

Quando se fala em canais, importa realçar o seguinte:

A força de vendas deixou de ser **o** canal de comunicação com os clientes e potenciais clientes e passou a ser **um** canal de comunicação com clientes e potenciais clientes.

Por isso, e com todos os dados disponíveis que demonstram que dois terços dos compradores B2B iniciam os seus processos de compra online e mais de 60% admitem precisar/querer menos visitas de vendedores, a interacção entre força de vendas e outros canais torna-se absolutamente essencial.

Poder-se-ia imaginar o seguinte:

FIGURA 24 **Relação marketing e vendas no ABM**

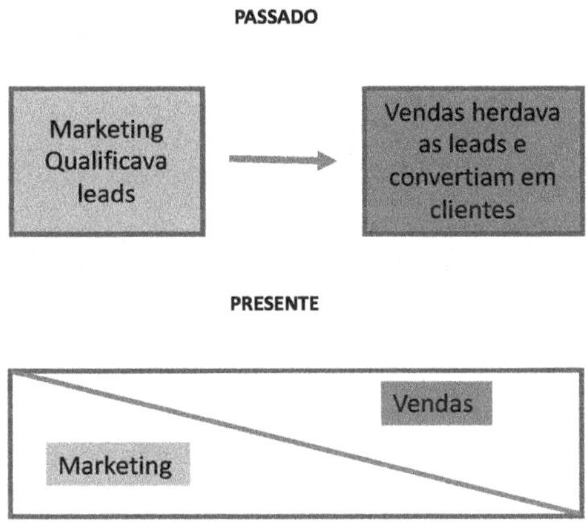

Vendas e Marketing trabalham juntos ao longo do processo, continuando o marketing com um papel maior no início do processo e as vendas no final

Para que o ABM seja eficaz, surge o desafio da **qualidade de dados**, pois todo o sucesso do negócio depende da qualidade da informação para identificação do ponto de partida do negócio.

Uma das principais actividades a efectuar nesta fase é **desenhar um processo de vendas** que cubra as etapas da *buyer's journey*[25].

Aqui, o papel do marketing e das vendas deverá ser medir actividades, controlar e definir a experiência do cliente. O marketing deve então criar condições e servir de suporte às vendas para que estas, na sua função negocial e relacional de ponta, possam exercer a sua função. O desafio é efectuar este suporte em tempo real, com informação específica do comprador, recorrendo a diferentes fontes de informação e escolhendo os canais mais apropriados para o fazer, onde os canais digitais assumirão um papel importantíssimo (cf. 9 — Ambiente digital, inteligência artificial e vendas).

[25] Optou-se pela manutenção da designação original pela sua utilização corrente nas organizações nacionais e internacionais. Em termos de significado, fala-se do caminho percorrido pelo comprador/ /cliente ao longo do processo.

4 — Converter

Esta é a fase tradicional de fecho de negócio, em que os potenciais clientes são convertidos em clientes e que, para o seu sucesso, muitos dos assuntos abordados no livro deverão ser colocados em prática.

5 — Satisfação e criação de *advocates*[26]

Esta é a fase do *delivery* ao cliente e da gestão da criação de valor. Se for bem gerida, a **satisfação que emerge da experiência** que o cliente terá com a organização implicará a indução de *advocates*, clientes que propagam e defendem o nome da instituição, condição essencial na divulgação, credibilização e atracção de novos clientes num mundo *super* conectado e onde a relação C2C (*consumer to consumer*) comanda a reputação das organizações. Aqui, a empresa, depois de ser capaz de participar correctamente na co-criação de valor, deverá também ser capaz de gerir convenientemente os seus clientes numa lógica de comunidade.

FIGURA 25 **Ciclo de gestão de comunidades**[27]

A Figura 25 ilustra, de uma forma muito simples, as etapas principais da gestão de uma comunidade, que pode, por exemplo, ser uma comunidade de clientes.

[26] A exemplo do que foi feito anteriormente, manteve-se a designação em inglês, dado o seu uso corrente entre falantes da língua portuguesa.

[27] Baseada na lógica proposta por Seth Godin no seu vídeo «The tribes we lead»: https://www.youtube.com/watch?v=589tH-wtCak.

1—	**Narrativa — o que atrai as pessoas (ou empresas) para aquela comunidade? Juntam-se à volta de quê? Qual o tema que as motiva a participar numa comunidade?**
2—	**Conexão — como será feita a conexão entre pessoas (ou empresas) desta comunidade? Por *workshops*? Virtualmente através de alguma plataforma? Reuniões presenciais?**
3—	**Liderança — quem liderará a comunidade? A empresa que promoveu a comunidade ou os clientes?**
4—	**Objectivos e resultados — quais são os objectivos para criar a comunidade? Como medir os resultados?**

Em suma, o processo de satisfação de clientes deverá ser potenciado pela organização, dando voz aos seus clientes, e a gestão de comunidade é uma das formas mais interessantes de o fazer.[28]

Sendo o cliente o centro verdadeiramente de todo sucesso da organização, importa aprofundar e perceber o processo de compra e a sua evolução recente.

[28] Existem várias plataformas interessantes para a gestão de comunidades, recomendando-se aqui a **CMNTY**, a **Tribe** e a **Influitive**.

MIND MAP 3

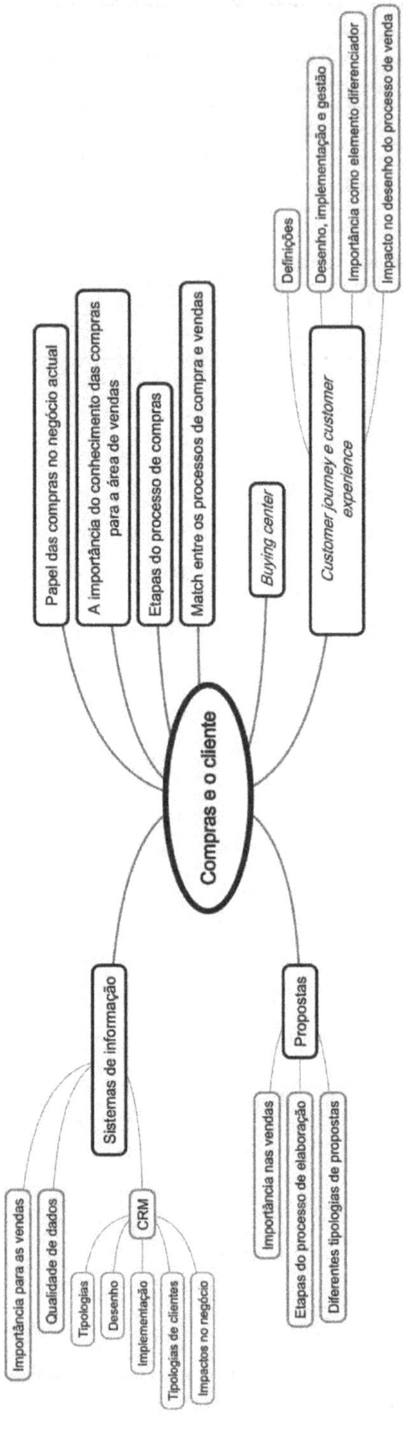
Compras e o cliente
Papel das compras no negócio actual
A importância do conhecimento das compras para a área de vendas
Etapas do processo de compras
Match entre os processos de compra e vendas
Buying center
Customer journey e customer experience
Definições
Desenho, implementação e gestão
Importância como elemento diferenciador
Impacto no desenho do processo de venda
Propostas
Importância nas vendas
Etapas do processo de elaboração
Diferentes tipologias de propostas
Sistemas de informação
Importância para as vendas
Qualidade de dados
CRM
Tipologias
Desenho
Implementação
Tipologias de clientes
Impactos no negócio

3. O cliente e as compras

Uma venda é metade daquilo a que chamamos uma **transacção**, que tem duas componentes: um comprador e um vendedor. Por ser tão simples e lógico, esta é uma relação estranhamente esquecida, e este esquecimento tem originado algum isolamento das áreas de vendas muito concentradas nos concorrentes e nas técnicas de vendas, esquecendo que é mais importante conhecer o cliente do que os concorrentes.

Desafio n.º 8: quanto tempo a sua área comercial dedica à análise de produto? Quanto tempo dedica à análise da concorrência? Quanto tempo dedica a analisar e a conhecer profundamente o cliente?

Lamentavelmente, a resposta às questões acima, de um modo geral, dá o tempo investido no cliente como o menor de todos. Este é, mais uma vez, um exemplo de que o foco no cliente é mais uma questão de retórica do que verdadeiramente assumida na cultura da organização.

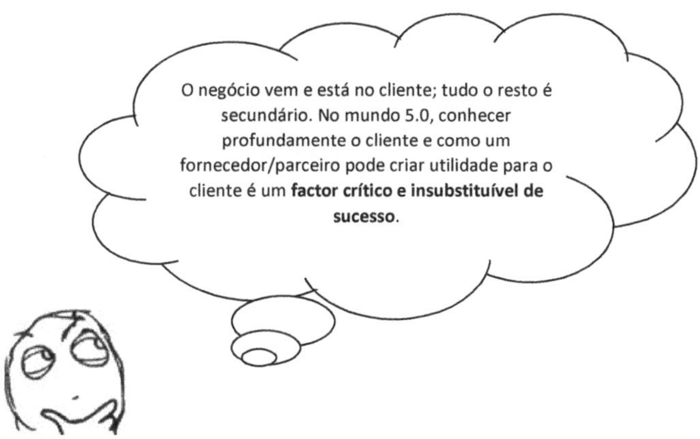

Reflexão n.º 12: foco no cliente

FIGURA 26 **Evolução do controlo dos intervenientes numa transacção ao longo do tempo**

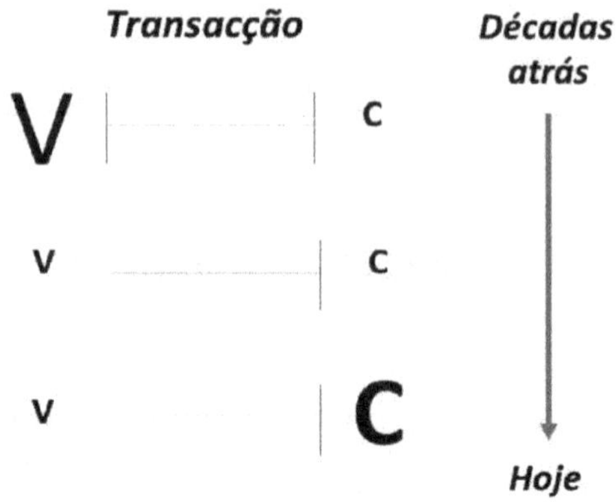

A Figura 26 apresenta a evolução da relação entre vendedor e comprador ao longo das últimas décadas, com a letra maior a representar um maior controlo do processo.

Imagine, por exemplo, os anos 50. Nesse tempo, o vendedor controlava a relação, o comprador tinha poucas ou nenhumas opções e o vendedor detinha mais conhecimento sobre o produto do que o comprador, daí, historicamente, os livros, o conhecimento e a prática de vendas serem focados quase exclusivamente nos **processos de venda**, esquecendo por completo a análise do comprador.

Com a evolução da relação oferta/procura discutida anteriormente, dois aspectos foram mudando: **o aumento de opções** por parte do comprador e a **qualidade da informação.** Por isso, passou-se por uma fase intermédia, em que as vendas e as compras tiveram um equilíbrio do controlo da transacção, para a situação actual, em que as áreas de compras controlam claramente as transacções, pois têm, em geral, uma **qualidade de informação** muitíssimo superior à do vendedor e um **leque de opções** cada vez maior.

Compreender a área de compras é compreender como deve uma organização conduzir o seu negócio.

3.1 OS CLIENTES E OS DADOS

O tema da privacidade de dados foi sempre uma questão sensível, mas algo negligenciada nas sociedades ocidentais. Com a explosão do digital, e dada a digitalização de grande parte da vida das pessoas e das organizações, a privacidade, ou a ausência dela, assume uma proporção nunca tida. Por isso, a **protecção dos dados** é um tema central nas várias áreas da sociedade com impacto directo na realidade das diferentes organizações. Para além das questões éticas e legais, muito importantes no processo de vendas, existem questões de negócio que uma empresa deve aplicar na gestão de dados dos clientes, nomeadamente:

Transparência	**Três factores são normalmente referidos como essenciais à qualidade de uma relação: confiança, comprometimento e satisfação. A transparência na recolha de dados implica quais os dados que serão recolhidos, onde e para que fins. Se algum destes aspectos não estiver claro na relação com os clientes, a confiança ficará seguramente comprometida, e com ela, os outros dois.**
Privacidade	**Os clientes deverão ter sempre escolha sobre a sua privacidade de dados, isto é, qual a informação que poderá ser vista por quem. A noção de privacidade é específica cliente a cliente e, por isso, deverá sempre ser possível a opção de cada um. Imaginando um caso de saúde, é do interesse do cliente que um médico tenha acesso em tempo real a dados recolhidos por *wearables*, por exemplo, cardíacos, mas não uma empresa seguradora ou uma entidade patronal. Do mesmo modo, numa empresa, por exemplo, dados de produtividade podem ser fornecidos a um parceiro de negócio e não a uma entidade bancária.**
Segurança	**Uma empresa deve demonstrar como garante a segurança dos dados que gere dos seus clientes. Um dos pontos delicados da gestão de informação reside na garantia de que os dados e a informação só serão acedidos por quem deva aceder. Exemplo: segurança sobre as transacções ocorridas numa plataforma electrónica de compras, dados de uma transacção de um cliente individual.**
Utilidade	**Um factor-chave na relação com o cliente é explicar muito claramente que os dados recolhidos reverterão numa melhoria da oferta para o cliente. A regra simples é para cada conjunto de dados explicar ao cliente o que ele ganha na cedência dos mesmos. No caso de não conseguir explicar o que faz com os dados, a empresa corre o risco de perder acesso aos mesmos. Numa lógica de valor criado estão dados recolhidos sobre o funcionamento de uma máquina para a produção de um relatório de produtividade; dados recolhidos sobre as compras de um cliente para produzir um relatório sobre os seus gastos; dados de saúde recolhidos para monitorização em tempo real de doenças crónicas, entre outros. Situações nas quais existe utilidade para a empresa, sem utilidade para o cliente, por exemplo, venda de informação sobre clientes são inaceitáveis do ponto de vista ético, legal e da relação com o cliente.**

QUADRO 4 **Questões-chave na gestão de dados de clientes**

Contributo n.º 2 — José Pires

O RGPD e o impacto nas vendas

José Manuel Marques Pires[29]

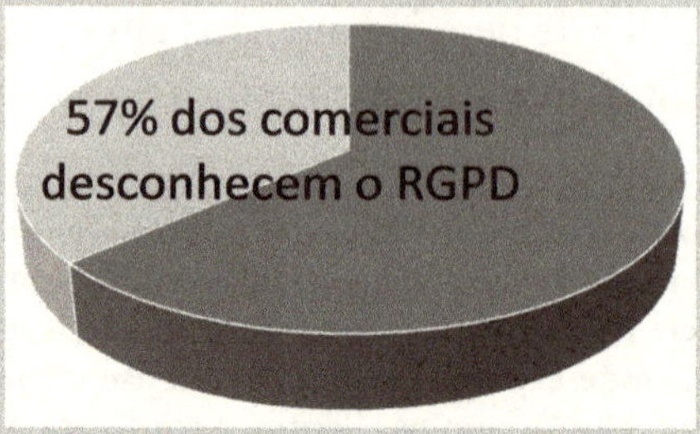

- Utiliza um CRM ou lista de *leads* comerciais?
- Adiciona automaticamente dados de cartões-de-visita à sua lista de potenciais clientes?
- Solicita aos seus clientes referências e recomendações?

Se respondeu afirmativamente a qualquer das questões acima, está abrangido pelo RGPD!

Na economia actual, os dados pessoais são dos recursos mais valiosos procurados pelas organizações comerciais. Através de sistemas de *profiling* podem ser identificadas características pessoais, hábitos de consumo, rotinas, etc., em cada site visitado, pesquisas online ou partilhas nas redes sociais. Como as informações pessoais são tão valiosas, são especialmente vulneráveis a roubos e utilização indevida.

Um dos motivos pelos quais a União Europeia está a introduzir o Regulamento Geral sobre a Protecção de Dados (RGPD) é o de possibilitar aos seus residentes a capacidade de um melhor controlo sobre a forma como as suas informações pessoais são obtidas e utilizadas pelas organizações.

O objectivo do RGPD é colocar o consumidor e o seu direito à privacidade em primeiro lugar. Para reforçar a capacidade da sua aplicação, o RGPD prevê um vasto leque de sanções para o seu incumprimento, incluindo advertências e contra-

[29] GDPR Consultant & EU DPO | Data Security Governance, Legal & Compliance | Speaker and Certified Trainer;
Licenciado em Direito;
Licenciado em Relações Públicas e Publicidade;
25 anos de experiência profissional em consultoria de gestão e tecnológica, em vários sectores de actividade, no sector de telecomunicações, utilities, *retalho, gestão de processos, formação, segurança e com particular incidência na privacidade e protecção de dados.*

-ordenações pesadas, 79 vezes mais elevadas do que as previstas pela actual legislação, que podem atingir os 20 milhões de euros ou até 4% do volume de negócios anual global, o que for superior, sendo estas consideradas o último recurso e reservadas para violações graves, que incidam sobre a violação dos seis princípios fundamentais e que definem a *accountability* do RGPD.

Existem três áreas fundamentais em que as organizações têm de adoptar novas medidas sobre os dados de clientes:

- «*pt-ins*» no e-mail marketing — actualmente, por defeito, se a pessoa fornece informações de contacto, considera-se que está disposta a ser contactada. No âmbito do RGPD, a menos que especificamente e explicitamente afirme que gostaria de receber *follow-up*, e-mails e promoções, a suposição padrão deve ser que «não quer ser contactado». Na prática, significa que uma caixa pré-seleccionada automaticamente não será aceitável, os «*opt-ins*» têm de ser uma escolha deliberada, aplicável a todas as plataformas digitais;
- Acesso aos dados — o direito ao esquecimento é um princípio muito importante do RGPD, possibilitando aos titulares a capacidade de controlar quais os seus dados que são recolhidos, bem como a capacidade de acesso ou remoção dos mesmos. Esta faculdade deve ser implementada pelas organizações para garantir que os utilizadores possam facilmente aceder aos seus próprios dados, com a simples inclusão de um *link* de cancelamento de subscrição, alteração ou remoção das suas informações pessoais, claramente visível dentro dos modelos de *e-mail marketing* utilizados pela organização;
- Objectivo do tratamento dos dados — a maioria das organizações recolhe mais dados pessoais do que precisa realmente, com o argumento de que, embora os dados possam não ser necessários no momento, poderão ser úteis no futuro. O RGPD exige que as organizações tenham justificação legal para a recolha de dados pessoais. Por esse motivo, devem obter apenas dados pessoais essenciais e estritamente necessários para o seu objectivo comercial, em vez de tentarem reunir outros dados pessoais que poderão ser úteis no futuro, mas que não são essenciais à operação de tratamento imediata.

O RGPD não pretende impedir que as organizações desenvolvam as suas campanhas de marketing de forma eficaz, apenas que não as apliquem de forma intrusiva para explorar as necessidades dos seus potenciais clientes e adoptem outras medidas de acordo com os direitos dos titulares dos dados pessoais.

Algumas recomendações de conformidade para as organizações:

- Se não foi obtido o consentimento no momento da recolha dos dados, deverão os titulares ser informados dentro de 30 dias do objectivo do tratamento dos dados;
- Manter um registo dos consentimentos;
- Não assumir por defeito que alguém quer ser contactado;
- Tornar mais fácil a opção de «*opt-out*» de *e-mails* em qualquer situação;
- Não recolher e armazenar informações que não sejam estritamente necessárias.

Ao assumir estas medidas, está no bom caminho para a conformidade com o RGPD!

3.2 A EVOLUÇÃO DA ÁREA DE COMPRAS, A SUA ESTRUTURA

A actividade de compras nas empresas foi, durante muito tempo, considerada geradora de pouco valor, tendo praticamente a função de **colocadora de pedidos de compra**.

Com a evolução do ecossistema de negócios, as empresas em quase todos os sectores de actividade começaram a ter uma pressão enorme **nos preços de venda**, ficando claro que, pelo lado das vendas, a situação da **rentabilidade começava a ser difícil**. Daí que as organizações começaram a perceber que grande parte do **sucesso do negócio** estaria em **comprar cada vez melhor**.

Associado a isto, os **sistemas de informação** começaram a desenvolver-se a um **ritmo muito rápido**, o que, potenciado pelo desenvolvimento do ***cloud computing***, permite o aparecimento de sistemas de informação especificamente desenvolvidos para as áreas de compras, como as **plataformas electrónicas de compras**[30] (PEC). As plataformas electrónicas de compras têm um impacto profundo no redesenho e na importância que as compras assumem nas organizações, passando de uma área táctica de pouco valor acrescentado para uma área transversal e estratégica da organização.

[30] Realçando a questão da relativa novidade das PEC, a plataforma n.º 1 no mundo, ARIBA, hoje pertencente ao grupo alemão SAP, foi fundada em 1996.

Algumas das consequências das PEC para as compras foram:

Transparência	**Todo o processo de compra, desde o *sourcing* ao *procurement*, fica registado e acessível à organização.**
Centralização do processo	**As compras passam a ser efectuadas centralmente por pessoas treinadas para o efeito, planeadas atempadamente e, por isso, menos reactivas, com a implicação natural na melhoria das condições de compras.**
Aumento do poder negocial	**Ao invés de num banco com 100 agências, em que cada agência bancária negoceia a compra de 10 impressoras por ano a preços e condições diferentes, são negociadas 1000 impressoras, por profissionais, com um óbvio aumento do poder negocial, com os efeitos consequentes.**
Harmonização dos procedimentos	**A organização passa a comprar de uma forma normalizada nos diferentes departamentos, exceptuando-se condições específicas do negócio.**
Alargamento da oferta internacional	**Dada a natureza digital da operação, as PEC passam a ter acesso a fornecedores internacionais de qualquer ponto do globo.**
Aumento da qualidade da informação	**Tendo todas as informações negociais e de sequência de negócio (por exemplo, entregas e facturação electrónica) incorporadas, a qualidade de informação sobre os fornecedores aumenta, bem como o acesso instantâneo à comparação de preços e, ligando a outras bases de dados complementares, o acesso a informação financeira e de negócios dos fornecedores.**
Possibilidade de interacção em tempo real com os fornecedores	**A realização de leilões electrónicos foi outra alteração fundamental nas áreas de compras com impacto importante em várias áreas de negócios.**

QUADRO 5 **Plataformas electrónicas de compra e o negócio**

As alterações nas áreas de compras somadas às alterações do ecossistema em geral, no sentido de uma maior resposta das empresas à mudança, têm promovido uma alteração de paradigma no sentido da aproximação entre fornecedores e clientes, existindo mesmo uma designação de *Supplier Relationship Management* (SRM) para todo o processo de optimização desta relação.

Contributo n.º 3 — Eduardo Nader

Elevar compras B2B — a posição estratégica que merece

Por *Eduardo Nader* — CEO do Mercado Eletrônico[31]

Vivemos tempos de crescimento exponencial e de inúmeras inovações que transformam, diariamente, nossa forma de trabalhar, estudar, se comportar e se comunicar com o mundo.

Big Data, *analytics*, inteligência artificial, *machine learning*, robótica e demais tendências disruptivas tomam conta dos noticiários, da Internet e de todos os lugares onde o olhar humano passa, relembrando que, para sobreviver neste cenário, é necessário conhecimento e inteligência.

Não podemos ficar presos às práticas antigas e ao jeito de trabalhar do passado. É questão de urgência encontrar novas formas de se relacionar, se aproximar, comprar, vender e oferecer a melhor experiência possível aos clientes.

E se antes essa preocupação assombrava predominantemente o mercado B2C (*business-to-consumer*), agora também chegou a vez de o B2B (*business-to-business*) sair da zona de conforto e repensar as estratégias de compra e venda.

Indústria 4.0 inaugura uma nova fase no *Procurement*

A indústria 4.0 está mudando o processo de compras das empresas. O chamado e-Procurement faz uso de IoT, robótica, inteligência artificial, Big Data e demais tecnologias, a fim de minimizar erros e riscos de um sector que lida, diariamente, com altos valores.

As novas práticas, além de oferecerem mais formas de tomar decisões correctas e transparência nas relações de negócios, também livram os profissionais dos processos operacionais. A tecnologia no Procurement faz com que a área de compras deixe de actuar como suporte e passe a ser um activo cada vez mais importante e estratégico nas empresas. No B2B, é «obrigação» obter economia do custo total de aquisição.

As equipes, enfim, podem diminuir os esforços para encontrar dados, preços e tendências de inflação, já que o mundo 4.0 oferece tudo pronto aos profissionais. Diante desta nova realidade, é possível ter mais tempo e liberdade para se preocupar com o que realmente interessa, como focar em negociação, inovação e sustentabilidade no relacionamento com a cadeia de valor.

[31] Eduardo Nader, fundador e CEO do Mercado Eletrônico, é engenheiro de produção. Como extensão, fez o OPM (*Owners & Presidents Management Program*), pela Harvard Business School, e outros minicursos pelo YPO (London Business School, Stanford, Singularity, entre outros).

Compras 4.0 e os impactos em vendas

Uma vez que os compradores têm mais tempo para cuidar do relacionamento com os fornecedores, estes, por sua vez, também precisam correr contra o relógio e encontrar diferentes formas de actuar no mercado. A partir de agora, ser bom vendedor não é o suficiente para fechar novos e bons negócios.

A Internet deu livre acesso à informação e grande poder ao comprador, que, muitas vezes, sabe mais sobre o produto do que a própria pessoa que está vendendo.

Hoje, para vender mais e melhor, é necessário entender verdadeiramente o negócio, ter perfis multidisciplinares e estar presente em lugares como um e-Marketplace. A plataforma digital possibilita comprar qualquer coisa, de itens técnicos a serviços complexos, de forma totalmente electrónica. É possível buscar produtos, comparar preços e fazer negociações em questão de minutos. O Marketplace do Mercado Eletrônico, por exemplo, movimentou, apenas no ano de 2019, R$ 100 bilhões em pedidos de compras, que variam de turbina de avião a material de escritório. Fora o benefício da rapidez, ainda é possível verificar a reputação das empresas vendedoras e comprar com mais segurança em um único ambiente.

Mas além da importância de estar presente digitalmente, as empresas fornecedoras também têm de se preocupar com questões de ética, sustentabilidade, diversidade e inovação, pois elas são co-responsáveis pela imagem de marca da empresa compradora e precisam estar atentas a esses factores, se quiserem se diferenciar da acirrada concorrência de mercado.

Hoje, o produto não pode oferecer apenas qualidade, preço bom e óptimo prazo de entrega: tem de ser fruto de uma cadeia de fabricação consciente e responsável, que não explora e não prejudica pessoas e o meio ambiente. Por último, mas não menos importante, é o poder de inovação que a empresa fornecedora tem em mãos. Ou seja, sua capacidade de também acompanhar as transformações e sempre oferecer opções que fomentem disrupção e melhorias consideráveis no processo e qualidade do produto de entrega.

Embora existam tantos requisitos para preencher, acredito que o mercado B2B está vivendo a melhor época de todas. Uma época em que, muito além do preço, as empresas estão se preocupando em criar relações mais transparentes, duradouras e desempenhar um papel importante na sociedade.

Certamente, não é um caminho fácil, mas muito inspirador. Agora, cabe a nós, leitores e profissionais, usarmos a informação e tecnologia a nosso favor, a fim de transformar o comércio entre empresas em algo mais simples, inteligente e sustentável.

Hoje, uma empresa por si só dificilmente tem capacidade de resposta perante a velocidade da mudança e a especificidade de exigência dos seus clientes, por isso precisa que os seus fornecedores a ajudem a ter uma melhor posição no mercado. Daí conceitos como ***borderless company*** ou ***network company***, que designam uma empresa com os seus limites esbatidos face a parceiros, em que a partilha de informação de negócio e o desenvolvimento de projectos conjuntos é cada vez maior.

FIGURA 27 **Diferenças entre parceiros e fornecedores**

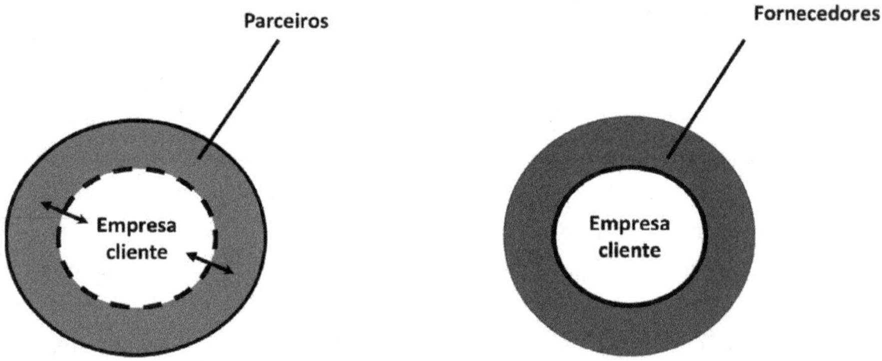

A Figura 27 ilustra a diferença que existe hoje entre parceiros e fornecedores e que tem implicação directa na política de gestão de clientes e nas vendas. No caso de **parceiros**, estes auxiliam a empresa cliente a ter um melhor negócio, focam-se na utilidade produzida, compreendem o mercado do seu cliente e participam com ele numa melhor resposta ao mercado, pois quanto mais sucesso o cliente tiver, mais a empresa parceira ganhará. Isto implica compreender profundamente o cliente (mais uma vez!) e desenvolver competências de parcerias e de prestação de serviços a um nível mais alto. No caso de parcerias, estamos a falar de uma relação que em si mesma é diferenciadora.

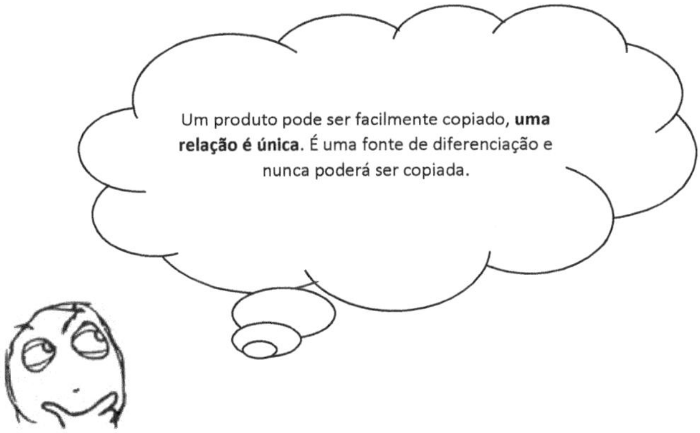

Reflexão n.º 13: relação como fonte de diferenciação

No caso dos **fornecedores**, considera-se que estes são reactivos e respondem a pedidos de bens ou serviços de clientes, mas sem qualquer relação mais aprofundada com o comprador. Neste caso, e cada vez mais, os bens e/ou os serviços vendidos são menos diferenciados e o principal factor de decisão é cada vez mais o **preço**.

Logo, a decisão fundamental para uma empresa que quer ser 5.0 é se será fornecedora ou parceira, se tem **estrutura e competências** para se diferenciar via **relação**, ou corre o risco de entrar num jogo de **baixa diferenciação** e, por isso, de **guerra de preços** e de incerteza de continuidade de fornecimento em potencial.

3.3 AS ETAPAS DO PROCESSO DE COMPRA

Independentemente da estrutura de compra, poder-se-á organizar o processo de compra em sete etapas:

1 — Identificação da necessidade

2 — Recolha de informação sobre possíveis soluções

3 — Especificação da solução

4 — Lançamento de um caderno de encargos/pedido de compra

5 — Recepção e análise de propostas

6 — Fecho/compra

7 — Pós-compra (recepção, facturação, satisfação dos utilizadores...)

Ao longo destas etapas, as empresas podem efectuar pedidos ao mercado, que normalmente passam por RFI (*Request for Information*), quando sondam o mercado sobre qualquer necessidade sem ainda haver necessariamente uma preocupação com propostas; RFQ (*Request for Quotation*), que pode ser um pedido de informação sobre um intervalo de preços de algo, e RFP (*Request for Proposals*), ou seja, pedido sobre propostas.

Na fase 1, são identificadas algumas situações que precisam de solução. Temos, por exemplo:

Uma tecnologia que fica obsoleta
Os indicadores de produtividade negativos, quando comparados com a média do sector
Uma necessidade de serviços, por exemplo, consultoria ou formação
As máquinas de uma secção na fábrica chegaram ao fim de vida útil

Na prática, nesta fase, o processo de compra é iniciado com a participação da área afectada pela situação juntamente com a área de compras.

Na fase 2, a empresa pode ir ao mercado recolher informação sobre eventuais formas de suprimir a necessidade identificada na fase 1, por forma a responder a algumas questões, tais como:

Qual é a melhor tecnologia disponível actualmente no mercado?
Quem aplica a metodologia mais adequada para um aumento da produtividade?
Quem presta serviço de qualidade nas áreas de consultoria e formação de que precisamos? Quais as metodologias mais inovadoras?
Que tipo de máquinas respondem às nossas necessidades? Quais são as características pretendidas?

Novamente aqui, a análise desta fase é feita em conjunto pelas compras e pela área interessada na sua resolução.

Na fase 3, a área de compras e a área interessada continuam responsáveis pela análise e montagem da solução, em que marcadamente existem duas componentes em jogo: uma técnica e uma financeira. Nesta fase, fica praticamente fechada a ideia sobre o que a empresa irá comprar e a que preço, sendo que esta componente pode ainda ser negociada pelas compras para obter *savings* interessantes para a organização.

Na fase 4, a área de compras controla o processo.

Na etapa 5 da análise, a área de compras lidera, sendo que a área interessada pode estar mais activa na componente técnica da análise. É iniciado um processo negocial de pedido de mais informação e/ou alteração de condições comerciais, que poderá incluir um leilão electrónico de compras e outras formas negociais, o que culminará, com a combinação entre a componente técnica e financeira, com a escolha do fornecedor, ou seja, o fecho de vendas, fase 6.

O seguimento, a etapa 7, será normalmente coordenado pelas compras com inputs de informação da área interessada, sobretudo em relação ao **cumprimento** do fornecedor/parceiro no fornecimento da solução e à **satisfação** sobre o que foi adquirido.

Sendo uma compra parte de uma transacção, importa saber em que etapa do processo de compra os vendedores normalmente interagem no processo.

A Figura 28 ilustra o ponto no qual normalmente os vendedores entram no processo.

FIGURA 28 **Participação da organização vendedora no processo de compra**

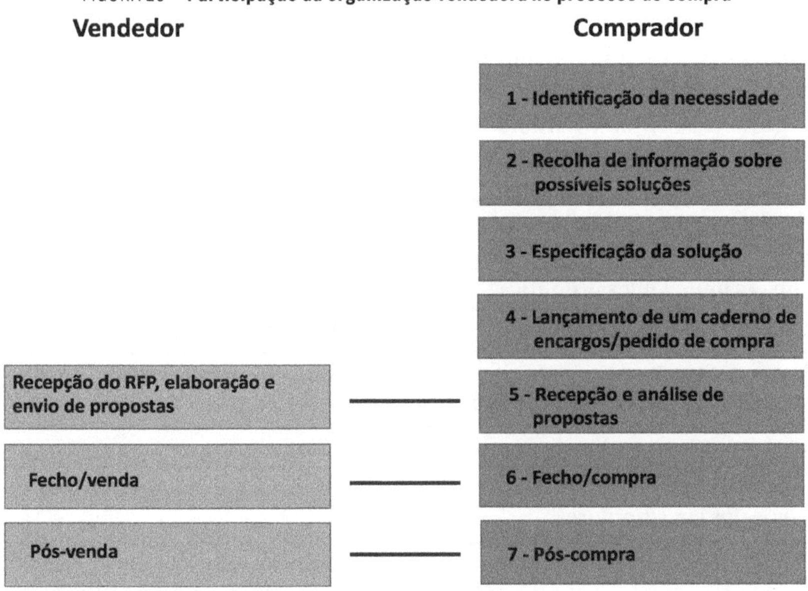

Pela figura, parece claro que os vendedores são, na maioria, **reactivos** e entram num processo numa fase que pode ser considerada **fechada**, em que a solução já está **definida e existe uma margem negocial reduzida**.

Muitas vezes, os vendedores nem na fase do pós-venda participam ou exercem um controlo efectivo, fase esta que é decisiva no relacionamento entre as partes.

Numa lógica relacional e de forte envolvimento com o cliente, **quanto mais cedo** a empresa vendedora **entrar no processo** de compra, **maior** é a probabilidade de sucesso.

A fase de relacionamento discutida previamente engloba o acompanhamento, a detecção de oportunidade de melhoria e a co-criação de utilidade com o cliente, o que representa oportunidades de negócio para a empresa vendedora. Aqui importa realçar que frequentemente se utiliza em vendas a frase «**criar a necessidade no cliente**». Esta é uma frase do tempo de vender dois pentes a um careca. **Não se cria necessidade nos clientes.**

Numa lógica relacional e de envolvimento entre as partes, se o cliente comprar algo de que verdadeiramente **não precisa**, isto irá ter um impacto **negativo** na continuidade da relação. O termo de negócio é sempre **valor**, onde o que conta é utilidade. O que o vendedor faz é, através do conhecimento que possui do cliente, identificar pontos onde o cliente tem um **potencial de melhoria** e propor uma forma de o ajudar a **melhorar** nesse ponto. Esta é verdadeiramente a participação que pode iniciar um processo de compra, isto é, ao invés de o cliente detectar uma determinada necessidade, é o vendedor que indica o **ponto de melhoria** como iniciador do processo (fase 1).

Alguns exemplos de iniciadores de processo de compra que podem ser efectuados pelos vendedores, através da detecção de oportunidades para:

Actualização de um *software* com características que promovem determinados ganhos no cliente
Uma máquina mais produtiva
Uma consultoria com impacto na gestão e satisfação de clientes
Um componente novo para o fabrico de uma peça que aumenta a sustentabilidade de um processo
Uma solução de melhoria de eficiência energética
A substituição de um ingrediente alimentar com impacto mais positivo na saúde dos consumidores
A implementação de um *software* melhor de controlo de gestão

Então é possível imaginar uma situação ideal em que o vendedor entra desde a primeira fase do processo de compras. Esta situação está esquematizada na Figura 29.

FIGURA 29 **Processo de compra com participação ideal do vendedor**

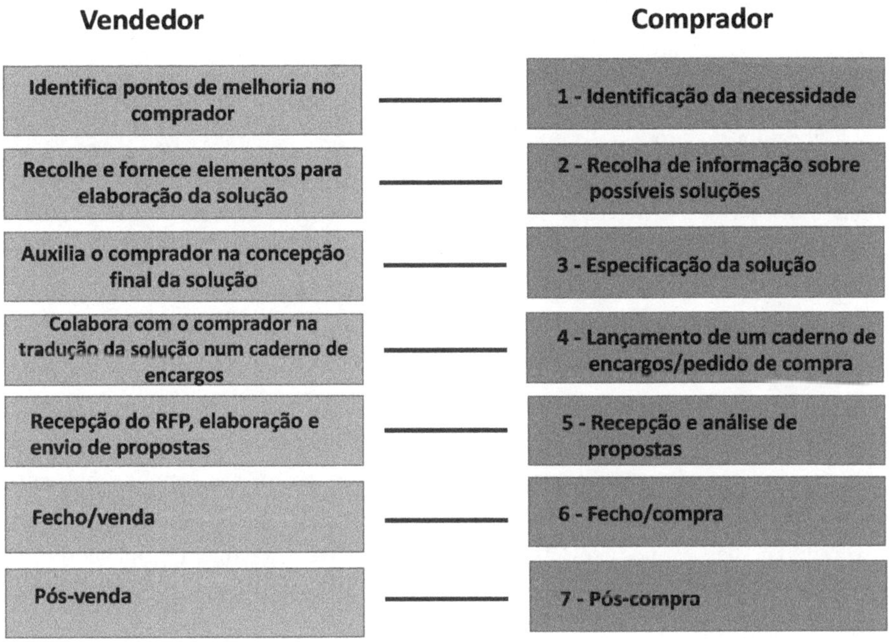

Com a entrada do vendedor numa fase inicial, será muito mais fácil **moldar a solução** para que esta se aproxime da oferta do vendedor, evitando assim que o vendedor entre numa solução fechada do processo (5), em que a discussão será basicamente pelo preço. Relembramos a diferença entre fornecedor e parceiro, e esta solução de entrada na fase **inicial do processo** de compra ocorre somente nos casos em que existe um **investimento efectivo** no conhecimento e no estabelecimento de uma **política relacional** junto dos clientes. **Quem não investe neste conhecimento, não consegue entrar antes da fase 5.**

Contributo n.º 4 — Manuel Castelo Branco

Comprador e vendedor, uma relação de...

Manuel Pinto de Castelo Branco[32]

Win-win, ganhador *versus* ganhador! A minha experiência nesta área, em geral como comprador, faz-me afirmar, sem hesitar, que duas vontades antagónicas podem sair a ganhar desse encontro e diálogo.

O fundamental é que a relação entre as duas partes se reja, desde o início, pela total abertura do processo e num clima de verdade. O simples facto de cada um dos intervenientes começar por colocar na mesa de negociações os seus objectivos reais com abertura, seriedade e verdade retira do processo negocial o maior fardo e entrave — a desconfiança. É neste ponto, que considero absolutamente fulcral, que, muitas vezes, as equipas, seja de compradores seja de vendedores, falham.

Ao arrancar um processo negocial existe, por norma, um clima de desconfiança, onde uns e outros pensam para os seus botões... «onde será que me estão a querer enganar?... que terão guardado na manga?...»

Como em qualquer relação pessoal, a primeira impressão é decisiva para que o relacionamento futuro seja mais ou menos fácil ou mais ou menos profícuo. Numa relação comercial, passa-se exactamente a mesma coisa, com a agravante de ter repercussões económico-financeiras. Um mau relacionamento inicial dificilmente se recupera e poderá trazer graves prejuízos às instituições que cada um dos envolvidos representa.

Assim sendo, é de extrema importância que a atitude, quer dos compradores quer dos vendedores, represente valor acrescentado ao processo, e que estes assumam, desde o primeiro momento, que a transparência dos negócios é fundamental.

Partindo desta premissa, podemos então promover o relacionamento entre as partes, para que possam responder, de forma eficaz, aos desafios com que se deparam num processo sempre difícil e sempre complexo que é a negociação, onde duas partes entram com interesses opostos.

[32] Manuel Castelo Branco desempenha diversas funções nas áreas de *procurement/supply chain*, há 15 anos. Tem experiência profissional em diversas áreas de negócio, como telecomunicações, infra-estruturas, saúde, banca e seguros. Anteriormente, sempre trabalhou na banca, onde desempenhou funções de gestão de projectos nas áreas de IT, tendo desenvolvido grandes projectos no estrangeiro.
Considera o *procurement* uma área crucial na gestão das empresas que pensam o futuro.

A minha dica, para quem entra neste mundo da negociação, é de que se seja verdadeiro em todo o processo. Todos sabem o que se está a defender: cada um defende a sua empresa, o seu negócio. Todos nós sabemos e conhecemos as técnicas negociais. Todos nós sabemos que aliar vontades distintas é difícil. Todos nós sabemos que dificilmente alguém vai «reinventar a roda». Assim, o que temos de fazer é, em conjunto com a outra parte, encontrar a melhor solução, a qual satisfaça todos e que, acima de tudo, não penalize nenhuma das partes, para que a relação possa durar e dar muitos e mais frutos.

3.4 *BUYING CENTER*

Na generalidade das empresas, os processos de vendas raramente são conduzidos, analisados e decididos por uma pessoa. Por isso, é absolutamente essencial às pessoas de vendas perceberem rapidamente quem está envolvido no processo de compra (funções e pessoas) e quais os papéis respectivos e a influência no processo, por forma a desenhar um processo de venda que seja compatível com a estrutura da compra.

Daí que surja o termo ***buying center***[33] (BC), que, apesar de não ser uma estrutura formal e bem definida numa organização, é um conceito extremamente útil, objectivo e pertinente.

Conceito-chave n.º 6: *Buying center*

O *buying center* é o conjunto das pessoas envolvidas directa e indirectamente num processo de compra e que determinam, de alguma forma, o curso desse mesmo processo.

[33] Mantém-se o termo original por ser de uso corrente nas empresas e nas forças de vendas.

Poder-se-ão identificar os seguintes papéis num *buying center*:

Iniciador	**Aquele que detecta uma determinada necessidade ou situação que tem de ser resolvida através da aquisição de algo, seja um bem, um serviço, uma ideia ou outro, iniciando assim um processo de compra.**
Utilizador	**Aquele que utiliza o que vai ser adquirido. O seu papel normalmente é importante na identificação da necessidade e na especificação da solução. Na avaliação da satisfação do que é adquirido, o utilizador tem também um papel preponderante.**
Gatekeeper	**Das várias descrições normalmente conferidas a esta função, pode considerar-se o *gatekeeper* alguém que controla o processo, permitindo que alguém participe no mesmo ou fechando a hipótese de participação. Com frequência, considera-se que o comprador, ao controlar, por exemplo, a lista de participantes de uma ronda negocial, funciona como *gatekeeper*. Um consultor externo que qualifica os vendedores pode também ser um exemplo do *gatekeeper*.**
Influenciador	**É alguém cuja opinião será considerada no processo. Importa referir que um influenciador poderá ser, inclusive, alguém exterior à empresa, como um consultor ou um especialista contratado para o efeito. Um concorrente com uma relação de proximidade com a empresa compradora pode ser um influenciador. O leque de influenciadores poderá ser muito vasto e aqui reside grande parte da arte do desenho de um *buying center*, que é identificar aqueles que originalmente não parecem ter importância no processo, mas que são, de facto, influenciadores. Por exemplo, num processo de aquisição de uma máquina para um hospital, a opinião de um programador, que usualmente não faz parte de um *buying center* nestas situações, naquele hospital e pela proximidade que tem com o conselho de administração, pode ser extremamente importante no processo.**
Comprador	**Aquele que obtém a solução (bem, serviço, ideia...) e que participa mais directamente na coordenação do processo negocial no seu todo.**
Decisor	**Aquele que tem a palavra final sobre o sim ou não de uma determinada decisão de compra. Pode não ser necessariamente a pessoa mais alta na hierarquia, mas, por exemplo, numa compra muito técnica, a pessoa mais qualificada para aprovar a solução.**

Desafio n.º 9: qual o nível de análise que a sua empresa faz dos clientes em termos de compras? Identifica os diferentes intervenientes e os seus papéis? Quem faz essa análise? Costumam ter só um discurso de venda ou têm diferentes argumentos para diferentes «compradores»?

A importância do desenho do BC é simples, pois fica claro que, havendo diferentes interesses num BC, se o vendedor não os satisfizer, a sua proposta não será eficaz. O que significa, na prática, é que dentro de um processo de venda **existem várias vendas**. Num aparelho de TAC vendido a um hospital, o interesse do médico é **técnico** nos aspectos de utilidade da máquina para a sua função; o interesse do director financeiro é o **custo da máquina** e os **modos de financiamento** que o vendedor oferece; o interesse do engenheiro responsável pela manutenção reside nos aspectos **técnicos ligados à própria máquina**; o do técnico que opera a máquina é a **facilidade e segurança de operação**, e muitos outros interesses poderiam ser acrescentados.

O desenho do BC passa, então, pela identificação e qualificação dos membros desse BC.

Os programas de CRM contêm módulos que permitem o desenho do BC, para uma melhor análise.

FIGURA 30 ***Buying center***

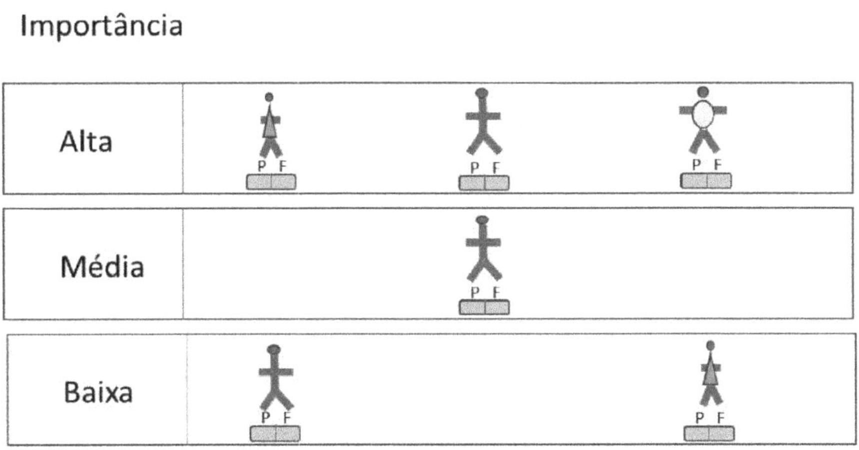

A Figura 30 ilustra uma forma de identificação de *buying center* onde são colocadas as pessoas em termos de importância para o processo de venda (alta, média e baixa), e existe um quadro que pode conter alguma indicação sobre as pessoas, no exemplo em causa com duas designações, P — posição que a pessoa tem face à nossa proposta [que pode, por exemplo, ser favorável (+), neutra (0) ou negativa (—)] — e F, que é a sua função (influenciador, *gatekeeper*, decisor, iniciador, comprador ou influenciador). A importância da pessoa no processo, bem como a sua função e posição face à nossa proposta ou qualquer outro elemento de informação, resulta da classificação da pessoa de vendas responsável por conduzir este processo.

Num BC, algumas das funções podem ser exercidas em simultâneo por uma pessoa, ou a mesma função pode ser exercida por mais do que uma pessoa. A visualização ajuda a compreender melhor a complexidade do processo, a dar prioridade ao esforço e a identificar as competências de vendas que serão necessárias.

O objectivo final de caracterizar um BC reside no facto de a empresa vendedora ser capaz de desenhar um *selling center* (SC) ou uma *selling team* (ST), isto é, uma equipa de vendas que faça o *match* com o BC. De realçar que **cada transacção** implica o desenho de um BC e SC/ST.

Pessoa do BC	Interesse	Pessoa do SC/ST	Competências
Médico	**Qualidade do acto médico**	**X1**	**Medicina, explicar do ponto de vista médico a vantagem do equipamento**
Director financeiro	**Tomada da melhor decisão possível na defesa dos interesses e da estratégia financeira da organização compradora, bem como indicadores de produtividade do equipamento, por exemplo, tempo por ciclo de exame**	**X2**	**Financeiras, explicar o impacto financeiro da máquina, que pode ir desde a rentabilidade das operações por ter um ciclo de exame por paciente mais rápido, até sistemas de financiamento**
Engenheiro de manutenção	**Garantias de fiabilidade do equipamento e SLA de manutenção**	**X3**	**Técnicas de equipamento, capaz de explicar os indicadores de fiabilidade do equipamento e discutir acções planeadas do fornecedor no sentido de manutenção preventiva e, no caso de ser necessário, os SLA normalmente praticados pelo fornecedor**
Técnico auxiliar	**Facilidade, segurança e rapidez de operação**	**X4**	**Utilização do equipamento, uma pessoa que explique quais as vantagens em termos de segurança para o operador, facilidade em lidar com o equipamento**

Como é visível, não existe uma comunicação de vendas; existem várias. Só é possível ter um ***selling center (team)*** preparado e com impacto no processo na decisão do comprador, e, por conseguinte, na venda, se o ***buying center*** estiver correctamente desenhado. O desenho de um BC só é possível para quem investe verdadeiramente tempo em conhecer o *prospect*/cliente que será alvo do processo de venda. Não há outra maneira de conhecer o cliente.

3.5 *CUSTOMER EXPERIENCE* E *CUSTOMER JOURNEY*

A *customer centricity* implica que a relação do cliente seja vista numa lógica de **interacção e continuidade**. De acordo com a Figura 17, é visível que, na maioria dos casos, a relação não termina, tem um **fluxo contínuo** e deve ser gerida como tal.

Por isso, nos diferentes negócios, tem vindo a surgir uma preocupação crescente com a experiência que o cliente tem com a organização, e termos como *customer experience* (CX) e *customer journey* começaram a fazer parte do vocabulário corrente das empresas.

O conceito de CX não é novo, pois Abbot, em 1950 (p. 40), já referia: «O que os clientes pretendem não é um produto, mas sim experiências satisfatórias.»[34]

A *customer experience* (experiência do cliente) é, então, o resultado da gestão do cliente, é a **percepção** que o cliente retém da interacção que existiu entre ele e uma determinada empresa/marca.

A interacção normalmente é dividida em *touch points* (TP), que são **pontos de contacto** entre a empresa e o cliente. Esses TP podem ser **físicos** (contacto presencial com o vendedor) ou **virtuais** (visita a um site); podem ser **síncronos**[35] (um telefonema) ou **assíncronos** (um cliente vê um vídeo que está na página da empresa). Para além disso, o contacto com um produto é considerado um TP, pois alguém entra em contacto com algo que tem a marca da empresa.

Esses TP são normalmente organizados numa ***customer journey***, que mostra a jornada que o cliente segue numa relação (ou em parte dela) com a empresa.

Em bom rigor, o que a empresa controla directamente não é a *customer experience* (que é um resultado que se forma do lado do cliente), mas sim a ***journey***, isto é, o que acontecerá com o cliente em cada TP.

[34] Abbot, Lawrence (1955), *Quality and competition*. Nova Iorque: Columbia University Press. Recomenda-se também a leitura de um clássico na área: Schmitt, Bernd (1999), *Experiential Marketing*. Nova Iorque: The Free Press, mais focado no consumidor final, mas interessante para se perceber o conceito.

[35] *Sincronos* significa «ao mesmo tempo», em simultâneo; *assincronos*, «em tempos diferentes».

FIGURA 31 ***Customer journey* 1**

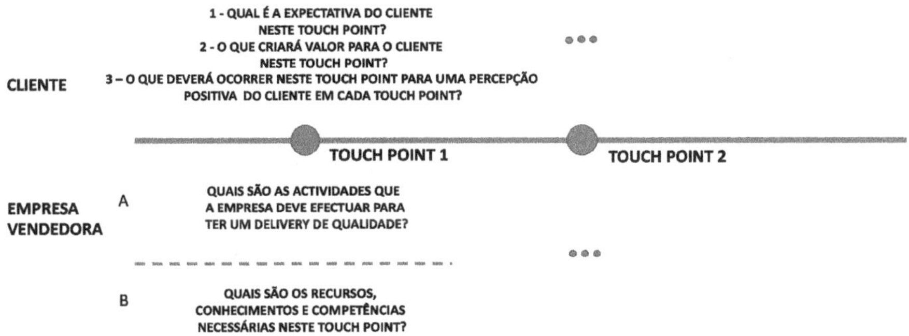

A Figura 31 representa a forma como se desenham e implementam os TP, que, sendo pontos de encontro entre o cliente e a empresa, têm obviamente **dois lados**. No lado do **cliente**, a empresa deve saber o que o cliente espera daquele TP, o que lhe cria valor e como deve decorrer a interacção naquele ponto. Do lado da empresa, a **empresa** deve definir os processos (A na figura) que devem ocorrer para que a interacção decorra da forma pretendida e quais os recursos, conhecimentos e competências que deverão existir para que os processos sejam os indicados (B na figura).

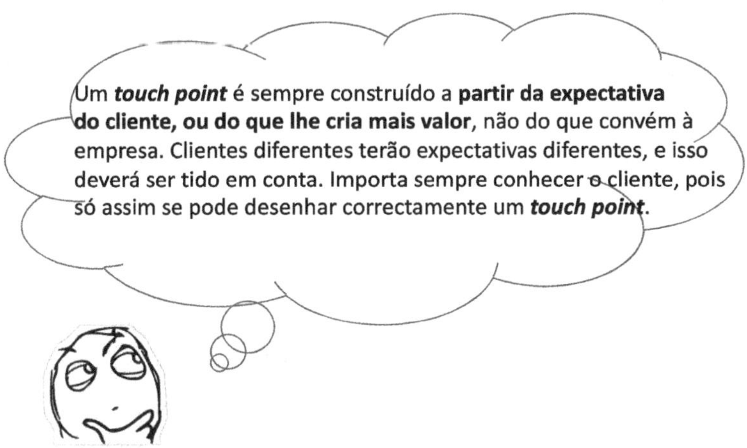

Reflexão n.º 14: *touch point* e o cliente

Imagine-se um TP na página da empresa, de um cliente à procura da informação sobre um determinado produto.

- Quando o cliente entra, o que procura?

- Será fácil encontrar o que pretende?
- Qual será o tempo de procura que o cliente considera ideal?
- A informação está prontamente disponível ou terá de preencher um formulário e depois acede à informação?
- Este preenchimento do formulário não afasta o cliente da procura?
- Existe certeza sobre o que o cliente considera uma experiência interessante?
- E se ele precisar de ajuda, como se faz? Sincronamente com ligação a um assistente com um número de telefone facilmente localizável ou assincronamente por *e-mail*?
- Depois de definir a interacção ideal neste TP, a empresa deve garantir todos os recursos, conhecimentos e competências para que a interacção decorra de forma *favorável*.

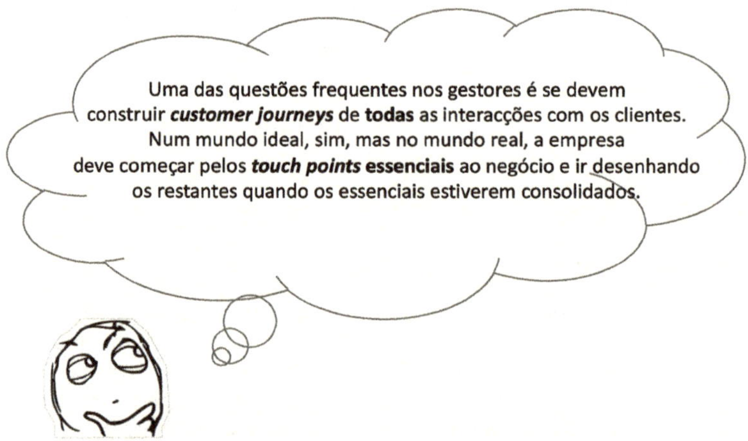

Reflexão n.º 15: desenho de todos ou alguns *touch points*

Um dos principais desafios da gestão de clientes é que estes interagem com a organização através de múltiplos TP em diferentes canais e diferentes *media*, o que exige um esforço grande de interacção entre as várias áreas da organização. Por isso, e mais uma vez, salienta-se a importância da **interacção** e da **quebra do efeito de silo**, pois, para o cliente, ele interage com a empresa e não quer saber se é com o departamento A, B ou C, e o **alinhamento** de todos os que interagem com o cliente é crucial. Numa empresa em que o vendedor efectuou um óptimo trabalho de prospecção e adequação da oferta da empresa (percepção positiva pelo lado do cliente) e que, na logística, ocorre um atraso (percepção negativa), o resultado da experiência com a empresa é inferior ao que poderia ser depois da interacção com o vendedor. Por isso, hoje, o CX é o espelho de como a empresa actua de forma **integrada** e **focada no cliente**.

Qual o interesse que uma área de vendas tem na *customer experience*?

Primeiro, as vendas participam activamente na experiência do cliente e, por isso, devem perceber qual o seu papel nessa experiência. Depois, como já foi referido anteriormente e voltará a ser referido no capítulo final, a venda evolui para a gestão do cliente, e gerir o cliente é gerir a experiência do cliente.

A Figura 32 mostra uma ligação entre o processo de compra e o desenho de uma *customer journey*.

FIGURA 32 ***Customer journey* 2**

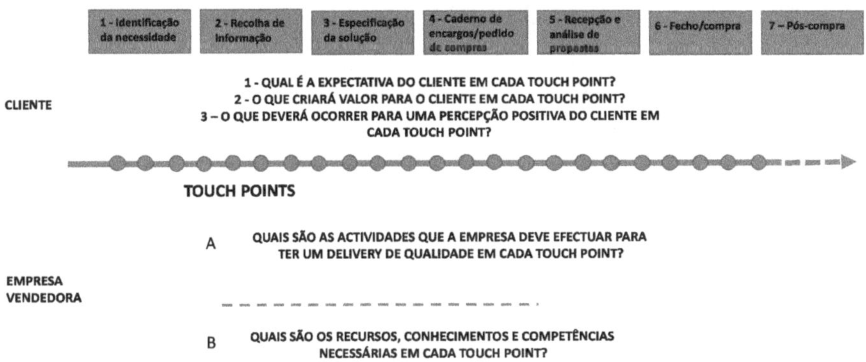

Na parte superior da figura temos sete etapas do processo de compra. Em cada etapa podem ser determinados os *touch points* principais e efectuado o desenho de cada um, por forma a, no final, o cliente ter uma experiência positiva com a empresa. De notar que a etapa 7, pós-compra, inclui não só a entrega, instalação, mas toda a fase de ***customer success*** e de **acompanhamento de clientes**, que poderá originar uma nova transacção.

3.6 CLASSIFICAÇÃO DE CLIENTES ABC

Os critérios de segmentação de clientes em B2B variam de acordo com múltiplos critérios, desde firmográficos até de relacionamento com a empresa, em termos de volume de vendas e rentabilidade.

Contudo, muitas forças de vendas referem-se aos clientes como A, B e C. Embora sejam muito variáveis os critérios que as forças de vendas utilizam nesta divisão, o Princípio de Pareto dos 80/20 está subjacente a estas decisões.

Os critérios utilizados são normalmente **volume de vendas**, **margem bruta total** e **rentabilidade**. Ao escolher um dos indicadores acima, a empresa regista os valores por cliente, por exemplo, volume de vendas. Aqueles 20% de clientes de totalizam 80% do volume de vendas da empresa (ou o número aproximado que totalize os 80% e vendas) seriam os clientes A; 30% dos restantes clientes em termos de valor seriam os B e os restantes 50% dos clientes os C.

Apesar da utilização em larga escala desta designação, existem outras formas mais interessantes e úteis de classificações de clientes.

3.7 PROPOSTAS — IMPORTÂNCIA E ELABORAÇÃO

Sendo um documento essencial na relação entre vendedor e comprador, a proposta de vendas varia muito em importância, complexidade e relevância, consoante o sector e as empresas envolvidas. Contudo, uma proposta tem características comuns que são, ou devem ser, observadas para que a sua eficácia seja real.

Conceito-chave n.º 7: proposta

Uma proposta é um documento único de venda por transacção, que encerra um **compromisso** com o cliente, em que é referida a **utilidade** que a empresa vendedora se propõe a criar no e com o cliente, referindo também de que forma a sua proposta é **diferenciada** da concorrência. É inerente à proposta um determinado **investimento** do cliente (preço) e os seus termos, as **condições** necessárias dadas pelas partes para que a utilidade se produza e o **tempo** abrangido pela proposta.

Do conceito-chave acima apresentado, devem ser destacados alguns pontos:

Documento único de venda por transacção	**Numa lógica de foco em cliente, é evidente que a proposta foi elaborada para uma solução específica e não um *copy and paste* de outras propostas, o que revelaria uma total falta de adequação da solução ao problema em causa.**
Compromisso	**Uma proposta compromete as partes, a vendedora a cumprir um conjunto de requisitos e a procurar um determinado objectivo; o cliente, em primeiro lugar, a responder e discutir a proposta e depois a criar condições para a efectivação da solução.**
Utilidade	**Mais uma vez, não se vendem produtos, vende-se valor no cliente. Não é possível estar num negócio sem esse entendimento. Sem dúvida, a componente mais importante da proposta.**
Diferenciada	**Deve ser claro na proposta por que motivo se deve escolher a empresa vendedora face aos concorrentes.**
Investimento (preço)	**Sempre uma questão essencial, deve conter detalhes relativamente à moeda, se for o caso, à forma e aos tempos de pagamento, mas sobretudo deverá «soar» a investimento, pois esta é a lógica que deveria estar sempre presente quando uma empresa compra algo.**
Condições	**Estão relacionadas com todo o tipo de necessidades que a empresa vendedora precisa para que a produção de utilidade se dê, nomeadamente, informação do cliente, acesso às instalações, pessoas, *software*, existência de interlocutores, locais de apoio no cliente, equipamento e instalações fornecidas pelas partes, e todos os outros aspectos negociados pelas partes.**
Tempo	**O cronograma de execução de uma proposta mostra organização, comprometimento e também, se for bem desenhado, o impacto do não cumprimento do compromisso mútuo nos resultados.**

Em muitas forças de vendas, a apresentação de propostas ou a sua taxa de conversão [(n.º de negócios fechados/n.º de propostas apresentadas) x 100] é, inclusive, utilizada como métricas de esforço, para eventuais avaliações de desempenho.

Uma das discussões muito antigas é se uma proposta deve ser apresentada numa fase ainda relativamente **inicial** do processo negocial ou já numa fase **adiantada**, quando se tem a certeza de fechar o negócio.

Não existe uma resposta para todas as situações, mas o que deve ser reflectido pela empresa vendedora é qual o papel da proposta no negócio e como deve ser gerida a sua apresentação e discussão.

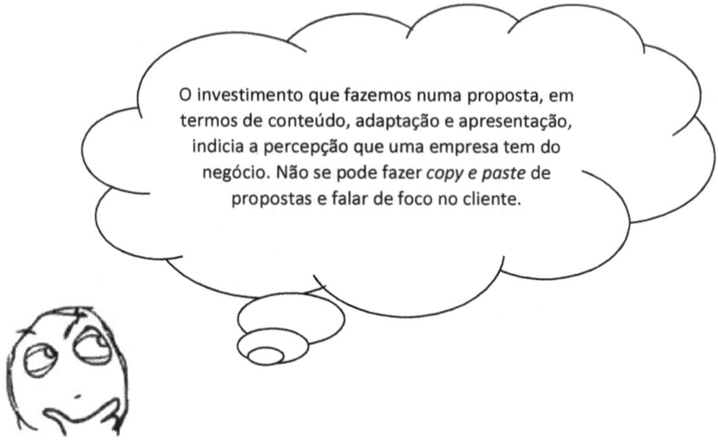

Reflexão n.º 16: importância de uma proposta

Existem propostas que são respostas a cadernos de encargos/RFP e, por isso, o momento está definido por natureza. Noutras situações nas quais há uma negociação em curso e o momento e apresentação de propostas relativamente em aberto, a empresa vendedora tem opção sobre o *timing* da apresentação.

De uma forma geral, quando um diagnóstico já foi bem definido, uma situação suficientemente bem caracterizada e a sua solução encontrada, não existe nenhuma razão para adiar a apresentação de uma proposta. Uma proposta é um sinal de **compromisso** e, por isso, pode ter um impacto forte num processo negocial de mostrar ao potencial comprador o empenho despendido na procura da solução, segurança na solução e foco no cliente.

Sendo um compromisso escrito, a proposta tem também o aspecto positivo de provocar uma resposta no potencial cliente, isto é, no momento em que este recebe uma proposta, tem de **se pronunciar**, o que dá ao vendedor uma verdadeira ideia de se está no caminho certo e se existe intenção real e comprometimento com a compra.

Uma proposta apresenta o desafio de colocarmos num documento um resumo relacional e de compreensão sobre uma situação concreta apresentada pelo comprador. Normalmente podemos considerar que uma empresa vendedora apresenta a sua solução de três formas distintas:

1 — Descreve a característica do produto (oferta) e todos os benefícios do mesmo
2 — Compara o produto (oferta) com o produto (oferta) da concorrência, com os pontos favoráveis de diferenciação
3 — *Value-based proposition* — conceito de valor (utilidade). Depois de apresentados os pontos de paridade[36] e os pontos de diferenciação, é explicada a utilidade criada pela solução proposta no cliente (ex.: aumento de produtividade em *x*, economia de consumo de energia de *y*, alargamento da base de clientes em *z*...)

É evidente que os argumentos que realmente interessam e são diferenciadores são os do ponto 3, **impacto no cliente**, pois nada do que se faz hoje pode estar dissociado do conceito de valor; mais uma vez, ninguém compra uma máquina, compra algo para ter um impacto na produção. Como se descreve o impacto que a máquina terá na produção do cliente, isto é, aumentará a produtividade? Diminuirá o consumo de energia? Diminui o esforço humano e com isso a melhoria do bem-estar dos operadores de máquinas? Ocupa metade do espaço, aumentando o potencial de produtividade da zona de produção? Enfim, o que realmente conta é a **utilidade criada no cliente**.

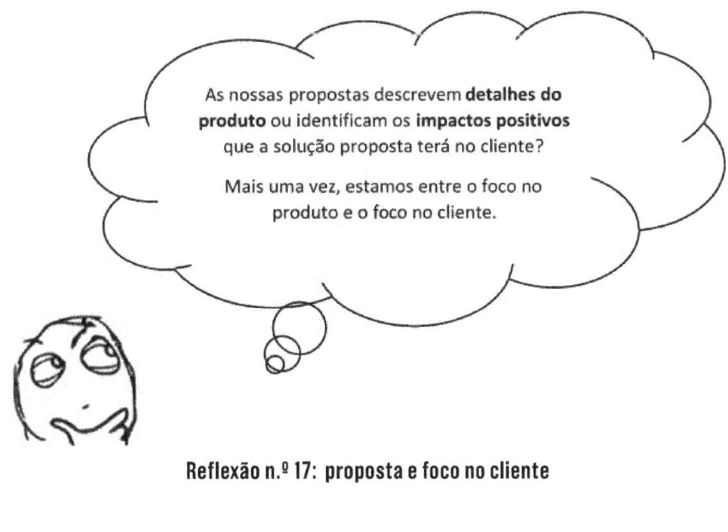

Reflexão n.º 17: proposta e foco no cliente

[36] Pontos de paridades são as componentes da nossa oferta que estão em paridade com a oferta da concorrência (que obviamente conhecemos no geral) e que devem fazer parte de uma proposta para garantir que oferecemos o que os outros oferecem.

Para influenciar positivamente um processo negocial, uma proposta deve ter as seguintes características:

1 — Apresenta uma compreensão correcta da situação do cliente	**O diagnóstico é a etapa fundamental de qualquer solução e, como tal, dever-se-á investir ao máximo na identificação e caracterização da situação (problema). Importa também salientar que frequentemente a empresa vendedora toma a descrição do cliente como firme e desenha a solução a partir daí, o que pode ser um erro que mina o sucesso da própria solução. Daí que investir no diagnóstico seja verdadeiramente uma pré-condição para o sucesso de qualquer proposta. Chegamos a um consenso com o comprador sobre a situação (problema) de partida? Está completamente acordado entre as partes?**
2 — Propõe uma solução que dá segurança ao cliente	**A solução cria valor para o cliente? Está demonstrado e quantificado na proposta como o valor é criado e medido? Há margem de dúvida ou de mal-entendido? A solução foi apresentada previamente à empresa compradora antes de ser colocada na proposta? A empresa compradora sente-se confortável com a solução proposta? É exequível? Vai ao encontro das expectativas do comprador? Naquilo que depende da empresa compradora, a solução é realista?**
3 — Garante o sucesso da solução proposta	**Responde ao *briefing* e a todas as questões colocadas pelo cliente? Quais são as garantias de que as soluções propostas resultam? Existe histórico de solução? Na literatura? A equipa da proposta tem experiência no ramo? A empresa fornecedora tem reputação na solução?**
4 — Apresenta factores de paridade e factores de diferenciação	**Na proposta está claro que cumprimos os pontos (pelo menos os principais) que são propostos pela concorrência? Para a solução proposta, a empresa vendedora é a melhor opção? Porquê? Está espelhado na proposta? Quais são os aspectos (referidos na proposta) que levam a que se escolha a empresa vendedora face a outras empresas do sector? Qual é a fiabilidade da empresa vendedora?**

5 — Espelha qualidade	**A apresentação espelha a qualidade da empresa. Numa lógica de que tudo comunica, um documento entregue ao cliente deverá reflectir profissionalismo, atenção aos detalhes, qualidade de apresentação, capacidade de comunicação, desenhos bem feitos, tabelas e gráficos correctamente numerados, entre outros. Na maioria dos casos, as propostas são feitas à pressa e entregues sem a revisão devida, o que acarreta, não raras vezes, dissabores escusados e uma má primeira opinião.**

3.8 SISTEMAS DE INFORMAÇÃO, ANGARIAÇÃO E GESTÃO DE CLIENTES

3.8.1 SISTEMAS DE INFORMAÇÃO

Desde o primeiro momento, foi referido que a *customer centricity* assenta num ponto fundamental: **a inteligência sobre o cliente**. Só é possível co-criar um valor com alguém melhor do que a concorrência se existir inteligência sobre esse mesmo alguém (cliente).

Passado

Desafio de negócio: ter e entregar o melhor produto

Condição fundamental: conhecer, entregar e antecipar a oferta da concorrência

Presente

Desafio de negócio: co-criar uma experiência melhor do que a concorrência

Condição fundamental: desenvolver Inteligência sobre o cliente (conhecimento + capacidade prescritiva) + Implementar a experiência

A **relação oferta e procura** e a **componente relacional** deslocaram a principal vantagem competitiva **de ter um melhor produto** (ainda muito importante, mas insuficiente, na maioria dos casos para uma vantagem competitiva) **para a experiência do cliente**. Este desígnio só é possível numa situação em que a empresa **conhece profundamente o cliente**, por forma a ser capaz de identificar o ponto de criação de valor. Para tal, é óbvio e fundamental desenvolver inteligência de negócio no que respeita aos clientes, isto é:

Descrever a atitude e comportamento do cliente
Descrever a relação entre o cliente e a empresa
Interpretar o porquê da evolução de atitudes, comportamentos e da evolução da relação
Prever comportamentos futuros do cliente
Definir como a empresa deverá actuar face aos comportamentos futuros do cliente, visando a maior criação possível de valor para as partes

Sendo então central ao negócio, o «**local**» onde essa inteligência se produz é, no limite, a fonte da vantagem competitiva de uma organização.

Esse «**local**» é o sistema de informação de uma organização, constituída por várias plataformas que têm no seu ERP[37] e nos respectivos módulos e Power BI grande parte da informação relevante, o que remete para a gestão de conhecimento da própria empresa. Na base da aplicação de uma gestão do conhecimento existe o seguinte:

FIGURA 33 **Lógica DICIAR**

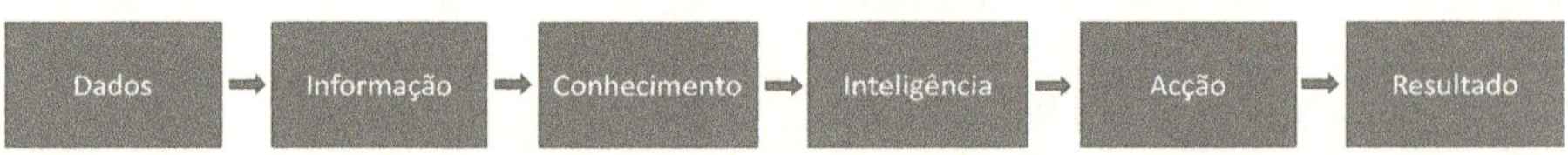

É de extrema importância a compreensão desta lógica, para a compreensão da gestão de sistemas de informação e de qualidade dos dados.

[37] ERP é a designação para *Enterprise Resource Planning*, que pode ser considerado o sistema nervoso central de uma organização, onde está armazenada e é trabalhada a informação relevante para a empresa e onde outros sistemas, como plataformas electrónicas de compras, estão também ligados. Exemplos de ERP são o SAP, Sage, SAS e o Primavera, entre outros.

Um **dado** seria o registo isolado de um determinado evento; quando se juntam os vários dados, é produzida **informação** sobre algo, quando esta informação se combina com outra informação, produz-se **conhecimento**, quando se adiciona uma capacidade prescritiva do que acontecerá no futuro e se define como a empresa deverá actuar, cria-se **inteligência de negócio**, que vai nortear as **acções** da organização tendo como objectivo um determinado **resultado**.

A lógica do DICIAR pode também ser observada ao contrário, isto é, para ter um determinado resultado, que acções devem ser implementadas, que inteligência, conhecimento e informação é preciso desenvolver e que dados devem ser recolhidos. Apesar disso, a primeira forma é a mais comum nas organizações.

Olhando então para a sequência da Figura 33, há um aspecto que ressalta de imediato:

Quando um **dado de baixa qualidade** é inserido no sistema, a informação, o conhecimento e a inteligência produzidos a partir daí **estão errados** e, por isso, todas as acções delineadas pela empresa produzirão resultados diferentes, normalmente inferiores ao previsto. No limite:

Dados de baixa qualidade ➡ Resultados fracos

(*garbage in — garbage out*)[38]

Por isso, a produção de dados é essencial a qualquer sistema; se temos produção automática de dados, por exemplo, num processo fabril de recolha de dados, numa facturação electrónica, esta questão não se põe. Contudo, muitos dos sistemas têm **intervenção humana** enquanto produtores de dados, isto é, pessoas que lançam dados e informação no sistema. O processo manual de lançamento levanta algumas questões sobre a qualidade dos dados. Quando ocorrem dados de baixa qualidade, sobretudo com origem em inputs lançados por colaboradores[39], as principais causas são pessoas que:

[38] Consideramos pertinente referir a frase frequentemente utilizada em língua inglesa «lixo à entrada, lixo à saída» (tradução livre). Aparece também como *rubbish in, rubbish out*, sobretudo em inglês UK.

[39] Chamamos a atenção para a diferença entre dados lançados sem intervenção humana, por exemplo, leitores de códigos de barra, cartões de presente, leitores de RFID e dados lançados por humanos, por exemplo, relatório de uma visita a clientes.

Não têm claro o impacto dos seus actos nos processos subsequentes
Não estão capacitadas para tal
Não conhecem o sistema
Não sabem sobre o tema que estão a lançar
Têm pouco tempo para lançamento de dados e informação
Não estão motivadas para lançar os dados e a informação correcta
Deliberadamente lançam dados e informação incorrecta por várias razões (comodidade, proveito próprio, melhorar imagem...)

Portanto aqui, mais uma vez, chama-se a atenção para a **formação, motivação e envolvimento**[40] de todos aqueles que **produzem dados** numa organização. Sendo este um livro de vendas, obviamente que a **força de vendas** aparece em primeiro lugar, apesar de não ser o único grupo que vai influenciar a qualidade dos dados.

Se estamos numa era de *customer experience*, **todos** aqueles que **interagem** com o cliente podem ser chamados a produzir dados e informação, e, então, devem ter formação e motivação adequadas à função, no que respeita à qualidade dos dados dos sistemas de informação.

Para além da questão da própria empresa, hoje as organizações, sendo mais transparentes, devem **partilhar** um conjunto de informação com os seus ***stakeholders***[41], clientes e parceiros, em especial. Por isso, a questão da **produção de dados** coloca-se também nas **diferentes relações** que uma empresa tem e que deve ser tratada com particular atenção pelos gestores da relação, que é normalmente a força de vendas.

Imagine-se um caso de uma empresa de videojogos, que lança um novo jogo e tem uma promoção de vendas, que inclui um promotor no ponto

[40] A palavra *engagement* é frequentemente utilizada em várias áreas de gestão e aqui teria também aplicação. Não havendo uma palavra com o mesmo sentido estrito em português, pode-se considerar que **envolvimento, envolvimento voluntário, adesão a uma ideia** têm um sentido muito próximo; neste parágrafo, optou-se por «envolvimento». Preferimos não utilizar «engajamento».

[41] *Stakeholders* — partes interessadas, entidades que afectam ou são afectadas pela organização no seu normal funcionamento. Como exemplo, existem clientes, colaboradores, accionistas, fornecedores, parceiros, ONG, entidades oficiais e comunidade local.

de venda com a finalidade de efectuar demonstrações. Toda a informação recolhida pelo promotor será relevante para a empresa. Mais uma vez, a formação do promotor e a sua motivação em produzir dados fiáveis e com validade será fundamental para a organização. O mesmo se pode aplicar, por exemplo, quando se faz uma promoção de vendas com intervenção das pessoas de um retalhista; que tipo de informação, e qual a qualidade da mesma, retorna à empresa? Estas são questões que afectam decisivamente as vendas e, por isso, devem ser tratadas com especial atenção pela força de vendas.

No desenho dos sistemas de informação, o responsável deve ter em conta as tipologias de análise de dados que normalmente são referenciadas, que são as seguintes:

Descritiva	**Descreve o que aconteceu em determinada área; apresenta indicadores e métricas definidos pela organização**
Diagnóstica	**Indica porque aconteceu, tenta estabelecer relações entre variáveis, entre causa e efeito**
Preditiva	**Prevê o que pode vir a acontecer**
Prescritiva	**Determina quais as respostas que a empresa deverá ter com o que tem uma elevada probabilidade de vir a acontecer**

Um desafio interessante para as organizações reside no facto de muitos dos produtos hoje em dia serem «inteligentes» e concebidos para, fazendo parte de uma cadeia de valor, produzirem informação que é gerida independentemente e com outros produtos.

Aparecem então conceitos como ***Internet of Things*** (IoT)[42]; ***Internet of Everything*** (IoE) e Big Data.

[42] Internet of Things (IoT) — «coisas interagem com coisas», por exemplo, um veículo automóvel e um sinal de trânsito; Internet of Everything (IoE) — «coisas» e seres vivos, por exemplo, no caso de aparelhos de medição de parâmetros de saúde (frequência cardíaca) que comunicam directamente com sistemas de vigilância, lançando, inclusive, alertas; **Big data** — que, não tendo uma definição específica, representa a enorme **magnitude** da produção de dados que envolve não só a **velocidade** a que os dados e a informação são gerados, como também a **variedade de fontes**, tornando o desenho dos sistemas de recolha e produção cada vez mais complexos.

Por isso, a empresa deve ter presente a importância de saber seleccionar o que quer e como vai lidar com dados e informação, sob pena de ter dados e informação dos quais não retirará valor em tempo útil.

Realça-se a questão da velocidade da mudança do meio e a obsolescência dos dados, isto é, num mundo em mudança muito rápida, a qualidade da informação decresce com o tempo, pois se for processada tardiamente, a realidade na qual se baseou já não existe. Por isso, se antigamente o **segredo** era a alma do negócio, hoje o **conhecimento e a sua disseminação** são a alma do negócio. Logo, numa empresa não se deve pensar em termos de segredo, mas antes perguntar «**Quem precisa desta informação e não a tem?**» e disseminá-la rapidamente.[43]

Uma nota final para o desafio que se coloca hoje aos sistemas de informação e que reside nos dados não estruturados, ***unstructured data***, e que significam dados que não são organizados previamente nem têm um modelo predefinido. Se toda a lógica até hoje foi muito construída em dados «estruturados», a informação «não estruturada» tem vindo a assumir uma dimensão importante, sobretudo se relacionada com a diversidade de fontes de informação a que uma empresa hoje recorre e deve recorrer.

Se num determinado assunto que se passa numa comunidade de clientes próxima da empresa existem vídeos ou fotografias com informação relevante, como é que a empresa identifica e processa essa informação? Este é um exemplo de dados «não estruturados», em que a inteligência artificial tem sido utilizada no apoio ao tratamento da informação.

[43] É curioso o facto de, mesmo em sectores muito conservadores em termos de segredo, como o militar, a mudança estar a ocorrer. Recomenda-se a visualização do vídeo «The military case for sharing knowledge», de Stanley McChrystal. https://www.ted.com/talks/stanley_mcchrystal_the_military_case_for_sharing_knowledge.

Contributo n.º 5 — Sara Costa

A *Marketing Intelligence* como aliada das vendas

***Sara Costa*[44]**

É verdade, a ideia de que a informação é uma ferramenta essencial para aumentar as vendas não é algo novo. Quanto mais conhecemos o mercado, o negócio e o cliente, maiores são as possibilidades de eficácia. Porém, enquanto esta já é uma ideia bem assimilada dentro das empresas, não basta ter um analista comercial a executar tarefas de recolha e tratamento da informação.

O melhor caminho é usar ferramentas que acrescentam valor para atingir objectivos. Para isso, é preciso gerar conhecimento a partir de dados, utilizando sistemas de informação, onde as pessoas actuem de uma forma integrada e consciente. Assim, haverá uma integração da inteligência de mercado com a informação interna da empresa.

A inteligência de mercado será obtida através de fontes externas, como agências, associações, redes sociais, *web analytics*, etc. A informação interna tem como fonte as vendas (CRM), marketing (portefólio de produtos), finanças (custos e rentabilidades) e logística (novos produtos, fábricas, *forecast*, etc.). Alinhar e integrar estas fontes trará a bola de cristal e as propostas de valor adjacentes. Depois de iniciar este processo de integração, o processo deve ser mantido na organização e tornado uma constante com visibilidade em todos os níveis.

Passemos à prática com alguns exemplos:

1) Como ser mais eficaz na venda do novo produto sugerido para seniores? Através do sistema de informação de Marketing Intelligence, a população tem vindo a envelhecer. A organização decidiu lançar a nova proposta de valor através de escolha logística e financeira no portefólio internacional. O Marketing lançou uma campanha em canais e programas mais vocacionados para seniores. Como podem as vendas garantir o sucesso do novo produto? Primeira opção: através do sistema de informação realizar campanhas especiais de *sell-in* em pontos de venda localizados em regiões onde existem mais seniores. Segunda opção: fazer o *cross selling* com outro produto da organização, já vocacionado para seniores.

[44] Experiente *Business Insights Manager* que transforma dados em conhecimento. Pró-activa *Intelligence Marketeer*, com experiência nacional e internacional em várias agências, empresas de bens de grande consumo e indústria farmacêutica. Espírito pragmático devido à formação em Estatística, enriquecido com Master em Marketing.

2) Como escoar o *stock* de um produto que vai ser descontinuado e com uma data de validade fixa para consumo? Primeira opção: fazer um *cross selling* aos maiores clientes do produto a ser descontinuado, comunicando que será «*vintage*». Segunda opção: fazer um *giveaway* online, garantindo a angariação de clientes para outros produtos da empresa.

Garantir que este processo de integração é visível e abrange todos os níveis fará da proposta de valor um activo habitual para todas as empresas.

3.8.2 CRM — *CUSTOMER RELATIONSHIP MANAGEMENT*

Nas forças de vendas (FV) e na gestão corrente de clientes, o termo CRM aparece invariavelmente associado a um *software*. Contudo, CRM não é um *software*, mas sim um **princípio relacional da gestão de clientes**. Quando se fala de relações, a empresa tem um conjunto enorme de *stakeholders* para se relacionar, aparecendo os fornecedores como um exemplo que até tem um termo próprio — o SRM (Supplier Relationship Management). A relação com os clientes é, sem dúvida, a mais importante.

Primeiro, a empresa deverá definir a sua **política relacional** com os clientes e só depois definir a sua prática, que será implementada por sistemas de informação conhecidos também por CRM, e daí alguma confusão entre o princípio relacional e o *software*. A introdução do sistema de informação sem a definição de política relacional está na origem da maioria das falhas no projectos de CRM nas organizações, como se verá mais adiante.

Assumindo então estes elementos, poder-se-á definir o CRM como:

Conceito-chave n.º 8: CRM

É um processo estratégico de gestão relacional com clientes que visa identificar e seleccionar os clientes com maior potencial de sucesso para a organização, e gerir a relação ao longo das diversas fases, tendo como objectivos centrais a criação de valor com os clientes e a maximização do *customer lifetime value*[45] presente e futuro. Essa gestão relacional é efectuada através de um *software*/ /sistema de informação designado igualmente por CRM.

Como já foram referidos alguns dos princípios do marketing relacional anteriormente, a partir de agora será referido o CRM enquanto sistema de informação.

O CRM tem já um longo historial nas organizações, sobretudo a partir dos anos 90. Numa primeira fase, os CRM foram introduzidos nas empresas numa lógica de ***Sales Force Automation*** (SFA) para apoio da parte operacional das forças de vendas, sem nenhuma componente estratégica visível. Em termos práticos, muita da utilização inicial dos CRM visava o controlo da força de vendas, em termos do esforço geral, como visitas, número de propostas entregues, construção de funil de venda, entre outros.

Por isso, o CRM pode ser visto num contínuo que tem os seguintes extremos:

FIGURA 34 **Extremos do CRM enquanto sistema de informação**

Enquanto a maioria das empresas ainda olha para o CRM como uma ferramenta de *salesforce automation*, ou pior, uma ferramenta de controlo da actividade de vendas, as empresas que realmente criam valor com o CRM vêem-no, para além da componente operacional, como um **sistema de inteligência de negócio** e de gestão de clientes.

[45] *Customer Lifetime Value* (CLV) — valor que o cliente tem para a empresa ao longo da sua vida útil enquanto cliente. Indica todo o potencial de receita existente num cliente ao longo de um período, subtraído de todos os custos directamente imputáveis a esse cliente no mesmo período. Tem em si mesmo implícito um conceito de rentabilidade do cliente e daí constituir uma das métricas mais importantes na era da *customer centricity*.

Sendo uma tecnologia, o CRM é um **meio para atingir algo**, não a finalidade *per se*. É muito frequente assistir-se a empresas que investem em tecnologia e ficam desiludidas, pois não atingiram o resultado esperado. O pressuposto de onde partiram é que foi errado, isto é, não tinham objectivos claramente definidos em termos relacionais quando compraram a tecnologia, e a tecnologia não se gere a si própria. É como alguém que não sabe nada de matemática e compra um Excel, pensando que, a partir daí, começa a resolver equações.

Os sistemas de CRM mais conhecidos são o Salesforce, o Microsoft Dynamics, o Siebel, o SAS, o SAGE e o Primavera, ou sistemas muito mais segmentados e com serviços associados, como a Viragem.

Os sistemas anteriormente citados são normalmente aplicados em empresas de grande e média dimensão, mas, cada vez mais, estes sistemas lançam módulos para empresas mais pequenas, que, para além destes, podem utilizar CRM mais simples, por exemplo, o Zoho CRM ou os CRM desenvolvidos numa base *open source*, como o Sugar. Por isso, dada a facilidade de acesso aos CRM, **empresas de qualquer dimensão** deverão considerá-lo um **recurso fundamental e obrigatório** em qualquer modelo de negócio.

Algumas das principais vantagens de um sistema de CRM:

Integrar informação do cliente proveniente de várias fontes
Fornecer informação trabalhada a vários pontos de interacção
Gerir o cliente individualizadamente
Gerir processos de vendas automaticamente (ex.: cotações de seguros geradas por inteligência artificial)
Gerar e gerir campanhas de publicidade, promoção e divulgação
Efectuar acompanhamento de clientes em tempo real
Ter a informação e a inteligência de negócio codificadas e partilhadas por vários departamentos e diferentes níveis da organização
Acompanhar clientes numa lógica omnicanal
Capacidade de adaptação a alterações do ecossistema
Produzir estímulos e respostas individualizados por cliente
Gerir a rentabilidade do cliente ao longo do ciclo de vida

Hoje, importa realçar que o contexto inicial do CRM foi alargado com o conceito de **social CRM**, ou seja, incluir nos CRM todo o contexto de *social media*, para uma melhor compreensão, recolha de informação e interacção com os clientes via *social media*, com a criação de *wikis*, participação via aplicações, blogues, *podcasts*, *social selling* e a gestão de comunidades.

O CRM permitirá também a avaliação e identificação de **novas fontes de valor** para a organização comummente referidas como:

Customer Information Value (CIV)	**Valor da informação positiva sobre a empresa e a sua oferta, que os clientes disseminam nas suas redes sociais (de uma forma gratuita, decorrente do envolvimento e do entusiamo que o cliente tem com a organização)**
Customer Knowledge Value (CKV)	**Valor de dados, informação e conhecimento partilhado pelos clientes com a empresa**
Customer Referral Value (CRV)	**Valor da informação positiva sobre a empresa e a sua oferta, que os clientes disseminam nas suas redes sociais (ao contrário do CIV, aqui incluem-se agentes patrocinados pela empresa). Muitas empresas designam CRV como CIV e CRV juntos.**

Reflexão n.º 18: sCRM[46] e marketing e vendas

[46] sCRM — Social CRM — ocorre com a integração da informação das redes sociais no CRM, o que permitirá a organização seguir a relação com o cliente também via *social media*.

Muitas das designações utilizadas na avaliação do caminho até à constituição de uma oportunidade vêm do tempo do funil de vendas.[47]

Neste ponto, focamos a qualificação das *leads* que entram no *pipeline*. Este tópico foi muito bem explicado no texto do Dr. Fernando Silva[48], mas daremos uma breve explicação sobre os termos utilizados hoje.

Vindo ainda de uma era de funil de vendas, existe um conjunto de termos diferentes que designam basicamente as mesmas coisas. A sua utilização, infelizmente, ainda varia muito de empresa para empresa.

Entramos num ponto-chave da análise de vendas, que está relacionado com a **qualificação das entradas em *pipeline*.**

Existem muitas designações utilizadas nas forças de vendas. A seguir, apresentam-se algumas.[49]

FIGURA 35 **Exemplos de termos utilizados em funil de vendas**

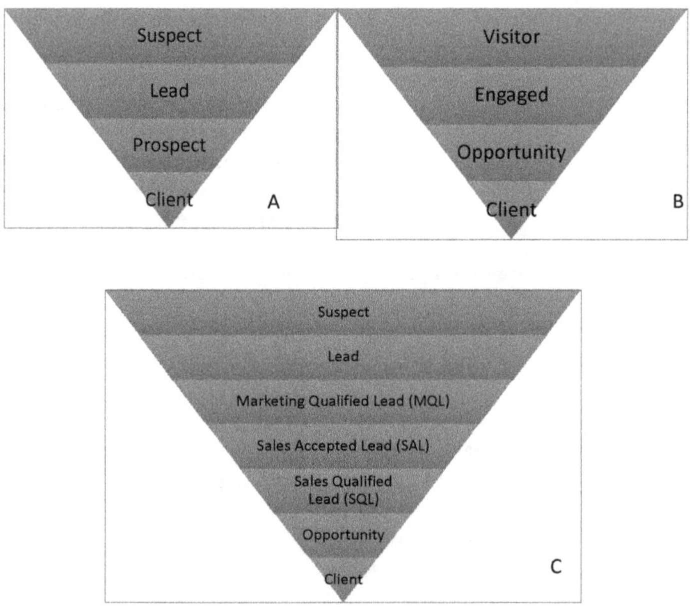

[47] Aqui, os funis de vendas são apresentados para uma melhor compreensão dos termos que estão na base das nomenclaturas utilizadas nas diferentes etapas no caminho das oportunidades de venda.

[48] Conforme explicado pelo Dr. Fernando Silva, a utilização de funil está em desuso numa lógica de *customer centricity*. Importa realçar que não se defende a utilização do funil de vendas numa lógica de *customer centricity*.

[49] Duas notas: 1) apesar de não se recomendar em B2B o funil de vendas, a representação gráfica foi mantida para uma melhor identificação dos termos; 2)os termos em inglês não foram traduzidos dada a sua larga utilização da comunidade de vendas de língua portuguesa.

Tentando dar um entendimento comum a alguns termos, no funil A um ***suspect*** é uma referência **sem qualquer tipo de qualificação** numa base de dados; ***lead*** seria um indivíduo (ou uma empresa) que foi qualificado de qualquer forma como podendo ter interesse em negociar com o fornecedor; ***prospect*** é um indivíduo (ou uma empresa) que já manifestou interesse directo em saber mais e/ou negociar com a empresa vendedora; **cliente** é o indivíduo que fechou negócio com a empresa fornecedora. Dentro dos clientes, importa também referir alguma nomenclatura utilizada na área de vendas. No âmbito de clientes, aparecem designações como: **cliente activo, cliente inactivo, ex-clientes, não clientes, rejeitados.**

Embora existam designações muito diferentes em relação às designações acima, os sentidos mais comuns são:

Designação	Significado
Cliente activo	Cliente que efectua uma compra/fecha negócio num determinado período. É fixado empresa a empresa e depende do sector, do ciclo de negócio e da própria empresa. Muito importante para deixar claro numa base de dados quais são os clientes que efectivamente têm potencial de negócio mais imediato.
Cliente inactivo	Não efectuou nenhum negócio no período definido pela organização, mas não deixou nenhuma indicação de que não pretende voltar a comprar.
Ex-cliente	Considerado um cliente insatisfeito que rompeu deliberadamente com a empresa.
Não cliente	Potenciais clientes que nunca foram clientes da empresa e que já manifestaram por qualquer meio que não querem ser clientes da empresa (pode estar relacionado com o efeito do país de origem negativo, práticas ambientais e/ou sociais reprováveis, entre outros).
Rejeitado	Clientes com os quais a empresa fornecedora decidiu interromper a relação. Justifica-se por razões de abuso contratual, más práticas, oportunismo, questões reputacionais, prejuízo ou baixa rentabilidade, entre outros.

O **Funil B** é aplicável numa lógica mais próxima de negócios em **formato digital**. Por isso, *visitor* seria alguém que visita a página, *engaged* quem permanece e interage, *opportunity* alguém que manifesta um interesse e *client* o cliente de acordo com o que foi descrito anteriormente.

No funil C, existem várias designações comuns à realidade de vendas. O Marketing Qualified Lead (MQL) é um *lead* que já demonstrou interesse pela oferta da organização e já interagiu de alguma forma (visitou repetidamente o site, efectuou *downloads*, solicitou informações, colocou itens num carrinho de compras electrónico, reagiu a campanhas de marketing), não tendo ainda entrado em conversa de vendas, mas sendo considerado um *target* com elevada probabilidade de conversão pelo departamento de marketing.

Quando ocorre a passagem da área de marketing para a de vendas, torna-se então a *Sales Accepted Lead* (SAL). A SAL existe quando a área de vendas entra em acção e considera que os seus critérios de aposta e de interacção com a *lead* se aplicam ao caso em análise. Quando se verifica que a *lead* tem verdadeiramente um potencial de negócio, então passa a Sales Qualified Lead (SQL), que evoluirá para *opportunity* até fechar o negócio e tornar-se *client.*

3.8.2.1 PRINCIPAIS ETAPAS — DESENHO, IMPLEMENTAÇÃO E GESTÃO DE UM PROJECTO DE CRM

As principais etapas num projecto de CRM são:

1 - Definir os grandes objectivos da implementação de um CRM

2 - Definir um sponsor do projecto

3 - Mobilizar toda a empresa para o projecto

4 - Constituir uma equipa de projecto

5 - Definir os principais pontos de criação de valor - gap analysis

6 - Definir uma estratégia de CRM

7 - Desenvolver/adquirir um sistema de CRM

8 - Implementar

9 - Avaliar o impacto do CRM

3.8.2.1.1 Definir os grandes objectivos da criação de um projecto de CRM

Qual é a **principal razão de implementação** do CRM? Normalmente é a melhoria da relação com os clientes e a potenciação da relação em termos de negócio, controlo da informação e satisfação dos clientes.

Sendo estratégico para o negócio e tendo hoje a relação vários pontos de contacto via *social media*, um dos objectivos é que o CRM seja um Power BI capaz de produzir inteligência de negócio com base no cliente. Pode e deve ser também o início da **partilha da informação na organização** ou **quebra de silos** e mobilização para o negócio numa lógica referida anteriormente como *Sales Marketing Interface*. Numa pequena empresa, poderá ser o início do registo de transacções e de contactos com o cliente.

3.8.2.1.2 Definir um *sponsor*[50] do projecto

Num projecto transversal e de profunda mudança organizacional, só será possível o sucesso se o principal ***sponsor*** do projecto for alguém ao nível da administração ou direcção-geral de uma organização, pois se o projecto for patrocinado por alguém de um determinado nível, por exemplo, director de vendas, quando entrar em aspectos da área financeira, se o director financeiro não concordar, o projecto pára, pois estão ambos ao mesmo nível. Caso **não exista um *sponsor*** de projecto forte e com poder de decisão interdepartamental, o CRM **não vai funcionar** enquanto sistema estratégico. Poderá, sim, ser aplicado num departamento, por exemplo, vendas, numa lógica mais operacional.

3.8.2.1.3 Mobilizar toda a empresa para o projecto

Sendo um projecto transversal e com um forte impacto na informação e análise do cliente, o CRM só conseguirá atingir o seu papel mais estratégico se efectivamente **toda a empresa** estiver sensibilizada e envolvida no projecto. Aqui emerge a questão de **gestão de mudança**. Se uma empresa não tem uma cultura de gestão de mudança activa, clara e implementada,

[50] O *sponsor* do projecto é aquela pessoa na hierarquia que defende um projecto, a sua importância, a sua implementação e utilização.

dificilmente as pessoas da empresa entenderão os objectivos e os ganhos da implementação do CRM, que é um projecto de mudança por natureza, para toda a organização.

3.8.2.1.4 Constituir uma equipa de projecto

Sendo um projecto transversal, dependerá de cada organização a definição da equipa mais indicada para se constituir a equipa central de projecto. Refere-se equipa central, pois há uma equipa que supervisionará toda a instalação e funcionamento ao nível da organização, com pessoas a integrarem a equipa departamento a departamento. Contudo, parece evidente que as áreas de IT terão o papel central na implementação — aqui repete-se implementação, pois muitas vezes o CRM é **definido** pelo IT, **o que não parece correcto**, pois, sendo um instrumento de gestão, **deve ser definido pela área de gestão** e a sua implementação, sim, coordenada pelo IT. Também deverão fazem parte da equipa central de projecto pessoas de marketing e vendas, finanças e gestão de pessoas, sendo recomendável alguém de gestão de mudança e gestão de projecto, sobretudo para interagir com a equipa de gestão de projecto externa.

3.8.2.1.5 Definir uma estratégia de CRM

Depois de constituída a equipa de projecto, serão definidos em detalhe o **tipo de dados, a informação, o conhecimento e a inteligência de negócio,** que deverão ser recolhidos e processados pelo CRM. Para isso, deverá ser feito um diagnóstico junto dos principais utilizadores internos da organização e dos clientes (ou numa simulação de *personas* ou clientes-tipo) das necessidades de informação, cruzado com os objectivos que levaram a empresa a implementar um projecto de CRM. Depois, dever-se-á complementar o diagnóstico com o desenho da experiência do cliente por clientes principais, *persona* ou cliente-tipo, e determinar qual a informação necessária ao resultado pretendido da experiência e também quais os dados e informação que devem ser recolhidos ao longo da experiência.

3.8.2.1.6 Desenvolver/adquirir um sistema de CRM

Tendo claro o que se pretende com o CRM, a empresa decide o melhor fornecedor ou se desenvolverá o projecto dentro de portas. Com a profusão de CRM, actualização e necessidade de interacção com outros sistemas, cada vez menos empresas decidem por um desenvolvimento interno de CRM, que tem, na maioria dos casos, mais inconvenientes, nomeadamente actualizações do *software* menos frequentes, integrações mais difíceis com outros sistemas e custos de manutenção mais elevados.

Por isso, e tomando como exemplo as marcas comerciais anteriormente referidas, hoje existem CRM no mercado praticamente todos em *cloud* em sistemas de SaaS[51], para todo o tipo de organizações, desde grandes até pequenas empresas.

3.8.2.1.7 Implementar

Numa pequena empresa, o arranque de um CRM é imediato, contudo, numa média ou grande empresa, o projecto poderá demorar mais tempo, um ano ou mesmo dois, até chegar à velocidade de cruzeiro, muitas vezes não por um problema de IT, mas sim porque o projecto **não foi bem definido no início e está sempre a ser revisto**, e/ou **porque a adaptação dos processos internos à mudança** ocorre mais lentamente do que o previsto. Muitas vezes, a análise do sistema a comprar é feita de uma forma minimalista, adquirindo-se apenas módulos mais básicos que depois se mostram insuficientes para alcançar os objectivos da organização, e também com um número de licenças muitas vezes inferior ao ideal.

Para além disso, existem também os processos naturais de **resistência à mudança**, que devem ser acautelados. Mais uma vez, realça-se a importância de um diagnóstico bem feito e ter uma equipa experimentada em gestão de projectos e de mudança. Outro aspecto importante é a ideia de *quick wins*, que são ganhos rápidos num projecto, que ajudam a demonstrar a importância que o projecto terá para a organização, melhorando o

[51] SaaS — Software as a Service — formato em que não existe compra de *software* e instalação em servidores numa organização, mas ocorre o pagamento por acesso e utilização de *software* em *cloud computing*.

envolvimento e a participação das pessoas. Projectos nos quais os ganhos só são visíveis ao fim de muito tempo podem ser desanimadores ou desmobilizadores.

3.8.2.1.8 Avaliar o impacto do CRM

Aqui entram as métricas e indicadores que serão utilizados para analisar a importância do CRM na organização. Do ponto de vista do cliente, será feita a análise ao nível dos indicadores gerais da relação com o cliente em termos de evolução de *customer lifetime value*, taxas de retenção, satisfação, aquisição de clientes, vendas, reclamações, entre outros. Estes indicadores — aos quais se poderiam juntar melhoria de produtividade dos processos internos, por exemplo, diminuição de tempo gasto em processos de reclamações e encomendas, como a inteligência de negócio produzida pelo CRM, o aumento de produtividade da força de vendas e das vendas da organização, entre outros — deverão ser traduzidos numa melhoria de negócio, e esta melhoria funcionaria para a análise do Return on Investment (ROI) do CRM, apesar da complexidade de algum destes cálculos.

Principais informações que deverão ser definidas no desenvolvimento de um perfil de cliente:

Demografia/firmografia	**Dados de caracterização do cliente (demográficos, em caso de B2C), como o nome, idade, género, morada, profissão, entre outros, e firmográficos, no caso de uma empresa, como localização, dimensão, accionistas, entre outros.**
Social media	**Redes onde estão presentes, participação, seguidores, actualizações...**
Preferências	**Gostos no geral das actividades**
Comportamento online	**Interacções com a empresa do ponto de vista digital, canal preferencial, meio preferencial de visitas regulares, pontos que mais o atraem no site ou em qualquer outro local de interacção, frequência, momentos mais frequentes de visita, gestão de e-mail marketing...**
Mobile	**Geolocalização, relacionamento mobile x não mobile com a organização, padrão de utilização...**

Histórico de transacções com a empresa	**Vendas, reclamações, indicadores de satisfação, pagamentos, prazos, tipologia de produtos, serviços, frequência...**
Tendências de comportamento futuro, alterações de perfil	**Mudanças de estatuto (promoções, alterações de estágio de ciclo de vida — estudante do secundário para estudante do ensino superior; empresas que mudam os accionistas principais, que planeiam investimentos de monta...)**

Os factores que normalmente contribuem para o insucesso do projecto de CRM (e então contrariados pela equipa de projecto) são:

Ausência de política relacional	**Deve existir uma lógica de marketing relacional clara, que será traduzida numa política relacional, e uma definição de como e quem participa na gestão de clientes. A gestão estratégica de clientes é um processo que começa e é definido pela gestão de topo.**
Existência de efeito de silo	**O efeito de silo (ver Figura 2) provoca separação entre departamentos e, por isso, o fluxo de informação não ocorre com a velocidade e qualidade exigíveis. Hoje, a gestão da experiência dos clientes tem de ser integrada entre todas as áreas da empresa, pois o cliente não pertence a nenhum departamento, é da organização.**
Falta de maturidade tecnológica e de gestão de dados	**Cada vez é menos frequente, mas ainda existem empresas com pouca implementação tecnológica e baixa qualidade de dados interna.**
Má definição do papel do CRM	**Um CRM é um meio para se atingir algo, não um fim. Se não está claro o que se quer atingir, o valor do CRM é nenhum. Não se corrige uma má gestão de clientes nem uma política relacional inexistente com um CRM. Qual a razão pela qual se está a criar um projecto de CRM? Para produzir inteligência de negócio ou para controlar a força de vendas? Quais são os ganhos que a empresa pretende atingir? O que ganhará o cliente com o projecto de CRM?**

Definição dos objectivos de informação e de inteligência a criar sobre os clientes	**Dados demográficos no caso de clientes finais e firmográficos no caso de empresas; histórico da relação com a empresa; preferências; comportamento no ponto físico; comportamento virtual; comportamento nas redes sociais; comunidades a que pertence; comportamento por *device* utilizado (computador, *mobile*...), mobilidade (registos de georreferenciação, entre outros).**
***Sponsor*[52] de projecto fraco**	**O CRM é um projecto cuja implementação pode ser longa, em empresas de média dimensão. Dependente do tipo de projecto e da empresa, a sua implementação poderá levar entre 1 e 2 anos até atingir os resultados que se pretendem. Também é um projecto muito transversal, pois toca toda a empresa. Daí que se o *sponsor* for um director de vendas, quando chegar ao departamento de produção, o director de produção que está ao mesmo nível do de vendas pode parar o processo, pois nenhum tem hierarquia sobre o outro. Se for um administrador com força interna, o processo segue.**
Visão de que o cliente é do vendedor	**Numa lógica de produto, o vendedor era o principal elo entre as partes. Numa lógica relacional, várias partes lidam com o cliente e, por conseguinte, gerem o cliente. Deverá então existir uma política clara de remuneração e de tarefas que estimulem esta partilha de informação.**
Inexistência de *quick wins*	**Como já foi referido, podendo ser um projecto longo, se não existirem ganhos visíveis num curto espaço de tempo, os «profetas da desgraça», isto é, os opositores da mudança, ganham força.**

[52] Como em qualquer projecto, o sucesso de uma implementação depende do dono principal do projecto e do seu *sponsor*, que seria o principal patrocinador interno deste. *Esse sponsor* seria alguém que influenciaria positivamente outros a aderir e a aceitar o projecto e/ou, no limite, tem a autoridade para impor e obrigar a aceitação do projecto. Num projecto tão estratégico, importante, transversal e com potencial de mudança, normalmente um sponsor forte terá de estar ao nível da administração. Um *sponsor* fraco significa que um projecto como o CRM será rejeitado à partida.

Sistema decidido e gerido pelo TI	O departamento de tecnologia de informação (TI) é uma peça central do desenvolvimento e implementação do sistema, mas não deve ser o dono do projecto, e sim o facilitador e o garante de que o projecto de gestão de clientes é implementado e funcionará de acordo com o que foi concebido pela área própria, isto é, marketing e vendas.
Mau desenho de experiência de clientes	Um desenho de experiência de clientes deficiente pode implicar que pontos-chave da recolha/partilha de informação não ocorrem, levando a perdas de informação. Também pode ocorrer indefinição dos tempos de resposta, o que faz com que o sistema não acrescente o valor que pode acrescentar.
Fraca capacidade de gestão de projecto	Apesar de, na maioria dos casos, o CRM ser instalado por empresas fornecedoras externas, a exigência de capacidade interna de gestão de projecto é enorme e a sua ausência normalmente compromete os projectos.
Fraca gestão de mudança	O CRM implica normalmente mudanças significativas a vários níveis. Se não existir uma gestão de mudança eficaz, o processo pode estar condenado à partida. É importante ver o ponto de gestão de mudança no livro.
Visão de que é uma ferramenta de controlo da actividade de vendas	Deve ser explicado internamente o porquê da implementação do CRM e quais os impactos reais para a organização.
Má qualidade dos dados	Os produtores de dados, por exemplo, a força de vendas, lançam dados que não correspondem à realidade.
Não aceitação por parte da força de vendas	Sendo o principal elo ao cliente, a rejeição ou oposição da FV implica uma dificuldade acrescida e, na maioria dos casos, intransponível para o sucesso do projecto.

O texto que se segue do Dr. Fernando Silva clarifica a interpretação e aplicação modernas do conceito de *customer centricity* à área de vendas, salientando-se a obsolescência do funil de vendas para o efeito. Neste âmbito, alguns dos termos mais utilizados no âmbito de funis e de *pipelines* de vendas são explicados no ponto 8.1.

Contributo n.º 6 — Fernando Silva

CRM — mais que um *software*, uma atitude, uma filosofia de gestão

Fernando Silva[53]

CRM, mais que um *software*, uma **atitude**, uma **filosofia de gestão** com base em princípios e valores (os códigos de conduta), sustentada numa clara estratégia (para onde vamos) e materializada num sistema de suporte (*software*) regulador da forma de fazer (processos). Numa visão integrada com seres — pessoas — responsavelmente formados/treinados **no** que fazer, **como** fazer e, sobretudo, o **porquê** do que fazer.

Após mais de 30 anos a viver estes desafios, os últimos 10 foram passados a construir e materializar a **Academia Compromissus**, os princípios, o que fazer, como e porquê, e a desenvolver o nosso CRM, a plataforma — ***gaps*** —, o diferencial entre o real e o desejável.

Os princípios, os conceitos reguladores

1 — O CICLO GLOBAL:

«Quanto tempo demora vender um automóvel?»

Por vezes, sentimos que muitas das estratégias assentam numa visão de curto prazo, fruto de uma crença de que «A venda começa com o primeiro contacto, quando ele entra no *stand*». E então a entrega da viatura? Aqui, afortunadamente, a generalidade dos profissionais acredita que **«A entrega é o primeiro momento da próxima venda»**.

[53] Gerente na Viragem — Skills 4 Empowerment. Promotor do conceito COMPROMISSUS, que incorpora três modelos estruturantes: *sales model, leadership model e partnership model.* Um dos precursores do foco no cliente em Portugal, actua no meio de vendas há mais de 35 anos.
Psicólogo (Faculdade de Psicologia de Lisboa), com formação também na área comercial e de recursos humanos, iniciou a sua carreira na área de psicologia clínica. Em 1987 entra na Renault na área comercial. Na década de 1990 actua como consultor/formador na generalidade das marcas: Renault, Toyota, Peugeot, Mercedes, Honda, BMW, Volkswagen, etc. Actua também como formador comportamental numa série de empresas: Dun&Bradstreet, AKY, TV Cabo, MultiOpticas, Optivisão, Instituto, entre outras.

Uma estratégia para o ciclo global é criar meios para trabalhar **no** negócio — **presente** — e **para** o negócio — **futuro**.

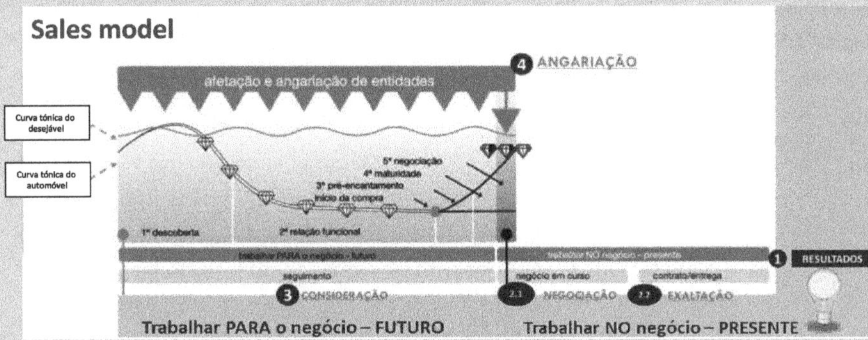

2 — NEGÓCIOS EM CURSO: FUNIL OU *PIPELINE*?

Apostar na formação dos profissionais de vendas, na sua aprendizagem contínua, no seu progressivo potencial.

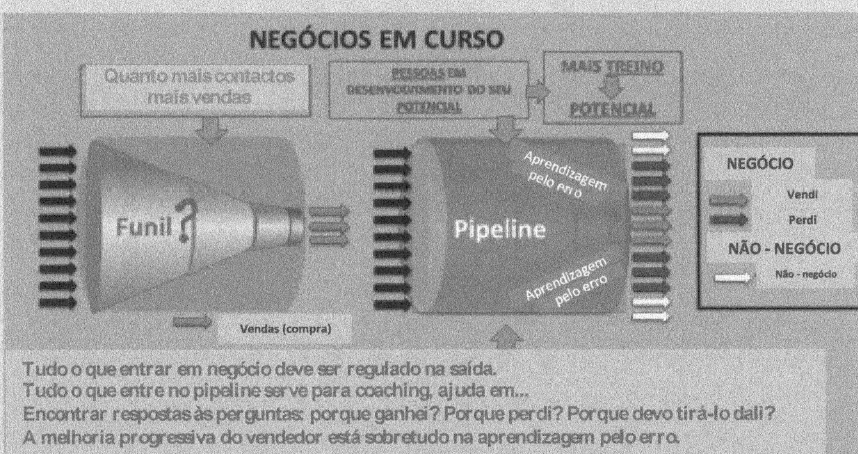

O potencial do vendedor assenta principalmente na sua capacidade evolutiva. Felizmente, hoje em dia, já não é visto como uma simples ferramenta para fazer o contacto, mas sim como um profissional de elevada competência, que, pelo seu profissionalismo, promove ainda mais o seu sucesso e, em consequência, a sua auto-estima.

Enquanto o seu sucesso, a venda, potencia essa mesma auto-estima, a compreensão pelas «saídas» em perda e não-negócio potencia a sua contínua aprendizagem. Ganhar ou aprender: eis a questão!

3 — *REPORTING* COM BASE NAS PREVISÕES.

Com frequência assistimos à classificação dos negócios em quente, morno e frio. Trata-se de uma linguagem inerente à dinâmica de «terreno», não compatível com a dinâmica do *reporting* (*re portare*, levar a outro.) Utilizá-la para *reporting*, como uma espécie de «vício» com pouco rigor, alimenta mais as discussões do «é ou não quente» e a razão da classificação do que a necessária objectividade e universalidade do conceito. Felizmente, muitas empresas já se alinharam pelo princípio da **partilha estruturada das previsões e o seu grau de fiabilidade**.

Se acha que é negócio, então até quando o vai realizar? Será pela análise do grau de fiabilidade da Data de Previsão de Fecho (**DPF**) que melhor perceberemos a capacidade do vendedor em controlar as variáveis do negócio — da mesma forma que a Data do Próximo Passo (**DPP**) reflecte o plano que o vendedor tem para o realizar.

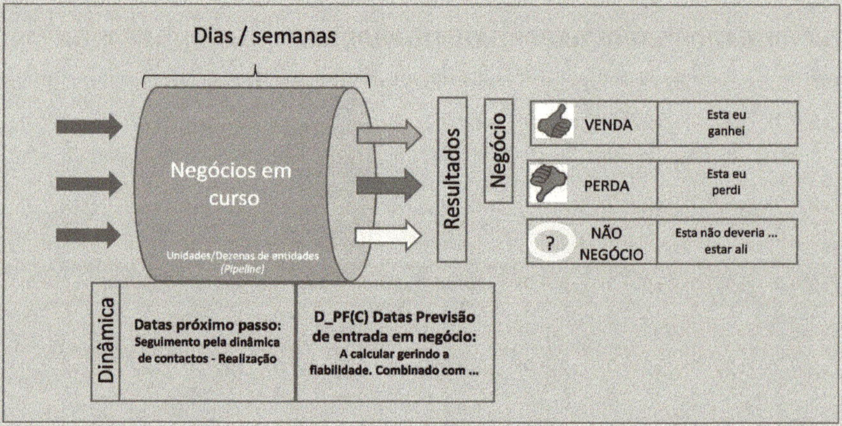

Sendo que:

— **DPF** é *reporting* — são valores objectivos/barómetro do estado do orçamento.

— **DPP** é *coaching* — é para ajudar. São as técnicas de venda/negociação.

Observemos a tabela seguinte sobre o **grau de fiabilidade**:

	Fiabilidade (Número de vezes que muda a DPF)	Observações
Vendedor A	4,5 vezes	Muda a data mais de 4 vezes, e nunca acertou na primeira vez.
Média de grupo	2,8 vezes	O grupo tem um valor abaixo de três vezes.
Melhor vendedor	1,9 vezes	Em valor médio, anda perto das duas vezes.

Torna-se evidente que o Vendedor A tem um baixo controlo sobre os negócios. As consequências: um maior número de **perdas**, assim como uma **rentabilidade mais baixa** — descontos mais elevados.

A nossa tese, presente no nosso GAPS, assenta neste princípio:

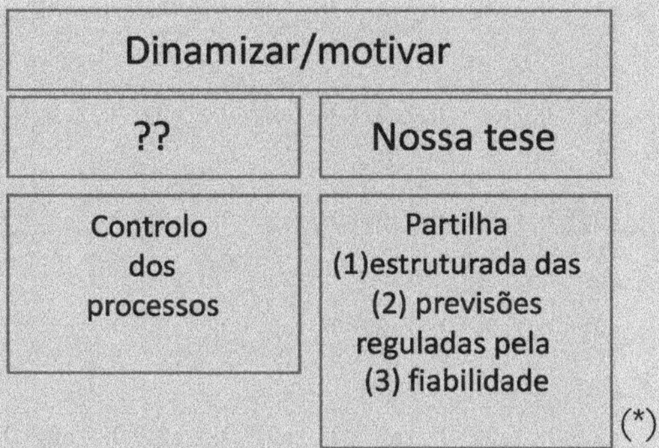

(*) Embora aqui nos refiramos à D_PF, no ciclo global lidamos com quatro datas de previsão

4 — «FAZER CONTACTOS» OU GERIR O INVESTIMENTO COM CLIENTES, TENDO EM CONTA O NÍVEL EXPECTÁVEL DE CONSIDERAÇÃO?

Para que serve trabalhar «seguindo» as entidades ao longo dos anos? Embora possamos sempre dizer que é para alcançar a venda, o sucesso de um bom trabalho feito em «seguimento» não é a venda como primeiro sinal de sucesso, mas sim a consideração pelo cliente aquando da sua busca de opções para a sua próxima aquisição. Isto é, a sua entrada no *pipeline*, aumentando, assim, o número de oportunidades em negócio para o vendedor que foi considerado. Considerar estes conceitos é evoluir quanto à dinâmica na definição de objectivos por vendedor.

Definir objectivos de valor similar para todos os vendedores é continuar a alimentar uma dinâmica de **cliente** (empresa) — **fornecedor** (ENI) e considerar que todos eles têm o mesmo potencial de oportunidades, atribuindo com isso um valor único ao fluxo espontâneo, não levando a consideração em consideração (passo a redundância).

Um vendedor com seis meses de actividade não pode ter o mesmo objectivo que um outro com 14 anos. Este último, com certeza, pelos elevados níveis de consideração, em alguns casos valores acima de 65% das entradas em negócio têm origem no seu histórico relacional, terá um potencial de vendas bem superior.

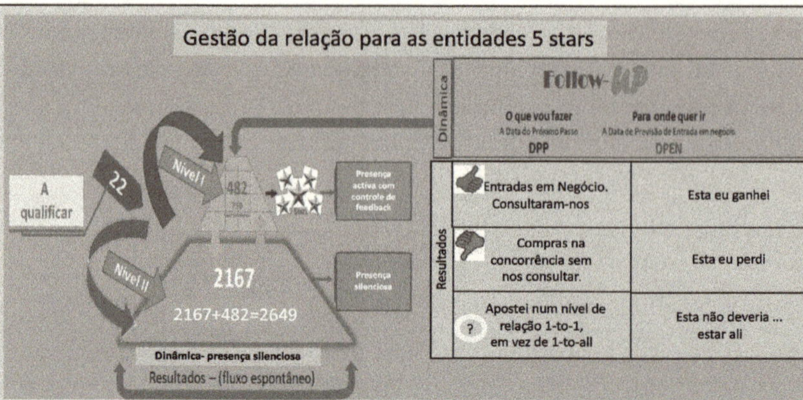

O nosso alinhamento com estes conceitos tem-nos permitido trabalhar com um número bastante elevado de entidades por vendedor.

No nível I — As entidades que chamamos de 5 *stars*. O vendedor procura seguir de perto, alimentando uma relação funcional, com a convicção de que um dia o considerarão uma alternativa para uma nova aquisição.

Para tal, gere e controla a Data de Previsão de Entrada em Negócio (**DPEN**) e a Data do Próximo Passo (**DPP**), o que vai fazendo para alimentar a relação e potenciar a sua consideração.

E quanto às restantes no **nível II**? A dinâmica de uma comunicação em suporte digital, «presença silenciosa», tem-se revelado ajustada, embora contemos ainda com uma certa resistência por parte de algumas gerências, fruto de um certo receio não fundamentado. Dois a quatro *e-mails* (*news*) por ano podem chegar ao cliente em nome do vendedor. Acreditamos que um *e-mail* em nome do vendedor (conhecido do cliente) potenciará mais a retenção/cativação do que em nome institucional.

5 — SISTEMA DE AUTO-REGULAÇÃO PELA MEDIÇÃO, NÃO TANTO DOS PROCESSOS, MAS SIM DOS RESULTADOS

«Mais importante que medir o que fizemos é medir o resultado daquilo que fizemos» e, para nós, medir é, sobretudo, o resultado destas duas dinâmicas:

— Trabalhar **no** negócio — **PRESENTE**.

— Trabalhar **para** o negócio — **FUTURO**.

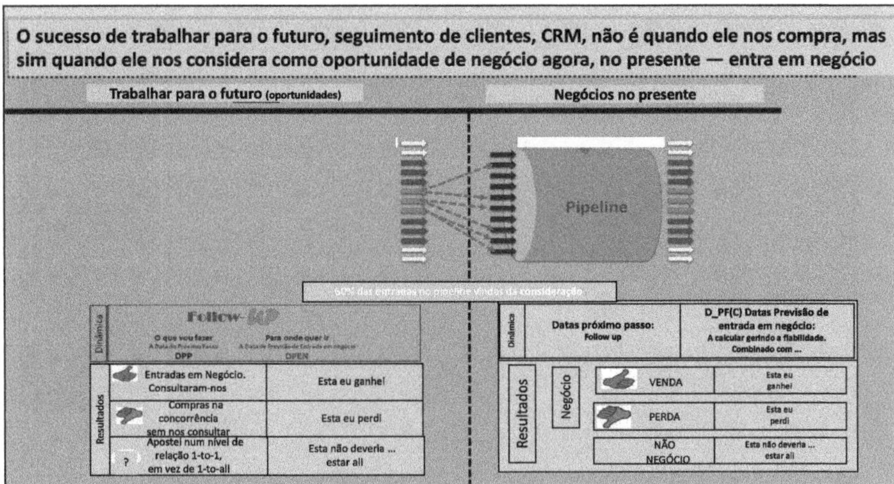

6 — E QUANTO AO PAPEL DO LÍDER? O CHEFE DE VENDAS?

Falar de vendas e deixar liderança para um outro plano é correr o risco de dividir uma entidade que será cada vez mais una e indivisível: vendas & liderança. Liderança é também um exercício de «cristianização», aculturação constante quanto aos valores, conceitos, formas de fazer com o foco no «clima da equipa».

O que dizer de uma abordagem de um chefe de vendas para um dos seus vendedores: «O que é que tem para fechar esta semana?»?

Estará a falar com um vendedor na qualidade de elemento da sua equipa em que ele é o líder, ou imbuído de uma abordagem de cliente ⇔ fornecedor? Sem dúvida! Uma abordagem cliente ⇔ fornecedor, utilizando a chamada «prova oral», sinal do elevado desprendimento do que é liderar.

O *reporting* online, com base nas datas de previsão, deve ser hoje uma função fundamental na actividade de vendas. A intervenção do chefe de vendas não deve ser centrada na pergunta, mas sim na análise a partir da previsão e, evidentemente, a matéria do histórico e dos próximos passos.

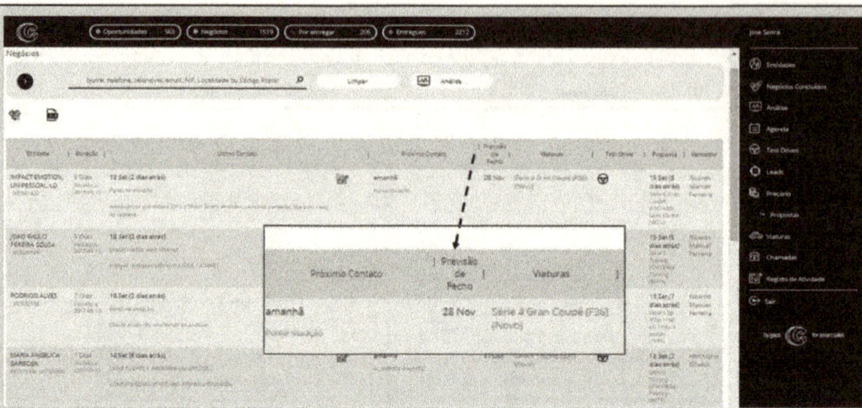

6.1. Trabalhar e celebrar os *«compromissus»* e operacionalizar pelo PAI, Planos de Acção Individual:

— Planeamento pela alvorada;

— «**Compromissus**» para a chegada;

— Regulação na caminhada.

6.2. As rotinas, as reuniões individuais e colectivas

6.3. Os espaços para as «celebrações», treinos — as salas das equipas de vendas. Fazer sistematicamente reuniões no gabinete do chefe pode ser um comportamento similar ao do tratamento do vendedor como se de um fornecedor se tratasse

CRM: mais que um *software*, uma atitude, uma **filosofia de gestão.**

MIND MAP 4

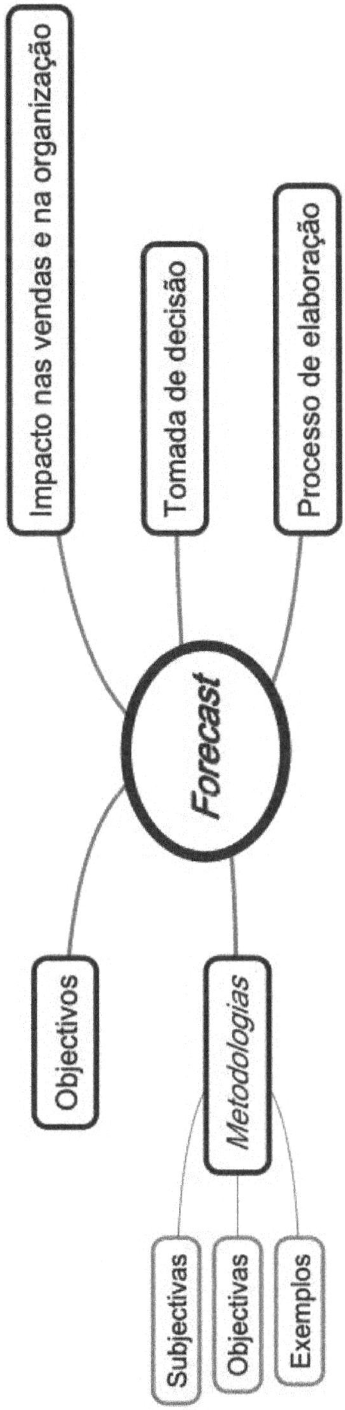
Forecast
Impacto nas vendas e na organização
Tomada de decisão
Processo de elaboração
Objectivos
Metodologias
Subjectivas
Objectivas
Exemplos

4. *Forecast*[54] de vendas

A previsão de vendas é um exercício essencial numa organização e que condiciona, na prática, toda a actividade da organização num futuro próximo, nomeadamente o planeamento dos recursos e da afectação dos mesmos, o financiamento, os investimentos e os compromissos que serão assumidos em todas as áreas da empresa, por exemplo, o planeamento de produção, investimentos, recursos humanos, entre outros.

FIGURA 36 **Relação entre mercado total, potencial, *forecast* e objectivos**

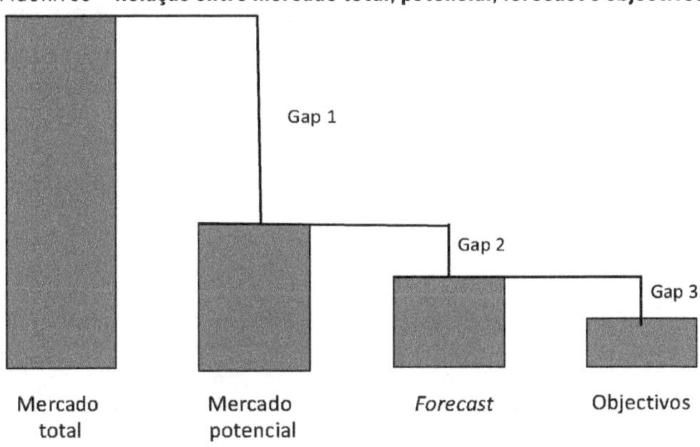

A Figura 36 exemplifica a relação entre diferentes terminologias que, por vezes, geram alguma confusão.[55]

[54] Manter-se-á a designação em inglês, e não previsão de vendas, dada a sua utilização corrente quer no meio empresarial quer no meio académico.

[55] Conforme referido em vários momentos ao longo do livro, a explicação dada dos termos desta figura nem sempre é consensual, mas as definições apresentadas são as mais comummente utilizadas.

O exercício de *forecast* de vendas é sempre um exercício de incerteza, pois tem como objectivo a definição de vendas no futuro. O objectivo do *forecast* de vendas é fornecer elementos para a tomada de decisão das lideranças em várias áreas, por exemplo, a fixação de objectivos para as pessoas de vendas.

A informática, os sistemas de apoio à decisão e a junção do Big Data com a inteligência artificial têm conduzido a gestão para uma lógica essencialmente quantitativa. Contudo, convém lembrar o fundamento da tomada de decisão, que consiste em duas componentes:

Tomada de decisão: intuição + componente quantitativa

Se é claro para todos a necessidade de uma organização ter sistemas de apoio à decisão com uma analítica muito forte e metodologias quantitativas aplicadas regularmente, corre-se o risco de algum descrédito quando se introduz hoje a palavra «intuição» na discussão da tomada de decisão, mas, na nossa opinião, é exactamente ao contrário.

Importa, em primeiro lugar, referir que a intuição aqui mencionada não é um «acho que», mas sim o conhecimento, tácito, se quisermos, que alguém acumulou ao longo de anos num determinado sector ou actividade, e que lhe permite descodificar alguns dos sinais do ecossistema e imaginar que tipo de impacto estes factores terão no seu sector ou no seu negócio em particular.

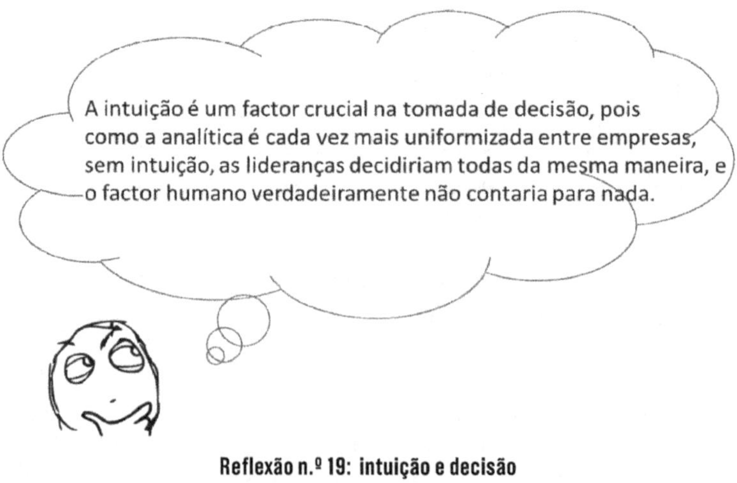

Reflexão n.º 19: intuição e decisão

Desafio n.º 10: como é o nível de análise quantitativa na sua empresa? Que espaço têm as pessoas para exprimirem a sua visão do negócio, do ecossistema e do comportamento dos actores-chave?

A seguir, são identificadas as principais etapas na definição do *forecast* de vendas numa organização:

1 — Definir quem participa no processo de *forecast* e a sua articulação

2 — Definir a que nível será o *forecast* desenvolvido (tempo, produto, geografia, força de vendas)

3 — Identificar os grandes factores de incerteza, o seu impacto e a sua evolução

4 — Escolha da metodologia de *forecast*

5 — Discussão e validação internas dos valores propostos

6 — Tranformação do *forecast* em propostas de objectivos de vendas

Num primeiro momento, parece evidente que a área de vendas é a dona do processo, e daí que as pessoas de vendas sejam os actores centrais do *forecast*. Contudo, e pelas razões que têm sido apresentadas anteriormente, as pessoas de marketing[56] devem ser envolvidas desde o primeiro momento. É estranho constatar que em várias empresas, marketing e vendas ainda **produzem *forecasts* distintos** com resultados diferentes; um exemplo ocorre quando o plano de marketing é feito separadamente e sem a intervenção da área de vendas, os valores que constam dos objectivos de marketing nada têm que ver com o *forecast* de vendas produzido pela área de vendas.

Para além das pessoas de vendas e marketing, a organização pode definir quem participa na elaboração do *forecast*, variando desde elementos de outras áreas da empresa, como produção, por exemplo, até consultores externos especializados ou empresas de estudos de mercado.

[56] Mais uma vez se refere que a divisão entre marketing e vendas não faz sentido, mas manter-se-á ao longo do livro, dada a sua implementação no mundo empresarial.

Acresce ao que foi referido anteriormente definir se o processo será ***top-down*** — primeiro, as lideranças estabelecem as grandes linhas e as pessoas de vendas trabalham e ajustam os valores dentro desse intervalo —, ***bottom-up*** — o processo tem início nas pessoas de vendas e marketing e as lideranças revêem e ajustam os valores — ou é um processo **horizontal** com os diversos níveis da empresa a desenvolverem o *forecast* em simultâneo.

Nesta fase, é importante referir algumas conclusões do *Good Judgment Project*[57], levado a cabo durante quatro anos no âmbito de um concurso lançado pela IARPA[58] nos Estados Unidos, e que tinha como objectivo central desenvolver a melhor metodologia na obtenção de previsões. Do projecto, podemos retirar dois pontos principais:

A — Para o sucesso do sucesso do *forecast*:

É da mais alta importância que as pessoas envolvidas aprendam técnicas de previsão — desenvolvimento de competências analíticas para uma melhor compreensão e relação entre os dados disponíveis
As pessoas devem trabalhar em equipas — previsão colectiva melhor do que a previsão individual
É extremamente importante que exista um acompanhamento contínuo e a avaliação das previsões em períodos intermédios, isto é, decompor a previsão em valores mais pequenos, verificáveis em períodos mais curtos, numa metodologia constante de verificação, correcção e melhoria
Importante o *feedback* das lideranças como forma de aprimoramento do processo, numa lógica de valorização crítica dos pontos positivos e negativos que contribuíram para o sucesso e para o insucesso das previsões

[57] Equipa coordenada por Philip Tetlock e Barbara Mellers, da Wharton School, da Universidade da Pensilvânia. Para mais informação, visitar o site https://goodjudgment.com; recomenda-se também a leitura do livro Tetlock, P. & Gardner, D. (2016) *Superforecasters — The art and science of predictions*, Broadway Books, Nova Iorque.

[58] Intelligence Advanced Research Projects Activity, Office of the Director of National Intelligence, USA https://www.iarpa.gov/.

B — Em termos de perfil e na sequência do referido no ponto anterior, as principais características e competências das pessoas escolhidas para participar no processo deveriam:

Ter noção dos enviesamentos e pré-conceitos que todos têm e como isolar estes factores para não enviesarem a visão do ecossistema e, com isso, o *forecast*
Ter uma mente aberta e capaz de incorporar outros pontos de vista e não apenas querer que o seu prevaleça
Possuir uma mentalidade analítica e probabilística, isto é, em *forecast*, os acontecimentos devem ter uma determinada probabilidade de acontecer ou não
Visão e conhecimento aprofundado do tema em causa

Por conseguinte, estes são os perfis ideais das pessoas a envolver no processo de *forecast*, enquanto no ponto A são referidos os pontos de funcionamento do processo em si. Independentemente de o perfil corresponder na totalidade ou em parte ao perfil ideal, é de realçar que as competências médias das forças de vendas envolvidas em processos de *forecast* são manifestamente insuficientes, não possuindo nem o conjunto básico que lhes permita analisar histórico de vendas nem capacidade de identificação dos principais factores da envolvente.

Como tudo numa empresa, para se obter um processo de *forecast* válido, as competências existentes, as experiências de negócio e o tempo dedicado ao *forecast* são essenciais ao sucesso.

4.1 DEFINIR A QUE NÍVEL SERÁ O *FORECAST* DESENVOLVIDO (TEMPO, PRODUTO, GEOGRAFIA, FORÇA DE VENDAS)

O *forecast* de vendas é um conceito claro, mas genérico. Antes de ser iniciado o processo, importa definir o nível a que o *forecast* será feito, nomeadamente:

	Exemplos
Período	**1, 3, 5, 10, *x* anos, dependendo do ciclo de negócio e dos objectivos da organização**
Oferta	**Por produto, por linha de produtos, por categorias, por novos produtos, vendas totais**

Clientes	**No caso de uma empresa com clientes que tenha importância na facturação, poder-se-á efectuar um *forecast* por cliente. Exemplo: empresa de mobiliário hospitalar pode estimar as necessidades dos principais grupos num determinado mercado**
Geografias	**Por cidade, concelho, distrito, país, região**
Estrutura interna da empresa	**Escritório, filial, SBU**

Poderão ainda existir outros critérios de *forecast*, mas são, no geral, residuais, por exemplo, por tecnologia.

Assim sendo, depois de estabelecer os parâmetros que vão servir de base para o *forecast*, é possível avançar para a fase seguinte, de identificar as pessoas envolvidas e a forma como o processo será gerido.

4.2 IDENTIFICAR OS GRANDES FACTORES DE INCERTEZA, O SEU IMPACTO E A SUA EVOLUÇÃO

O *forecast* deve ser uma orientação para um **futuro próximo de uma empresa**. Paradoxalmente, para o sucesso do processo, um dos primeiros passos é exactamente identificar os **grandes factores de incerteza** que podem vir a condicionar o negócio.

Na prática, definem-se três ou quatro factores que têm um impacto maior no negócio e analisa-se, em termos de incerteza, o que pode acontecer num futuro breve, desde o grau de probabilidade, considerando alto, médio e baixo (praticamente impossível de acontecer), ao impacto que tal fenómeno teria no negócio, também alto, médio e baixo.

FIGURA 37 **Matriz probabilidade impacto**

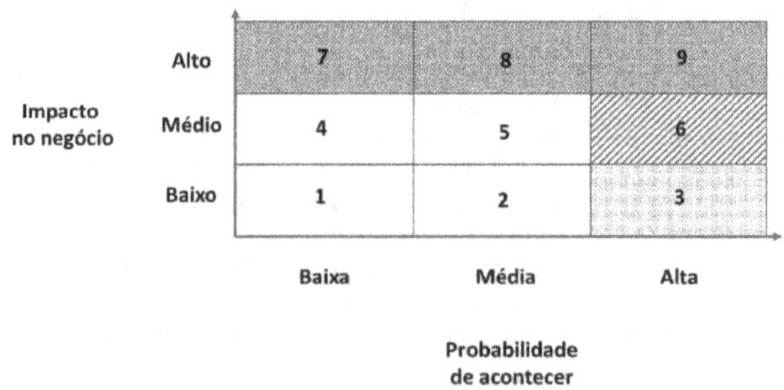

Para além da identificação da figura acima, a velocidade a que os factores críticos evoluem deve ser também analisada nesta fase, para que estes sejam objecto de acompanhamento e incorporação nas acções regulares da organização.

De notar que, na generalidade dos sectores, o número de factores que se alteram é menor do que aqueles que não sofrem uma mudança, mas a questão é sempre a identificação de quais os factores que, ao sofrerem alterações, têm um profundo impacto no negócio e, consequentemente, na fiabilidade da previsão de vendas. Por isso, várias empresas, aquando do processo de *forecast*, fazem simultaneamente o desenvolvimento de cenários, sobretudo no caso das áreas 7 e 8.

Depois de tornar claro quais os factores em que o *forecast* se deve focar, a empresa deverá decidir qual ou quais as metodologias de *forecast* mais adequadas à situação.

4.3 ESCOLHA DA METODOLOGIA DE *FORECAST*

FIGURA 38 **Diferentes metodologias aplicadas ao *FORECAST***

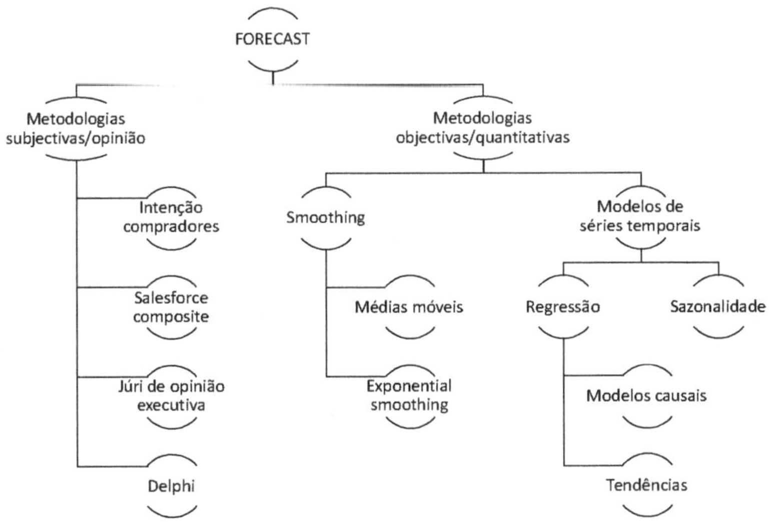

A Figura 38 apresenta um conjunto mais utilizado pelas empresas de metodologias de *forecast*. Podem ser divididas em dois grandes grupos: as subjectivas, pois são baseadas em opiniões, e as objectivas, porque são baseadas em análises de dados, sobretudo de histórico de vendas.

Subjectivas/opinião		
	Vantagens	Desvantagens
Intenção compradores Entrevistas/estudos feitos a potenciais clientes que têm por base a recolha de informação primária sobre intenções de compra ou outros comportamentos que são essenciais ao negócio da empresa.	Recolher informação junto dos compradores fornece sempre *insights* interessantes para entender a relação entre a empresa e o mercado. A informação recolhida pode ser útil para além do *forecast*. Fornece pistas para desenvolvimento de produto e sobre a análise da concorrência.	Num ecossistema em constante mudança, o cenário avaliado durante a recolha de informação poderá estar alterado na altura da compra e as opiniões não se transformam em situações reais. Opiniões, dependendo da forma como são testadas, podem isolar um contexto que não se verifica numa situação real de compra. Em larga escala, é uma metodologia com um custo elevado.
Salesforce composite A elaboração do *forecast* pelas pessoas de vendas designa-se de *composite* (composto), pois o resultado é composto pelas previsões individuais.	Feito por quem está mais em contacto com a realidade de vendas. Transforma em previsões o conhecimento que as pessoas de vendas têm dos clientes (as suas expectativas de investimento futuro, as suas análises dos fornecedores, dinâmica do mercado) e dos concorrentes (apostas dos concorrentes por cliente, por área geográfica, o seu modelo de negócio). Já produz a previsão no formato que a empresa pretende em termos de objectivos, isto é, por região, por produto, por cliente. Confere importância às pessoas de vendas no sentido de que são ouvidas dentro da organização.	Pode haver enviesamento das previsões para que os objectivos sejam mais fáceis de alcançar. Podem ser feitas previsões selectivas, por exemplo, se existir mais do que um produto para ser vendido, as pessoas de vendas podem indicar valores de mercado mais positivos em produtos mais fáceis e rápidos de vender. As pessoas de vendas podem não ter tempo suficiente para fazer um trabalho sério. As pessoas de vendas normalmente têm défice de competência em termos quantitativos para análise de situações passadas e como estas podem influenciar situações futuras. As pessoas de vendas podem não ver a *big picture*, quer da estratégia da empresa quer de outros factores do ecossistema.

Júri de opinião executiva Quando os executivos da organização efectuam o processo de *forecast*	Normalmente, as lideranças têm uma visão mais geral e inclusiva dos factores do ecossistema que afectam o negócio. A recolha de opinião é geralmente rápida e o custo relativamente baixo para a organização. Reflecte como outras áreas da empresa vêem o negócio. Promove o envolvimento de outras áreas de negócio com marketing e vendas.	Pode conter enviesamento por interesse, isto é, um determinado executivo pode indiciar que a venda daquilo em que participa será maior e com isso influenciar os objectivos. Tarefa considerada pouco importante ou mesmo fora do âmbito da função e, por isso, feita com alguma ligeireza e desprezo. Se feita de um modo pouco confidencial, as pessoas com mais peso na empresa podem influenciar a opinião de outras pessoas. Maioria dos executivos desligada da realidade de vendas das empresas.
Delphi Metodologia que envolve a recolha de opinião de especialistas, em separado, e em geral em várias rondas, onde se procura identificar pontos comuns na opinião destes, o que significaria uma maior probabilidade do acontecimento destes factores. Utilizado sobretudo, mas não só, em situações de forte inovação, onde determinada oferta ainda seja inexistente no mercado.	Utiliza informação de pessoas qualificadas nos campos respectivos. Em situações disruptivas, é a forma mais adequada de imaginar o futuro. Elimina efeitos de grupos — influência de um membro sobre outros. Permite testar, após rondas iniciais, factores levantados por especialistas junto de todos os outros.	Pode ser um processo moroso e com um custo elevado. Pode não haver consenso nas opiniões (o que em si mesmo é um indicador, mas não o que normalmente as empresas procuram). Pode ser difícil encontrar especialistas com disponibilidade para participar no processo.

Objectivas/quantitativas		
	Vantagens	Desvantagens
***Smoothing* médias móveis** **Cálculo de médias de *n* períodos (por exemplo, trimestre), por forma a analisar variações dos subperíodos considerados, melhorando a capacidade de análise.**	**Eliminar picos e situações anormais momentâneas, permitindo uma visão mais homogénea do negócio.** **Simples de ser efectuado.** **Fornece elementos suficientes para análise em períodos curtos.** **Não necessita de grande quantidade de dados.**	**Não aplicável em novos produtos.** **Devem ser isolados com cuidado os factores relacionados com sazonalidade, tendências e de ciclo de vida de produto.** **Não engloba alterações no ecossistema que influenciam a venda.**
***Smoothing* exponencial** **É uma forma de média móvel, que confere pesos (α) diferentes às observações, sendo normalmente as recentes aquelas com maior peso, pois são aquelas com informação mais relevante para o futuro próximo.** **O ponderador α assume valores ente 0 e 1** **1=Ft+α(Yt-Ft). Nos limites, se α for 1, o momento futuro será igual ao último valor; se for 0, o momento futuro será igual ao primeiro momento considerado. Por isso, α assume valores entre 0 e 1, consoante a empresa e o negócio.**	**Eliminar picos e situações anormais momentâneas, permitindo uma visão mais homogénea do negócio, como no caso do *smoothing* via médias móveis.** **Fornece elementos suficientes para análise em períodos curtos.** **Não necessita de grande quantidade de dados** **Distingue períodos mais importantes para o *forecast*, aumentando a precisão do *baseline*.**	**À semelhança das médias móveis, não aplicável em novos produtos.** **Devem ser isolados com cuidados os factores relacionados com sazonalidade, tendências e de ciclo de vida de produto.** **Não engloba alterações no ecossistema que influenciam a venda.** **O ponderador nem sempre é estabelecido com um critério claro, é replicável em momentos distintos.** **Necessita de alguma competência de cálculo.**

Modelos de séries temporais Regressão modelos causais e tendências Enquanto modelo de séries temporais, utiliza os dados históricos para efectuar uma previsão do futuro. Numa visão mais simples, uma determinada série de vendas é prolongada de uma forma linear para o próximo período (exemplo: instrução *forecast* no Excel) Modelo efectuado com a técnica de regressão linear simples ou múltipla. No caso simples, tem-se: $Yt=\alpha+\beta Xt+\varepsilon t$ Onde Yt é a variável dependente; Xt é a variável independente; α o coeficiente de intercepção; β o coeficiente de inclinação e ε o erro. Na forma simples, tenta-se efectuar uma relação entre duas variáveis, tipicamente gastos em promoção (variável independente) e vendas (variável dependente), para extrapolar para situações futuras.	Utiliza os dados normalmente disponíveis de vendas. É uma metodologia objectiva e com custo reduzido. Permite compreender a relação entre as variáveis mais controláveis da actividade de vendas. Importante do ponto de vista pedagógico para as pessoas de vendas em termos de relação causa e efeito.	Para produzir resultados fiáveis, precisa de uma grande quantidade de dados. Necessita de competências relativamente avançadas, sobretudo no caso da regressão múltipla e, sobretudo, da sua interpretação e a aplicação. Pode produzir resultados onde não exista relação entre as variáveis escolhidas. Não incorpora novos factores de mercado.
Modelos de séries temporais Sazonalidade Enquanto modelo de séries temporais, utiliza os dados históricos para efectuar uma previsão do futuro. Numa visão mais simples, uma determinada série de vendas é prolongada de uma forma linear para o próximo período (exemplo: instrução *forecast* no Excel)	Utiliza os dados normalmente disponíveis de vendas. É uma metodologia objectiva e com custo reduzido. Isola os factores de vendas que dependem da sazonalidade.	Para produzir resultados fiáveis, precisa de uma grande quantidade de dados. Necessita de competências de cálculo.

De seguida, apresenta-se um exemplo de uma metodologia de decomposição clássica que utiliza várias das metodologias e técnicas descritas anteriormente. Este método parte do princípio de que as séries temporais são constituídas por três componentes principais, um factor sazonal, a componente de tendência e a componente irregular, ao que se pode juntar um quarto factor — o da ciclicidade.

Ano	Trimestre	Vendas(1000's)
Ano 1	1	5,2
	2	4,5
	3	6,4
	4	6,9
Ano 2	1	6,2
	2	5,6
	3	7,2
	4	7,8
Ano 3	1	6,4
	2	6
	3	7,9
	4	8,2
Ano 4	1	6,7
	2	6,3
	3	8,4
	4	8,8

QUADRO 6 ***Forecast* volume de vendas por período**

Observando o quadro acima, tem-se a indicação de vendas por trimestre da Futurex.

A representação gráfica seria a seguinte:

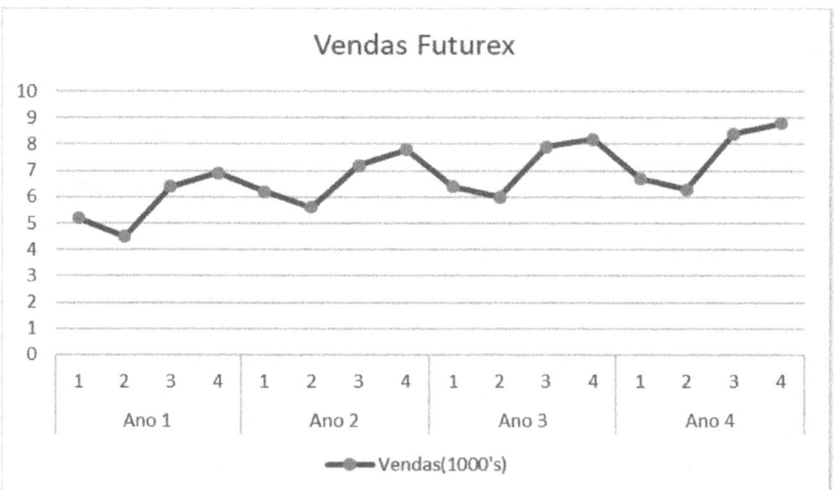

Reflexão n.º 20: *forecast* volume de vendas por período

Quando trabalhamos com dados, um dos objectivos é o alisamento da curva, eliminando aspectos particulares da evolução das vendas. Para tal, começa-se com a introdução de médias móveis. Como o período em causa é anual representado em trimestres, faz-se a média móvel de períodos de quatro, começando no terceiro trimestre do primeiro ano, ficando o quadro da seguinte forma:

t	Ano	Trimestre	Vendas (1000's)	Media Mov. (4)
1	Ano 1	1	5,2	
2		2	4,5	
3		3	6,4	5,8
4		4	6,9	6,0
5	Ano 2	1	6,2	6,3
6		2	5,6	6,5
7		3	7,2	6,7
8		4	7,8	6,8
9	Ano 3	1	6,4	6,9
10		2	6	7,0
11		3	7,9	7,1
12		4	8,2	7,2
13	Ano 4	1	6,7	7,3
14		2	6,3	7,4
15		3	8,4	7,6
16		4	8,8	

QUADRO 7 ***Forecast* volume de vendas por período com médias móveis**

O último período é removido, pois não incluiria a média de quatro meses, mas sim de três. Contudo, se observado correctamente, os valores, por exemplo, do primeiro ano, deveriam, sendo uma média dos quatro trimestres, estar entre o trimestre 2 e 3, o que não é possível no Excel, aparecendo então na linha 3. Para aumentar o rigor da medida, é efectuada uma nova média, designada média móvel centralizada (MMC), em que, ainda no primeiro exemplo, é efectuada uma média simples entre a média que aparece no t3 e a média que aparece no t4, e assim sucessivamente.

O resultado é o seguinte:

t	Ano	Trimestre	Vendas (1000's)	Media Mov.(4)	MMC
1	Ano 1	1	5,2		
2		2	4,5		
3		3	6,4	5,8	5,9
4		4	6,9	6,0	6,1
5	Ano 2	1	6,2	6,3	6,4
6		2	5,6	6,5	6,6
7		3	7,2	6,7	6,7
8		4	7,8	6,8	6,8
9	Ano 3	1	6,4	6,9	6,9
10		2	6	7,0	7,1
11		3	7,9	7,1	7,2
12		4	8,2	7,2	7,2
13	Ano 4	1	6,7	7,3	7,3
14		2	6,3	7,4	7,5
15		3	8,4	7,6	7,6
16		4	8,8		

QUADRO 8 ***Forecast* volume de vendas com médias móveis centralizadas**

Graficamente, temos que a média móvel centralizada pode ser utilizada como uma *baseline*:

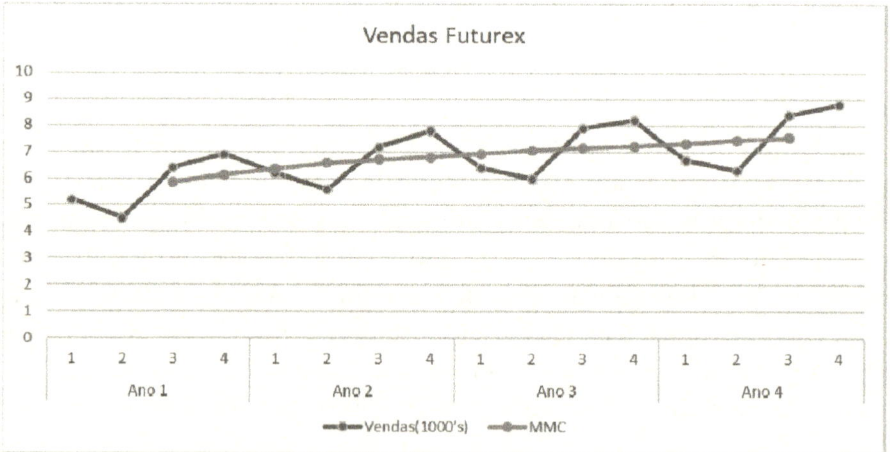

Reflexão n.º 21: *forecast* vendas e médias móveis centralizadas

Tendo chegado a esta fase, importa referir que, de acordo com uma série de dados, existem três componentes do modelo multiplicativo de séries temporais, em que temos a tendência (T), irregularidades (I) e o efeito de sazonalidade, isto é, Yt= It x St x T. Então, importa separar dos dados a sazonalidade e as irregularidades. Para isolar a sazonalidade e as irregularidades, obtém-se um conjunto de valor dividindo o valor de vendas sobre a MMC. O resultado é o seguinte:

			Y			Y/MMC
t	**Ano**	**Trimestre**	**Vendas (1000's)**	**Media Mov.(4)**	**MMC**	**Csaz, C Ir**
1	Ano 1	1	5,2			
2		2	4,5			
3		3	6,4	5,8	5,9	1,1
4		4	6,9	6,0	6,1	1,1
5	Ano 2	1	6,2	6,3	6,4	1,0
6		2	5,6	6,5	6,6	0,9
7		3	7,2	6,7	6,7	1,1
8		4	7,8	6,8	6,8	1,1
9	Ano 3	1	6,4	6,9	6,9	0,9
10		2	6	7,0	7,1	0,8
11		3	7,9	7,1	7,2	1,1
12		4	8,2	7,2	7,2	1,1
13	Ano 4	1	6,7	7,3	7,3	0,9
14		2	6,3	7,4	7,5	0,8
15		3	8,4	7,6	7,6	1,1
16		4	8,8			

QUADRO 9 ***Forecast* vendas com coeficiente de sazonalidade e irregularidade**

Depois, isola-se o efeito da sazonalidade, efectuando a média de cada um dos trimestres, isto é, seleccionam-se todos os trimestres 1 e faz-se a sua média, os trimestres 2 e a sua média, e assim sucessivamente. O resultado é o seguinte:

Trimestre	Media Saz
1	0,94
2	0,85
3	1,09
4	1,13

QUADRO 10 ***Forecast* médias da sazonalidade**

Criando uma coluna de sazonalidade, tem-se:

			Y			Y/MMC	
	Ano	Trimestre	Vendas (1000's)	Media Mov. (4)	MMC	Csaz, C Ir	Csaz
1	Ano 1	1	5,2				0,94
2		2	4,5				0,85
3		3	6,4	5,8	5,9	1,1	1,09
4		4	6,9	6,0	6,1	1,1	1,13
5	Ano 2	1	6,2	6,3	6,4	1,0	0,94
6		2	5,6	6,5	6,6	0,9	0,85
7		3	7,2	6,7	6,7	1,1	1,09
8		4	7,8	6,8	6,8	1,1	1,13
9	Ano 3	1	6,4	6,9	6,9	0,9	0,94
10		2	6	7,0	7,1	0,8	0,85
11		3	7,9	7,1	7,2	1,1	1,09
12		4	8,2	7,2	7,2	1,1	1,13
13	Ano 4	1	6,7	7,3	7,3	0,9	0,94
14		2	6,3	7,4	7,5	0,8	0,85
15		3	8,4	7,6	7,6	1,1	1,09
16		4	8,8				1,13

QUADRO 11 ***Forecast* vendas com coeficiente de sazonalidade isolado**

Tendo isolado o factor sazonalidade, poder-se-á então dividir as vendas pela componente de sazonalidade, e o resultado é o seguinte:

			Y			Y/MMC		Y/Csaz
	Ano	Trimestre	Vendas (1000's)	Media Mov. (4)	MMC	Csaz, C Ir	Csaz	Remoção sazonalidade
1	Ano 1	1	5,2				0,94	5,56
2		2	4,5				0,85	5,31
3		3	6,4	5,8	5,9	1,1	1,09	5,88
4		4	6,9	6,0	6,1	1,1	1,13	6,08
5	Ano 2	1	6,2	6,3	6,4	1,0	0,94	6,62
6		2	5,6	6,5	6,6	0,9	0,85	6,61
7		3	7,2	6,7	6,7	1,1	1,09	6,62
8		4	7,8	6,8	6,8	1,1	1,13	6,87
9	Ano 3	1	6,4	6,9	6,9	0,9	0,94	6,84
10		2	6	7,0	7,1	0,8	0,85	7,08
11		3	7,9	7,1	7,2	1,1	1,09	7,26
12		4	8,2	7,2	7,2	1,1	1,13	7,23
13	Ano 4	1	6,7	7,3	7,3	0,9	0,94	7,16
14		2	6,3	7,4	7,5	0,8	0,85	7,44
15		3	8,4	7,6	7,6	1,1	1,09	7,72
16		4	8,8				1,13	7,75

QUADRO 12 ***Forecast* vendas com remoção da sazonalidade**

A seguir, far-se-á uma regressão linear dos valores da coluna onde a sazonalidade foi removida, tendo como resultado:

SUMMARY OUTPUT								
Regression Statistics								
Multiple R	0,960397279							
R Square	0,922362934							
Adjusted R Square	0,916817429							
Standard Error	0,210146219							
Observations	16							
ANOVA								
	df	*SS*	*MS*	*F*	*Significance F*			
Regression	1	7,345205049	7,345205049	166,3262371	3,68894E-09			
Residual	14	0,618260068	0,044161433					
Total	15	7,963465117						
	Coefficients	Standard Error	t Stat	P-value	Lower 95%	Upper 95%	Lower 95,0%	Upper 95,0%
Intercept	5,503527172	0,110201607	49,94053463	3,54589E-17	5,267168233	5,739886112	5,267168233	5,739886112
t	0,146981442	0,011396779	12,89675297	3,68894E-09	0,122537782	0,171425102	0,122537782	0,171425102

QUADRO 13 ***Forecast* vendas e análise de regressão**

A partir de agora, será então calculada a coluna de **tendência**, utilizando os valores de intercept + multiplicando o valor de t pela primeira coluna, ou seja, a cada um dos períodos considerados (1 a 16).

			Y			Y/MMC		Y/Csaz	
	Ano	**Trimestre**	**Vendas (1000's)**	**Media Mov. (4)**	**MMC**	**Csaz, C Ir**	**Csaz**	Remoção sazonalidade	**Tendência**
1	Ano 1	1	5,2				0,94	5,56	5,65
2		2	4,5				0,85	5,31	5,80
3		3	6,4	5,8	5,9	1,1	1,09	5,88	5,94
4		4	6,9	6,0	6,1	1,1	1,13	6,08	6,09
5	Ano 2	1	6,2	6,3	6,4	1,0	0,94	6,62	6,24
6		2	5,6	6,5	6,6	0,9	0,85	6,61	6,39
7		3	7,2	6,7	6,7	1,1	1,09	6,62	6,53
8		4	7,8	6,8	6,8	1,1	1,13	6,87	6,68
9	Ano 3	1	6,4	6,9	6,9	0,9	0,94	6,84	6,83
10		2	6	7,0	7,1	0,8	0,85	7,08	6,97
11		3	7,9	7,1	7,2	1,1	1,09	7,26	7,12
12		4	8,2	7,2	7,2	1,1	1,13	7,23	7,27
13	Ano 4	1	6,7	7,3	7,3	0,9	0,94	7,16	7,41
14		2	6,3	7,4	7,5	0,8	0,85	7,44	7,56
15		3	8,4	7,6	7,6	1,1	1,09	7,72	7,71
16		4	8,8				1,13	7,75	7,86

QUADRO 14 ***Forecast* vendas e coluna de tendências**

Por fim, obtém-se a coluna da previsão de vendas, multiplicando a tendência pela sazonalidade, uma vez que esta existe no negócio em causa. O resultado é o seguinte:

			Y			Y/MMC		Y/Csaz		
	Ano	Trimestre	Vendas (1000's)	Media Mov. (4)	MMC	Csaz, C Ir	Csaz	Remoção sazonalidade	Tendência	Previsão
1	Ano 1	1	5,2				0,94	5,56	5,65	5,29
2		2	4,5				0,85	5,31	5,80	4,91
3		3	6,4	5,8	5,9	1,1	1,09	5,88	5,94	6,47
4		4	6,9	6,0	6,1	1,1	1,13	6,08	6,09	6,91
5	Ano 2	1	6,2	6,3	6,4	1,0	0,94	6,62	6,24	5,84
6		2	5,6	6,5	6,6	0,9	0,85	6,61	6,39	5,41
7		3	7,2	6,7	6,7	1,1	1,09	6,62	6,53	7,10
8		4	7,8	6,8	6,8	1,1	1,13	6,87	6,68	7,58
9	Ano 3	1	6,4	6,9	6,9	0,9	0,94	6,84	6,83	6,39
10		2	6	7,0	7,1	0,8	0,85	7,08	6,97	5,91
11		3	7,9	7,1	7,2	1,1	1,09	7,26	7,12	7,74
12		4	8,2	7,2	7,2	1,1	1,13	7,23	7,27	8,25
13	Ano 4	1	6,7	7,3	7,3	0,9	0,94	7,16	7,41	6,94
14		2	6,3	7,4	7,5	0,8	0,85	7,44	7,56	6,40
15		3	8,4	7,6	7,6	1,1	1,09	7,72	7,71	8,38
16		4	8,8				1,13	7,75	7,86	8,91

QUADRO 15 ***Forecast* vendas e coluna de previsão**

Contudo, o objectivo não é obter a curva de previsão para valores já existentes, mas sim para valores futuros e, por isso, para o ano 5, partindo dos valores obtidos, será possível efectuar a previsão, prolongando os cálculos da tendência para os momentos t 17, 18, 19 e 20, que corresponderiam aos quatro trimestres do ano 5. Em termos de resultados, temos o seguinte:

			Y			Y/MMC		Y/Csaz		
	Ano	Trimestre	Vendas (1000's)	Media Mov. (4)	MMC	Csaz, C Ir	Csaz	Remoção sazonalidade	Tendência	Previsão
1	Ano 1	1	5,2				0,94	5,56	5,65	5,29
2		2	4,5				0,85	5,31	5,80	4,91
3		3	6,4	5,8	5,9	1,1	1,09	5,88	5,94	6,47
4		4	6,9	6,0	6,1	1,1	1,13	6,08	6,09	6,91
5	Ano 2	1	6,2	6,3	6,4	1,0	0,94	6,62	6,24	5,84
6		2	5,6	6,5	6,6	0,9	0,85	6,61	6,39	5,41
7		3	7,2	6,7	6,7	1,1	1,09	6,62	6,53	7,10
8		4	7,8	6,8	6,8	1,1	1,13	6,87	6,68	7,58
9	Ano 3	1	6,4	6,9	6,9	0,9	0,94	6,84	6,83	6,39
10		2	6	7,0	7,1	0,8	0,85	7,08	6,97	5,91
11		3	7,9	7,1	7,2	1,1	1,09	7,26	7,12	7,74
12		4	8,2	7,2	7,2	1,1	1,13	7,23	7,27	8,25
13	Ano 4	1	6,7	7,3	7,3	0,9	0,94	7,16	7,41	6,94
14		2	6,3	7,4	7,5	0,8	0,85	7,44	7,56	6,40
15		3	8,4	7,6	7,6	1,1	1,09	7,72	7,71	8,38
16		4	8,8				1,13	7,75	7,86	8,91
17	Ano 5	1					0,94		8,00	7,49
18		2					0,85		8,15	6,90
19		3					1,09		8,30	9,02
20		4					1,13		8,44	9,58

QUADRO 16 ***Forecast* vendas e previsão períodos futuros**

Graficamente, o resultado é o seguinte:

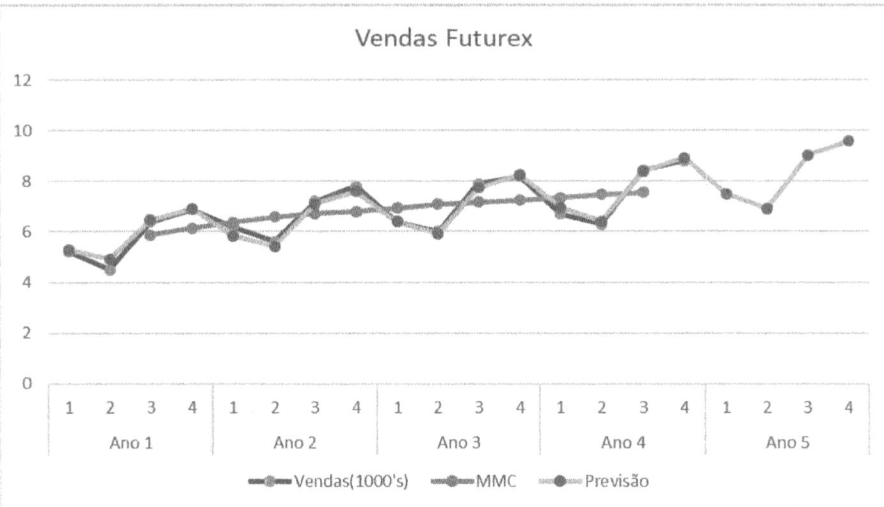

Reflexão n.º 22: *forecast* vendas e previsões de futuro

No gráfico, é observável a relação quase perfeita entre a previsão e as vendas até ao ano 4, o que seria expectável, e os valores estimados em termos de previsão para o ano 5.

4.4 DISCUSSÃO E VALIDAÇÃO INTERNAS DOS VALORES PROPOSTOS

Na posse dos valores de previsão, é de extrema importância a partilha dos mesmos com as lideranças e os diferentes departamentos ou funções de dentro da organização para definir, com base nos valores obtidos, qual será a actividade da organização e as respectivas implicações de todas as situações, nomeadamente ao nível dos recursos e conhecimento existentes na organização.

Desafio n.º 11: imaginemos uma empresa que hoje produz 2 milhões de unidades de um determinado produto. O *forecast* aponta para 3 milhões de mercado potencial para a empresa. Algumas questões a responder em conjunto:

- Como fornecer o milhão extra?

- A empresa tem recursos para produzir?
- Qual é o investimento necessário?
- Qual a rentabilidade do investimento?
- Pode comprar o que falta no mercado?
- A estrutura de distribuição está adequada?
- Que impacto terá ao nível de preço e rentabilidade?
- Quais são as implicações de comprar a terceiros (imagem, qualidade, fundo de maneio, prazos...)?
- O que acontece se não aproveitar essa oportunidade de crescimento?
- Outro concorrente aproveitará a oportunidade de mercado e ficará mais forte?

Depois desta fase, a empresa fica, definitivamente, comprometida com um volume de actividade, em que todos sabem o seu papel e qual o contributo que terão no negócio final, preparando, assim, o próximo período.

4.5 TRANSFORMAÇÃO DO *FORECAST* EM OBJECTIVOS

Depois do comprometimento da organização com os valores de actividade, estes serão utilizados como base dos objectivos de vendas, pois agora a área das vendas tem o comprometimento da organização com estes valores. Chegados à fixação dos objectivos, importa também rever como a empresa irá acompanhar a evolução dos ecossistemas e como esta evolução pode alterar os pressupostos do *forecast*.

Normalmente, na área de Marketing, uma das funções é a de **Marketing Research**, na qual uma das responsabilidades passa pela análise de tendências e alterações de mercado, afectando o acompanhamento do ecossistema com todas as suas implicações na organização. Normalmente, essas correcções são efectuadas no acompanhamento e revisão de objectivos, a menos que se fale de um *forecast* muito longo (5-10 anos), cujos pressupostos principais já não são válidos e, por isso, o processo deverá ser refeito.

Em suma, o *forecast* de vendas exige um profundo entendimento do negócio e da empresa, exige que se faça uma cuidada observação do ecossistema, pois é no futuro que a empresa irá operar. Para isso, é necessário que se tenha em conta a opinião das pessoas envolvidas e que o conjunto das pessoas envolvidas tenha também competências analíticas compatíveis com o processo de *forecast*.

Para além disso, é absolutamente essencial a qualidade dos dados e a gestão de informação da organização para garantir que a empresa produz inteligência de negócio a partir de dados e informações reais.

Depois de determinar a actividade para um determinado período, é possível a empresa definir a sua equipa de venda adequada ao desafio que a organização irá enfrentar.

MIND MAP 5

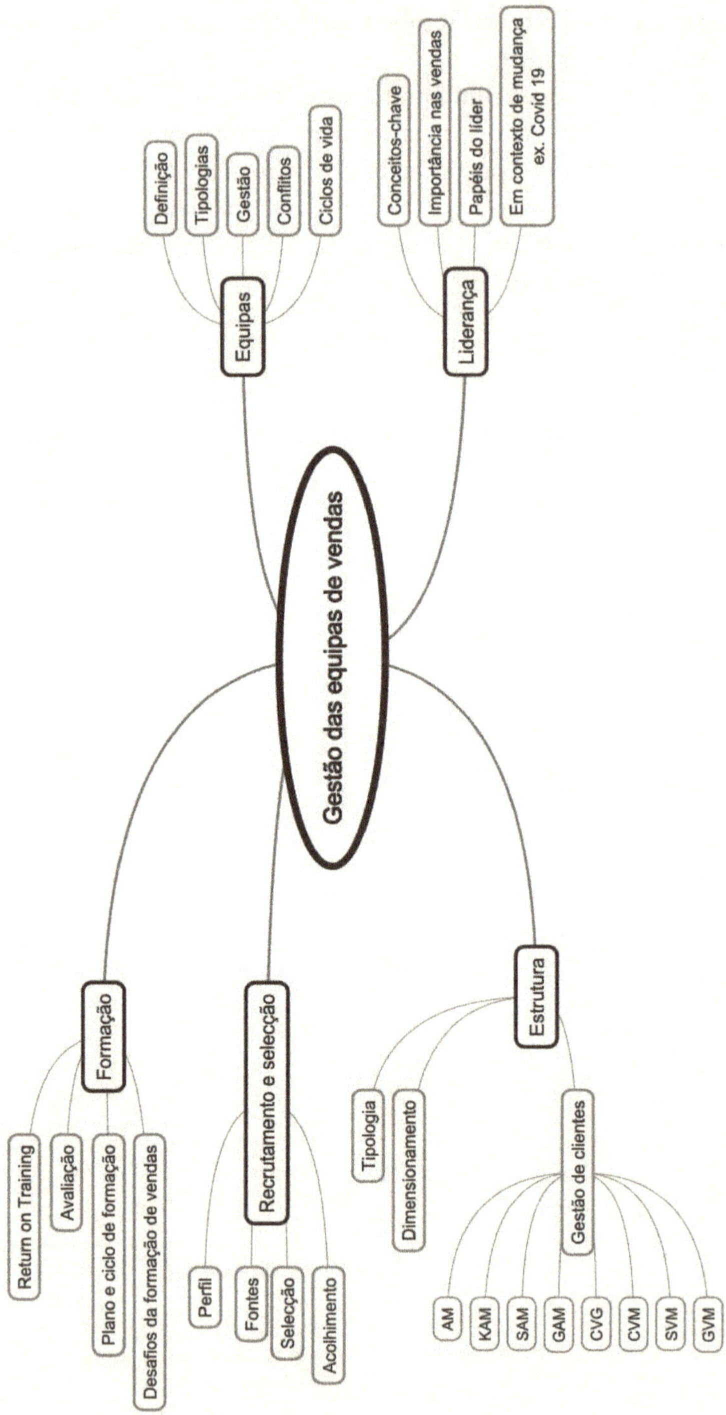
Gestão das equipas de vendas
Equipas
Definição
Tipologias
Gestão
Conflitos
Ciclos de vida
Liderança
Conceitos-chave
Importância nas vendas
Papéis do líder
Em contexto de mudança ex. Covid 19
Estrutura
Tipologia
Dimensionamento
Gestão de clientes
AM
KAM
SAM
GAM
CVG
CVM
SVM
GVM
Recrutamento e selecção
Perfil
Fontes
Selecção
Acolhimento
Formação
Return on Training
Avaliação
Plano e ciclo de formação
Desafios da formação de vendas

5. Gestão das equipas de vendas

A gestão de equipas de vendas engloba um conjunto de actividades há muito estabelecidas nas organizações; contudo, as profundas alterações dos ecossistemas têm trazido novos desafios a esta área da gestão.

De uma forma geral, podemos estruturar a análise da gestão das equipas de vendas nas seguintes etapas:

- 1 - Equipas - definição, tipologias e sucesso
- 2 - Liderança
- 3 - Estrutura e dimensão das equipas de vendas
- 4 - Recrutamento e selecção
- 5 - Objectivos
- 6 - Formação
- 7 - Motivação e sistemas de recompensa
- 8 - Avaliação e controlo

5.1 EQUIPAS — DEFINIÇÕES, TIPOLOGIAS E SUCESSO

A gestão de equipas é um dos temas com literatura mais profícua no mundo da gestão nas áreas organizacionais, de recursos humanos, de psicologia social, entre outras. Neste livro, será abordada na óptica de vendas.

Em primeiro lugar, chama-se a atenção para o facto de muito do conhecimento (de qualidade!) existente sobre gestão de equipas vir das áreas do desporto e da área militar, pois em ambos os casos a questão da gestão das equipas é crítica para o sucesso das operações.[59]

Das inúmeras definições de equipas, propõe-se a seguinte:

Conceito-chave n.º 9: equipas

Um conjunto de pessoas que têm um objectivo comum e que aceitam desenvolver, com o máximo de dedicação possível, um esforço individual partilhado com os outros numa lógica colaborativa. Os indivíduos aceitam a intervenção dos outros e a colaboração para o seu sucesso, visando o sucesso colectivo. Cada pessoa tem um papel definido, que conhece. Existe também um objectivo individual, que é aceite, e que está alinhado com o colectivo. O conjunto de pessoas entende que o sucesso individual está ligado ao sucesso colectivo.

Então fica clara a importância de:

Objectivos bem definidos, ao nível colectivo e individual (estes perfeitamente alinhados com os colectivos)
Pessoas motivadas e capazes de trabalhar para o colectivo
Capacidade de motivação e liderança colectiva para levar o conjunto a atingir os objectivos

Existe uma heterogeneidade muito grande quando se fala em equipas. Uma das formas de o fazer é abordar a **interdependência** entre os seus membros. Algumas equipas têm um nível de interdependência alta, enquanto outras têm um nível de interdependência baixa, de acordo com a figura abaixo.

[59] Recomendam-se dois excelentes livros de cada um destes campos:
Kerr, J. (2013) *Legacy — What the All Blacks can teach us about the business of life*, Constable & Robinson Ltd., London e McChrystal, S.; Collins, T.; Silverman, D.
Fussel, C. (2015) *Team of teams — New rules of engagement for complex world*, Penguin Publishing Group, Nova Iorque.

FIGURA 39 **Diferentes níveis de interdependência das forças de vendas**

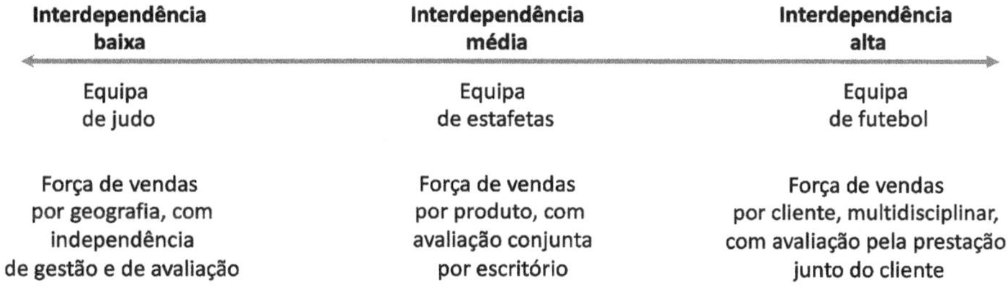

Em cada um dos níveis de interdependência, as interacções entre membros das equipas são diferentes, e a definição dada no início deste ponto aplica-se mais às equipas de interdependência alta, em que existe claramente um efeito sinergístico, enquanto na interdependência baixa a sinergia é inexistente e o resultado de uma equipa é verdadeiramente uma soma das partes.

Numa gestão de equipas, é fundamental perceber os factores que contribuem para o insucesso:

Factores que contribuem para o insucesso	Principais causas
Objectivos mal definidos	**Objectivos não quantificados** **Objectivos desproporcionados e irrealistas** **Incoerência entre objectivos individuais e colectivos de uma equipa**
Objectivos mal comunicados	**Liderança não é clara na comunicação** **Novos objectivos não são comunicados ao longo da época e aparecerão na avaliação** **Objectivos «escondidos»: são aqueles que se pretende avaliar no final do ano, mas que não são comunicados no início da época; por exemplo, no final do ano, a empresa avalia a satisfação de clientes, que não fazia parte dos objectivos do início do ano**
Conflitos	**(ver ponto próprio sobre conflito)**
Perda de confiança	**Em situação de erros, não há partilha de situações** **Não existe suporte e acompanhamento em situações de dificuldade** **Quando uma pessoa da equipa não tem perfil para o desempenho da função, a liderança leva demasiado tempo para a dispensar**

Falta de suporte externo	**A liderança não está presente e não dá apoio e suporte à equipa nos momentos difíceis** **A gestão geral da empresa considera a equipa pouco importante no contexto geral da empresa, o que se manifesta na afectação de recursos à equipa e na motivação da mesma**
Falta de compromisso	**Natureza das pessoas incompatível com o que é exigido à equipa** **Elementos de motivação inadequados e ineficazes**
Guerras internas	**Não identificação por parte da liderança de pontos de conflito e/ou não actuação imediata sobre estas situações** **Liderança fraca**
Pouca maturidade	**Excessiva inexperiência acompanhada de uma formação e/ou liderança ausente e pouco participativa**
Competências insuficientes	**Perfil das pessoas inadequado à função** **Baixa formação ou formação de má qualidade**

Factores que contribuem para o sucesso:

Compreensão do papel de cada indivíduo
Liderança presente e com as qualidades necessárias (cf. texto Pedro Ramos)
Comunicação aberta e frontal
Encorajamento mútuo
Partilha de sucessos e insucessos
Objectivos bem definidos
Capacidade de auto-avaliação por parte de cada elemento
Confiança mútua
Sentido de existência comum
Cooperação
Criatividade
Disciplina
Cultura de mudança

5.1.1 CONFLITO NA FORÇA DE VENDAS

Em todas as equipas existem situações de conflito, que são naturais e decorrentes da actividade humana. Na maioria dos casos, os conflitos são passageiros e com uma resolução quase instantânea, não causando cicatrizes nas equipas.

Contudo, alguns conflitos são potenciados por outras situações e podem desenvolver um conjunto de situações com forte impacto na desagregação das equipas. Por isso, importa referir que, estando alguns completamente tipificados nas forças de vendas, convém actuar nas **situações potenciadoras, antes mesmo** de estas aparecerem, evitando situações mais desagradáveis.

Reflexão n.º 23: evitar problemas

A forma de o fazer passa pela **liderança** trabalhar estes aspectos, **identificando situações potenciadoras de conflito (antes do aparecimento dos problemas)**, reunindo a equipa ou aproveitando uma reunião por outro tema e progressivamente ir introduzindo estas situações como temas de reflexão para que a equipa discuta e chegue a um consenso, que passará, então, a ser uma regra (sempre que possível) que com o tempo incorporará a cultura da equipa.

O que resulta desta prática é que existe uma partilha muito grande de pontos de vista quando estas situações são discutidas, aproximando os membros da equipa e contribuindo não só para **evitar problemas**, como também para um **fortalecimento do espírito de grupo**.

FIGURA 40 **Evitando conflitos nas equipas**

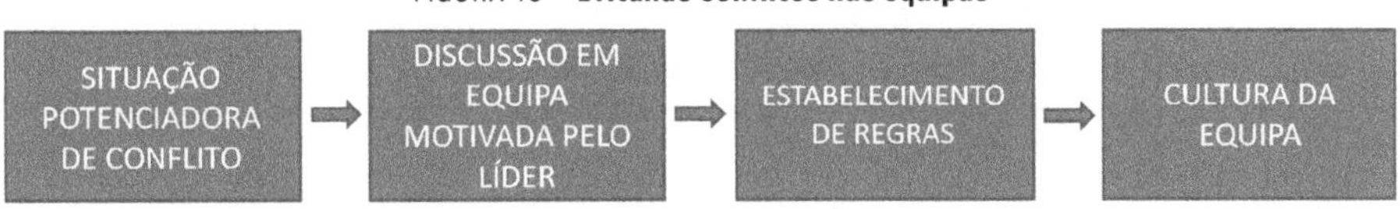

Algumas situações potenciadoras de conflito

Situações potenciadoras de conflito	Exemplos
Pontualidade	Quando uma reunião é marcada às 9h00, começa às 9h00, sem tolerância. Assim, já todos sabem que a conversa de atraso ou de esperar pelos outros não existirá e as regras do jogo estão claras. Evita o problema de o cumpridor esperar pelo não cumpridor.
Compromissos com prazos	Entrega de um relatório ou parte do relatório dia *x* até às 16h00 significa dia *x* até às 16h00. Fica claro na equipa que quando se fixam datas e horas não é o problema de o receptor do relatório ser mais ou menos tolerante; a equipa tem uma cultura de cumprimentos de prazos.
Discussão de resultados	Aquando da apresentação de resultados de colegas, deverá haver intervenção dos outros elementos da equipa ou não?
Dressing code	Numa equipa podemos ter pessoas que consideram que uma determinada forma de vestir mais formal é adequada, enquanto outros consideram que ser mais casual não acarreta nenhum problema; adopta-se algum *dressing* code? Se não, a partir daqui não é um tema de conversa/discussão.
Utilização de títulos	Utilização de títulos académicos: serão utilizados ou não? Fica ao critério de cada um?
Voluntarismo	Quando surge uma nova situação, é bem visto que alguém se voluntarie ou deverá haver um consenso na equipa? Deverá ser nomeado pelo líder?
Ajudas a colegas	Quando acontece alguma situação menos positiva com algum colega, é bem aceite que alguém se ofereça para ajudar? É considerado um acto de arrogância? Como deverá ser gerido?
Críticas a um colega ou discordâncias	Durante uma apresentação, existe um ponto com que alguém discorda: será bem aceite que manifeste a sua discordância em público? Deverá fazê-lo em privado? Não deverá? Quebra a harmonia da equipa?
Linguagem frontal	Na relação com a liderança e entre colegas considera-se que ser directo, sem rodeios, é preferível? Ou considera-se que é incorrecto e dever-se-á adoptar outro tipo de linguagem mais filtrada?
Emotividade	Aceita-se que alguém levante a voz numa reunião num momento mais quente? Se isso acontecer, o que deverá ser feito? Poder-se-á chamar a atenção da pessoa que o fez?

Partilhas de sucessos e insucessos	**Os sucessos e insucessos são partilhados em detalhe para aprendizagem da equipa ou os detalhes ficam com cada um?**
Comportamentos face ao erro	**Quando alguém erra, qual será a atitude da equipa? Discutir-se-á o erro para que todos aprendam e contribuam para que não se repita? Não se deve fazer, pois é humilhante para a pessoa que errou?**

Em suma, é impossível evitar conflitos, que até podem ser saudáveis e momentos de crescimento em equipa; contudo, alguns são de pouco valor, e antecipar e evitar esses conflitos contribui para um **bom ambiente** e para uma **maior produtividade** e longevidade de uma equipa de vendas.

5.1.2 CICLO DE VIDA DE EQUIPAS

Um facto conhecido na gestão de equipas é o ciclo de vida de equipas, que permite compreender melhor a dinâmica inerente à sua gestão.

FIGURA 41 **Ciclo de vida de equipas**

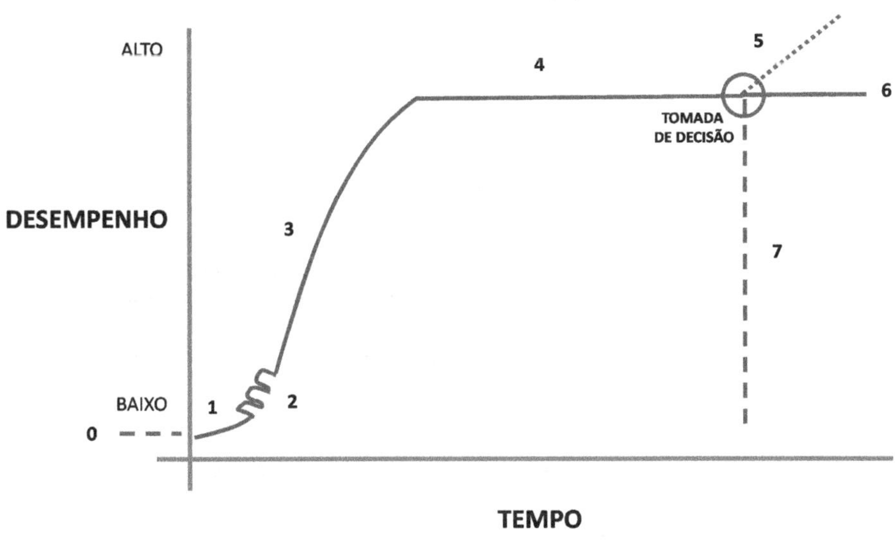

A Figura 41 representa o que normalmente acontece na evolução das equipas de vendas. As fases estão comentadas no quadro seguinte:

Fase	Observações
0 — Constituição da equipa	Fase na qual as pessoas de vendas são escolhidas e a constituição da equipa é concretizada de acordo com diferentes lógicas possíveis.
1 — Treino e início	A equipa começa a ter uma formação (treino) inicial e pode começar a efectuar trabalhos ainda dentro do período de treino.
2 — Turbulência	Fase na qual a equipa começa a trabalhar e em que ocorrem, naturalmente, choques de feitios, descoberta dos pontos fortes e fracos de cada um, preferências, formas de trabalhar, adaptação à cultura da empresa e da equipa, teste à liderança...
3 — Crescimento	Depois da afinação de processos, compreensão das diferenças, compatibilização das funções e pessoas da equipa, refinamento da liderança e um início de definição de cultura de equipa, esta começa a produzir trabalho dentro daquilo que é esperado.
4 — Maturidade	Nesta fase, a produtividade é máxima, pois a equipa está com uma cultura definida, os processos bem treinados e coordenados, a liderança é eficaz, os membros da equipa compreendem o seu papel e as rotinas que lhes são exigidas. A cultura de equipa está definida e é colocada em prática.
5 — Tomada de decisão	Quando uma equipa está em maturidade e depois de muito tempo em operação podem surgir três hipóteses: continuidade, superação e término. Este momento de decisão ocorre ou por algum factor interno da equipa ou por alguma situação externa à equipa que induz uma necessidade de mudança.
6 — Superação	Nesta opção, o objectivo é elevar o desempenho da equipa. Significa que, chegando a um ponto de maturidade e rotina, a equipa está pronta para um novo desafio, que terá um impacto positivo na motivação geral e no negócio da organização. Como exemplo, poderá ser vender novas soluções, introduzir novas tecnologias, aumentar a rentabilidade por cliente, alargar região, entre outros.
7 — Continuidade	Aqui não há nenhuma alteração da operação.
8 — Término	As condições existentes das equipas são alteradas, por exemplo, por saída de elementos-chave; alteração do negócio e cada pessoa de vendas passará para uma nova função; desenvolvimento de conflitos na equipa.

Uma equipa num determinado momento da sua evolução tem em si mesma uma elevada componente de **aprendizagem colectiva**, vale e deve valer verdadeiramente como um todo. As etapas referidas anteriormente mostram que o desempenho de uma equipa não pode ser instantâneo e leva o seu tempo.

No caso de introdução de novos elementos, existe sempre um período de turbulência que atrasa ou diminui o desempenho colectivo. Por isso, é preciso ter muito cuidado na rotatividade da equipa. Na fase em que vivemos de (infelizmente) baixo investimento na formação e manutenção das pessoas de vendas (para não falar na dependência de estagiários!), em muitas empresas **não existe verdadeiramente aprendizagem individual e colectiva**; as equipas rodam com tanta frequência que nunca se chega verdadeiramente a ter sinergias entre os membros, nem mesmo aprendizagem individual; não é uma equipa, é um conjunto de pessoas.

A integração de aprendizagens, a compatibilização de comportamentos e a afinação de tarefas colectivas tornam cada combinação verdadeiramente única; por isso, quando se diz que ninguém é insubstituível, nos casos de elevada qualidade de serviço, todos são substituíveis, o resultado é que pode, com elevada probabilidade, não ser o mesmo.[60]

Contributo n.º 7 — José Carlos Nunes

Equipas, líderes e vendedores extraordinários

José Carlos Nunes[61]

Vendas... muita tinta já foi gasta, muitas linhas já foram escritas, muitos livros já foram publicados, muito já foi falado sobre este tema e que, na minha opinião, mais haverá para ser dito, devido às constantes mudanças e permanente necessidade de acompanhar os tempos e os novos hábitos de consumo. Muito daquilo de que aqui vou falar provavelmente já alguém alguma vez deverá ter falado, mas vou-me basear

[60] O desporto é um óptimo caso que ilustra o que foi referido. Quantos jogadores são brilhantes numa equipa e ao passarem para outra se apagam completamente? Desaprenderam? Não. Uma equipa é verdadeiramente uma combinação de unidades e é única. As equipas são verdadeiramente irrepetíveis.

[61] Consultor imobiliário, gestor de equipa comercial na Remax Expo. Especialidade: empreendimentos novos, mercado Collection (luxo), mercado habitacional. Formação académica: gestão de empresas. Experiência: 11 anos consultor imobiliário Remax, 14 anos gestor de empresas.

na minha experiência pessoal e profissional, de mais de 10 anos nesta actividade de consultor imobiliário e gestor de equipa comercial, que nos últimos cinco anos mais transacções de vendas imobiliária fez, em todo o sector imobiliário, no distrito de Lisboa, by «Forbes Portugal», mais de mil transacções de vendas.

Vou começar por abordar aquelas que penso que deverão ser as características de um bom profissional de vendas e o que diferencia o sucesso do insucesso.

Os comerciais de sucesso são profissionais que sabem bem o querem e como lá chegar, têm objectivos bem definidos e têm sempre isto em mente, os seus SAR (sistema de activação reticular) orientados para os resultados. Como tal, vêem oportunidades e negócios em todo o lado. Têm os seus valores e crenças bem alinhados, evitando que estes os possam limitar na obtenção dos resultados. São pessoas positivas e com grande capacidade de relacionamento interpessoal.

Para termos sucesso, temos de entender o fracasso. O que distingue um *super* comercial é que tem sempre isto no pensamento.

Do outro lado, no insucesso, os comerciais ficam bloqueados pelo «medo», não agem, limitam-se pelo receio da negação.

Os comerciais devem identificar o nicho de clientes que querem trabalhar, ter uma proposta de valor, ter várias alternativas para chegar aos clientes, não estarem reféns de apenas uma ou duas, devem ter, pelo menos, 10, 11, 12; é fundamental para os resultados.

A preparação é muito importante, nada acontece por acaso:

- Preparar a reunião
- Conhecer o cliente
- Conhecimento do produto e do mercado.

Só vendemos quando há:

- *Rapport* (criar relação, empatia)
- Confiança (dizer sempre a verdade, independentemente da situação)
- Competência ou conhecimento (especialista).

O meu foco é a satisfação total dos meus clientes. Entender as suas necessidades, motivações e expectativas é fundamental.

Só assim conseguimos chegar a estes números de vendas. Não é possível atingir este patamar sempre com novos clientes; é desejável que se façam vendas repetidas e referenciadas com quem já fizemos transacções anteriormente.

Eu prefiro não fazer um negócio a ter um cliente insatisfeito, o inverso é a exponenciação do negócio. Clientes satisfeitos a referenciarem-nos a novos clientes e por aí fora, o efeito bola de neve.

Para isto, é fundamental ter um serviço integral a clientes, que começa no primeiro contacto e não se esgota na venda. Só se consegue com uma equipa capaz, preparada e competente. Enquanto os agentes estão focados na área comercial, o *back office* (administrativo, financeiro, jurídico, etc.) assegura o serviço na plenitude. É difícil atingir estes números num ano, mas mais difícil ainda é fazê-los perdurar no tempo, o que só se consegue com a criação de sistemas que optimizam e gerem o negócio, as pessoas gerem a empresa (ex.: *check-list*, definição de tarefas, etc.).

Engraçado é analisar que todos os anos tive de me adaptar para ter os mesmos resultados ou superá-los. De ano para ano foi sempre diferente, fazer igual não dava. Esta capacidade de nos adaptarmos, de estarmos de mente aberta para a mudança, é fundamental.

Outra aposta é na formação — contínua, constante e diversificada do líder e da sua equipa. Até para que todos falem a mesma linguagem.

A capacidade de fazermos as perguntas certas e a habilidade de encontramos as respostas para estas questões vão definir a nossa capacidade de adaptação e, consequentemente, o nosso sucesso.

O principal desafio de um gestor de vendas de topo é encontrar as pessoas certas para a sua equipa e colocá-las a fazer as coisas da maneira certa. Integrá-las, motivá-las e retê-las.

Definir objectivos e metas com a equipa, obter compromisso (inegociável), acompanhar, medir, ajustar, motivar e premiar é fundamental para o êxito da equipa.

Divido o objectivo anual por trimestres. Uma meta por trimestre com três prioridades. Reuniões:

- *Briefings* diários (abrir e fechar o dia)
- Reunião semanal (realizado e indicadores)
- Mensal (fecho do mês, análise e preparar o próximo)
- Trimestre (fecho, análise do trimestre e preparar o próximo)

Recruto comerciais tendo em conta a atitude positiva, inteligência emocional em detrimento da experiência.

Prefiro, assim, formá-los à minha imagem, sem vícios, evitando «as prima-donas» porque têm bons resultados, que julgam que a empresa só funciona por causa delas, sobrepondo-se à equipa. A equipa vale pelo seu todo, na equipa todos somam porque quem não soma está a subtrair, e juntos somos mais fortes.

Giro a equipa numa base pessoal, todos somos diferentes e com personalidades diferentes. Procuro reconhecer e elogiar o mais pequeno gesto, do pequeno ao grande contributo.

Quando tenho necessidade de chamar à atenção, foco-me sempre nos comportamentos e nunca na personalidade, evitando sempre os conflitos. Os comportamentos são os factos: o que fizeram incorrectamente ou que não fizeram, o que acontece muitas vezes em vendas.

Um factor crítico na área comercial é a disciplina ou a autodisciplina.

Concluindo: para mim, os segredos são as pessoas, sejam elas os nossos clientes externos (clientes) ou clientes internos (comerciais).

Quem souber lidar com ou liderar pessoas tem sucesso a fazer seja o que for (casas, carros, etc.).

A criação de hábitos de sucesso faz a diferença. São as pequenas tarefas diárias que constroem os grandes resultados.

Foco no cliente e não na comissão: a satisfação do cliente é a causa, a comissão a consequência.

Fazer as coisas em função dos outros: clientes ou equipa.

As pessoas certas: positivas, relacionamento interpessoal, focadas, dinâmicas, ambiciosas, criativas, inovadoras, autónomas, honestas, etc... a fazer as coisas certas, no sítio certo, com o líder certo e a criar novos líderes... só pode dar certo.

Agentes extraordinários...

... resultados extraordinários

5.2 LIDERANÇA

5.2.1 ASPECTOS FUNDAMENTAIS DA LIDERANÇA

De acordo com a equipa de investigação da GLOBE[62], a liderança pode ser definida como «a capacidade de um indivíduo de influenciar, motivar e possibilitar que outros contribuam para a consecução dos objectivos e para o sucesso da organização de que fazem parte».

Sendo a liderança um tema central na gestão, o objectivo aqui é realçar alguns aspectos da liderança mais aplicados às forças de vendas.

[62] Global Leadership Organizational Behavior Effectiveness.

Quanto às tipologias de liderança, o comentário do Prof. Doutor Pedro Ramos neste capítulo resume de forma objectiva e completa como a liderança deve ser vista em relação às forças de vendas nas suas diversas dimensões, isto é, transformacional, construtiva e mobilizadora, pelo exemplo, assertiva, de *feedback* e estratégica.

Na abordagem ao conceito de **liderança**, imediatamente emerge o conceito de **chefia**. A liderança e a chefia são conceitos que têm vindo a ser largamente utilizados na gestão de pessoas, quase sempre apresentados em «campos opostos», em que a **chefia** teria uma componente mais operacional, de garantia de execução de um plano através do comando de níveis mais baixos na organização, numa lógica quase de comunicação unidireccional, enquanto a **liderança** seria exercida a níveis mais altos, sendo um líder um inspirador, alguém que aponta o caminho, que motiva alguém a segui-lo, a ser melhor, com mais autonomia e capaz de um maior crescimento.

As diferenças entre os conceitos de chefia e de liderança efectivamente existiram e existem, contudo, desde o final do século passado, cada vez mais ocorre uma **fusão dos «opostos»**. Uma das razões que contribui fortemente para esta fusão é o contexto de mudança e de incerteza dos ecossistemas, o que implica que toda a gestão deva ser cada vez mais flexível, pois como foi referido no capítulo 1, o sucesso de uma organização reside na capacidade que esta tem de responder adequadamente aos factores do ecossistema.

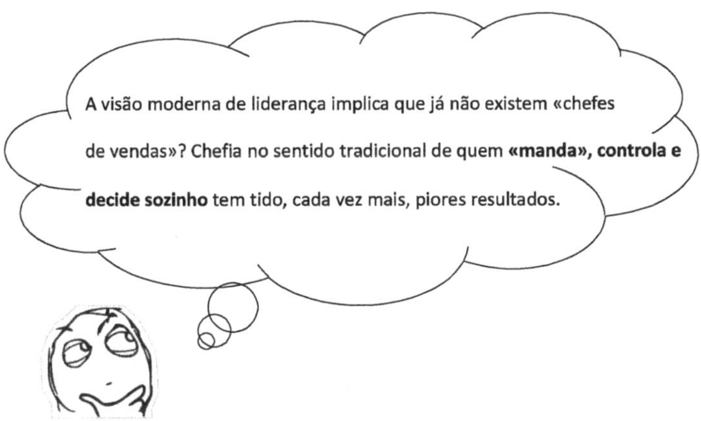

Reflexão n.º 24: chefia tradicional

A **flexibilidade** significa, na prática, que os planos detalhados e rígidos do passado, num contexto de mudança constante, estão permanentemente desactualizados; logo, as organizações estabelecem planos em que existem *guidelines* claras, mas a sua implementação fica sempre condicionada pela mudança.

A flexibilidade organizacional depende, então, de sistemas de informação, tecnologias, inteligência artificial, entre outros, mas, no que às pessoas diz respeito, são necessárias pessoas «**flexíveis**» e com elevada capacidade de adaptação, o que acarreta uma nova forma de encarar o trabalho na organização.

Embora a flexibilidade já seja um factor importante nas organizações há muito tempo, a novidade agora é que esta **flexibilidade** começa a ser exigida **em todos os níveis da organização**, não apenas nos níveis **mais altos**. Por isso, o imperativo de liderança começa a chegar a níveis mais baixos na organização, e a necessidade de líder e de actos de liderança começa a tornar-se um verdadeiro desafio.

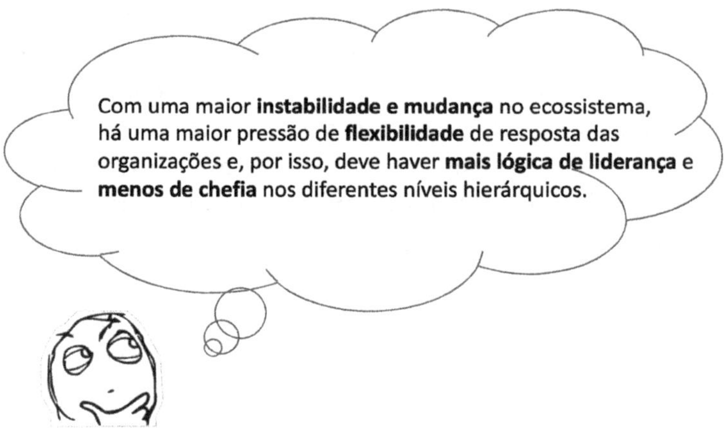

Reflexão n.º 25: necessidade aumentada de lideranças

Importa realçar que quando se fala em foco em cliente e desenho de co-criação de valor cliente a cliente, não só existe um contexto diferente cliente a cliente, mas, **em momentos diferentes**, os clientes terão **diferentes necessidades e potenciais de criação de valor** que irão variar, o que exigirá capacidade de agir em contextos fluidos, em que a solução anterior pode não servir na situação futura, por isso a fase do ***one-fits-all***[63] acabou.

[63] Uma solução igual para todos.

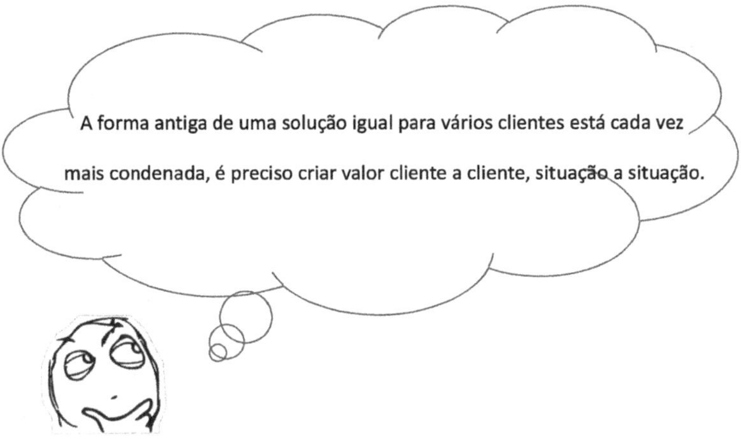

Reflexão n.º 26: cada cliente é único

De uma forma geral e independentemente do nível hierárquico, os líderes que têm bons resultados mostram alguns comportamentos comuns, desempenhando alguns papéis essenciais ao sucesso das suas forças de vendas:

Elo de ligação — o líder na área de vendas deverá promover a colaboração e ser um facilitador e um motivador da colaboração entre diferentes áreas da organização. Isto permitirá que as pessoas de vendas possam ter acesso à informação e aos recursos de que precisam na sua função, para além da colaboração com pessoas da área financeira (na discussão de preços, por exemplo), com pessoas de TI (gestão de CRM e outros elementos de informação, por exemplo), com pessoas da produção (ter *feedback* atempado sobre disponibilização de *stocks*), entre outros.

Coach — o líder de vendas deverá fornecer assistência individualizada, baseada na prática, com acompanhamento e discussão de situações. Mais do que uma direcção previamente assumida em cada situação, deverá desenvolver nas pessoas de venda, progressivamente, uma maior capacidade de autonomia, reflexão e tomada de decisão. Cada situação pode ser um ponto de partida para o *coaching*, tendo sempre como objectivo a consecução dos objectivos individuais e colectivos da equipa e da empresa onde a pessoa está inserida. Exige tempo, mas assim é a liderança.

Agente relacional com o cliente — aqui o líder aparece frequentemente coordenado com a pessoa de vendas no sentido de complementar o seu trabalho e interagir com o cliente a um nível ao qual normalmente a pessoa de vendas não chega. Poderá também ter o papel de reforçar o comprometimento da empresa vendedora, apoiando a pessoa de vendas em reuniões e outros compromissos que sejam necessários.

Focalizador — o líder deve intervir e eliminar todas as actividades não essenciais que sejam pedidas às pessoas de vendas, desde reuniões internas, processos pouco produtivos e actividades não geradoras de valor, que não contribuam directamente para a consecução dos objectivos das pessoas de vendas e das suas equipas, protegendo, assim, as tarefas que a força de venda tem em mãos, garantindo o seu foco e a sua produtividade. Actua também na própria força de vendas, promovendo essa mesma objectividade.

Um outro termo muito referido actualmente em liderança de vendas é o ***sales enablement***, que é uma designação aplicada ao conjunto de práticas da liderança em que o **líder deve garantir** que a pessoa de vendas dispõe de tecnologia, competências, conteúdos, informação e recursos adequados à sua função e que lhe permita desempenhar a sua função com sucesso.

De lembrar que a diferença entre um **objectivo irrealista** e um **objectivo ambicioso** passa normalmente pela questão dos **recursos e conhecimento**, ou seja, quando um objectivo é fixado e a pessoa não tem recursos para o atingir (informação, tempo, recursos físicos, *stocks*, entre outros), este passa a ser um **objectivo irrealista**. O que o ***sales enablement*** procura realçar é o papel da liderança em assegurar que a pessoa de vendas tem as condições necessárias para atingir os objectivos que lhe foram propostos. Isto é uma função central de um líder.

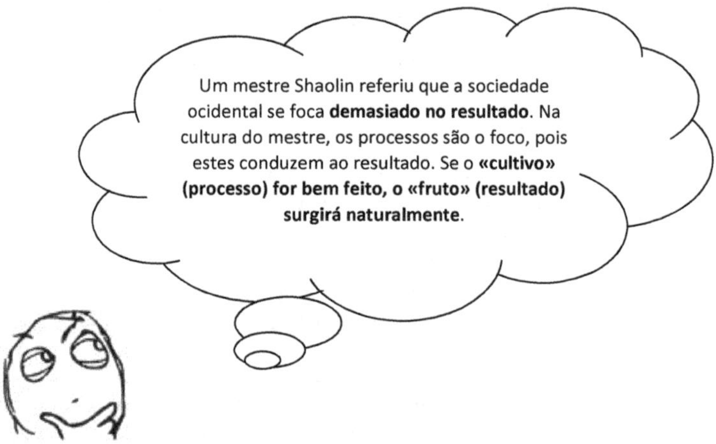

Reflexão n.º 27: foco no processo e no resultado

Por tudo o que foi falado, a liderança é um enorme desafio para as organizações e nas áreas de vendas em particular. Quanto maior a **incerteza e a mudança**, maior é o papel do líder em **orientar e motivar** a força de vendas.

Tradicionalmente, a liderança **transaccional e autocrática**, focada na análise dos resultados e no comando, domina a área de vendas; hoje, é incompatível com o ambiente de negócio e o tipo de vendas discutido ao longo deste livro.

O ecossistema actual é altamente instável e a mudança é uma constante; por isso, as pessoas de vendas estão permanentemente a encontrar desafios que dificultam cada vez mais o seu trabalho. Logo, o que é preciso é **mais liderança** e **menos chefia**, no sentido do que diz a Reflexão n.º 27, que as pessoas de vendas precisam de **ajuda nos processos** — que terão um impacto positivo nos resultados — e não discutir por que razão não atingem os resultados. Dito de outra forma, precisam de **apoio e orientação** e não de um **ponto de crítica, humilhação e desmotivação.**

Esta abordagem de liderança **não tem só um lado**. Implica também uma maior **responsabilização do liderado.**

Não vivemos num mundo perfeito e muitos dos líderes que lêem este texto têm vontade de dizer: **«E aquelas pessoas que não querem aprender, que não querem autonomia, que não querem ter iniciativa, que não querem interagir com o líder?** Esta "nova" liderança não funciona com estas pessoas!». Cem por cento de acordo. Estas pessoas **não têm perfil para fazer parte de forças de vendas modernas**. Simples. **São um erro de *casting*.**

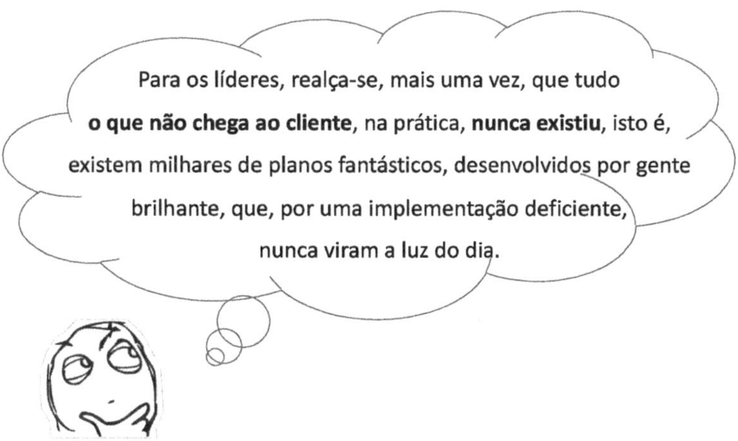

Reflexão n.º 28: importância da implementação

5.2.2 LIDERANÇA EM CONTEXTO DE MUDANÇA — O QUE FOI APRENDIDO COM A COVID-19

A **Covid-19** representou uma variável do ecossistema que alterou profundamente a sociedade, o contexto de negócio e, por conseguinte, a área de vendas.

Uma mudança desta dimensão não era conhecida nesta geração, sobretudo pela sua rapidez e abrangência, não ficando praticamente nenhum sector indiferente, pois mesmo nos menos afectados ou que até ganharam com a pandemia, houve profundas alterações na forma de vendas.

Quando se gere num contexto abrupto de mudança, convém, em primeiro lugar, efectuar um diagnóstico possível sobre a situação do ecossistema, do sector e do relacionamento com os clientes — e, mais importante, no meio do caos e mesmo do pânico, estruturar a análise para melhor preparar a resposta.

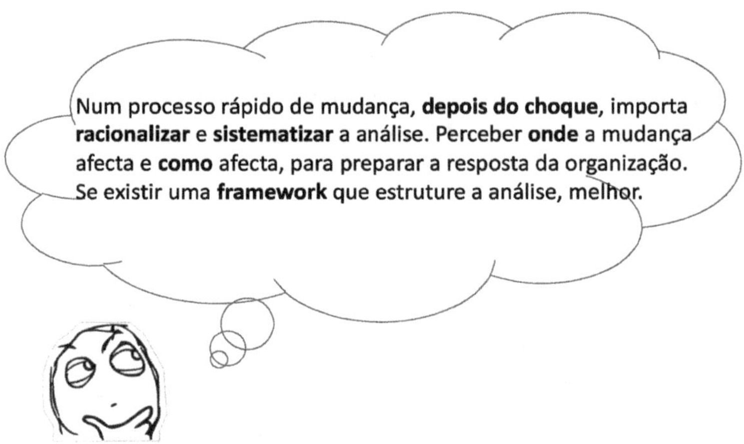

Reflexão n.º 29: analisar a mudança

Para analisar processos de mudança na área de vendas, é adaptado um *framework* há muito conhecido, que foi proposto por Bostrom e Heinen[64], designado por sociotécnico, que identifica quatro dimensões que devem ser analisadas numa situação de mudança, agrupadas duas como sociais e duas como tecnológicas:

[64] Bostrom, R. P. e Heinen, J. S. (1977). MIS problems and failures: A socio-technical perspective, Part I the causes. *MIS Quarterly*, 1(3), p. 17 32.

	Dimensões	Principais impactos da pandemia na área de vendas
Sociais	**Pessoas** Competências, número, situação...	• Diminuição ou eliminação do contacto presencial • Aumento de ansiedade, incerteza, insegurança • Diminuição de pessoas ao serviço, diminuição de clientes e *layoffs* • Desorganização motivada pelo teletrabalho e eventuais poucas condições de trabalho em casa • Necessidade súbita de aquisição de novas competências, desde a operação de novas plataformas, passando por organizar um processo de vendas virtual, marcação e condução de reunião com clientes, coordenação interna e com os superiores e colegas • Sobrecarga de trabalho por diminuição de pessoas ao serviço • Eventual alargamento do horário de trabalho, uma vez que a virtualização pode provocar esta reduzida noção de «horário de trabalho» • Crescente sentimento de culpa ou impotência perante a situação
	Estrutura Sistemas que coordenam e motivam as forças de vendas — objectivos, incentivos, regras...	• Alteração profunda de objectivos, prémios, volume de trabalho • Sistemas de motivação pré-Covid não aplicáveis • Sistemas de controlo de actividade de vendas já não são aplicáveis e surgem novos no âmbito do teletrabalho • Canais de comunicação com o cliente devem ser redefinidos caso a caso
Tecnológicas	**Tarefa** Tarefas (quais, de que forma, com que frequência) desempenhadas na organização, no caso, na área de vendas	• Redefinição das tarefas dos vendedores — em muitos casos, deixar de vender para acompanhar clientes na reorganização de pedidos (alterar quantidades e verificar *stocks*); redefinir entregas, acompanhar clientes em tarefas anteriormente desempenhadas por outras pessoas, entretanto em *layoff*

		• Aumento da necessidade de formação em aspectos-chave do novo contexto — operar plataformas de comunicação como o Zoom, Microsoft Teams ou WebEx • Necessidade de dar prioridade aos clientes e o esforço despendido • Capacidade de trabalhar em conjunto com os clientes na redefinição de necessidades destes e como a empresa vendedora poderá ajudar neste novo contexto — definir novas oportunidades de negócio • Necessidade de maior disponibilidade, em termos de horário, para os clientes • As tarefas conducentes à aquisição de clientes devem ser redefinidas, pois as pré-Covid são dificilmente aplicáveis
	Tecnologia *Software, hardware,* conhecimento externo, ferramentas...	• Necessidade de novas tecnologias, maior largura de banda, portáteis ou outros *devices* disponíveis na casa dos colaboradores • Acesso remoto aos sistemas de informação da empresa, ex-CRM • Utilização de novas plataformas de comunicação dentro da própria empresa e com os clientes • Aumento da utilização de redes sociais para fins profissionais • Necessidade de desenvolvimento de competências em *virtual selling* • Em contexto virtual, existe uma maior aplicação de inteligência artificial, que implica desenvolvimento de competências • Aumento da necessidade de maior cibersegurança e redefinição de processos entre as pessoas de vendas

Em termos de resposta, os líderes que obtiveram **bons resultados** actuaram da seguinte forma:

Dimensão do modelo	Actuação do líder
Pessoal	1) Fornecer segurança 2) Ser mais paciente, menos crítico 3) Estar mais presente, no sentido de disponibilidade para questões profissionais e pessoais 4) Acompanhar melhor a força de vendas, sobretudo as dificuldades 5) Orientar a força de vendas no novo contexto 6) Preocupar-se com aspectos pessoais como a saúde — estimulando boas práticas como desporto e bem-estar emocional — e a organização pessoal 7) Promover a manutenção do espírito de grupo, organizando, por exemplo, *happy hours* remotas entre colegas 8) Partilhar situação de sucesso e insucesso numa óptica de aprendizagem
Estrutura	1) Redefinir quais são os desempenhos pretendidos no novo contexto e comunicá-los correctamente 2) Redefinir *forecast*, quotas, objectivos e incentivos com a participação da força de vendas 3) Redefinir as métricas e os KPI no novo contexto 4) Definir protocolos de trabalho (horários e outros) e de relacionamento entre colegas e com o líder 5) Definir protocolos de cibersegurança para mitigar o risco para a empresa e para cada um dos colaboradores
Tarefa	1) Redefinir os focos de formação e acelerar a formação nos pontos mais urgentes para a equipa, nomeadamente tudo o que afecte o *virtual selling* e o acompanhamento de clientes 2) Acompanhar e efectuar *coaching* para as novas tarefas 3) Acompanhar e efectuar *coaching* para a obtenção de níveis de produtividades altos, por exemplo, como organizar o trabalho em casa, como ter reuniões virtuais com os clientes, entre outros 4) *Empowerment* — numa situação de alta incerteza, é sempre um risco, mas nos casos reportados em que o líder identificou as pessoas certas e aumentou o *empowerment*, os resultados foram muito positivos, pois nem sempre o líder pode acudir em situações novas e que exigem uma decisão rápida

Tecnologia	1) **Identificar plataformas, *softwares* e *hardwares* necessários ao desempenho da função (incluindo condições em casa dos colaboradores)** 2) **Garantir a rápida disponibilização de *hardware* e *software* necessários ao desempenho da função** 3) **Acompanhar as condições de trabalho em casa do colaborador ao nível de largura e estabilidade de banda e intervir, se for o caso** 4) **Reforço da cibersegurança da organização** 5) **Introdução da inteligência artificial nos processos de *virtual selling* e de gestão de clientes** 6) **Definir constantemente as necessidades junto da força de vendas**

A pandemia da Covid-19 levantou um conjunto de questões completamente novas na gestão de forças de vendas. Muitas das situações vividas e adoptadas durante a pandemia perdurarão e transformar-se-ão em novas práticas na área de vendas.

Independentemente das situações que continuarão, as aprendizagens obtidas, juntamente com outros elementos existentes sobre a gestão de mudança, apontam para alguns aspectos que devem fazer parte da prática de um líder em contexto de mudança para motivar as equipas, manter o moral e atingir resultados. Destes, destacam-se:

Trabalhar com factos, não especulação
Identificar riscos
Fornecer instruções claras
Ser rápido na implementação
Partilhar dúvidas
Apresentar histórias positivas
Ter disponibilidade
Apresentar uma nova visão do futuro
Ouvir os problemas e estimular a apresentação de fraquezas das pessoas
Introduzir ordem e normalidade no novo contexto
Confiar nas pessoas
Aumentar o *empowerment*
Introduzir uma total transparência, partilhando o que se sabe (e o que não se sabe) e o que existe

Fazer o balanço entre o curto e longo prazo, introduzir também pensamento de longo prazo nos processos e acções, pois as empresas, ultrapassando a crise, têm um futuro que não deve ser hipotecado na tentativa de sobrevivência

5.2.3 LIDERANÇA — O CASO DO NATIONAL HEALTH SERVICE (NHS) INGLÊS

De seguida, apresenta-se **uma situação aplicada a um caso concreto**, que ilustra muito do que foi discutido anteriormente.

Um *benchmark* muito interessante de modelos de liderança dentro da lógica referida anteriormente é o National Health Service do Reino Unido.[65]. De acordo com o NHS, o modelo de liderança executado correctamente permitirá:

Colaboradores mais satisfeitos, produtivos e leais
Cuidados aos doentes com mais qualidade e de uma forma mais compassiva
Serviços de saúde com maior valor e pacientes mais satisfeitos
Uma organização de cuidado de saúde com sucesso e um serviço de elevada reputação

Em suma, o NHS estabelece o impacto que a liderança bem executada terá ao nível dos colaboradores, clientes, qualidade da oferta e reputação da instituição.

Por isso, *mutatis mutandis*, poder-se-á utilizar o modelo de liderança também nas equipas de venda.

O modelo consiste em nove dimensões, que são as seguintes:

1- **Inspirar um propósito partilhado**
2- **Liderar com afecto, atenção**
3- **Avaliar a informação**
4- **Integrar o serviço de que alguém faz parte com o todo na organização e também a integração com outras pessoas, equipas e organizações**

[65] https://www.leadershipacademy.nhs.uk/resources/healthcare-leadership-model/structure-healthcare-leadership-model/.

5- **Partilha da visão**
6- ***Engagement*** [66] **da equipa**
7- **Objectivos e responsabilização**
8- **Desenvolvimento de competências**
9- **Influenciar para a consecução de resultados**

Desafio n.º 12: quadro de liderança

Tendo por base o modelo do NHS anteriormente referido, foi desenvolvido um questionário com quatro questões por tópico, que, para cada caso específico, poderá ser alargado.

Deverá preenchê-lo enquanto líder de equipa; caso ainda não seja líder, imagine como faria em cada uma das questões.

Some os pontos por cada linha e, no final, terá um quadro explicativo dos resultados.

		1	2	3	4	5	
1. Inspirar um propósito partilhado	Nada						Muito
1.1 — Os nossos propósitos, missão e valores são claros e partilhados pela equipa?							
1.2 — Sou um exemplo prático desta aplicação no dia-a-dia?							
1.3 — Em situações de pressão, as minhas atitudes e comportamentos estão de acordo com os propósitos, missão e valores?							
1.4 — Actuo com coragem para mudar os processos, se preciso para ir ao encontro dos propósitos, missão e valores?							

[66] Aqui, mais uma vez, manteve-se a designação em inglês, dado o seu uso alargado nas organizações e também porque o termo em inglês não tem uma tradução tão abrangente em português. Poder-se-ia utilizar uma designação como «envolvimento voluntário», o que poderia ilustrar uma boa parte do sentido original. A nosso ver, o termo «engajamento» não parece indicado.

2. Liderar com afecto, atenção							
2.1 — Tenho atenção ao estado emocional das pessoas e da equipa, actuando rapidamente para melhorar qualquer situação negativa?							
2.2 — Cuido da minha saúde mental e física, tendo atenção ao meu estado emocional como exemplo?							
2.3 — Estimulo um ambiente de equipa de entreajuda?							
2.4 — Conheço suficiente bem os membros da minha equipa para entender as suas motivações?							
3. Avaliar a informação							
3.1 — Recolho informação relevante dos clientes externos e internos que me permite, atempadamente, avaliar o desempenho da equipa?							
3.2 — Recolho informação e analiso o meu desempenho numa óptica de melhoria?							
3.3 — Recolho informação e faço *benchmarks* para promover melhorias?							
3.4 — Encorajo os membros da equipa a recolher informação e a sugerir pontos de melhoria?							
4. Integrar o serviço de que alguém faz parte com o todo na organização e também a integração com outras pessoas, equipas e organizações							
4.1 — Integro a minha área de vendas com as restantes áreas da organização?							
4.2 — Invisto em competências tecnológicas, nomeadamente em termos de sistemas de informação, para estimular uma maior integração da minha equipa com outras áreas da organização?							
4.3 — Compreendo correctamente os aspectos de política interna da organização que permitem uma melhor integração da minha equipa?							
4.4. — Trabalho continuamente na melhoria do relacionamento com os diferentes *stakeholders*, internos e externos?							

5. Partilha da visão							
5.1 — Motivo suficientemente os membros da equipa para serem embaixadores da visão de longo prazo da organização?							
5.2 — Comunico honesta e abertamente com a minha equipa?							
5.3 — Partilho e inspiro uma visão de futuro sobre os papéis de cada um na organização?							
5.4 — Desenvolvo competências de comunicação de uma forma contínua?							
6. *Engagement* da equipa							
6.1 — Reconheço e estimulo a participação, experiências e partilhas de cada um dos membros da equipa?							
6.2 — Efectuo em conjunto com a equipa *brainstormings* sobre melhorias a efectuar nos processos, relacionamentos e outros que afectam o desempenho e o bem-estar da equipa?							
6.3 — Estimulo o verdadeiro trabalho de partilha e reflexão entre os membros da equipa?							
6.4 — Convido os membros da equipa a participar em decisões importantes?							
7. *Objectivos e responsabilização*							
7.1 — São claros para a equipa os objectivos e a forma de os medir?							
7.2 — Assumo a responsabilidade pelo meu desempenho?							
7.3 — Estimulo as pessoas da minha equipa a terem competências analíticas por forma a analisarem autonomamente os seus resultados?							
7.4 — Actuo atempadamente, chamando a atenção e contribuindo para a melhoria de desempenhos negativos dos membros da equipa, bem como reforçando os casos positivos?							
8. *Desenvolvimento de competências*							
8.1 — Forneço *coaching* e acompanhamento de longo prazo aos membros da minha equipa?							

8.2 — Desenvolvo competências «*out-of-the-box*» que me retiram da minha zona de conforto?							
8.3 — Estou continuamente a desenhar planos de desenvolvimento de competências de membros da minha equipa?							
8.4 — Defendo junto da liderança de topo o desenvolvimento de competências como um elemento estratégico de vantagem competitiva da organização?							
9. Influenciar para a consecução de resultados							
9.1 — Promovo regularmente consensos com os diferentes *stakeholders* internos e externos?							
9.2 — Desenvolvo competências ao nível de áreas-chave, como capacidade de comunicação, apresentação e argumentação?							
9.3 — Estimulo e dou suporte a novas formas de operar que aumentam a probabilidade de melhores resultados ou estou petrificado no «sempre se fez assim»?							
9.4 — Actuo numa lógica de comunicação interactiva, em que a escuta activa assume um papel relevante na minha actuação?							

Interpretação dos resultados:

Pontuação	**Interpretação**
180 — 162	Excelente, percebe o que é um bom líder. Manter o caminho de melhoria contínua.
161 — 135	Muito bom, quase lá, continuar o caminho de melhoria nos tópicos em que teve menor pontuação
134 — 99	Suficiente, deve trabalhar dedicadamente para se tornar um melhor líder.
< 98	Meta baixa e procure imediatamente um profissional de *coaching* de liderança. Com sorte, ainda mantém o lugar.

Contributo n.º 8 — Pedro Ramos

Liderança de equipas de vendas

Pedro Ramos[67]

Várias têm sido as expressões inspiradoras sobre liderança que tenho lido nestes últimos tempos. Em quase todas, um denominador comum: os líderes mais eficazes são aqueles que conseguem passar emoção e paixão pelos projectos e pelas pessoas que lideram, levando-as, num quadro de total envolvimento pessoal, a concretizar os objectivos de todos.

Esta característica bem simples (será?), a paixão, pode afinal fazer milagres na relação líder/liderados, e vice-versa. Este «líder apaixonado» só pode ter um efeito balsâmico junto da sua equipa!

A necessidade de existir uma «liderança apaixonada» no quadro e contexto específico das equipas de vendas assume especial relevância, tanto mais que é nestes contextos, fortemente orientados para a obtenção de resultados, que o binómio Pessoas e Negócios faz maior sentido.

Alguém fortemente apaixonado pelo projecto e pelas equipas só pode ser um verdadeiro exemplo na hora de comprometer e de se comprometer com os outros. Só pode ser um «mestre» em passar em todas as ocasiões uma mensagem de que está comprometido com os objectivos a atingir... que está sempre disponível para criar compromissos dentro da organização, de comprometer EQUIPAS e pessoas em torno das ideias, da missão, dos valores da empresa... e entregar, no fim do dia, mais e melhores resultados.

[67] É PhD em Economia de Empresa y Finanzas pela Universidade Rey Juan Carlos (Madrid), mestre em Sociologia do Emprego pelo ISCTE (Lisboa) e licenciado na área das Ciências da Educação.
É actualmente director de Recursos Humanos do Grupo TAP Air Portugal, possuindo mais de 25 anos de experiência na direcção de topo de Recursos Humanos em várias empresas de grande dimensão.
É também professor universitário nas áreas de Gestão, Liderança e de Gestão de Recursos Humanos, sendo um palestrante e formador convidado em vários eventos e seminários nacionais e internacionais nas áreas de GRH e Liderança.
É autor de várias publicações, artigos científicos e técnicos e revistas nas áreas de Gestão de Pessoas e Liderança nas organizações e acaba de lançar, em coautoria, na Leadership Summit Portugal, o livro *LIDERANÇA: para onde vamos a partir daqui?*.
Recebeu ao longo da sua carreira vários prémios e distinções de excelência pelo seu exercício de funções enquanto gestor de pessoas.

Quer ser um verdadeiro «líder apaixonado» de equipas de vendas? Então siga os seguintes passos:

1.º passo: pratique uma LIDERANÇA TRANSFORMACIONAL. Conheça e reconheça o mérito dos seus colaboradores. Avalie e faça a gestão do desempenho e potencial de cada um dos elementos da sua equipa. Atreva-se a propor e desenhar percursos de desenvolvimento individuais para cada um. Procure clarificar expectativas e proponha os desafios certos para as pessoas certas. Valorize, comprometa e reconheça publicamente os êxitos/sucessos da sua equipa. De todos e de cada um.

2.º passo: pratique uma LIDERANÇA CONSTRUTIVA E MOBILIZADORA. Promova a autonomia nas suas equipas, procure garantir o suporte necessário à prática da mesma no quadro da equipa. Faça um verdadeiro esforço por delegar e pratique o *empowerment* como princípio basilar do seu dia-a-dia, assumindo sempre uma postura positiva e envolvente.

3.º passo: pratique uma LIDERANÇA PELO EXEMPLO. Então... é um «líder apaixonado», logo, é claro para si que deve, em cada momento, responsabilizar-se pelas suas acções. É um líder comprometido com as suas pessoas, equipas, com a sua empresa, e sempre orientado para a obtenção de resultados.

4.º passo: pratique uma LIDERANÇA ASSERTIVA E DE *FEEDBACK* permanentes. Utilize em todas as situações uma comunicação franca, aberta e assertiva, recorrendo à comunicação positiva como ferramenta-chave e oportuna, para garantir o necessário envolvimento das suas pessoas em relação à equipa, à empresa, aos valores, bem como aos desafios e objectivos negociados e comunicados.

5.º passo: pratique uma LIDERANÇA ESTRATÉGICA. Está na hora de passar a paixão para os seus. Estimule a partilha de uma VISÃO de futuro para a organização, utilizando todas as oportunidades que estão ao dispor. Seja capaz e pratique mesmo uma versão MOBILIZADORA da sua acção enquanto líder da equipa. Esteja sempre atento aos resultados que vão sendo obtidos, valorizando-os e influenciando a imagem da equipa/empresa no exterior da mesma. Bem, só me falta (mesmo) dizer que o «líder apaixonado» é um líder inspirador, mobilizador e exemplar, que procura traduzir eventuais insucessos em fortes aprendizagens, problemas em desafios, sonhos em resultados mensuráveis e que, afinal, faz sempre as coisas de forma simples, tal como quando estamos apaixonados.

5.3 ESTRUTURA DA FORÇA DE VENDAS E DIMENSIONAMENTO

A organização da forma como a empresa será estruturada para vender é das principais actividades estratégicas da área das vendas.

A estruturação tem como objectivos principais desenhar a melhor forma de **servir o mercado**, definir a melhor **especialização** dentro da proposta de negócio, determinar de uma forma mais precisa os **objectivos** de acordo com a estrutura e **definir lideranças**, mecanismos de coordenação e formação de equipas, minimizando o que se designa em economia institucional de custos de transacção, mantendo a eficácia. Estruturas de vendas organizadas permitem também uma melhor continuidade do negócio.

As estruturas de vendas podem ser organizadas por:

Tipologia	Vantagem	Desvantagem
Produto	Forma principal de organização, sobretudo em situações em que o produto é complexo e precisa de uma grande especialização e/ou existe uma grande inovação do ponto de vista tecnológico.	Uma empresa cliente pode ser visitada por várias pessoas de venda do mesmo fornecedor, o que pode implicar posicionamentos diferentes, abordagens negociais diferentes, não obtenção de efeito de escala negocial, políticas negociais e de preço diferentes, em suma, problemas de percepção de marca junto do cliente.
Cliente	Foco principal do negócio 4.0. Existe sobretudo quando o cliente tem dimensão e importância para a empresa. Nos últimos anos, com um aumento de dados e informação por cliente, o refinamento da análise por cliente, o desenvolvimento de *software* e plataformas de CRM e de Marketing Automation, o foco por cliente tem sido predominante.	Pode implicar problemas com gestão em diferentes geografias, pouca especialização por produto e foco excessivo na empresa cliente.

Geografia	A grande vantagem é de natureza logística, de servir e negociar com o cliente. Em caso de grandes diferenças culturais entre regiões, a segmentação por geografia faz todo o sentido; por exemplo, em Espanha, com as suas 17 comunidades autónomas. Também no mercado com forte proteccionismo, como o chinês ou o angolano, a ideia de forças de vendas organizadas por geografia, neste caso local, faz todo o sentido.	Falta de especialização por cliente e por produto. Poderá existir grande discrepância de volumes de vendas por região, causando problemas internos de comparação de oportunidades.
Mista	Quando se combinam algumas das anteriores, por exemplo, uma empresa de gestão documental (fotocopiadoras, digitalizadores, *software* de comunicação e gestão documental) com equipamento de grande tiragem, aí o foco é por cliente; nos equipamentos pequenos, o foco poderá ser por geografia, isto é, uma pessoa de vendas andará por uma região a vender este pequeno equipamento. Também poderá haver uma primeira divisão por produto e depois, num nível inferior, existir uma divisão por cliente. Imagine-se uma área terapêutica de uma empresa farmacêutica, que depois terá uma divisão por cliente (clínicas e hospitais)	Falta de especialização por cliente e por produto. Fonte de conflitos quando mais do que um gestor, por exemplo, cliente e produto, são envolvidos no mesmo negócio. Necessidade de uma definição muito própria das competências.
Função	Especializam-se em determinadas funções, por exemplo, recuperação de clientes ou *telemarketing*. Normalmente são transversais aos anteriores e muito focados apenas numa determinada tarefa ou função.	Falta de especialização por cliente, por produto ou geografia. Pouco aplicáveis para vendas de alto envolvimento, em que o conhecimento do cliente é essencial.

A organização da estrutura de venda reflecte-se nos organogramas da organização, devendo prestar-se atenção às funções de linha e de *staff*, aos níveis hierárquicos e ao *span of control*.

Podemos ter tipologia de organogramas, sendo o hierárquico o mais comum e o segundo o funcional, em que as pessoas não estão organizadas por hierarquia, mas por relações funcionais.

A Reflexão n.º 30 faz uma representação de um organograma hipotético híbrido, de uma empresa que tem num segundo nível uma divisão por regiões e num terceiro uma divisão por funções de linha e funções de *staff*.

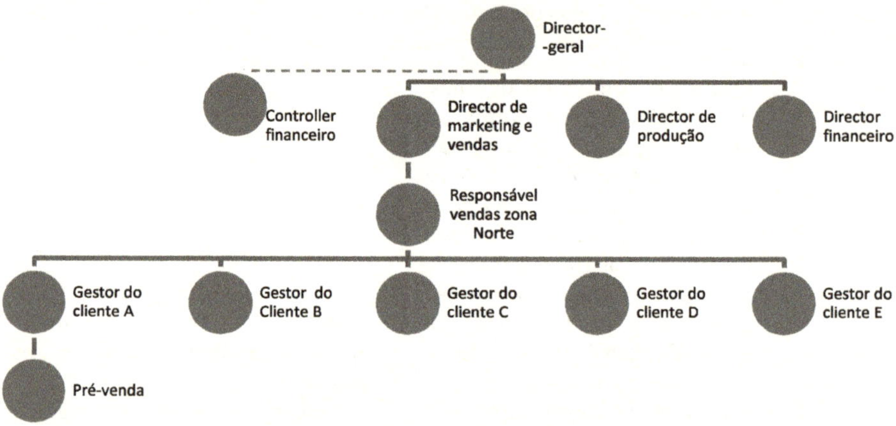

Reflexão n.º 30: exemplo de organograma

Funções de linha	**Estabelecem as relações entre as diferentes funções no interior da organização. Por exemplo, o director de marketing e vendas e o director de produção estão ao mesmo nível, respondem ao director-geral.**
Função de *staff*	**Geralmente representado a tracejado, é alguém que presta serviços a terceiros sem necessariamente estar sob a alçada hierárquica. No exemplo, o *controller* financeiro aparece como uma função de *staff*, o que significa que pode actuar como um consultor do director-geral. Os consultores externos (e internos) normalmente são funções de *staff*.**

Níveis hierárquicos	**Este organograma tem cinco níveis hierárquicos. Os níveis hierárquicos representam os níveis de chefia existentes na organização e podem indiciar a burocracia e «velocidade administrativa» das decisões na organização. Quanto maior for o número, mais burocratizada e lenta é a organização em termos de resposta para o ecossistema, o que não se coaduna com uma lógica 4.0. O que se designa frequentemente de empresa achatada ou horizontal é exactamente uma empresa com poucos níveis hierárquicos e, por isso, normalmente com mais autonomia nos níveis mais baixos e uma capacidade de resposta mais rápida.**
Span of control	***Span of control* é o conceito de quantas pessoas alguém tem sob o seu «comando» directo. Por exemplo, o responsável de vendas da região Norte tem um *span of control* de cinco (gestores de clientes A — E).** **Sendo muito variável de sector para sector e de empresa para empresa, o número de referência normalmente utilizado para lideranças de vendas é de, no máximo, oito pessoas por cargo de liderança, pois como será referido posteriormente, o nível de acompanhamento e orientação torna-se praticamente insustentável acima desse valor.**

Como complemento da estruturação de equipas, a gestão por vezes recorre ao ***outsourcing***.

O *outsourcing* ganhou força, sobretudo devido à **flexibilidade** de contratação e de cessação do vínculo face às pessoas com contrato com a empresa vendedora. Também é muito utilizado em situações de **picos de venda,** em que a actividade não durará por muito tempo e, por isso, não faz sentido contratar alguém com vínculo à empresa numa actividade muito curta. Outro factor que pesou muito nos *outsourcings* efectuados pós-2008 foi a **redução da massa salarial** da área das vendas por incorporação de pessoas com custos muito mais reduzidos.

Todos esses factores são apelativos à gestão de topo, mas existem alguns **pontos negativos**. O primeiro está relacionado com o facto de algumas equipas serem mistas, isto é, com pessoas com contrato (PCR) com uma empresa e pessoas em *outsourcing* (PO). Os resultados na maioria das empresas apontam para desempenhos inferiores das equipas mistas e das equipas exclusivas de PO. Das justificações encontradas, destacam-se: a **não adaptação** das PO à cultura da organização, **antagonismo por parte**

das PCR, níveis de formação inferiores pela menor aposta da empresa contratante nas PO; as PO ficam muitas das vezes com áreas, clientes ou produtos indesejados pelos PCR.

Aqui, como em qualquer outra área, a solução de *outsourcing* pode ser de duas naturezas distintas: **capacidade** ou **especialidade**.

Capacidade significa que é preciso um recurso que a empresa já possui, mas não na quantidade suficiente para responder no momento; por exemplo, cobertura de rede de vendas extra para o lançamento de um produto; reafectação de pessoas de vendas a outras áreas e a falha de reposição de pessoas que saíram da organização. O *outsourcing* resulta também em situações imprevistas em que é preciso aproveitar uma contingência de mercado e não há tempo para uma contratação/formação de uma pessoa. Um exemplo de uma situação imprevista é detectar que um concorrente teve uma quebra súbita de produção/fornecimento e a empresa deve aumentar imediatamente a sua força de vendas para preencher o espaço de mercado deixado pelo concorrente.

No caso da **especialidade**, a empresa deve ir ao mercado contratar competências que não possui dentro de casa, por exemplo, num determinado projecto é preciso elaborar o impacto de um sistema num sector no qual a empresa nunca trabalhou, construção civil, e pode, para este projecto em exclusivo, contratar uma pessoa de venda em regime de *outsourcing*, com experiência no sector, para responder a essa necessidade pontual.

Em suma, situações pontuais podem ser resolvidas com *outsourcing*; contudo, numa fase 5.0, em que a **relação é essencial**, ter pessoas com **vínculos precários e transitórios** a gerir o principal factor de **diferenciação da empresa**, a relação, parece, no mínimo, **inapropriado,** e os resultados do ponto de vista de manutenção e crescimento negócio nos clientes apontam nesse sentido.

5.3.1 A GESTÃO DO CLIENTE – AM, KAM, SAM, GAM OU CVG, CVM, SVM, GVM

Numa fase de ***customer centricity,*** a **gestão do cliente** assume o papel central na estratégia de vendas. Quatro designações têm sido aplicadas às tipologias de gestão de clientes: *Account Manager, Key Account Manager, Strategic Account Manager* e *Global Account Manager.*

De seguida, apresentar-se-á um resumo de cada uma das designações.

Account Manager (AM)	**Gestor de conta. Profissional que gere cada empresa cliente individualmente, identificando oportunidades de negócio, adaptando a oferta da organização ao cliente, controla o *delivery* e garante o acompanhamento e a utilização pelo cliente, contribuindo decisivamente para os níveis de satisfação do cliente com o fornecedor. Geralmente, é o ponto de contacto entre o fornecedor e o cliente; todos os fluxos entre as empresas deverão passar por si ou deve ter conhecimento desses fluxos (por exemplo, facturação).**
Key Account Manager (KAM)	**Gestor de contas-chave. Papel com aspectos do AM, mas o *Key* implica que vai gerir contas-chave. Aqui reside uma diferença que não é meramente semântica, pois o KAM gere as contas mais importantes para a empresa, devido ao volume de facturação, rentabilidade ou reputação que o cliente representa. Gere um cliente como se fosse um micronegócio, e, sobretudo, coordena toda a operação para e com o cliente. Normalmente uma empresa média terá entre 5 e 10 *key accounts* e, por isso, importa referir que um KAM que tenha 15 contas verdadeiramente não é um KAM, pois com 15 contas é impossível a gestão individualizada dos clientes.**
Strategic Account Manager (SAM)	**O principal objectivo é a selecção, o estabelecimento e o desenvolvimento de relações de parceria de longo prazo, com clientes considerados estratégicos devido ao potencial de negócio, rentabilidade e/ou efeito reputacional positivo. Outro aspecto também no âmbito do SAM é centralizar a negociação de um para um quando o vendedor tem várias áreas de negócio que negoceiam com o comprador, procurando sinergias entre elas com vantagens para o vendedor (reforço de posição competitiva no cliente) e para o comprador (possibilidade de desenvolvimento de projectos de longo prazo, simplificação do processo de compra e, normalmente, redução de risco).**

Global Account Manager (GAM)	**Ocorre quando uma empresa vendedora tem um interlocutor para um cliente internacional, um KAM internacional. A vantagem é a garantia de que o sucesso da relação num determinado mercado seja replicável do ponto de vista internacional (ex.: agências de comunicação) e/ou aumento do poder negocial do cliente. Imagine-se uma insígnia internacional com presença em vários países, que, ao invés de negociar o mesmo produto mercado a mercado (ex.: uma marca internacional de colas), faz uma negociação global, ajustada depois país a país.**

Como a designação de vendedor parece envergonhar muita gente, os termos *Account Manager* e *Key Account Manager* são aplicados indiscriminadamente, mas, na maioria das vezes, são vendedores tradicionais de produto, não gestores de clientes. Apesar de vulgarizados, AM e KAM são funções centrais na gestão de clientes.

Reflexão n.º 31: AM e KAM

Como **tudo comunica** numa organização (e na vida!), a designação que se utiliza numa determinada função emite um sinal para a pessoa da empresa e, sobretudo, para o cliente. Por isso, a ideia de *account* (conta) é uma notação fraca e que dá um sinal claro de foco na lógica de vendas[68]; nenhum cliente gosta de ser tratado como uma «**conta**», mas sim como «**cliente**».

Por isso, têm surgido novas designações e que incorporam muito melhor a nova forma de encarar a relação e o foco com o cliente. Das muitas designações existentes, sugerem-se as seguintes:

[68] Gostaria que a sua empresa fosse tratada como uma «conta» ou pelo nome? Considera «simpático» ser considerado por um fornecedor como «conta»?

Designação anterior	Designação actual	Comentário
Account Manager (AM)	Customer Value Generator (CVG)	Hoje não se gerem contas, gerem-se clientes. Entrega-se algo que vai permitir a geração de valor. Mesmo numa venda de produto simples, a ideia central é a de geração de valor no cliente. O foco não está numa «conta», mas naquilo que o cliente ganha: valor.
Key Account Manager (KAM)	Customer Value Manager (CVM)	Numa gestão de contas-chave bem feita, ocorre verdadeiramente a gestão do valor; é mais complexo que a geração do valor. No CVM, o valor é gerido nas suas diferentes componentes, com diferentes ligações possíveis entre a empresa vendedora e a compradora, tendo o CVM sempre um papel de coordenação (cf. Figura 42 e a Figura 45).
Strategic Account Manager (SAM)	Strategic Value Manager (SVM)	A geração de valor é tratada de uma forma estratégica, isto é, envolvendo contactos de alto nível, administração do cliente. Coloca com frequência em contacto várias áreas do fornecedor e do cliente, implicando desenvolvimentos conjuntos em áreas-chave, projectos conjuntos e de longo prazo. Cada vez mais importante, pois permite o *lock* do cliente à concorrência por muito tempo e acentua a questão de que «um produto ou um serviço é facilmente copiável, um relacionamento não». Implica compreender profundamente o cliente e como pode ser feita a diferença pelo fornecedor no longo prazo no negócio do cliente.
Global Account Manager (GAM)	Global Value Manager (GVM)	A exemplo do que foi referido anteriormente, é a lógica de gestão do valor no cliente numa escala global.

Em termos práticos, todas estas alterações reflectem a questão fundamental referida ao longo do livro, que é a passagem de uma lógica transaccional para uma lógica relacional, e daí haver a necessidade de existir uma lógica de gestão de relações, não de «contas».

A função de CVM é extremamente abrangente e exigente, sendo mesmo a gestão de um micronegócio, como tem sido descrito ao longo do livro. As principais tarefas são:

Identificar a atractividade dos clientes com o desenvolvimento da estratégia e planeamento
Estabelecer os contactos e gerir os processos de comunicação entre a empresa vendedora e a empresa compradora
Identificar oportunidades de negócio
Negociar e fechar vendas
Coordenar a fixação de preços e a rentabilidade dos clientes
Promover a adaptação da oferta para um melhor potencial de co-criação de valor
Promover o aumento de vendas e identificar o portefólio de bens, serviços, informação e outros mais indicados para cada situação
Gerir os conflitos
Coordenar os diversos esforços (interdepartamentais) da empresa vendedora para fazer o que o CVM determinar como o mais indicado para o cliente
Coordenar a formação necessária quer para a empresa vendedora quer para a empresa compradora (por exemplo, numa venda de *software*)
Desenvolver e aplicar métricas de avaliação do negócio e da relação
Gerir todo os pontos de interacção e de satisfação com o cliente (logística...)
Gerir todo o processo de relacionamento do ponto de vista de facturação e cobranças junto do cliente
Desenhar e/ou participar no desenho e garantir a implementação da *customer journey*
Garantir todos os recursos necessários ao desempenho da função e da gestão da relação
Efectuar a gestão de informação da relação

Quando se refere o SVM, este deve ir um pouco mais longe do que o CVM.

Para além das tarefas anteriormente elencadas, existe um conjunto de acções que passa, em muito, por perceber o cliente e o seu mercado, para poder melhorar o papel da empresa fornecedora junto do cliente. Nalguns casos, este conjunto de acções também é desempenhado pelo CVM.

Por isso, o SVM (CVM) deve identificar e compreender junto do cliente:

A cultura da organização
Orientação estratégica da empresa
Histórico da relação entre as organizações
Análise estratégica da empresa cliente (factores críticos de sucesso para o sector do cliente, SWOT aplicada ao cliente, factores de diferenciação do cliente no seu sector)
A estrutura de poder dentro da empresa
O mercado do cliente
O modelo de negócio do cliente
Diferentes níveis de possível relacionamento e com quem (operacional, gestão intermédia, gestão de topo)
Entre que tipo de departamentos, *one to one, one to many, many to one, many to many*
Quais são os principais desafios do lado do cliente (redução de custos, inovação, aumento de escala, flexibilização da estrutura, *outsourcing*, diminuição de dependência de um fornecedor, redução de risco (qual risco — perda de clientes, reputacionais, inovação...), fazer um quadro

Para além da realização das tarefas acima referidas, um aspecto interessante, e que deve ser trabalhado com atenção, é a forma como a relação entre o vendedor e o comprador pode ser estabelecida. Existem quatro formas mais comuns de relacionamento que estão representadas na Figura 42, Figura 43, Figura 44 e Figura 45.

Na primeira, é mostrada a relação que ocorre essencialmente entre o CVM e o comprador ou a pessoa de contacto na relação, e estes comunicam e gerem a relação internamente com as suas empresas.

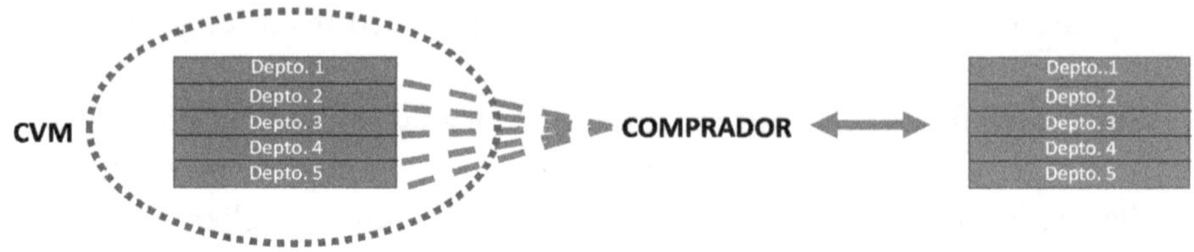

FIGURA 42 **Relação CVM comprador**

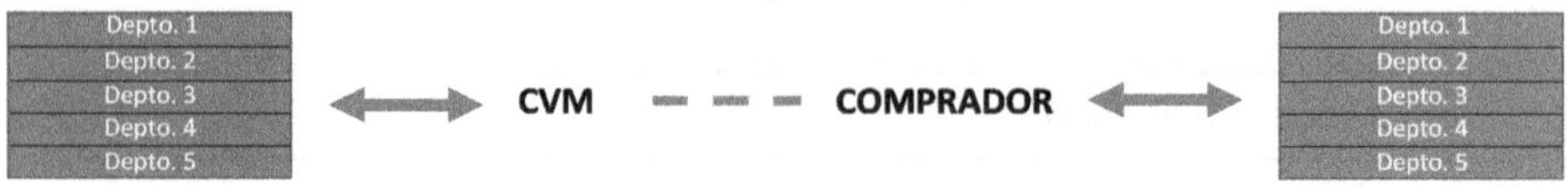

Na Figura 42, é mostrada a relação que ocorre essencialmente entre o CVM e o comprador ou a pessoa de contacto na relação, e estes comunicam e gerem a relação internamente com os diferentes departamentos das suas empresas.

FIGURA 43 **Relação directa do CVM com os departamentos do comprador**

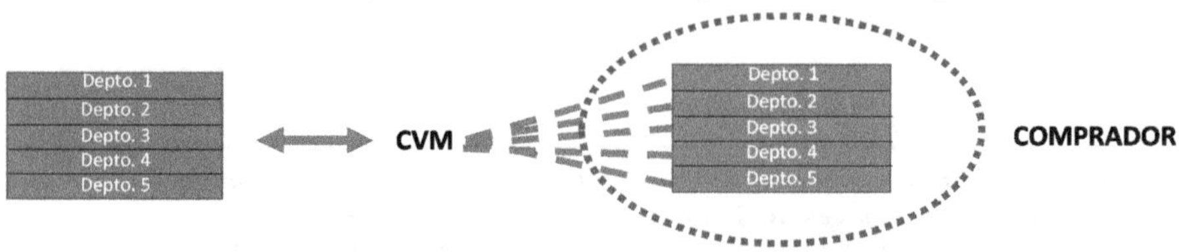

Com a evolução da relação entre as empresas, o aumento de **transparência** entre parceiros e a necessidade de agilização e melhoria de resposta do conjunto das empresas, começa a ser comum que o CVM tenha acesso a diferentes departamentos do cliente, sempre com supervisão do comprador ou da pessoa de contacto.

FIGURA 44 **Relação directa entre o comprador e os departamentos da empresa vendedora**

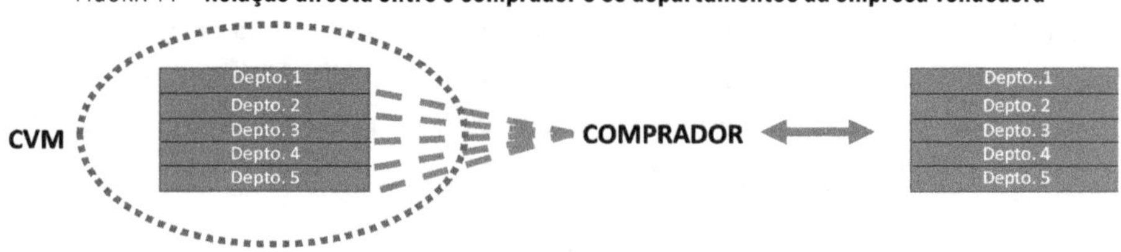

Na mesma medida e com o objectivo de agilização sempre presentes, o comprador ou a pessoa de contacto podem contactar directamente os departamentos da empresa vendedora, com a supervisão e o acompanhamento do CVM. Este tipo de interacção ocorre também com o objectivo de **redução de risco** por parte de um fornecimento sensível para o cliente, por exemplo, no desenvolvimento de um *software*, o cliente estar presente em reuniões de planeamento de *releases* ou acompanhar o trabalho de programação; também em termos industriais, a existência de permissão ao cliente para entrar nos sistemas de controlo de produção para confirmar o fabrico do seu lote e a forma como é feito.

FIGURA 45 **Relação directa entre os departamentos das empresas vendedora e compradora**

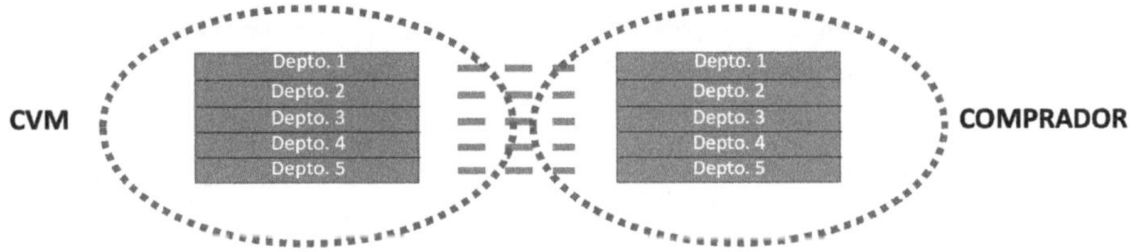

Por fim, em situações de maior maturidade da relação, o relacionamento pode ser estabelecido directamente entre departamento dos dois lados, com a supervisão e coordenação dos CVM e do comprador ou pessoa de contacto.

Desafio n.º 13:

Para um gestor, algumas questões essenciais são colocadas:

1. **Como a empresa segmenta/classifica os seus clientes?**
2. **Que tipo de relação existe entre a empresa e os seus clientes?**
3. **Qual a melhor designação para a gestão das relações que existem na empresa?**
4. **O que é realmente feito e o que deveria ser feito, numa lógica de gestão relacional?**
5. **Como medir essa gestão relacional?**
6. **Como a empresa identifica (ou deverá identificar) os clientes mais importantes e os que precisam de mais atenção?**
7. **Quais são os critérios a utilizar para decidir o tipo de relacionamento que será implementado?**

Contributo n.º 9 — Paulo Gouveia

Estruturação da força de vendas e implementação da sua acção

Paulo Gouveia[69]

Falar sobre o tema da «Estruturação da força de vendas» é para mim apaixonante, porque vivi realidades diferentes ao longo da minha vida, de 25 anos como profissional de vendas, tendo desempenhado a função em venda directa de produtos de alimentação, em processo de autovenda, na PANRICO e na MATUTANO, e de pré-venda na Coca-Cola European Partners. Em ambos os processos, o recurso humano para o desempenho da função é factor decisivo para o sucesso na obtenção de resultados.

É certo que as empresas que vendem serviços ou produtos obrigatoriamente têm de ter uma força de vendas que seja responsável pela colocação dos produtos no mercado, de forma rápida, com baixos custos de distribuição e, mais importante de tudo, disponível e visível ao consumidor — isto no mercado HORECA. Neste mercado, apesar de uma boa definição dos variáveis do MARKETING MIX, a decisão de compra por parte do consumidor em 70% dos casos é feita no ponto de venda.

O mercado mudou, o consumidor mudou e o vendedor também teve de mudar. Aqui, o papel das organizações é fundamental, na seleção do recurso para o desempenho da função. Estes recursos, tal como o mercado e os consumidores, têm de ser mais formados e informados, por isso, quem vende tem de ter, entre outras competências, a de consultor.

A começar pelo mercado, as empresas têm marcas globais, mas em mercado local. Uma marca pode funcionar bem em Espanha, mas não em Portugal. Pode até ter sucesso no Norte do país, mas ter uma fraca prestação no Sul. Desta forma, para mim deve proceder-se à alteração da definição de mercado. As organizações devem ter o mercado segmentado por alimentar moderno (grandes contas como a SONAE, JERONIMO MARTINS, AUCHAN e outros) e mercado local. Esta substitui a designação de mercado HORECA, porque a segmentação actual vai mais além do que ter só hotéis, restaurantes e cafés. Existem muitos mais, por exemplo, espaços nocturnos, lojas de conveniência, cafetarias, pastelarias, *snack-bars*, nos quais a tipologia do consumidor varia. Exemplo disto são os restaurantes, em que a segmentação

[69] Paulo Gouveia é *Regional Distribution Manager* na Coca Cola European Partners, responsável por equipas e desenvolvimento de mercado, com mais de 25 anos de experiência nas áreas de vendas e negociação. Nos últimos anos, tem centrado a sua especialização nas áreas de *Away From Home Channel* e *Route to Market*. É licenciado em Ciências do Consumo pelo IPAM. Passou por empresas como o Grupo Bimbo e Pepsico.

é bastante diversificada — uns são de peixe, outros só servem carne, alguns são para *targets* mais jovens, outros para *targets* mais executivos, em que a relação preço/qualidade faz a diferença, por isso, a proposta de valor para o consumidor tem de ser diferente.

Para a estruturação da força de vendas na componente selecção do recurso humano a desempenhar a função de vendedor, os departamentos de RH das empresas têm um papel importante. Queremos o melhor, com as competências exigidas para um excelente desempenho, com capacidade de empatia, apresentação, boa dicção para poder argumentar no mercado, que seja dinâmico, focado na tarefa e no atingimento de objectivos. Deve este SR (Sales Representative) ter formação sobre a empresa, produtos e mercado, para poder saber segmentar os clientes, ser acompanhado para formação e desenvolvimento profissional, pelo seu SPM (Sales Performance Manager), ter um território concentrado com 40 visitas/dia, e a estrutura de rota deverá variar entre 70% de clientes de visita semanal e 30% quinzenal, de acordo com a atribuição de critérios de visita tendo em conta o volume de compra mensal, em valor ou quantidade.

A sua acção deve estar centrada no ritual de passagem, o retalhista tem de saber a que dia e hora o SR visita o ponto de venda, e ter uma sistemática comercial definida por «5 passos da visita»:

1. Preparação da visita
2. *Merchandising*
3. Visita ao *stock*
4. Negociar/vender
5. Cobrar e fechar a visita

O SR deve ter objectivos mensais, que sejam exequíveis e mensuráveis, ter acesso a informação e ferramentas que permitam ter um *status* dos seus KPI de forma diária, com autonomia para que, junto do *Sales Performance Manager*, seja capaz de tomar acções e corrigir desvios. O seu desempenho terá uma componente variável, medida por itens que contemplem volume total, distribuição numérica de clientes, marcas, embalagens e de foto de êxito de cada ponto de venda. A busca de clientes novos deve estar sempre presente no seu *mindset*.

O papel do marketing também deve comtemplar o ouvir a força de vendas e acompanhá-la no mercado periodicamente. Devem os seus planos estratégicos ser apresentados a toda a estrutura comercial. Considero mais importante o *Trade Marketing* porque este coloca ao dispor da força de vendas acções mensais para serem implementadas dentro dos *timings* estabelecidos.

O SPM (Sales Performance Manager) deve ter uma equipa de até oito *Sales Representatives*, no limite, dez, com uma sistemática comercial implementada, na qual possa efectuar um «one to one» de forma semanal com cada, um *briefing* semanal com a equipa e duas reuniões mensais, nas quais uma apresente os resultados do mês anterior e a outra seja uma apresentação dos focos para o mês seguinte. Tem de fazer um acompanhamento semanal a um SR, para o formar e desenvolver. É importante que saiba o que se passa no mercado e na concorrência.

A comunicação à força de vendas tem de ser clara, simples, prática e eficaz, de modo a não existirem dúvidas para quem executa.

O TOP 20 de clientes do seu grupo, quer seja por volume, importância estratégica, moda ou localização, deverá ser acompanhado uma vez por mês, assim como dois clientes da concorrência. O SPM reporta a um *Regional Sales Manager*.

O papel do SR (Sales Representative) tem futuro, tendo em conta as novas tendências de mercado. Serão muito importantes na «venda» de INOVAÇÃO, que obrigatoriamente as empresas vão querer implementar nos mercados, de acordo com a estratégia definida em conjunto com o marketing.

Por melhor e mais eficiente «estruturação da força de vendas» que exista, nada funcionará se todos os intervenientes como marketing, vendas, finanças, logística, RH não estiverem focados no serviço ao cliente, interno e externo.

5.3.2 DIMENSIONAMENTO DA FORÇA DE VENDAS

Depois de definida a estruturação da força de vendas, coloca-se a questão da sua dimensão. Propomos dois métodos: ***breakdown*** e ***workload.***

1 — *Breakdown*

Metodologia que assume um valor médio de vendas por vendedor de acordo com o histórico de vendas e calcula o **número de vendedores com base no objectivo de vendas/valor médio por vendedor**.

Exemplo: objectivo de vendas para a região A no próximo ano = 2 000 000 €

Vendas médias por vendedor = 100 000€

Número de vendedores = objectivos/vendas médias por vendedor = 2 000 000€/100 000€ = 20 vendedores.

É uma forma muito simples, mas que não leva em conta um conjunto de particularidades, como as diferenças entre o futuro e o passado, os desvios da média de vendas ou a heterogeneidade de uma região.

2 — *Workload* (literalmente, carga de trabalhos)

O número de pessoas para as vendas obtém-se calculando o esforço em horas totais para que se atinja um determinado objectivo e divide-se este total pelo total de horas de trabalho individual no mesmo período.

Assumindo que a força de vendas da Futurex tem um único objectivo anual de 5 000 000 € de vendas, para atingir esse valor, assume-se que o único esforço será o de visitar os potenciais compradores (2500 na região) pelo menos cinco vezes ao longo do ano (com base em histórico anterior). Cada visita dura, em média 4 horas, isto é, 1 hora de preparação, 1h30 em deslocação, meia hora de espera (média) e 1 hora de reunião.

Em termos de horas ano por vendedor, calcula-se da seguinte maneira:

N.º horas de trabalho dia x n.º dias trabalho mês x n.º meses trabalho ano.

Passando para os cálculos:

Número de pessoas = esforço total para alcançar objectivo/esforço individual no mesmo período dos objectivos

Total de esforço (neste caso) = n.º de potenciais compradores x n.º de visitas por ano x tempo por visita

Total de esforço: 2500 potenciais compradores x 5 visitas x 4h por visita = 50 000 horas

Esforço individual = n.º horas de trabalho diário x n.º dias mês trabalho x n.º meses ano

= 8 horas dia x 20 dias (assume-se que 2 dias não são directamente produtivos, foco em aspectos internos como estratégia, reuniões dentro da empresa, preparação de relatórios, entre outros) x 11 meses = 1760 horas, logo:

N.º pessoas de vendas = 50 000 horas/1760 horas = **28,4, aprox. 29 pessoas**

Neste método, com toda a subjectividade inerente ao mesmo, o aspecto positivo é a relação entre objectivos, esforço e número de pessoas e, por isso, caso exista alguma alteração nalgum destes valores, os outros devem ser ajustados na proporção.

Então se, por exemplo, a liderança aceita apenas a contratação de 11 pessoas, será razoável, se as contas foram bem feitas, assumir que o objectivo descerá para metade, pois não havendo recursos, o objectivo deverá ser alterado.

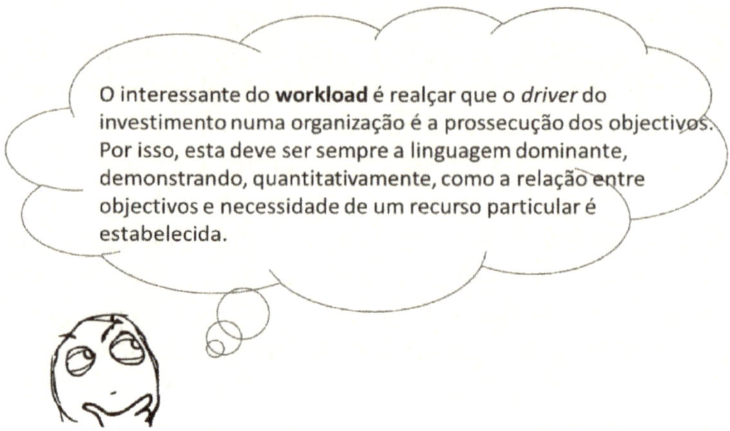

Reflexão n.º 32: *workload*, recursos e objectivos

5.4 RECRUTAMENTO E SELECÇÃO

Depois de definida a estrutura de vendas e o número de pessoas necessárias por estrutura, deve-se passar ao recrutamento e selecção. Destacamos:

- **1 — Perfil da pessoa de vendas**
  - 1.1 Quem participa e quem contrata
  - 1.2 Identificação dos requisitos da função
  - 1.3 Definição das qualificações
  - 1.4 Perfil geral e de um agente de negócio 4.0
- **2 — Recrutamento**
  - 2.1 Fontes
  - 2.2 Vantagens e desvantagens
- **3 — Selecção**
- **4 — Acolhimento**

5.4.1 PERFIL DAS PESSOAS DE VENDAS

Voltamos a referir a importância da incorporação do sentido do termo **talento** e não apenas a utilizá-lo para cumprir uma «moda». Devemos querer talentos em todos os níveis, pois as pessoas no local de trabalho deveriam ser diferenciadas e diferenciadoras, valorizadas no seu potencial e no seu desempenho.

Para a determinação do perfil de vendas, dever-se-ão seguir os seguintes passos[70]:

1 — Definir quem participará no processo e quem decidirá a contratação

Quem participará no processo?	**Quando se inicia um processo de recrutamento, os diferentes papéis devem estar definidos para evitar atrasos ou mal-entendidos ao longo do caminho. Por conseguinte, deverá ser estabelecido o conjunto de pessoas que definirão o perfil a contratar, a *job description*; se o processo será exclusivamente conduzido pela organização contratante ou se haverá intervenção de algum *outsourcing*; quem da área de gestão de pessoas e quem da área de vendas irá participar no processo, quais os papéis respectivos e se participará mais alguém. Depois deste levantamento, deverá haver uma lista final para um dado processo para futura comunicação e gestão de projecto.**
Quem decidirá a contratação?	**É importante estar definido desde o início do processo a quem caberá a tomada de decisão e quem terá a última palavra.**

2 — Descrição da função

A incerteza e a mudança têm sido referidas várias vezes ao longo do texto como constantes no ecossistema de negócios de hoje. Por isso, é extremamente difícil definir os limites de uma função, pois a mudança é tão rápida que a pessoa pode ter de actuar e fazer coisas que inicialmente não estariam previstas. Contudo, e apesar do que foi referido, a descrição de funções é absolutamente necessária para um processo de recrutamento. Deverá conter:

[70] Importa salientar todas as questões ético-legais que devem ser definidas *ex ante* num processo de recrutamento. Como exemplo, é de referir no âmbito do Regime Geral de Protecção de Dados (RGPD) a questão do tratamento da informação de quem concorre e o destino a dar aos dados no final do processo, em termos de destruição ou de manutenção consentida. Para mais detalhes, deve a empresa definir com o seu DPO (*Data Protection Officer*) a política da organização.

A descrição da oferta, isto é, do produto ou serviço com o qual a pessoa irá trabalhar
A caracterização dos clientes a serem visitados
As tarefas gerais, específicas e responsabilidades inerentes à função
Os relacionamentos que a função terá internamente e eventualmente com outros *stakeholders* externos
Princípios éticos, de responsabilidade social e outros que auxiliem na compreensão mais abrangente da tarefa

3 — Definição das qualificações

As qualificações são as aptidões, o conhecimento, as competências, as características pessoais e até questões de atitude, que se consideram fundamentais para o desempenho da função. Normalmente, as qualificações solicitadas para pessoas de vendas são:

Conhecimentos, capacidades, aptidões dependentes da função específica
Profundo conhecimento do sector, das ferramentas de venda
Experiência negocial
Forte capacidade de organização e de planeamento
Capacidades ao nível da comunicação — oral e escrita
Experiência e capacidade de trabalho
Capacidade de comunicação remota, síncrona e assíncrona
Experiência de vendas
Experiência internacional
Domínio de tecnologias

4 — Perfil especial de pessoa de vendas numa lógica 5.0

Desde o primeiro momento que o foco deste livro é chamar a atenção para a *customer centricity* e para a mudança necessária nas organizações para responder a essa nova forma de operar. Então, ter o perfil ideal da pessoa de vendas para operar nessa nova forma de operar constitui um elemento fundamental num mundo 5.0.

Nas empresas que já operam numa lógica de ***customer centricity***, o perfil das pessoas de vendas com sucesso (para além das *soft* e *hard skills* específicas da função) inclui:

Ter a capacidade de comunicar na «linguagem» do cliente, não na do fornecedor (parceiro)
Desenvolver narrativas específicas cliente a cliente, daquilo que é o potencial de criação contínua de valor do fornecedor (parceiro) no cliente
Auxiliar o cliente a redefinir o seu negócio para uma maior vantagem competitiva do cliente
Identificar cliente a cliente o impacto que o fornecedor/parceiro terá no negócio do cliente, quantificando-o
Oferecer uma perspectiva diferenciada do papel do fornecedor/parceiro face aos concorrentes, efectuando também os pontos de paridade
Estabelecer bem a relação entre o valor criado e o preço. Ao contrário do que é por vezes assumido numa lógica relacional ou de *engagement*, o gestor de cliente não é um elemento passivo que, para agradar ao cliente, aceita tudo o que o cliente quer; muito pelo contrário, os gestores de cliente (vendedores) com sucesso têm sempre uma veia negocial muito forte e mantêm os interesses da sua empresa sempre em primeiro lugar, ou seja, como têm a noção do valor que é criado para o cliente, têm também a noção da remuneração devida.
Ter capacidade de comunicação bidireccional
Saber pressionar o cliente para o fecho de negócio, persistência
Ter capacidade de adaptar a oferta do parceiro (fornecedor) ao cliente
Ter capacidade de escuta activa
Conhecer os *value drivers* do cliente
Ter conhecimento sobre o digital, *social media* para as vendas, tecnologias de comunicação de vendas, aplicação de inteligência artificial

5.4.2 RECRUTAMENTO

Recrutar pessoas com elevado potencial para a organização, talentos, é uma tarefa cada vez mais difícil.

Por isso, as organizações têm desenvolvido um conjunto de actividades que podem ser consideradas ***employer branding***[71] — definida pelo Chartered Institute of Personnel and Development como «um conjunto de atributos e qualidades, frequentemente intangíveis, que tornam uma organização distintiva, que prometem uma experiência particular à pessoa e criam um apelo junto das pessoas que poderão triunfar e ter um melhor desempenho na cultura da empresa».

Desafio n.º 14:

1 — Nesta etapa, defina três aspectos que poderia referir em termos de *branding* da sua empresa (ou de uma empresa em abstracto), de acordo com a definição anterior, fornecendo a alguém motivos para ir trabalhar para a sua organização. Estes três aspectos são também eficazes na retenção dos talentos que possui?
2 — Que experiência a sua empresa (ou uma empresa em abstracto) oferece ou pode oferecer por forma a atrair um talento? Que experiência as pessoas que já trabalham na empresa têm hoje?
3 — Avalia (como poderia avaliar) a situação actual para responder à questão 2?

Em suma, para o início do processo de recrutamento, uma empresa deverá:

Ter claros os elementos do *employer branding*
Definir a função em termos presentes e num futuro próximo
Definir o perfil da pessoa pretendida
Definir as questões de motivação intrínseca e extrínseca, incluindo remunerações fixas, variáveis e *fringe benefits*
Ter claras as perspectivas de evolução de carreira
Identificar os elementos de negócio essenciais à compreensão da função e dos desafios por parte do candidato

[71] Marca do empregador, em tradução livre.

5.4.2.1 FONTES DE RECRUTAMENTO

Poder-se-á considerar dois tipos de fontes de recrutamento: **interno e externo.** O interno significa que alguém da própria empresa ou de uma empresa do grupo (participada) poderá ser recrutado para uma mudança de funções ou de empresa dentro do mesmo grupo. Em grupos internacionais é prática corrente que as ofertas de colocação sejam publicitadas em primeiro lugar internamente e somente depois no exterior.

Já o recrutamento externo inclui todas as fontes fora da empresa/grupo.

As fontes de recrutamento externo mais utilizadas são:

LinkedIn
Escolas profissionais
Ensino superior
Associações profissionais
Concorrência
Empresas de recrutamento
Headhunters
Plataformas de procura de emprego
Centros de emprego públicos

Contributo n.º 10 — José Barata Dias[72]

Recrutamento/aquisição de talentos para as equipas de vendas Sim, queremos pessoas que pensam e que contribuam para melhores decisões!

José Barata Dias[72]

«Vocês estão aqui para fazer o que lhes digo e não para pensarem ou terem opiniões.»

Quantas vezes ouvimos coisas assim dentro ou fora das organizações onde trabalhamos, quando alguns responsáveis se dirigem às suas equipas de vendas? Será que, neste momento, casos como este continuam a ser frequentes ou já passámos para o nível seguinte?

Acredito que já muito tem sido feito para alterar algo tão enraizado no mundo dos negócios, mas, mesmo assim, o caminho ainda é longo e desafiante. Acredito também que os novos gestores estão cada vez mais bem preparados, liderando as suas equipas com um melhor entendimento do valor de cada um dos seus profissionais, o que, por consequência, trará melhores resultados a curto, médio e longo prazo.

Quando traçamos um perfil para recrutar profissionais para a nossa equipa de vendas, não deveremos esquecer que, hoje em dia, é fundamental haver um **equilíbrio** perfeito entre as **competências técnicas e comportamentais.**

Actualmente, queremos ter ao nosso lado **gestores de vendas** e não vendedores tradicionais. Boa capacidade analítica, planear, organizar e controlar a sua actividade é prioritário.

Continua a ser importante que os nossos profissionais possuam uma técnica de vendas evoluída e centrada nos interesses e necessidades de cada um dos seus clientes. Para isso, é fundamental que saibam escutar, perguntar, clarificar, apresentar e obter o compromisso/venda. A relação com os seus clientes deve ter como objectivo a continuidade com base numa relação de confiança e criação de valor para ambas as partes.

Foco nos seus objectivos, orientação para os resultados e boa capacidade de comunicação continuam a ser competências desejáveis.

[72] Gestor de vendas e marketing com vasta experiência em empresas multinacionais e nacionais. Para além dos mais de 30 anos ligados à indústria farmacêutica, trabalhou como consultor de Recursos Humanos, gerindo projectos de *Executive Search* de quadros médios e superiores. Apaixonado pela área do desenvolvimento das pessoas, tem participado como professor/formador em vários mestrados executivos.
Licenciado em Gestão de Marketing pelo IPAM, é também coach e formador certificado. Actualmente é director comercial da Tecnifar.

> Queremos também que os nossos profissionais não sejam «lobos solitários», mas sim que se sintam integrados numa equipa na qual o espírito de partilha (boas práticas e desafios mais complexos) seja a base para a obtenção de melhores *performances* individuais e da empresa no seu todo.
>
> Desejamos ter ao nosso lado profissionais que sejam focados nas soluções para os vários desafios (problemas para a grande maioria), que sejam pró-activos, empáticos, resilientes e com atitude positiva perante a vida. Deveremos valorizar cada vez mais as pessoas que se sintam orgulhosas pelas suas realizações (e da sua equipa) e que, ao mesmo tempo, tenham a humildade suficiente para perceberem que a aprendizagem é algo que deve ser integrado e vivido de forma contínua durante as várias fases da vida.
>
> Deveremos, por fim, mas não menos importante, assegurar que existe coincidência entre os **valores da empresa e os valores pessoais** dos profissionais que queremos ter ao nosso lado.
>
> Concluo como comecei...
>
> **SIM, QUEREMOS PESSOAS QUE PENSAM E QUE CONTRIBUAM PARA MELHORES DECISÕES!**

5.4.2.2 VANTAGENS E DESVANTAGENS DO RECRUTAMENTO INTERNO E EXTERNO

Tanto o recrutamento interno como o externo têm vantagens e desvantagens. Como as vantagens de um são normalmente as desvantagens do outro, de seguida serão referidas apenas as vantagens de cada uma das tipologias.

Principais vantagens do **recrutamento interno**:

Manutenção da cultura da organização	**Adequado quando se quer manter a cultura. Muitas empresas com uma cultura interna muito forte optam, sobretudo a partir de determinados níveis, por recrutar internamente, pois existe a manutenção e mesmo o reforço da cultura da equipa/empresa/grupo.**
Motivador	**Normalmente a mudança de posição interna resulta do reconhecimento do trabalho desenvolvido pela pessoa. Outro sinal que é dado, e é muito forte, é o de que a pessoa não precisa de sair da empresa para crescer e ter novos desafios, podendo evoluir dentro da equipa/empresa/grupo.**

Custos mais reduzidos	O processo é normalmente mais curto, envolvendo menos pessoas e contanto com técnicos da empresa que têm, em geral, um custo inferior a técnicos externos.
Mais curto no tempo	Devido ao conhecimento da pessoa, o processo é mais curto e com menos etapas do que um recrutamento externo.
Menor risco	Sempre que há uma mudança, uma nova função e/ou a mesma função noutra equipa/empresa do grupo, existe risco de inadaptação. Contudo, é de assumir que, devido ao conhecimento mútuo, esses riscos são inferiores ao risco de contratação externa.
Sigiloso	Quando uma empresa está a reforçar determinada área e isso ainda deve ser mantido em segredo, o recrutamento interno gera essa confidencialidade, por poder ser realizado sem o envolvimento de externos.
Mantém o conhecimento e os clientes dentro da organização	Apesar de todos os compromissos de confidencialidade, a manutenção da pessoa dentro da organização evita que o conhecimento gerado por esta pessoa na sua actividade anterior passe para terceiros, bem como que clientes migrem com a pessoa para outra organização.
Rentabilização do investimento em formação	Numa empresa 5.0, assume-se que exista um forte investimento em formação. A manutenção da pessoa significa que todo o investimento realizado continua a dar retorno à organização.
Imagem junto de clientes e outros *stakeholders*	Numa lógica 5.0 muito relacional e interactiva, a mudança de interlocutores nunca é bem vista pelos clientes; contudo, é completamente diferente para um cliente perceber que o seu interlocutor, sobretudo se o relacionamento foi positivo, se mantém na empresa/grupo noutras funções e não saiu para a concorrência, o que pode ser percebido pelos clientes como um sinal de estabilidade e de valorização das pessoas pelo fornecedor/parceiro. O mesmo princípio pode ser aplicado a outros *stakeholders*, por exemplo, a fornecedores.

Vantagens do recrutamento externo

Leque de opções	O ecossistema oferece muito mais opções de recrutamento do que o ambiente interno, sobretudo no caso em que recrutar internamente poderá afectar equipas em maturidade com grande desempenho.
Competências inexistentes no interior da organização	Simplesmente não existem as competências necessárias no interior da organização.
Entrada em novas áreas geográficas ou novos negócios	Semelhante ao anterior, mas especificamente vale a pena referir a questão geográfica muito comum, ou seja, uma empresa de Aveiro abre um escritório nos Açores ou em Espanha e deverá recrutar externamente para estes mercados, dadas as suas especificidades culturais e/ou o custo de deslocar uma pessoa para uma nova área geográfica.
Alteração da cultura da organização	Quando a cultura da equipa/empresa/grupo não está adequada ao ecossistema, o recrutamento externo, ao introduzir novos elementos com outra cultura, induz obrigatoriamente uma mudança.
Novas formas de operar e novos conhecimentos	Pessoas com diferentes formações, diferentes metodologias de trabalho e diferentes visões do negócio introduzem obrigatoriamente novas formas de operar e trazem consigo conhecimentos e informação que irão enriquecer a base da empresa.
Superar resistência à mudança	Quando existe resistência interna à mudança, o recrutamento externo é um sinal de que a empresa quer mudar e as pessoas internas ou acompanham a mudança ou poderão ficar de fora das opções.
Recrutar os melhores	Simples. Ir ao mercado buscar os que se destacam para elevar o nível da organização.
Adquirir vantagens competitivas	Quando a qualidade é um recurso escasso, e é-o sempre, ter as melhores pessoas de venda significa que a concorrência não as tem.
Sinalização para o mercado	Um recrutamento externo forte sinaliza normalmente uma entrada comprometida num determinado mercado, cuja visibilidade pode ser do interesse estratégico da organização; por exemplo, atrair os melhores fornecedores ou transmitir junto dos clientes uma ideia de crescimento e solidez empresarial.

Atrair novos clientes	**Mais uma vez, a aquisição de talentos no mercado traz obrigatoriamente clientes anteriores com eles.**
Reduzir a massa salarial	**Por vezes, sobretudo em situações de força de vendas com condições de remuneração muito altas, o recrutamento externo permite, através de uma renovação das condições, reduzir a base salarial.**
Renovação em termos de idades	**Obrigatoriamente quando se quer renovar a força de venda com jovens e se tem como importante que estes sejam formados inicialmente na organização, o recrutamento dá-se no exterior, nomeadamente em escolas profissionais e escolas do ensino superior.**

5.4.3 SELECÇÃO

A selecção de um vendedor está intimamente relacionada com o perfil pretendido. A selecção pode ser feita, a exemplo do processo de recrutamento, internamente ou com a ajuda de um consultor externo.

Em termos de metodologias utilizadas na selecção, algumas das mais utilizadas são:

Entrevistas individuais
Análise de currículo
Painel de entrevistadores
Testes sociais e individuais
Simuladores
Role play
Resolução de *case studies*
Entrevistas
ON the job

No contexto actual, dificilmente uma pessoa de vendas não terá uma fase no terreno (*on the job*) durante o processo de selecção. O *role-play*, sendo um clássico, é utilizado com frequência na força de vendas e, dada a complexidade cada vez maior da função, os *case studies* são um óptimo meio de perceber a capacidade de análise e de toma de decisão por parte dos candidatos.

Dos vários processos acima descritos, é produzida uma grelha de avaliação que poderá ter os seguintes itens de análise sobre o candidato:

Aparência
Discurso
Maneirismos
Personalidade
Atitude
Persuasão
Agressividade
Competências interpessoais
Experiência anterior
Maturidade
Confiança
Automotivação
Ética
Inteligência
Cultura geral

5.4.4 ACOLHIMENTO

A fase de acolhimento é a fase de **integração** da nova pessoa na organização (podendo mesmo ser na nova função, se for recrutamento interno).

A Figura 46 permite compreender melhor o impacto de uma boa gestão do acolhimento.

FIGURA 46 **Acolhimento**

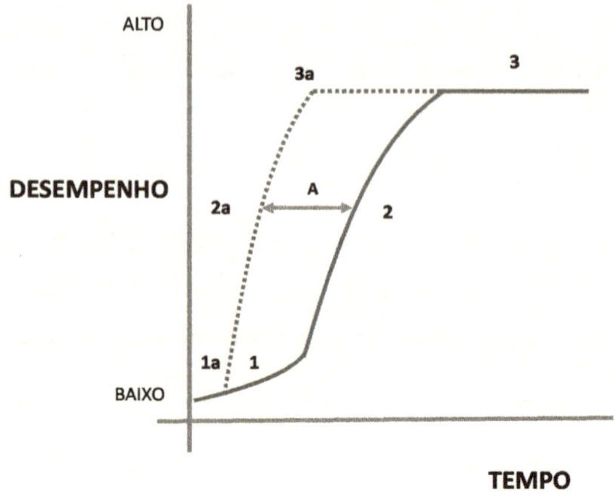

Na figura, o traço contínuo representa a evolução de uma pessoa numa nova organização. Depois da sua entrada, a pessoa entra numa fase de aprendizagem (1) e vai aprendendo os detalhes da sua função e também a **cultura** da organização para onde vai trabalhar. A cultura, de um modo muito simples, é a forma como a empresa resolve as situações; cada empresa tem a sua própria forma de operar e de estar. Por isso, a nova pessoa tem de aprender rotinas, processos, códigos internos de comportamento, conhecer as pessoas com quem vai interagir, entre outros.

Depois desse processo de aprendizagem inicial, a pessoa começa o desempenho da sua função e, naturalmente, com a prática, atinge o desempenho pretendido.

O objectivo do acolhimento seria encurtar a fase de aprendizagem inicial (1) e permitir que a nova pessoa chegue mais rapidamente ao ponto de desempenho pretendido. (1a, 2a, 3a) sendo representando a recta A a diminuição de tempo até atingir o efeito pretendido.

A fase de acolhimento utiliza (isoladamente ou em combinação) manuais de acolhimento, vídeos, simuladores, inteligência artificial e **mentoria.**

De realçar os processos de mentoria[73], que têm sido utilizados com óptimos resultados. As empresas utilizam muitas vezes vendedores em final de carreira, que não só transmitem aspectos essenciais do funcionamento da empresa e da função, como aspectos essenciais da cultura da empresa, mantendo e, se for esse o objectivo, reforçando essa mesma cultura.

[73] Quando alguém tem a responsabilidade de ser mentor, deverá ter motivação, disponibilidade e conhecimento para desempenhar este papel, caso contrário, é melhor não ter nenhum mentor.

De notar também que o processo de acolhimento bem feito contribui para uma maior satisfação da nova pessoa e da entidade que a contratou; por outro lado, um acolhimento mal feito pode contribuir para a desmotivação da nova pessoa, para a insatisfação da entidade e mesmo saída precoce da nova contratação.

Contributo n.º 11 — José Bancaleiro[74]

«Talentos atraem talentos»

***José Bancaleiro*[74]**

Quem, como eu, se ocupa há muito da gestão de pessoas, sabe que «talentos atraem talentos». Constatei isso mesmo, mais uma vez, quando há poucos anos me lançaram o desafio de ajudar a melhorar o processo de atracção, recrutamento e integração de uma empresa com equipas de vendas espalhadas por todo o país e na qual o negócio crescia essencialmente pela adição de novos comerciais, o que tornava a eficácia deste processo num factor crítico para o seu sucesso.

Quando fiz o diagnóstico da situação, verifiquei que existiam regiões em que as equipas funcionavam bem e tinham sucesso e outras que... nem por isso. Numa análise mais profunda, foi fácil concluir que aquilo que estava na base da diferença entre as equipas era, principalmente, o investimento que os respectivos líderes faziam na atracção dos novos membros. Os líderes das boas equipas investiam dinheiro, tempo e emoção e eram exigentes no processo de selecção, por isso admitiam pessoas talentosas. Esses talentos atraíam outros talentos e o negócio ia crescendo com sucesso. Os líderes das equipas menos boas, pelo contrário, seguiam o lema de «o que vem à rede é peixe» e admitiam pessoas insuficientemente qualificadas. Pessoas pouco qualificadas puxam outras pessoas pouco qualificadas, e o negócio acaba por se ressentir disso.

[74] Consultor, *coach*, conferencista, professor universitário e autor de livros, José Bancaleiro considera-se, acima de tudo, um operacional da gestão de pessoas em contexto organizacional. Doutorando em Ciências do Trabalho, é licenciado em Direito, pós-graduado em Gestão de RH e fez curso de Magistrado Judicial e o MBA de Marketing. Actualmente *Managing Partner* da Stanton Chase Portugal, foi director de RH na Tabaqueira, Electroliber, SmithKline Beecham Farmacêutica (GSK), Altitude Software, Essilor, OPCA e Banco Finantia. Desde 2008 é consultor especializado em Executive Search, Executive Coaching & Talent Management. É conferencista e lecciona em pós-graduações e MBA de diversas universidades. Escreve regularmente artigos para jornais e revistas, sendo também autor de vários livros sobre gestão e liderança.

Mas como atrair, motivar e reter bons comerciais num ambiente altamente competitivo e onde todas as organizações querem ter os melhores? A resposta mais comum de muitos gestores é a aposta na oferta de pacotes salariais chorudos, mas rapidamente percebem que, embora ajude, não resolve o problema, por várias razões, de entre as quais destacamos duas. A primeira é que sendo o grande argumento de atracção a componente salarial, poderá ser facilmente esvaziado por uma oferta superior da contraparte. A segunda é que os «pacotes especiais» habitualmente atraem uns e levam à saída vários outros, nomeadamente quem tem estado a dar o seu melhor na empresa e se sente injustiçado.

A atracção de bons profissionais não deve ser casuística. Pelo contrário, para ser eficaz, tem de ser um processo estruturado e assente numa oferta de valor alinhada com os objectivos e cultura da empresa, bem comunicada (*employer branding*) e que seja atractiva para o tipo de pessoas que quer atrair.

Esta oferta de valor (EVP — *Employer Value Proposition*) traduz o pacote de benefícios funcionais, económicos e psicológicos oferecidos pelo «emprego» e que se identificam com a entidade empregadora, incluindo, para além dos habituais benefícios financeiros (remuneração fixa, variável e benefícios) e não financeiros (horários, sistemas de reconhecimento, etc.) que a empresa tem para oferecer, os aspectos relacionados com a função a ser desempenhada (significado, desafio, autonomia, etc.), os aspectos relacionados com as possibilidades de desenvolvimento (nível de oportunidades, investimento em formação, etc.), e, por último, os aspectos relacionados com a reputação organizacional (prestígio do produto/instituição, liderança, ética e responsabilidade social, etc.).

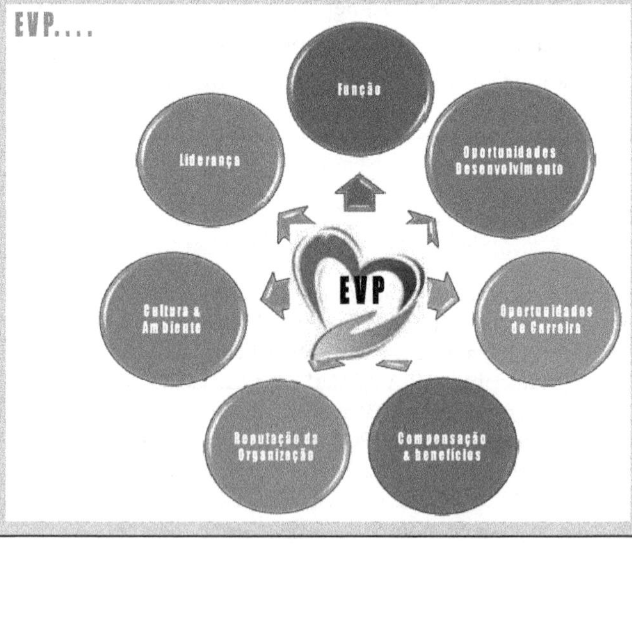

> Se meditarmos um pouco sobre este conceito (Oferta de Valor da Empresa — EVP), facilmente compreenderemos que é hoje o núcleo da gestão de pessoas em contexto organizacional. De facto, a EVP é determinante para as organizações em termos de atracção e retenção e para as pessoas, porque é com base nela que tomam a decisão de mudar ou continuar numa organização.
>
> A EVP organiza e materializa os aspectos mais importantes da identidade da organização, i. e., o propósito organizacional, a sua cultura, as suas práticas de gestão de liderança, a sua política de compensação e benefícios, etc. Tudo isto com um duplo objectivo. Externamente, criar e transmitir uma imagem de «first choice employer» diferenciadora e atractiva para o *target* a que se destina. Internamente, consolidar a ideia de «great place to work», contribuindo para a lealdade dos colaboradores que quer manter.
>
> Se quer atrair e reter bons comerciais, invista na EVP da sua organização!

5.5 FORMAÇÃO

A condição de mudança permanente e com uma velocidade nunca vista cria uma enorme pressão nas organizações em termos de **adaptação** e de **resposta** nesses ecossistemas mais instáveis. Estas novas condições exigem pessoas com um conjunto de **competências novo**, sobretudo em termos técnicos, de autonomia e de liderança.

Nesse contexto, a formação profissional assume o papel central na capacidade de resposta da empresa. Podemos considerar que a formação profissional tem como objectivo final a alteração de atitudes e comportamentos, dotando as pessoas de melhores qualificações, dentro do que a organização considera essencial ao seu negócio.

Existindo sempre uma transmissão e aumento de conhecimento por parte da pessoa alvo da formação, num contexto de formação profissional, esse conhecimento deve ser sempre convertido em **atitudes e comportamentos**, para que o desempenho da pessoa seja melhorado.

Para além do aspecto intimamente relacionado com o desempenho, hoje a formação é vista como um forte motivador, pois é reconhecido pelas pessoas que somente através da formação uma **pessoa se mantém competitiva** no mercado de trabalho. Por isso, a política de formação de uma organização é normalmente um dos principais argumentos no recrutamento e manutenção dos talentos.

Um documento fundamental é o plano de formação, que pode ter uma estrutura variável de empresa para empresa e é produzido na medida das necessidades da organização.

FIGURA 47 **Lógica de um plano de formação**

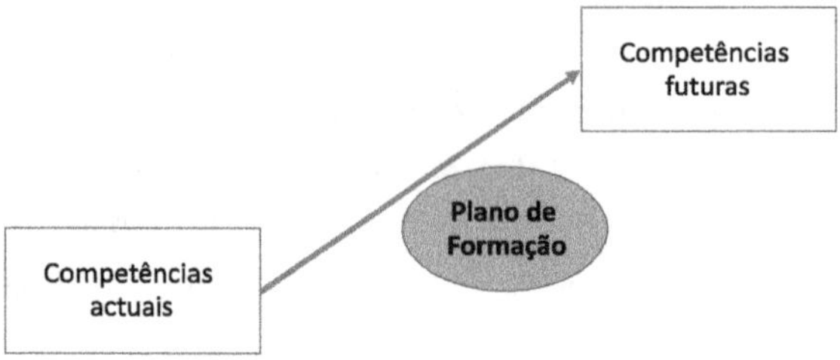

A Figura 47 ilustra a lógica de um plano de formação. Na prática, um plano de formação, como qualquer plano, resulta da diferença entre algo que se pretende, neste caso um conjunto de competências[75], e a situação actual, as competências presentes. O plano de formação será então o «caminho» que se deve percorrer desde a situação actual até à situação pretendida.[76]

Passando para um ciclo de formação, a empresa deverá, regularmente, efectuar o seguinte:

FIGURA 48 **Ciclo de formação**

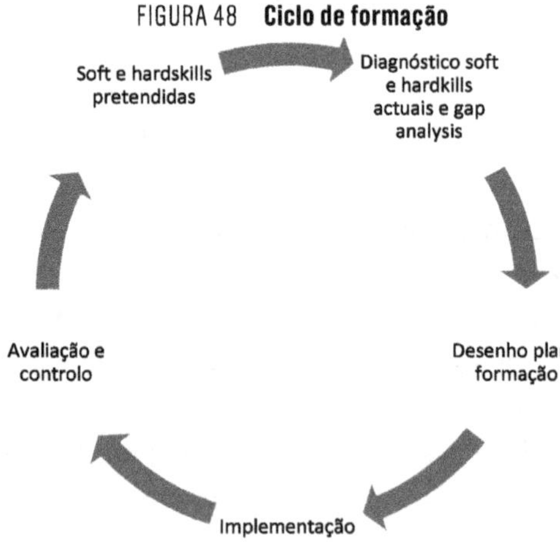

[75] Para simplificação, o termo «competências» neste livro englobará competências, capacidades e aptidões individuais.

[76] A lógica de um plano é sempre esta, seja um plano financeiro, de marketing, de carreira ou outro. Qualquer plano tem uma fase de desenho, implementação e controlo.

Tendo como ponto de partida as **competências pretendidas**, importa destacar que, para além das componentes negociais, técnicas, de *compliance* em termos de procedimentos que também são específicos das empresas, hoje existem desafios muito particulares às forças de vendas e que devem ser contemplados em todos os desenhos de planos de formação:

Autonomia e liderança	**Na maioria das situações, a rapidez do processo de vendas, a capacidade de resposta ao *prospect* ou cliente, a resolução de uma situação de pós-venda ou a coordenação de respostas mais complexas entre departamentos exigem pessoas com maior autonomia na apreciação da resposta e capacidade de liderança.**
Tecnologia	**Para além da tecnologia e especificações técnicas de cada negócio, aqui destacam-se tecnologias de comunicação, vendas e acompanhamento de clientes, sobretudo ao nível do *social media* e de *software* e aplicações de suporte de vendas. É essencial que pessoas de vendas compreendam a utilização de Facebook, Instagram, YouTube, LinkedIn, Pinterest, entre outros, e como tirar partido de cada uma destas plataformas, bem como a sua utilização corrente, por exemplo, como produzir um vídeo para comunicar com um cliente de uma forma assíncrona. Acrescem também as competências analíticas dentro destas plataformas, bem como o domínio de plataformas electrónicas de compra, venda num contexto *mobile*, *software* de CRM e plataformas de apoio a marketing e vendas, por exemplo, a SALESmanago.**
Inter-relação entre ambiente físico e digital	**As pessoas de vendas devem ter um profundo conhecimento e participação na forma como a experiência do cliente, tanto no meio físico como digital, é desenhada, para potenciar a sua intervenção ao longo do processo.**
Complexidade da função	**Hoje as pessoas de vendas têm uma maior responsabilidade, que decorre da mudança de foco no produto para foco no cliente, ou seja, hoje uma pessoa de vendas deve ter capacidade de análise dos clientes como nunca existiu, que vai desde a detecção das oportunidades de negócio à gestão de uma equipa de vendas para satisfazer o cliente, passando pelo fecho, pós-venda, relacional e mesmo cobrança. Todas estas componentes constituem desafios de formação.**
Competências financeiras	**Com o foco no cliente, oferta adaptada cliente a cliente, avaliação constante do potencial dos clientes em termos de rentabilidade, preços dinâmicos, entre outros, exigem um novo conjunto de competências financeiras junto das pessoas de vendas.**

Interculturalidade	**Evidentemente que, num mundo global, os aspectos interculturais são críticos na condução de processos negociais, o que é potenciado pela web, pois hoje, com muito mais facilidade, podem ser conduzidos negócios à distância. Não se efectua uma negociação da mesma forma com um alemão ou um japonês, e ter uma forma «portuguesa» de conduzir a negociação pode significar perder os dois.**
Produtividade	**Parece estranho, mas, no mundo real, ainda se observam falhas graves de produtividade facilmente resolúveis. Toma-se aqui exemplo o domínio efectivo de Excel, pois muitas pessoas de vendas que têm relatórios complexos para serem produzidos ainda gastam horas a produzir folhas de cálculo que muitas vezes poderiam ser produzidas de forma automática, com enormes ganhos de produtividade. Neste ponto, podem ser incluídos a gestão de tempo, e-mails, trajectos de visitas e outros.**

Na definição das competências futuras, as **pessoas de venda devem ser sempre envolvidas**, pois são elas, em primeiro lugar, que sabem o conjunto de competências que as tornam mais produtivas e eficazes. Depois desta fase concluída, far-se-á o **diagnóstico e a *gap analysis***, isto é, a detecção da diferença entre o que se quer e o que existe, dando origem ao plano de formação, no qual ficam contempladas as acções e o *timing* para que se atinja o nível de competências pretendido.

Na fase da implementação do plano, existem várias decisões a serem tomadas, nomeadamente:

Formador(a)	**Interno(a) — vantagem: conhecimento da realidade da empresa e, normalmente, custos mais baixos. Em empresas de maiores dimensões, existe um corpo próprio de formadores. Externo(a) — mais opções, vantagem de maior credibilidade na maioria dos casos, maior potencial de mudança por trazer novas abordagens.**
Metodologia e local	**Formação em sala — a formação mais tradicional em sala, aplicável em situações como formação financeira, *software*, transmissão de conhecimento técnico, organização de vendas, formação na empresa ou em instalações fora da empresa. Normalmente, a formação fora da empresa formaliza mais o evento, foca mais os colaboradores, evita as abordagens por colegas ou a dispersão em ir buscar algo.**

	Formação em *outdoor*, mais utilizada para reforço do espírito de grupo, liderança, mudança. ***Role-play* e simulações — essencial em componentes práticas, como apresentações, negociações, levantamento de necessidades junto de clientes.** **Vídeo — interessante em situações nas quais a interacção não é exigida, como explicação de regras e procedimentos, utilização de *software* e plataformas.**
Custos	**Os custos da formação devem ter em conta:** **custo/hora formador (seja interno ou externo) + custo/ /hora formando (custo total anual do colaborador (salário e outras componentes fixas)/1936 horas[77]) x número de horas da formação + custo sala por evento + equipamentos e material de apoio + refeições + estadia + deslocações.** **Algumas empresas incluem o custo de elaboração do plano de formação e o custo de oportunidade, isto é, os negócios não realizados pelo facto de as pessoas de vendas estarem em formação.**

Antes da discussão da avaliação, importa definir o que é uma avaliação.

Conceito-chave n.º 10: avaliação

É a comparação entre os objectivos e os resultados.

Por conseguinte, para existir uma avaliação, deve ter havido, na origem do processo de formação, o **estabelecimento de objectivos** para que o processo fosse implementado.

Existem inúmeras metodologias disponíveis para a avaliação do processo formativo; aqui utilizar-se-á a metodologia clássica de Kirkpatrick, pela simplicidade e fácil compreensão.

[77] Total de horas que uma pessoa trabalha por ano = 8 h dia x 22 dias úteis x 11 meses ano = 1936 horas ano.

FIGURA 49 **Representação do modelo de Kirkpatrick**

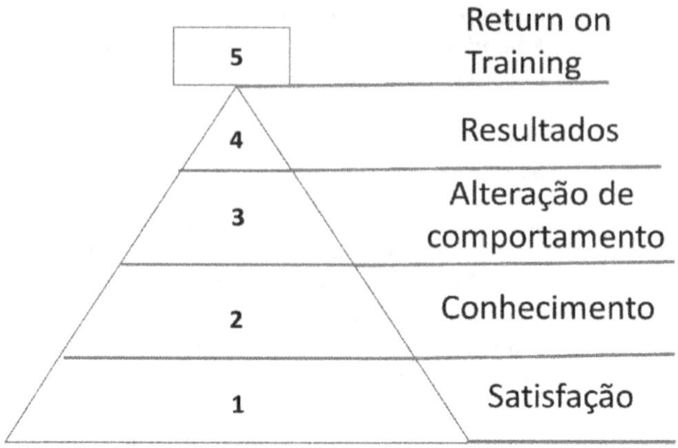

A Figura 49 apresenta os quatro níveis de Kirkpatrick, a que foi acrescentada um 5.º nível *a posteriori*. O quadro seguinte discute os níveis de Kirkpatrick.

Satisfação	**O nível mais utilizado na generalidade das formações, em que são questionados aos formandos aspectos como a satisfação e a utilidade da formação, condições gerais da sala, opinião sobre o formador, os materiais distribuídos, entre outros. Não avalia o objectivo central de uma formação, mudança de atitudes e de comportamentos, avalia, sim, a satisfação do formando com o processo. A principal razão da sua utilização como único momento de avaliação reside no facto de a maioria das formações não ter objectivos definidos.**
Conhecimento	**No nível seguinte, os formandos são avaliados do ponto de vista teórico, sobre temas da formação. Por exemplo, se apresentada uma objecção de um cliente, pergunta-se ao formando como actuaria. Aqui, mais uma vez, não se avaliam comportamentos, mas conhecimentos adquiridos.**
Alteração de comportamentos	**Fase de verdadeira avaliação da formação, na qual se observam mudanças comportamentais e se estas vão ao encontro do pretendido pela organização.**
Resultado	**À semelhança da alteração de comportamento, afecta os resultados da organização. Imaginando uma situação em que uma pessoa de vendas tinha dificuldade em efectuar *cross-selling* e teve uma formação para o efeito. Depois da formação, a pessoa vendeu mais 200 mil euros.**

ROT *Return on Training*	**Como qualquer *return on*, implica o [(ganho – investimento)/ investimento] x 100. Imagine-se que a formação teve um custo total de 20 mil euros.** **Então, para o cálculo do ROT = (200 000 € – 20 000/20 000) x 100 = 900%.**

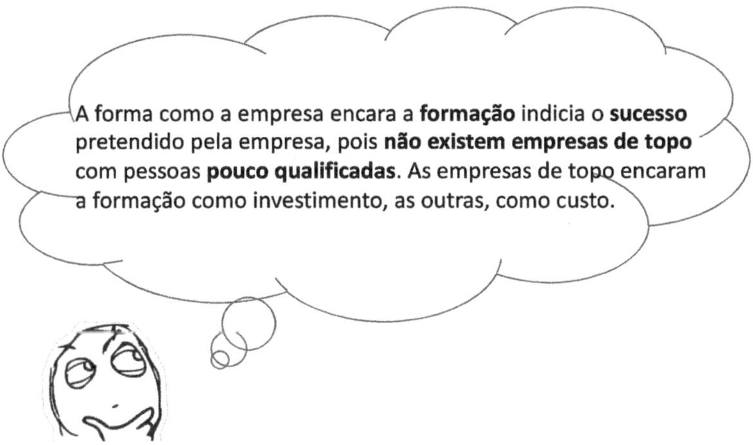

Reflexão n.º 33: formação e sucesso das empresas

Uma nota final para referir que, sendo a formação cada vez mais valorizada pelas pessoas e chegando rapidamente à conclusão de que as formações de baixo valor são perda de tempo, as empresas têm investido mais e mais em formação. Contudo, quando estamos a falar de um investimento mais alto, como um MBA, pós-graduação, licenciatura, estes são investimentos que ficam nas pessoas e perdem-se quando as pessoas abandonam a empresa. Para garantir que as empresas não travam o investimento por esta razão, efectuam-se acordos entre as empresas e as pessoas no sentido de uma garantia de retorno para a empresa do investimento efectuado.

Um exemplo de um **acordo de formação** é o seguinte:

Valor de uma pós-graduação — X €

Caso a pessoa abandone a empresa:

- No primeiro ano, a pessoa paga à empresa 1,2 X (aqui estão contemplados outros custos, como diminuição de produtividade, diminuição de horas de trabalho para estudo, entre outros)
- No segundo ano, paga 0,8 X

- No terceiro ano, paga 0,4 X
- A partir do quarto ano, cessa a obrigação de qualquer reembolso da pessoa à empresa.

É uma forma equilibrada e claramente *win-win* no campo da formação, que permite à empresa patrocinar uma formação de qualidade, mitigando o risco do retorno do seu investimento, e para a pessoa é a oportunidade de ter um investimento de terceiros na sua formação, com ganhos que ficarão para sempre na sua posse.

Contributo n.º 12 — Pedro Mendes

Importância da formação na área de gestão de vendas

Pedro Mendes[78]

O acto de vender assume-se como elemento fundamental de sucesso de qualquer actividade individual ou organizada. Todos os dias tentamos vender soluções que se associam a ideias, modelos ou conceitos.

Dada a sua importância, a área das vendas tem tido uma enorme evolução nas últimas décadas, sendo que esta nem sempre foi acompanhada por uma correspondência directa ao nível da componente formativa, quer ao nível de competências técnicas (*hard skills*) quer ao nível de competências transversais e de suporte (*soft skills*).

Em Portugal, acreditámos durante décadas (sensivelmente até ao final da década de 90) que saber vender se traduzia exclusivamente numa arte quase inata, que já nascia com a pessoa. Falamos de um tempo em que o foco do marketing estava do lado do produto e o objectivo era produzir o máximo possível, num curto espaço de tempo e com o mínimo de defeitos. Esta lógica estava inserida num contexto económico e social de crescimento do consumo nas suas mais variadas vertentes e a venda era essencialmente pessoal. Nesta altura, os elementos-chave eram vendedor e produto.

[78] Doutorado em Ciências Empresariais com especialização em Marketing pela Universidad Rey Juan Carlos de Madrid. Mestre em Ciências do Desporto pela Universidade da Beira Interior e licenciado em Gestão de Marketing pelo IPAM. Experiência de 20 anos no ensino superior em várias áreas: docência, direcção de curso e coordenação nacional de investigação. Desempenha actualmente o cargo de *dean* do IPAM Lisboa. No passado, desempenhou funções no mundo empresarial como gestor e como director de marketing e vendas nos sectores do Desporto e do Entretenimento.

Partindo do pressuposto anterior, facilmente percebemos que a formação em vendas nesta altura estava essencialmente focada no conhecimento do produto e no desenvolvimento de competências que conduzissem ao fecho da venda.

Com o início dos anos 2000, assistimos a uma mudança nos hábitos de consumo e nos pressupostos da compra individual e organizacional. Simultaneamente, passámos a ter variedade e potencial de escolha quase em todos os sectores, obrigando as empresas a uma maior aposta ao nível da segmentação e de um posicionamento diferenciado, capaz de captar a atenção do cliente. Com um cenário concorrencial levado quase ao extremo, as empresas passaram a apostar numa tipologia formativa muito mais virada para o domínio de competências relacionadas com análise, recolha de dados e prospecção de mercado; preparação do processo de venda; construção de ofertas adaptadas ao cliente (produto, preço, comunicação, distribuição, serviços de apoio); construção de relações de parceria com clientes, contribuindo para a rentabilidade do negócio.

Desde 2010 até aos dias de hoje, muitas coisas mudaram e a gestão dessa mudança passou a centrar-se também na área das vendas. A relação entre marketing e vendas passou a ser muito mais clara dentro das empresas e a consolidação desta relação obrigou também a alterações profundas ao nível da formação. O contexto passou a ser muito mais holístico e integrado em detrimento de um passado recente baseado no paradigma cartesiano em que a lógica era decomposição em partes separadas. Direcção comercial, força de vendas, equipa de vendas, direcção comercial e vendas e gestão de vendas foram alguns termos que foram aparecendo associados a cargos, funções e mesmo programas de formação.

Numa perspectiva de curto prazo, torna-se fundamental realçar a passagem de uma lógica de vendas multicanal para uma lógica omnicanal (integração de componentes offline e online) em fase de consolidação, facto este que obriga por si só a repensar programas e tipologias de comunicação. Falamos claramente de um novo paradigma que se caracteriza pelo sucesso da venda através do foco no cliente e na perspectiva do modelo de negócio que implicará novas áreas de conhecimento e novas competências.

Se quisermos ir mais além, é importante considerarmos também um futuro próximo, que está já a acontecer em alguns domínios. Não podemos desviar a nossa atenção das implicações que as componentes de tecnologia, inteligência artificial e digital terão nas nossas vidas. Trata-se de elementos que, por um lado, farão parte da vida do cliente individual e do cliente organizacional e, por outro lado, estarão directamente ligados a modelos de negócio cada vez mais disruptivos. Acrescem a este facto as oportunidades evidentes de integração destas componentes no processo de venda, o que implicará, mais uma vez, uma reflexão profunda na forma como os programas de formação devem ser construídos hoje para podermos antecipar um conjunto de circunstâncias futuras.

Desta reflexão fica a certeza de que, independentemente de qualquer paradigma futuro na área das vendas, o foco será o cliente e o negócio!

MIND MAP 6

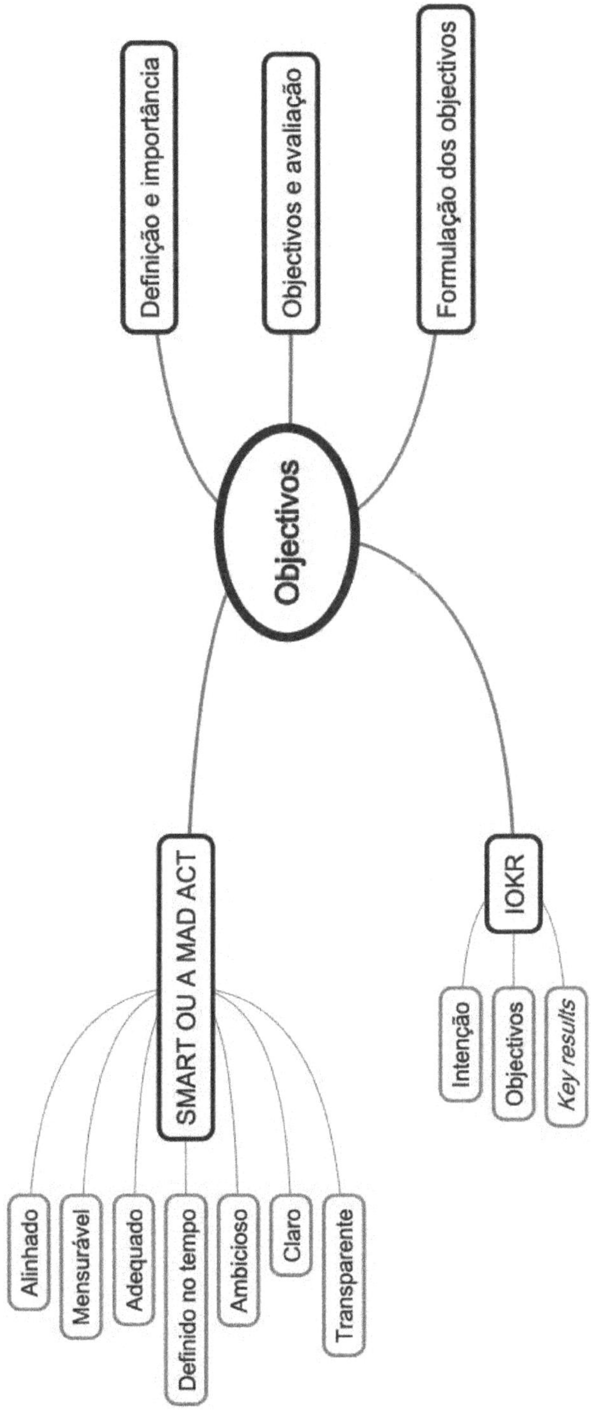
Objectivos
Definição e importância
Objectivos e avaliação
Formulação dos objectivos
SMART OU A MAD ACT
Alinhado
Mensurável
Adequado
Definido no tempo
Ambicioso
Claro
Transparente
IOKR
Intenção
Objectivos
Key results

6. Objectivos de vendas

Os objectivos de vendas têm, ou devem ter, um impacto decisivo em toda a gestão da área comercial. Tendo estabelecido o *forecast* de vendas e a estrutura da força de vendas, é agora necessário estabelecer qual a parte de vendas que caberá a cada equipa e pessoa.[79]

6.1 O QUE SÃO E PARA QUE SERVEM

Os objectivos fazem parte de qualquer elemento de gestão, pois são estes que:

Indicam quais os resultados pretendidos pela gestão/liderança
Condicionam e orientam os comportamentos, bem como o esforço colocado nas diferentes tarefas
São uma condição básica dos sistemas de avaliação e controlo

Um objectivo deve, então, traduzir aquilo que a **liderança quer que se faça**, definido estrategicamente, transmitindo também as **prioridades e o esforço pretendido** (**intensidade e direcção**). Se, por exemplo, um vendedor tem dois objectivos, a saber, atingir um determinado volume de vendas e uma quota de mercado, no final da campanha, não pode ser

[79] De realçar que aqui é referido o objectivo de forças de vendas, mas numa estrutura moderna de vendas os objectivos são estabelecidos para as pessoas da força de vendas e outros meios de vendas, como lojas online ou pontos automáticos de venda.

avaliado por rentabilidade ou satisfação de cliente, pois estes elementos não constavam do objectivo inicial.

Reflexão n.º 34: foco dos objectivos A

Este ponto é extremamente importante e fonte constante de conflito nas forças de vendas, pois para algumas lideranças não está clara a importância da fixação de objectivo como orientador do foco da acção do comercial. Os objectivos sinalizam de uma forma clara aquilo que a gestão quer que seja o foco da força de vendas. Se a quota de mercado é o principal objectivo, é aí que o vendedor colocará todo o seu esforço; se a gestão quer rentabilidade, esta tem obrigatoriamente de estar reflectida nos objectivos.

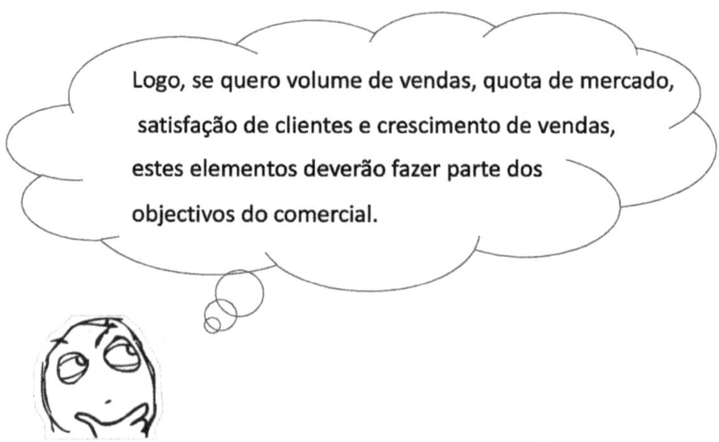

Reflexão n.º 35: foco dos objectivos B

6.2 COMO SE DETERMINAM OS OBJECTIVOS? IOKR

Desde que Peter Drucker referiu a importância da gestão por objectivos nos anos 50 que estes ocupam verdadeiramente uma posição de destaque na gestão das organizações. Os objectivos existem em vários níveis dentro de uma organização. Os objectivos de uma área comercial devem, obrigatoriamente, estar alinhados com os objectivos da empresa, da unidade de negócio, dos departamentos e da divisão (de outras subdivisões, se existirem). Incluída no alinhamento está a lógica de o objectivo traduzir todos os comportamentos e/ou resultados que a liderança quer que as pessoas tenham ou alcancem. Logo, o alinhamento[80] de objectivos é uma condição de partida de qualquer objectivo comercial e deverá sempre responder qual o seu impacto nos objectivos do nível superior.

Depois de fixados os objectivos para um determinado nível organizacional, importa implicar os colaboradores directamente envolvidos na sua implementação, geralmente os mesmos que estiveram envolvidos no *forecast*.

Importa sistematizar a formulação de objectivos e, por isso, devem ser seguidas algumas etapas, tais como:

Etapas	Detalhe
Alinhamento	**Identificar objectivos de níveis mais altos na organização** **Traduzir estes objectivos em objectivos trabalháveis e motivadores para equipas e para os indivíduos**
Estabelecimento da relação causal (feita pela liderança) — intuição	**Identificar a relação causa e efeito, isto é, que factores tiveram impacto nos resultados e qual a probabilidade de terem no contexto futuro de negócio**
Estabelecimento da relação causal (feita pela equipa e por todas as pessoas que irão ser abrangidas pelos objectivos) — intuição	**O mesmo exercício do ponto anterior, efectuado pelas equipas de vendas**

[80] Alinhamento pode ser entendido como a compatibilidade dos diferentes objectivos.

Recolha de estatística da relação causal	**Garantir que a relação causa e efeito tem suporte estatístico do histórico da organização e, no caso de ser inexistente, quais os dados a recolher num futuro próximo**
Concluir a relação causal	**Analisar se a estatística existente suporta ou não a intuição**
Definir o objectivo por equipa e por indivíduo	**Construir os objectivos por cada equipa e indivíduo, ressaltando a sua ligação aos objectivos dos níveis superiores da organização**

Uma das metodologias mais conhecidas de fixação de objectivos é a OKR (*Objectives* e *Key Results*), implementada por um dos ícones da gestão do século XX, Andy Grove, da Intel, e replicada em inúmeras empresas desde então, por exemplo, na Google. A OKR indica sempre um objectivo e a sua quantificação um *milestone*. Para tornar ainda mais interessante a lógica, poder-se-á introduzir a intenção, pois intenção é a direcção, o que se quer obter, enquanto objectivo deve ser, pelo menos, quantificado e definido no tempo. Aumentar as vendas é uma intenção; aumentar as vendas em 10% num ano, um objectivo. Por isso, propõe-se uma metodologia **IOKR — Intenção, Objectivos e Key Results**.

A intenção será o desejo, o que se pretende obter; o objectivo, a quantificação deste desejo, e os KR, os conhecidos KPI — *Key Performance Indicators*.

Quanto aos KPI, esta metodologia deixa claro que são indicadores de caminho, isto é, no final da campanha, avalia-se a consecução ou não dos objectivos; se forem atingidos, a avaliação é positiva; se não, o resultado é negativo. Os KPI indicam se a pessoa está ou não no bom caminho, se vai ou não no sentido da consecução de objectivos. São os elementos fundamentais de **controlo de vendas**.

Fixar objectivos obviamente **não garante a sua** consecução, o importante é o **caminho**, as acções que deverão ser implementadas e que aumentam a probabilidade de os objectivos serem atingidos, isso é o que deve ser medido através dos KPI.

Se existir um histórico de relação causal entre o número de visitas e o sucesso de vendas, então um aumento do número de visitas deverá provocar um aumento de vendas. Logo, será feito um KPI que incida sobre o número de visitas; da mesma forma, se o número de propostas for determinante para o sucesso, deverá ser elaborado um KPI sobre o número de propostas entregues; se a participação numa actividade numa rede social tem uma relação causal com vendas, a mesma coisa, e por aí afora.

No caso original da Intel, os KR eram fixados anualmente e por trimestre, mas existem vários períodos possíveis como anual, semestral, trimestral, mensal e semanal.

Intenção	Objectivo	Key Results
Aumento de vendas	**Aumentar as vendas em 5% num ano**	**N.º de visitas (fixar o número de referência)** **N.º de propostas entregues (fixar o número de referência)** **Seguimento de campanhas (fixar o indicador mais apropriado) na rede social *x***

QUADRO 17 **IOKR, exemplo 1**

Agora outro exemplo:

A intenção de um líder é a melhoria da satisfação dos clientes. Sendo uma intenção, é **necessário quantificá-la**, e definir no tempo, para passar a ser um objectivo. A criação de índices é uma boa forma (ainda que subjectiva) de «quantificar» algo. Daí que o NPS poderá ser utilizado como um objectivo que reflicta o aumento da satisfação dos clientes.

Do levantamento feito pela empresa, os principais pontos de insatisfação são o tempo de resposta à comunicação de cliente, o não cumprimento dos prazos de entrega e outros SLA[81].

[81] SLA — *Service Level Agreement* — acordo de níveis de serviço. Quando ocorrem determinadas transacções, alguns níveis de serviço são críticos ao funcionamento do comprador. Por exemplo, num *software* de gestão logística, um problema considerado crítico, de acordo com um conjunto de critérios: tem um SLA de três horas, o que significa que a empresa fornecedora tem no máximo três horas entre a detecção do problema e a sua resolução.

Em suma, teríamos:

Intenção	Objectivo	Key Results
Melhoria da satisfação de clientes	Melhoria da pontuação do NPS em 10 valores	Tempo de resposta às comunicações de cliente (fixar o valor de referência) % entregas dentro do prazo prometido (fixar o valor de referência) % cumprimento de SLA (valor de referência 100%)

QUADRO 18 **IOKR, exemplo 2**

Na fixação de objectivos, por vezes ocorrem situações que comprometem o desempenho das pessoas de vendas, tornando o objectivo muito fácil ou impossível de atingir. No caso de o objectivo ser fixado apenas com base no ano anterior, uma situação que pode ocorrer é designada como ***ratcheting*** em vendas, que significa fixar um objectivo com base num ano excepcionalmente alto e, por isso, dificilmente repetível.

Um objectivo assim fixado não é realizável e contribui decisivamente para o pouco empenho das pessoas de vendas e para a sua desmotivação.

Por isso, é fundamental perceber o que causou esse ano muito bom e ver se são ou não repetíveis as mesmas condições. Causas que podem criar condições de mercado irrepetíveis:

Um concorrente importante, em termos de quota, abandonou o mercado, mas outros preparam entrada neste mercado
Ocorreu uma fusão/aquisição e a nova estrutura ainda não entrou em pleno funcionamento no mercado, mas vai entrar no próximo ano
Existiu uma situação anormal na produção de um concorrente, como um incêndio numa fábrica, problemas com matérias-primas ou problemas aduaneiros, já resolvidos para o ano seguinte
Um concorrente de peso teve problemas legais com determinados produtos que foram retirados do mercado, mas a situação já está resolvida

Todas essas situações podem ser revertidas pelos concorrentes, o que significa que as condições de mercado do ano anterior não voltarão a ocorrer e, por isso, na fixação de objectivos, as lideranças devem estar atentas ao valor adequado dos objectivos, impedindo uma inflação de expectativas, que iria minar a motivação das pessoas de vendas.

Contributo n.º 13 — Hugo Sanina

Objectivos de vendas em contexto de incerteza

Hugo Sanina[82]

Quando o autor me convidou para escrever este texto sobre objectivos de vendas em contexto de incerteza, foi como se alguém me pedisse para contar a história da minha vida profissional, dada a minha experiência na área comercial, sobretudo no sector da saúde, com a venda de equipamentos, medicamentos e dispositivos médicos, tanto em produtos como serviços. Ao longo de quase duas décadas, assumi funções desde comercial à direcção comercial entre PME nacionais a multinacionais de referência.

A minha experiência é que os objectivos vão sempre aumentando, os contextos vão mudando, e a incerteza é constante.

Apesar das diferentes culturas empresariais, a temática, e sobretudo problemática dos objectivos de vendas, tem sido transversal às empresas com que me relacionei ao longo dos anos.

Os famosos «objectivos de vendas», com os quais algumas empresas despendem imenso tempo na recolha de dados e respectivas análises para representar os objectivos na sua mais conhecida fórmula mágica: N-1+X%. (valor do ano anterior mais uma determinada % de crescimento).

Começando por dividir os objectivos de vendas da questão da incerteza: os objectivos devem ser dimensionados tendo em conta as forças que conduzem à mudança, sendo as forças internas a estratégia da empresa e os seus desafios de *performance*, e as forças externas os clientes, concorrência e ambiente.

[82] Hugo Sanina é um líder apaixonado e resiliente. Focado na eficiência do investimento e na rentabilidade empresarial, é especialista em desenvolvimento de negócios. Com uma experiência empresarial reconhecida com sucesso de 23 anos em sectores como o farmacêutico, equipamentos médicos e fabricação e distribuição de dispositivos médicos nos mercados nacional e internacional. Actua também nas áreas de consultoria, *trading* alimentar e investimentos, fornecendo soluções inovadoras com foco na criação de valor para a construção de negócios sustentáveis.
Associando as competências empresariais à sua experiência académica, colabora também como professor convidado nos Programas de Educação Executiva e no Mestrado Executivo do IPAM (Instituto Português de Marketing e Administração), a maior e mais antiga escola de marketing em Portugal.

Devemos ter em conta também o *sales force design process*, em que consideramos a *sales strategy*, a *go-to-market strategy* e o *sales force design* como veículos para optimizar a atracão e retenção de clientes.

Os objectivos de vendas traduzem os resultados necessários para o correcto funcionamento do negócio, devendo possuir métricas alinhadas com a estratégia.

Para além das métricas, a liderança e a metodologia, constituem, na minha opinião, os três factores absolutamente essenciais em vendas.

Sendo a liderança uma questão situacional em que o líder tem de possuir capacidade para se adaptar a si e à equipa às circunstâncias do momento e negócio, sobre este tema muito já foi escrito, criando um fenómeno de Big Data sobre liderança.

Em relação às métricas, têm de ser aplicadas à especificidade do negócio, sendo, acima de tudo, rigorosas e transparentes, perfeitamente conhecidas e reconhecidas por todos os intervenientes, pois o que não é medido não é reconhecido e não pode ser melhorado.

Para melhorar a metodologia do processo de venda, são necessárias melhores métricas, evitando o lugar-comum do «fazer mais com menos», mas devemos acrescentar a questão: «mais de quê» com «menos de quem»?

Este deveria ser o ponto de partida da empresa para o mercado, o reconhecimento e mapeamento do negócio, definição de KPI e optimização de actividades, começando de dentro para fora da empresa, na definição da *sales force design*, objectivos e estratégia da direcção comercial.

É vital ter uma gestão preparada e devidamente formada para a direcção comercial, e, sobretudo, uma liderança de vendas que consiga implementar correctamente KPI, métricas e metodologias que melhoram as actividades de vendas e, consequentemente, os resultados do negócio.

Para isso, é preciso saber o quê, como e quando medir, e o director comercial tem de saber perspectivar, planear e prescrever soluções para o negócio e equipa, além de conhecer o ciclo de vida de cada indivíduo da sua equipa e do seu negócio.

Demasiadas vezes se promovem os melhores vendedores a chefes de vendas, sem qualquer preparação de capacidades e competências para assumir um dos principais «motores» da empresa: a direcção comercial.

Os objectivos de vendas devem fazer a triangulação convergente entre mercado, empresa e equipa de vendas, em que a equipa tem de saber claramente quais são os objectivos em termos de rentabilidade pretendida e quais os KPI necessários para atingir essas metas, aliados a uma constante monitorização da *performance* das actividades.

Para minimizar a incerteza, pode ser utilizada uma ferramenta chamada *business analytics*, que é um processo cujo objectivo é descobrir «o que tem vindo a acontecer», «por que razão» e «o que deve ser feito» para que a equipa consiga alcançar os seus resultados.

É um processo composto pelas seguintes fases:

A) *Descriptive analytics*, que representa «o que aconteceu»:
   1) Definir KPI
   2) Localizar e colectar dados sobre os KPI
   3) Analisar dados e identificar situações

B) *Diagnostic analytics*, que representa «por que razão», para analisar os KPI e outras variáveis que afectam os KPI, para determinar quais deles impactaram a variável de saída e em que grau.

C) *Prescriptive analytics*, fase do processo em que são determinadas as acções que devem ser implementadas para que sejam atingidos os objectivos estipulados.

Depois de entendermos os processos e os seus dados (*Descriptive analytics*), temos uma melhor noção do motivo pelo qual eles acontecem (*Diagnostic analytics*), o que permite obter previsões sobre o futuro (*Prescriptive analytics*). A próxima fase é determinar acções destinadas a melhorar a *performance* no futuro.

A forma mais eficiente de acompanhar o desenvolvimento das actividades e resultados é através de um *Sales Dashboard* que forneça uma visão geral do desempenho da equipa, permitindo atempadamente a detecção de desvios dos objectivos e a implementação de actividades para que o indivíduo ou equipa possa atingir os resultados pretendidos.

As métricas devem ser adaptadas aos objectivos de negócio, sendo estas algumas das mais comuns:

Monthly Sales Growth; Average Profit Margin; Monthly Sales Bookings; Sales Opportunities; Sales Target, Quote to Close Ratio; Average Purchase Value; Monthly Calls (or emails) Per Sales Rep; Sales Per Rep; Product Performance; Sales by Contact Method; Average New Deal Size/Length; Lead-to-Sale %; Average Cost Per Lead; Retention and Churn Rates; Customer Lifetime Value; Average Conversion Time; New and Expansion MRR; Number of Monthly Onboarding and Demo Calls.

Em relação ao contexto de incerteza, para minimizar riscos, é preciso conhecer realmente o mercado e sobretudo os clientes, e essa informação deve ser fornecida numa abordagem *top-down*, das equipas de vendas para a direcção.

As pessoas que melhor conhecem os clientes são os vendedores, ou deviam ser, pois são eles que podem fornecer as melhores informações sobre o futuro do mercado e dos seus clientes.

Mas, para isso acontecer, é preciso conhecer genuinamente o cliente, conhecer verdadeiramente o seu negócio, as suas operações, quem de facto decide, quando, como e porquê.

O trabalho comercial não termina na entrega da proposta nem no fornecimento de um serviço ou produto. O trabalho comercial é um esforço constante de foco na agregação de valor e ampliação de benefícios para o cliente final.

Combinando gestão de informação com a capacidade de oferta no momento certo, é vital fazer parte da solução do negócio do cliente, tendo a perfeita noção do «*share of wallet*» que detemos e como podemos manter ou melhorar.

Combinando todos estes factores, podemos reduzir seguramente a incerteza e fixar objectivos de vendas em contexto de incerteza com muito mais seriedade e menos risco para todos os *stakeholders*.

6.3 SMART É SUFICIENTE? PREFIRA O A MAD ACT

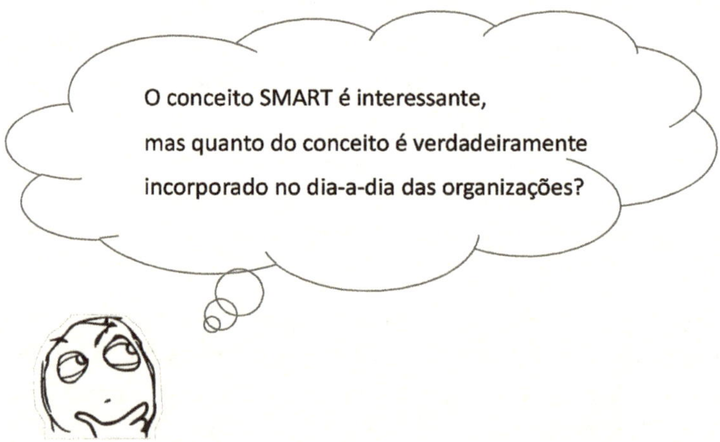

Reflexão n.º 36: objectivos SMART serão mesmo utilizados nas organizações?

Na determinação dos objectivos, normalmente é referida a lógica SMART, isto é, o objectivo deve ser específico, mensurável, alcançável, realista e definido no tempo[83]. Sendo amplamente difundida, a sua aplicação prática nem sempre ocorre e nem é assim tão clara para quem está a trabalhar em vendas.

Por isso, importa ter uma lógica que nos guie de uma forma mais eficaz na determinação dos objectivos. Dos resultados observados com o trabalho nas mais diversas organizações em diferentes sectores, propõe-se a lógica **A MAD ACT**:[84]

Alinhados	**Os objectivos da equipa e dos indivíduos contribuem para e são compatíveis com objectivos de níveis mais altos na organização.**
Mensuráveis	**Os objectivos são, entre outros, quantificados em valores, quantidades, unidades monetárias, taxas, escalas e/ou índices criados pela própria empresa.**
Adequados	**Os objectivos são próprios para um determinado contexto e acompanham a dinâmica do mercado, ou seja, é possível cumprir o objectivo num dado momento, o que implica que em mercados dinâmicos os próprios objectivos também o são, sendo ajustáveis (dinâmicos), se necessário, para garantir o ponto da adequação.**
Definidos no tempo	**O tempo que se espera que o objectivo seja atingido é claramente um dos componentes básicos de qualquer objectivo, e um objectivo pode mesmo ser partido em períodos mais pequenos para um melhor controlo da sua evolução, por exemplo, por trimestre, por semestre, por ano.**
Ambiciosos	**Os objectivos deverão ser estabelecidos por forma a estimular as pessoas a saírem da sua zona de conforto, arriscar, tentar o novo. Neste contexto, há sempre uma fronteira entre o que são objectivos ambiciosos e o que são objectivos irrealistas; normalmente, esta fronteira é estabelecida pelos recursos ao dispor da pessoa, por exemplo, tempo, conhecimento, suporte. No caso de existirem recursos para o objectivo, este é ambicioso, no caso de não existirem recursos, é irrealista.**
Claros	**Os objectivos são facilmente compreendidos pelas pessoas e não deixam nenhuma dúvida sobre a sua orientação em termos de direcção e esforço, sendo por isso autoverificáveis em termos de progresso.**
Transparentes	**Todos os objectivos ao longo da organização são públicos e consultáveis por qualquer colaborador, exceptuando-se objectivos confidenciais ou sensíveis.**

[83] Apesar de muitas interpretações, os termos apresentados são os que são consensualmente utilizados (*Specific, Measurable, Achievable, Realistic and Time-bound,* em inglês).

[84] Muitos outros aspectos podem orientar o estabelecimento de um objectivo; contudo, estes são, na nossa versão, aqueles que mais resultado têm tido nas empresas para a definição de um objectivo eficaz.

Exemplos de perguntas que podem ser feitas para cada dimensão do A MAD ACT

		1	2	3	4	5	
1. Alinhados	Nada						Muito
1.1 — Os nossos objectivos principais foram feitos tendo em conta os objectivos gerais da empresa?							
1.2 — Os objectivos de vendas são compatíveis (não colidem) com os objectivos de marketing?							
1.3 — Os objectivos de vendas são compatíveis (não colidem) com os objectivos de outras áreas da organização (excepto marketing)?							
1.4 — Os objectivos dos indivíduos estão em linha com os objectivos da organização?							
2. Mensuráveis							
2.1 — Os objectivos da área de vendas são todos mensuráveis?							
2.2 — Os objectivos das equipas são todos mensuráveis?							
2.3 — Os objectivos dos indivíduos são todos mensuráveis?							
2.4 — Os indicadores de desempenho são de fácil acesso aos indivíduos?							
3. Adequados							
3.1 — Os objectivos estão de acordo com a dinâmica do mercado? (Ex.: medimos visitas aos clientes, ao invés de tráfego online.)							
3.2 — Os objectivos são adaptados aos diferentes contextos de equipas e indivíduos?							
3.3 — Quando existem fortes alterações no ecossistema, externas à empresa, os objectivos são ajustados à nova realidade?							
3.4 — Existe a participação das pessoas na fase de fixação de objectivos?							
4. Definidos no tempo							
4.1 — Os objectivos têm sempre a componente tempo incluída?							

4.2 — Os objectivos têm uma componente de partição temporal? (Anual, semestral, mensal...)							
4.3 — Os tempos dos objectivos estão ajustados ao ciclo de negócio?							
4.4. — As pessoas participam na definição do tempo integrante em cada objectivo?							
5. Ambiciosos							
5.1 — Os recursos que estão ao dispor das pessoas permitem normalmente atingir os objectivos definidos?							
5.2 — A percepção dominante das pessoas é a de que os objectivos são difíceis, mas «alcançáveis»?							
5.3 — Os objectivos, quando são apresentados, têm algum «rótulo de ambiciosos»?							
5.4 — O histórico da empresa aponta normalmente para a consecução dos objectivos (pelo menos pelos melhores colaboradores)?							
6. Claros							
6.1 — Os objectivos, quando apresentados, são facilmente compreendidos?							
6.2 — Os objectivos são aplicáveis ao contexto real do negócio?							
6.3 A auto-avaliação é possível com os objectivos que normalmente são fixados?							
6.4 — A partir dos objectivos, é fácil desenhar as acções para os atingir?							
7. Transparentes							
7.1 — Os objectivos entre departamentos são consultáveis e públicos?							
7.2 — Os objectivos entre equipas são consultáveis e públicos?							
7.3 — Os objectivos dentro da equipa são consultáveis e públicos?							
7.4 — A gestão explica a lógica de fixação dos objectivos?							

Interpretação dos resultados:

Pontuação	Interpretação
140 — 126	Excelente, os objectivos são um suporte ao sucesso da empresa.
125 — 105	Muito bom, quase lá, continuar no caminho de melhoria nos tópicos onde teve menor pontuação.
104 — 77	Suficiente, deve ser feito um trabalho profundo de renovação da metodologia de fixação de objectivos.
< 76	Cuidado, a empresa anda à deriva. Se for o responsável, corrija imediatamente o caminho; se não for, procure outro emprego.

Do A MAD ACT, o alinhamento, a mensuração e a definição no tempo já foram discutidos, sendo necessário adicionar alguns comentários sobre outros pontos.

A **adequação** é uma condição-chave de um objectivo. É prática corrente os objectivos serem meros ajustes de objectivos do passado e também não serem minimamente testados face ao contexto futuro, o que resulta frequentemente em objectivos completamente desfasados da realidade das pessoas e da própria organização.

Para além disso, existe a questão da mudança de objectivos ao longo de uma campanha, sendo a resposta, ao nível da adequação, relativamente simples. Se ocorre uma mudança no ecossistema que altera profundamente o contexto e torna os objectivos inadequados, os objectivos já não fazem sentido, perderam a sua validade e, por isso, devem ser revistos. A adequação introduz também o dinamismo da percepção do ecossistema e o seu impacto na gestão corrente da organização, garantindo que, a cada momento, os objectivos têm aderência à realidade.

Depois da adequação, o ser **ambicioso** deve ser também uma qualidade de um objectivo. Este é também um tema recorrente, razão de ser de grandes discussões internas nas equipas. Em primeiro lugar, os resultados apontam claramente para o impacto positivo de objectivos ambiciosos, tanto ao nível dos resultados das equipas e da empresa como da motivação das pessoas na sua prossecução. O ponto sensível aqui é o que significa ser **ambicioso**.

Na lógica das organizações, e também das áreas de vendas, o conservadorismo é regra, sendo que objectivos ambiciosos são frequentemente confundidos com objectivos irrealistas, sendo que, na verdade, a fronteira entre os dois é ténue e, como referido no quadro, os recursos podem ajudar a resolver.

Desafio n.º 15: se um objectivo for ambicioso e disruptivo e não for atingido na totalidade, como pode ser a forma de recompensa? Não será que a motivação aqui também conta no sentido de recompensas não financeiras?

Até que ponto a análise de desempenho deve ficar limitada a consecução dos objectivos? Num mundo incerto, até que ponto a tentativa de novas opções e de novas lógicas poderá ser motivadora e potenciadora de novos negócios?[85]

O desafio anterior tem várias respostas possíveis, mas, para ajudar na reflexão, devemos ter presente que as empresas de topo têm objectivos «normais» e enquadráveis dentro daquilo que se configura na actividade normal de vendas, mas têm também objectivos (nalguns casos, verdadeiramente intenções dentro da lógica IOKR) **disruptivos**, inovadores, que normalmente poderão ser alvo de um prémio por parte da gestão, se induzirem uma aprendizagem interessante da empresa. Estes objectivos não terão uma relação directa objectivo/resultado, mas podem ser extremamente importantes na organização.

Imagine-se uma intenção de criação de uma comunidade online ou de uma nova forma de utilização de uma rede social; poderá ser incluído como objectivo (intenção) juntamente com objectivos tradicionais e ser remunerado por julgamento da gestão.

Aqui importa também introduzir uma diferenciação em termos de falha ou erro.

O falha ou o erro são particularmente penalizados na cultura portuguesa. Simplificando, poder-se-á considerar dois tipos de falhas ou erros: negligência e tentativa de inovação.

Negligência é o não cumprimento do que deveria ter sido feito, não foram seguidos os procedimentos combinados ou recomendados e, por isso, deve ser penalizado de alguma forma.

O erro por tentativa de inovação é um aspecto essencial da aprendizagem. Por isso, existem objectivos que estimulam à inovação e, neste contexto, a «falha» ou «erro» devem ser considerados etapas de aprendizagem[86].

Empresas que não aceitam erros de inovação claramente têm pouco poder de modernização.

[85] Este ponto será reforçado na discussão da motivação e sobretudo dos aspectos intrínsecos da motivação.

[86] Evidentemente em situações controladas e definidas pela gestão.

Clareza. Hoje ainda existem objectivos tão difíceis de entender, incorporar no dia-a-dia e acompanhar em termos de auto-avaliação, que deixam de ter o seu papel de orientadores e motivadores. Por isso, os objectivos devem ser testados no que respeita à compreensão por parte das pessoas de vendas.

A **transparência** é um tema pouco abordado, mas que se tem relevado da maior importância num contexto de quebra de silos e de uma maior interacção entre departamentos dentro da empresa. A transparência permite, por um lado, conhecer os objectivos e outros departamentos que estão próximos, mas sobretudo serve para comparar como os objectivos individuais são integráveis e coerentes com os objectivos da organização.

Quando há um conhecimento partilhado dos objectivos, é mais fácil a gestão coordenada de actividades focadas nos clientes, pois estes devem fazer parte de um objectivo geral da organização, evitando, em muito casos, duplicação de esforços ou mesmo incoerência na gestão entre departamentos. Por exemplo, um CVM tem um objectivo de satisfação de cliente, enquanto um financeiro tem um objectivo de cobranças. O primeiro gere um cliente fantasticamente bem durante 10 anos e tem níveis de satisfação altos (objectivo de retenção de clientes). O segundo detecta um incumprimento no pagamento no cliente (objectivo de não manter contas com valores em dívida), que teve uma ruptura temporária de tesouraria, e interrompe o fornecimento, gerando insatisfação e mesmo a perda de um cliente com 10 anos de casa[87]. Estes objectivos são claramente não alinhados e a transparência ajudaria a verificar situações deste tipo e a promover uma discussão entre as diferentes áreas antes de os problemas acontecerem. Outros exemplos são os objectivos das pessoas envolvidas nas entregas, que, por vezes, são incoerentes com os das pessoas de vendas.

[87] Obviamente que não se defende a manutenção de clientes que não pagam; aqui, o exemplo é de um cliente que, temporariamente, não pagou e, devido ao objectivo de outra área da empresa, rompeu com a empresa.

MIND MAP 7

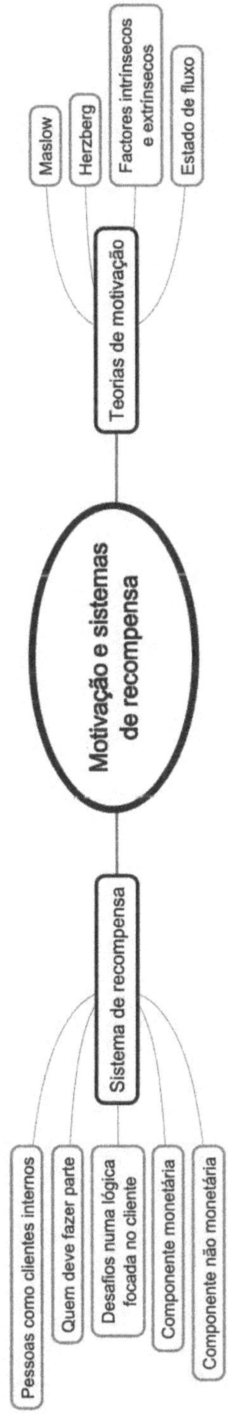

Motivação e sistemas de recompensa
Teorias de motivação
Maslow
Herzberg
Factores intrínsecos e extrínsecos
Estado de fluxo
Sistema de recompensa
Pessoas como clientes internos
Quem deve fazer parte
Desafios numa lógica focada no cliente
Componente monetária
Componente não monetária

7. Motivação e sistemas de recompensa

7.1 TEORIAS DE MOTIVAÇÃO

A **motivação**, numa explicação simples, significa um motivo para a acção. O ser humano, na sua complexidade, mas também na sua inerência de sistema biológico, tem uma tendência natural para a inacção, ou seja, é um sistema que deve ter alguma razão para agir, para buscar algo de determinada maneira.

Numa das definições mais **clássicas** aplicadas às pessoas de vendas, temos que a motivação era entendida como «a quantidade de esforço que um vendedor deseja despender em cada uma das actividades ou tarefas associadas ao seu trabalho».[88] Para além desta definição, as metodologias motivacionais pretendem, fundamentalmente, o estímulo de determinadas emoções, orientação dos esforços e o condicionamento dos comportamentos.

Hoje, as funções repetitivas e de baixo *input* de diferenciação na área comercial tendem a desaparecer, sendo então as funções **diferenciadas e criadoras de valor** aquelas que são cultivadas nas organizações.

Portanto, o «vendedor»[89] deixa de ter uma posição quase passiva na criação de valor e passa verdadeiramente a **agente de negócio**, criador de valor, gestor de relação, o que torna esta função cada vez mais especial no ciclo de negócio de uma organização.

[88] Walker, O., Churchill, G., Ford, N. (1977) «Motivation and performance in industrial selling: Present knowledge and needed research». *Journal of Marketing Research*, 14(2): 156–168.

[89] Utiliza-se deliberadamente a palavra «vendedor» para chamar a atenção para um termo muito desvalorizado (quem tem hoje no cartão a palavra «vendedor»?), mas cuja função, alargada de acordo com o que é referido ao longo do livro, é fundamental no negócio e, por isso, deve ser repensada e valorizada.

Então, a empresa deverá considerar a lógica de gestão de **talentos**, não apenas para empregar uma palavra «cara» e sonante, mas sim incorporar na sua cultura o que significa gerir talentos em toda a sua dimensão.

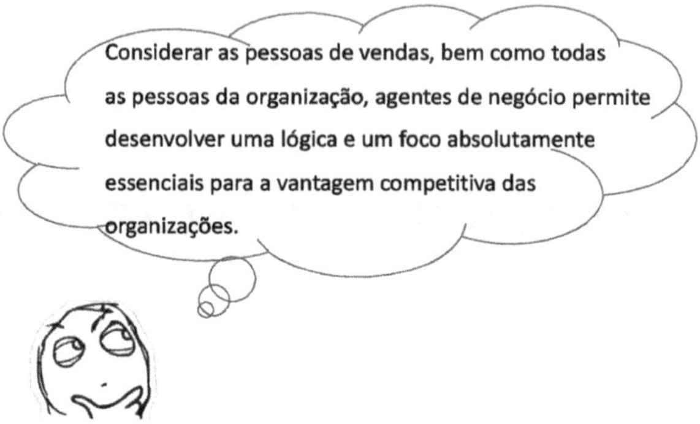

Reflexão n.º 37: agentes de negócio

Nas organizações modernas, em relação à motivação, a mudança de paradigma passa por:

Considerar as pessoas de vendas clientes internos
Desenvolver um «produto motivacional» que a empresa «oferece» a este cliente interno
O «produto motivacional», como qualquer produto, visa atrair, satisfazer e promover a continuidade da relação
Implica, obviamente, o conhecimento do cliente interno e deve ser adaptado ao cliente e criar utilidade para este
Dever ser diferenciador e fonte de vantagem competitiva face à concorrência pelo talento

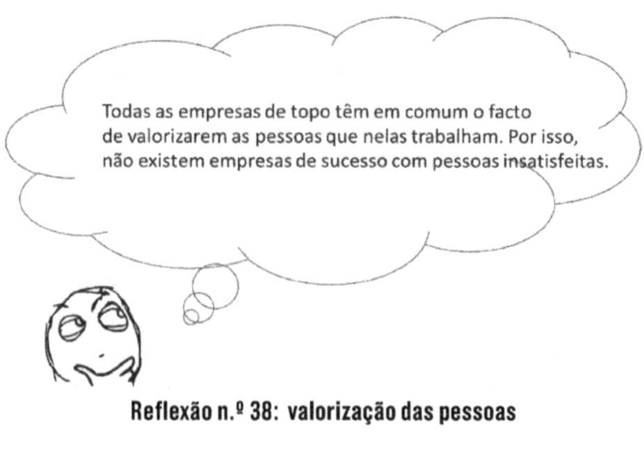

Reflexão n.º 38: valorização das pessoas

A relação laboral predominante é, na maioria dos casos, regulada pela remuneração e considera-se que, resolvido isso, está tudo resolvido. Contudo, hoje, com os diferentes apelos e diferentes formas de motivação, o desafio da empresa, considerando as **pessoas de vendas clientes internos**, é perceber em que medida estes clientes estão satisfeitos e continuarão motivados a lidar com esta empresa, não pensando em trocá-la pela concorrência.

A saída de um período extremamente difícil pós-2008 deixou marcas na relação entre as empresas e as pessoas que para elas trabalham, pois o desequilíbrio da relação oferta/procura no mercado de trabalho desvalorizou o *input* trabalho e a forma como muitas empresas lidaram com as suas pessoas.

Assumindo sem qualquer dúvida que não existe nenhuma **empresa de topo** com pessoas **insatisfeitas**, desmotivadas e movidas apenas pelo medo ou pela necessidade de um salário ao final do mês, importa que as lideranças reflictam profundamente qual o tipo da relação que existirá com as pessoas, de verdadeira parceria[90] ou apenas uma relação patrão-empregado.

À partida, muito do que se fala e pratica na área de motivação está relacionado com a teoria de **agência**, em que existe um conflito natural de interesses entre um principal (a organização) e um agente (pessoa que colabora com a empresa), que deve ser gerido de uma forma a que este conflito seja o mínimo, apesar de estar sempre presente.

Historicamente, os esquemas motivacionais, muito centrados em remuneração variável, nas áreas de vendas são diferentes do restante da organização, graças ao facto de:

A relação entre esforço e o resultado ser mais fácil de verificar na área das vendas
As pessoas de vendas serem mais receptivas a remuneração por resultado
Sendo a supervisão (um mecanismo de controlo) mais difícil de efectuar em quem trabalha normalmente no exterior da empresa, os resultados aparecerem como uma forma de controlo mais prática
A relação entre esforço e resultado ser tradicionalmente nesta área mais bem compreendida através de rendimento variável
As pessoas de vendas serem mais disponíveis ao risco do que as restantes pessoas da organização

[90] Parceria aqui inclui exigência, co-responsabilização, evolução conjunta e partilha de ganhos.

Algumas das teorias propostas são consideradas «clássicas» nas vendas, sendo de destacar de as de Maslow e Herzberg.

Maslow, com a sua conhecida pirâmide, propõe que as necessidades humanas podem ser agrupadas em cinco níveis e que a pessoa aspiraria ao nível superior somente quando o nível inferior estivesse satisfeito.

Auto-realização	Auto-crescimento, transcendência, valorização sentido de vida...
Auto-estima	Reconhecimento, destaque, dignidade...
Sociais	Pertença a grupos, aceitação, convívio...
De segurança	Eliminação de riscos (agressão, instabilidade...)
Fisiológica	Alimentação, água, ar, descanso, abrigo...

FIGURA 50 **Pirâmide de Maslow**

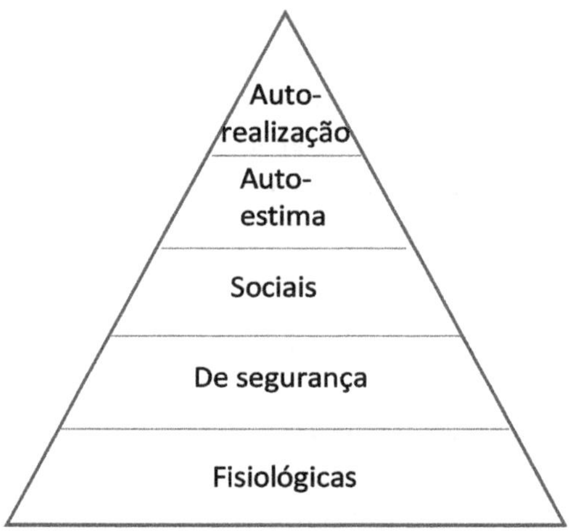

Herzberg[91] apresenta uma lógica interessante, a teoria dos dois factores, na qual propõe dois tipos de factores: os **motivacionais**, ligados à natureza do trabalho, enquanto outros, não sendo motivacionais, são, na prática, fundamentais para que os motivacionais surtam efeito, sendo por isso designados de **higiénicos**. Estes seriam, por exemplo, condições

[91] Herzberg, Frederick: «One More Time: How do you motivate employees?», *Harvard Business Review*, Jan.-Fev. 1968.

gerais de trabalho (limpeza do escritório, condições do ar, temperatura, conforto), clima organizacional, respeito, estatuto, salário, *fringe benefits*[92], entre outros.

Como factores motivacionais, poder-se-ão considerar os desafios da função, a responsabilidade, o propósito do trabalho, a autonomia, entre outros. Na Figura 51 é apresentada uma matriz 2 x 2, com o cruzamento destas dimensões.

FIGURA 51 **Cruzamento dimensões Herzberg**

SATISFAÇÃO FACTORES HIGIÉNICOS / SATISFAÇÃO FACTORES MOTIVACIONAIS	BAIXA	ALTA
ALTA	**Estão pelo salário. Mudam de empresa com muita facilidade, desde que o salário seja semelhante com um projecto motivador.**	**Motivados, satisfeitos, e sem razão de fundo para mudar de empresa.**
BAIXA	**Provavelmente uma baixíssima produtividade, reduzida motivação, saída iminente.**	**Motivados, com muitas reclamações que atrapalham a satisfação, podem ser aliciados pela concorrência em termos de salário.**

Por conseguinte, as lideranças devem considerar como os factores acima citados são geridos na organização e como devem ser combinados, garantindo a existência dos factores higiénicos por forma a criar uma **base de satisfação**, a qual será verdadeiramente **potenciada** pelos factores motivadores.

Todos estes devem ser permanentemente verificados face aos principais concorrentes, no sentido de retenção e promoção de talentos. Uma das observações mais simples e importantes é o vencimento médio num determinado sector; quando a empresa paga o vencimento médio e fornece os *fringe benefits* com valores dentro da **média no mercado**, a pessoa tem menos uma razão para procurar a **mudança de empresa**; quando algum destes elementos está em **desequilíbrio** face aos valores médios do

[92] Benefícios extra (de franja), que incluem carros, seguros de saúde, viagens, ginásios, despesas com filhos...

mercado, pode haver uma **insatisfação** neste ponto, e o estímulo para a pessoa trocar de empresa.

O conhecido Professor de Psicologia Mihaly Csikszentmihalyi, da escola de psicologia positiva, desenvolveu um trabalho pioneiro na compreensão da felicidade, criatividade e realização pessoal, propondo a designação de um **estado de fluxo** que seria um estado de elevado foco e concentração, de desempenho superior que motiva sobremaneira quem o atinge.

FIGURA 52 **Estado de fluxo Mihaly Csikszentmihalyi**

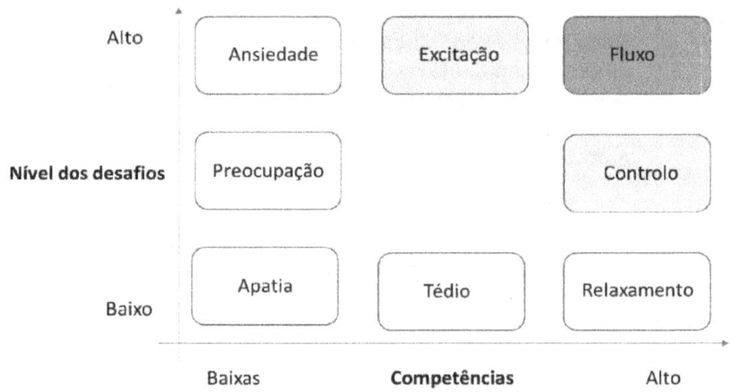

A Figura 52 apresenta a proposta de Csikszentmihalyi[93], que isola dois factores principais, as **competências**[94] e os **desafios** como motivadores para a consecução de um estado superior de desempenho. Por isso, devem os líderes ter sempre em atenção que, independentemente do sistema de recompensa, a lógica de **incrementar** as competências dos colaboradores deve sempre ser acompanhada pela elevação do **nível dos desafios**, ocorrendo esta evolução em simultâneo, por forma a evitar quer ansiedade (crescimento do nível dos desafios sem o aumento do nível de competências) quer relaxamento (elevado nível de competências e baixo nível de desafios).

Apesar da importância e pertinência das teorias anteriores, e de várias outras teorias explicativas da motivação conhecidas, como a ***expectancy theory*** (expectativa — relação esforço/desempenho; instrumentalização — desempenho e recompensa e valência/recompensa e objectivos pessoais), ***attribution theory*** (indivíduos referem porque pensam que terão sucesso

[93] «Flow, the secret to happiness», https://www.ted.com/talks/mihaly_csikszentmihalyi_on_flow.

[94] *Skills* and *challenges*, no original, traduzidos de uma forma livre.

ou insucesso numa tarefa) e ***self determination theory***, (combinação de desejo de melhoria, autodesenvolvimento e relacionamento com o ecossistema), a ideia de factores **intrínsecos e extrínsecos** domina a literatura e a prática no que à motivação dos vendedores diz respeito.

De uma forma geral, os factores **intrínsecos** estão relacionados com a tarefa em si mesma, isto é, ter prazer e satisfação no seu desempenho, sentir-se realizado, dando-se como exemplos a autonomia, o propósito da função e o domínio da mesma como factores motivadores[95]. Já os factores **extrínsecos** implicam que a tarefa em causa é um meio para outro fim, como sejam a obtenção de ganhos tangíveis, salários, bónus, viaturas ou um reconhecimento por terceiros.

No caso do reconhecimento, o auto-reconhecimento, isto é, o reconhecimento pela própria pessoa que superou um desafio, que conquistou uma conta difícil, que efectuou uma venda importante, inclui-se nos factores **intrínsecos**; enquanto o hetero-reconhecimento, isto é, o reconhecimento por terceiros, inclui-se nos factores **extrínsecos**.

Na relação com a estrutura da organização, convém mencionar que nalgumas empresas o sistema de recompensas pode ser baseado num sistema meramente **hierarquizado**, no qual a posição na hierarquia é o factor determinante, ou em estruturas mais flexíveis, em que hierarquia conta menos do que alguns **aspectos funcionais** e, nestes, as pessoas são remuneradas por um conjunto de factores que tem mais em conta o seu contributo para a organização do que a hierarquia propriamente dita.

O **impacto geracional** no desenho dos sistemas de recompensas não pode ser desprezado e, por exemplo, a chegada dos *millennials* ao mercado de trabalho altera as tipologias de motivação face às gerações anteriores, devido a uma lógica de alteração de perspectivas, nomeadamente valores e objectivos futuros, a tipologia de ligação às empresas e uma maior independência face à empresa no que à gestão de carreira diz respeito.

[95] Recomenda-se a visualização do vídeo de Daniel Pink sobre «The Puzzle of Motivation», em https://www.ted.com/talks/dan_pink_on_motivation.

Contributo n.º 14 — Anabela Chastre

O que motiva?

Anabela Chastre[96]

11h15 da manhã, o telefone toca. Atendo e, do outro lado, uma voz conhecida diz «É a Maria, lembra-se de mim?», e numa tentativa de me fazer associar a voz à pessoa, referiu a última vez que nos tínhamos cruzado. A associação foi rápida e, num sorriso, perguntei como estava. A conversa seguiu a introdução e a razão por que a Maria me estava a ligar.

«Sei que é uma pessoa extremamente ocupada, mas o desafio que tenho neste momento em mãos só lhe posso lançar a si! Sou responsável pela gestão de uma Refood na zona de Lisboa, temos cerca de 320 voluntários e eu preciso de um programa de formação completamente alinhado com os nossos valores e forma de trabalhar. A formação só poderá decorrer no final dos turnos, das 21h30 às 23h30, e vamos ter de o fazer nos próximos dois meses. Para além disso, na nossa instituição não circula dinheiro, pelo que não lhe podemos pagar.»

Um leve suspiro do meu lado, seguido de um «vamos a isso!», terminou este telefonema. Aparentemente, este projecto tinha tudo para que eu não o aceitasse. Um projecto gigante para ser feito em tão pouco tempo, uma disponibilidade muito curta do meu lado, que me ia roubar tempo para estar com a minha família à noite e, além disso, não era remunerado. Mas o que me motivou?

Eu sei que o leitor sabe a resposta, mas, acredite ou não, esta pergunta é feita todos os dias no mundo corporativo. «O que motiva?» tem levado diversos estudiosos das áreas do comportamento a estudarem as variáveis que compõem a motivação humana e que levam o ser humano à acção.

As empresas procuram incessantemente um diferencial competitivo nos colaboradores que os levem a alcançar mais e melhores resultados. Procuram, por isso, compreender melhor o conceito de motivação no local de trabalho e instrumentos que lhes possibilitem alcançar a tão procurada «motivação dos colaboradores».

[96] **Anabela Chastre** é mestre em Políticas de Desenvolvimento de Recursos Humanos e pós-graduada em Gestão Estratégica de RH. É certificada internacionalmente em *Life Coaching*, *Executive Coaching* e *Strategic Mentoring*. Tem 18 anos de experiência na área da Formação e do Coaching, entre Portugal, África e Brasil. É docente universitária e autora de três livros sobre Liderança Pessoal e de Equipas e oradora internacional. Acredita que ter a atitude certa é dar o melhor a cada segundo em tudo o que se faz e é com esse propósito que vive e trabalha. www.anabelachastre.pt.

Vários autores defendem que a motivação é uma força que se encontra no interior de cada indivíduo e, como tal, levando isto para a difícil função do gestor de equipas, torna a tarefa ainda mais complexa.

Repare que existem algumas pessoas que se sentem altamente motivadas por realizar determinadas tarefas e outras acham essas mesmas tarefas desinteressantes. Isto acontece porque as pessoas têm valores diferentes, necessidades diferentes, interesses diferentes, formação académica e profissional diferente e, para além disto tudo, histórias de vida diferentes. Com esta complexidade, podemos afirmar que a motivação é um factor situacional e intrínseco de cada indivíduo e que, dessa forma, ao olhar-se para a motivação de um grupo de uma maneira generalizada, pode-se estar a distanciar do objectivo pretendido.

Mas então, o que fazer? Será que a frase «Precisamos de motivar mais os colaboradores!» está na agenda de qualquer gestor?

Na maioria das vezes, seguem-se as práticas que já todos conhecemos, actividades físicas de *team building*, em que as equipas procuram a superação em conjunto ou até mesmo actividades de *mindfulness* na empresa, com o intuito de baixar a pressão que os objectivos a cumprir acarretam. Embora estas actividades possam trazer mais animação ou bem-estar a todos, o resultado é invariavelmente inferior às expectativas criadas. Isto porque, como vimos acima, a motivação é intrínseca e varia de pessoa para pessoa.

O que leva, então, os colaboradores à acção? O que está por detrás e que os leva a agir? Eu arrisco a dizer que a motivação na sua fórmula só pode ter por base um propósito forte, que leva a um compromisso grande por parte do indivíduo. Pessoas que têm um propósito maior estão mais motivadas a agir e a alcançar resultados, independentemente das condições ou a falta delas e sem que muitas vezes seja necessário ter alguém a estimular a sua acção. Elas próprias são levadas a superar os próprios limites. Podemos ver esse caso em pessoas que nunca correram na vida, a iniciar a prática da corrida, a superarem várias vezes os seus recordes pessoais, e a maioria sem um treinador a acompanhar. Sabem porquê? Na minha opinião, o propósito delas é suficientemente forte para as levar à acção.

Quando há uma maratona, milhares de pessoas se juntam para um único objectivo: cruzar a meta. O propósito de cada um pode variar: dinheiro, superação pessoal ou outro. Mas esse propósito é tão forte que o leva a um compromisso enorme. É por isso que se levanta de madrugada para ir treinar, sem que as condições atmosféricas interfiram no seu propósito. Os seus comportamentos são ditados pelo propósito que tem.

Seguindo esta linha de pensamento, considero que os gestores, para conseguirem motivar os seus colaboradores, devem começar por unir a sua equipa através de um propósito forte, de uma missão além do simples retorno financeiro, que leve os seus colaboradores a ficarem comprometidos com o mesmo e a motivar-se à acção.

Aparentemente pode parecer simples, mas não é. As empresas ainda estão muito fixadas num modelo antigo baseado numa cenoura colocada à frente dos olhos, que puxava as pessoas a irem mais longe. Mas os tempos mudaram, estão a mudar cada vez mais a uma velocidade enorme e as empresas já não podem sustentar as suas práticas em modelos que hoje já não fazem qualquer sentido. As pessoas querem mais, querem fazer a diferença no mundo onde vivem e o que acontece é que as empresas ainda não estão a pensar dessa forma e não estão preparadas para essa mudança.

Uma pesquisa realizada pela Gallup conclui que 85% dos colaboradores das empresas do mundo inteiro não estão comprometidas com o seu trabalho (1). Este número é tão elevado que até nos custa a acreditar. Mas a verdade está à vista de todos. Quantas vezes vimos nas redes sociais pessoas a colocarem comentários sobre o facto de ser sexta-feira e estarem felizes pela sua semana de trabalho ter terminado, quase como um alívio, um «eu já não aguentava mais isto!», e outras deprimidas por ser domingo à noite e terem de se preparar para enfrentar a segunda-feira? Muitas, mesmo.

De uma vez por todas, é preciso perceber que há aqui uma mensagem que as empresas já não podem ignorar. É preciso avaliar a satisfação dos colaboradores e não é com questionários de clima organizacional. É preciso falar com as pessoas, perguntar-lhes abertamente sobre o que pode ser feito na empresa e recolher «small data» junto delas, como defende tão bem Martin Lindstrom. Porque são estes «small data» que as podem levar à solução.

As empresas precisam de acordar e parar de querer tratar problemas actuais com remédios antigos. É necessário mudar a mentalidade e começar a pensar no trabalho com o propósito de fazer a diferença na vida dos colaboradores e dos clientes, só dessa forma se evolui no sentido certo. É claro que, para isso, também é preciso que a parte da satisfação dos colaboradores esteja assegurada, um salário e as condições de trabalho adequados, mas não é isso que as motiva, já o percebemos há muito tempo.

Recordo-lhe a história com que iniciei este artigo, o que me motivou não foi o dinheiro, não estava sequer contemplado, também não foram as condições de trabalho, porque não eram as melhores. Era o PROPÓSITO, formar com o meu *expertise* as equipas de voluntários, para que estas estivessem preparadas para prestar um melhor serviço na sua comunidade. Eu ia fazer a minha parte, o «meu papel» ia fazer a diferença!

Caso o leitor não conheça, a Refood (2) é uma organização sem fins lucrativos que foi criada por Hunter Halder, que tem actualmente 60 anos. Hunter é de origem americana, tendo nascido na Virgínia. Chegou a Portugal para uma peregrinação a Fátima, acabando por se encantar pelo nosso país, o que o levou a mudar-se para cá e a sediar-se em Lisboa.

Em 2011, Hunter estava desempregado, mas não conseguia ficar indiferente ao desperdício que se acumulava na cidade de Lisboa, em restaurantes e cafés. Foi assim que decidiu pegar na sua bicicleta e percorrer Lisboa à procura de restaurantes, cafés e supermercados que estivessem dispostos a ceder os alimentos que sobravam diariamente aos mais necessitados. Durante algum tempo, a sua própria casa servia como centro de operações. Depois, com 30 restaurantes parceiros e 30 voluntários, montou a primeira sede, numa loja antiga. Hoje, a organização já conta com 27 centros em Portugal, a trabalhar de forma autónoma.

Como devem calcular, a Refood funciona como uma empresa. Tem departamentos, equipas próprias, objectivos diários, semanais e mensais para cumprir. Tem dificuldades grandes, pois precisa de materiais, frigoríficos e outros recursos que mantenham o normal funcionamento. E tudo isto sem circulação de dinheiro, vive de apoios, literalmente. Os voluntários têm, na sua maioria, outras ocupações na vida profissional, uns são estudantes, outros médicos, outros administrativos, advogados, professores. O que os une? O propósito de ajudar quem mais precisa.

Como se analisa este exemplo de motivação e se transporta para as empresas?

No livro *Drive*, de Daniel Pink, são abordados os três elementos que aumentam o compromisso das pessoas nas organizações: a Autonomia, a Excelência e o Propósito. Na visão do autor, o gestor deve dar autonomia para que cada um trabalhe nas suas tarefas, de forma que cada um se sinta responsável pela sua tarefa como parte do todo. Dessa forma, o próprio colaborador vai querer fazer melhor do que fez da última vez e assim procurar a excelência no seu trabalho. Tudo isso assente num propósito maior, que atrairá a sua própria superação.

Dessa forma, é possível desencadear uma melhor *performance* nas equipas, através da motivação intrínseca, promovendo a procura de um propósito comum. Assim, as pessoas aumentarão o seu grau de satisfação no trabalho, pois sentem-se a contribuir para algo com significado para elas. Isto leva-as a serem mais produtivas e a trabalharem melhor em equipa.

Logo, o foco do gestor deverá ser as pessoas, dar-lhes um sentido, um propósito dentro da organização, para depois definir o processo para lá se chegar. Processo esse que deve ser simples, que não faça perder tempo. Como diria Jack Welch, o grande papel do líder é «varrer o lixo» da organização, facilitar o trabalho da equipa.

A tecnologia vem ajudar nesse papel, ajudando a tornar os processos mais automatizados, a remover o trabalho que não acrescenta valor, libertando as pessoas para serem mais criativas e mais produtivas. Dessa forma, as pessoas ficam com mais tempo. Tempo esse que deve ser aproveitado pelo gestor para fomentar relações de qualidade com as pessoas da sua equipa, dando *feedback* de qualidade a cada um e a toda a equipa, dizendo-lhes o que estão a fazer bem e o que podem melhorar. Esta deverá ser a grande mudança que há muito esperamos ver nas lideranças das equipas.

Certo será dizer que as empresas vão precisar de aumentar a qualidade da comunicação dos seus líderes, assumindo que a qualidade das suas interacções tem um grande impacto na qualidade dos resultados da empresa. O grande investimento, na minha opinião, passa pelas empresas investirem nos seus líderes e nos seus *team managers* nos próximos anos, para aumentar a sua motivação e, em consequência, a da equipa, e com isso aumentar os resultados da organização.

Para isso, é preciso que a empresa:

- Defina aquela que é a visão de liderança dentro da empresa — mostrar qual o caminho a seguir
- Identificar qual o propósito dos líderes nessa visão
- Identificar o processo de liderança no futuro, como pretende que seja
- Avaliar o processo actual, «varrer o lixo e arrumar a casa»
- Capacitar os líderes em termos comunicacionais, de novas competências de liderança e de *coaching* às equipas
- Avaliar o progresso, corrigir comportamentos e acompanhar o seu processo de *mentoring*

Para responder à questão «o que motiva?», na minha opinião, a fórmula é simples:

$f(x)$ = (Propósito + Paixão + Processo + Palavras) * Exemplo

- Propósito (sonho)
- Paixão (compromisso)
- Processo (acção)
- Palavras (comunicação)
- Exemplo (ser o protagonista da mudança que quer ver)

Os líderes que têm a responsabilidade de gerir pessoas dentro da organização são as peças-chave para implementar um processo de gestão da mudança, baseado no propósito, no compromisso, na maximização de resultados, através de uma boa comunicação que assente em valores fortes e exemplares.

Para isso, é preciso que se abra um novo capítulo na liderança para resultados, que se compreenda que comportamentos passados já não servirão para criar um futuro de prosperidade e sucesso. Eu acredito numa nova génese de líderes — líderes com a atitude certa, que farão um mundo melhor!

(1) — State of the Global Workplace, GALLUP PRESS, 2017.

(2) — Refood — https://www.re-food.org.

7.2 COMO DESENHAR OS PLANOS DE MOTIVAÇÃO/SISTEMAS DE RECOMPENSA — AVALIAÇÃO E CONTROLO

7.2.1 SISTEMAS DE RECOMPENSA

No desenho do plano motivacional, antes de se pensar nos detalhes do plano, deve-se definir como se olha para a pessoa que trabalha nas vendas. Lembramos mais uma vez que, sob a capa de vendas, incluímos tarefas completamente diferentes, que vão desde anotadores de pedidos até agentes de negócios com funções altamente exigentes e específicas. De qualquer modo, considera-se que as funções mais simples têm também o seu sistema motivacional mais facilitado, apesar de poder também ser alterado e melhorado.

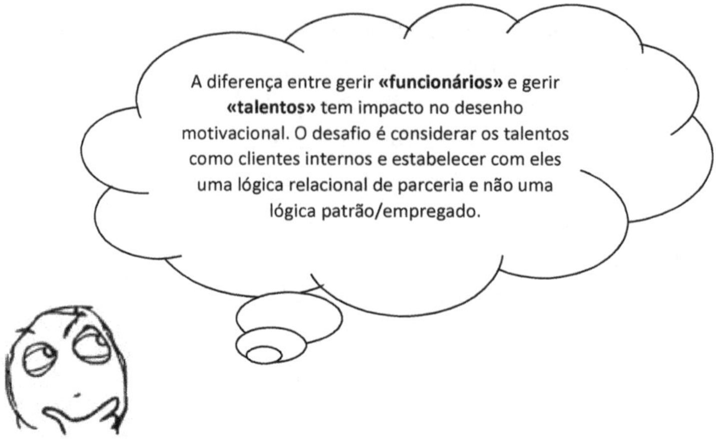

Reflexão n.º 39: pessoas de vendas como parceiros

No desenho dos **sistemas de recompensa**, idealmente, as lideranças deveriam analisar cada situação em particular, pois existem pessoas motivadas por factores financeiros, outras por desafios, outras por reconhecimento, outras por férias, presentes e/ou *upgrade* da viatura. Apesar de ideal, a situação da particularização cria frequentemente uma sensação de desigualdade quando ocorre comparação entre as pessoas e, por isso, considera-se uma fonte potencial de atrito com as lideranças. Logo, recomenda-se que os planos motivacionais **dentro das mesmas equipas** devam ser **semelhantes**, tendo presente que, sempre que possível, dever-se-á tentar adaptá-los o mais possível a cada pessoa.

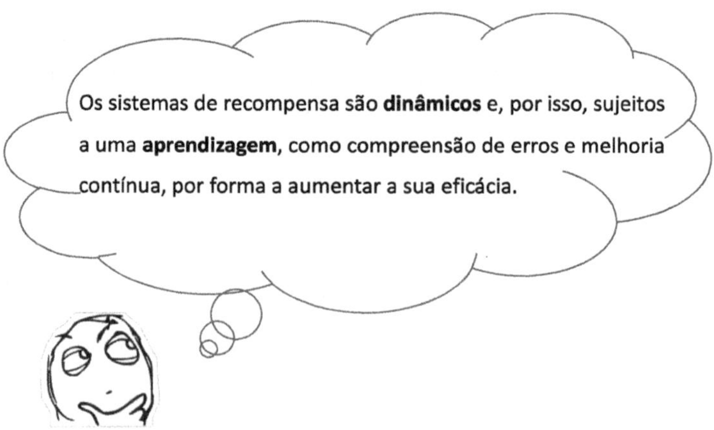

Reflexão n.º 40: sistemas de recompensa e aprendizagem

Na elaboração do sistema de recompensa, poder-se-á dividir a recompensa em monetária e não monetária. A Figura 53 apresenta um *framework* útil nos passos a seguir para a determinação dos sistemas de recompensa.

FIGURA 53 **Etapas na fixação dos sistemas de recompensa**

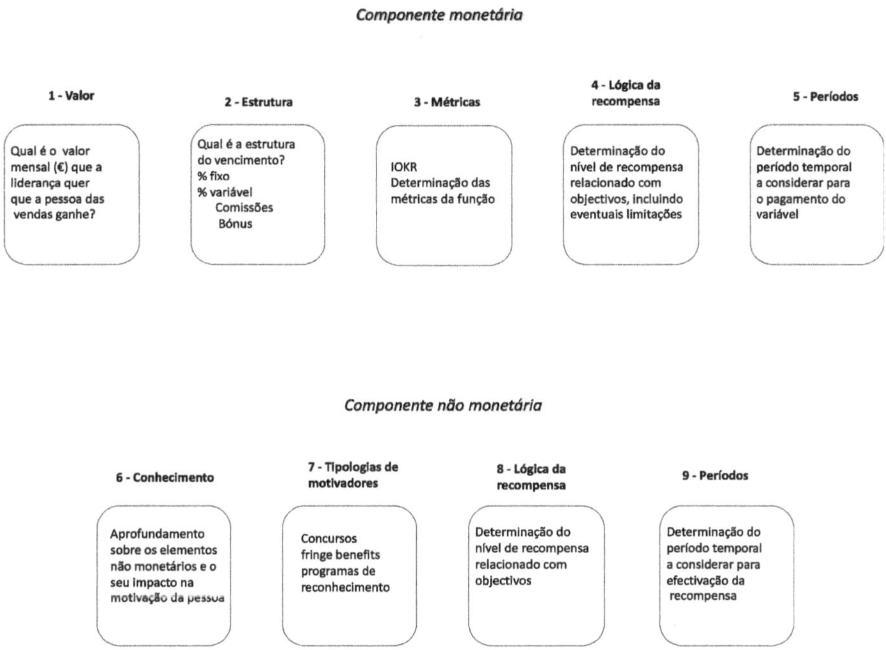

Seguindo-se o *framework*, definir-se-á o seguinte:

Fase	Acção
1 — Valor	**Determinar qual o valor total que a liderança pretende que a pessoa de vendas leve para casa no final do mês (a partir de um cálculo anual). Este valor depende, por um lado, do *benchmark* do mercado para garantir que a empresa não está abaixo do mercado e, por outro, do valor que se considere justo e motivador dentro da organização para a função em causa.**
2 — Estrutura	**Dividir o valor que a pessoa deverá auferir nas componentes fixas e variáveis. Qual a percentagem do valor total que virá da componente fixa? Qual a percentagem do valor que virá da componente variável? De notar que a componente fixa implica obviamente um maior compromisso da e com a empresa. Aqui novamente um *benchmark* do mercado é fundamental para a determinação inicial da estrutura da recompensa. Importa salientar que, em situações de instabilidade elevada de mercados, um aumento da componente fixa tem um maior efeito motivador para a pessoa, pela segurança que confere. Dentro da componente variável, teremos comissões que normalmente são valores pagos na proporção da venda, enquanto bónus são valores pagos pela consecução de objectivos. Os bónus podem ser propostos no planeamento inicial de uma campanha de vendas (ano) ou a meio desta, por razões tácticas que exigem uma resposta rápida da empresa, por exemplo, aumentar as vendas antes do lançamento de um produto concorrente para saturar o mercado e baixar a procura do novo produto. Não sendo muito comum no nosso mercado, e daí não ser dado grande destaque aqui, as *stock options* são um meio interessante de complemento monetário da componente de vendas.**
3 — Métricas	**Definir as métricas que servirão de base para o sistema de recompensa. No capítulo dos objectivos, foi explicada a metodologia de determinação de objectivos utilizando uma sequência de intenção, objectivos e *key results* (em muito casos, referidos como Key Performance Indicators — KPI). Poder-se-ão avaliar volumes de venda em € ou quantidades, rentabilidade, angariação de novos clientes, valores médios por clientes, taxas de crescimento, quotas de mercado, satisfação de clientes, entre outros.**

4 — Lógica de recompensas	Definir a relação entre a percentagem de consecução dos objectivos e a recompensa. Determinar, por exemplo, se uma determinada comissão é paga com a consecução de 100% ou mais do objectivo, qual a comissão, se alguma, se o objectivo não for atingido na totalidade? O que acontece se o objectivo for ultrapassado em 30%? Normalmente, as empresas têm comissões por patamares, isto é, até 100% do objectivo a comissão será x, a partir de 120% do objectivo a comissão aumenta para 1,2x. A empresa pagará somente por objectivos ou também pela consecução dos *key results*? Quando foram discutidos os objectivos, foi chamada especial atenção para a necessidade de existirem objectivos ambiciosos. Estes, pela sua natureza, representam um risco mais elevado e, por isso, deverão ser avaliados de forma diferente do objectivo «normal». Por exemplo, poder-se-á pagar uma comissão ou bónus com percentagem de consecução inferior aos do objectivo «normal», por forma a não penalizar aquele que corre riscos na organização.
5 — Períodos	Definir a periodicidade da contagem do desempenho para o pagamento da recompensa. A contagem pode ser anual, semestral, trimestral, mensal ou semanal, dependendo da organização e do negócio. Outra questão central é se os objectivos dentro de um período terão uma lógica cumulativa ou não. Por exemplo, numa empresa, a pessoa de vendas tem como objectivo vender 200 mil mês, conferido ao trimestre. A empresa pode ter um sistema cumulativo ou não cumulativo de verificação de cumprimento de objectivos. Numa organização, se a pessoa vender 180 mil euros num mês, perde o direito ao bónus desse mês, independentemente do que vender nos meses seguintes; no caso de ser cumulativo ao trimestre, se uma pessoa de vendas vender 180 mil num mês e 230 mil no mês seguinte, recupera o bónus e as comissões relativas ao primeiro mês. O sistema cumulativo tem um impacto mais positivo no que à motivação diz respeito.

6 — Conhecimento	Aprofundar junto das pessoas de vendas o conhecimento sobre as expectativas dessas pessoas em termos de recompensas não monetárias. Neste ponto, existe efectivamente margem para personalizar a recompensa, o que é mais difícil no sistema monetário, que é mais fácil de comparar. Portanto, nesta dimensão, existe um grande potencial de adaptação do «produto motivacional». Aqui, fala-se de *fringe benefits*, como seguros de saúde, formação (mestrados, pós-graduações, *workshops*), viatura para uso pessoal, ginásios, entre outros. Importa também definir eventuais sistemas de reconhecimento, como vendedor do mês ou similar. De notar que os sistemas de reconhecimento em Portugal, como o vendedor do mês, têm provocado, nalgumas situações, reacções negativas dos não premiados, no sentido de inveja e de boicote do próprio colega, motivando, inclusive, recusas da distinção. O caso dos concursos de vendas é semelhante, pois podem ser lançados como uma medida táctica de estímulo de um comportamento, existindo uma comparação directa entre os membros da equipa, que é bem aceite por alguns membros e rejeitada por outros.
7 — Tipologia de motivadores	Definir os motivadores. Exemplo, *fringe benefits*, como seguros de saúde, formação (mestrados, pós-graduações, workshops), viatura para uso pessoal, ginásios, entre outros. Importa também definir eventuais sistemas de reconhecimento, como vendedor do mês ou similar.
8 — Lógica de recompensa	Relacionar sistemas de recompensa com resultados, por exemplo, uma viagem à Austrália se atingir 120% do objectivo, uma troca de viatura para uma de nível mais alto, quanto atingir 5 milhões de vendas.
9 — Períodos	Definir o período de avaliação, do mesmo modo do que o referido em 5. Importa aqui salientar que o período que medeia entre a consecução do objectivo e a recompensa não deve ser de forma que a relação sucesso-recompensa se perca.

QUADRO 19 **Etapas do sistema de recompensa**

Ao longo do livro, tem sido referida a lógica de organização vendedora, indicando que, de uma forma ou de outra, todas as pessoas da organização então envolvidas com o negócio e com o processo de vendas.

Se todos na organização estão envolvidos na venda (compreender-se-á melhor no final do livro que todos estão envolvidos na gestão do cliente), pode ser aplicada a designação de **vendedores em *full-time*** aplicável às pessoas directamente envolvidas no processo de venda, enquanto as restantes pessoas, por exemplo, da área de recursos humanos, produção, financeira, podem ser consideradas **vendedores em *part-time*.**[97]

Se assim é, a aplicação de sistemas de recompensa **indexados às vendas para as diferentes funções** é cada vez mais comum nas organizações, ligando o princípio de organização vendedora à realidade, ou seja, quando a empresa vende, existe uma remuneração variável e **ganham todos**, quando a empresa não vende, obviamente não existe lugar ao prémio.

Um exemplo é a situação típica no sector de *software* e a acção de uma pessoa que se designa como tendo uma função de **pré-venda**.

O esquema seguinte ilustra os fluxos numa empresa de venda de sistemas de informação:

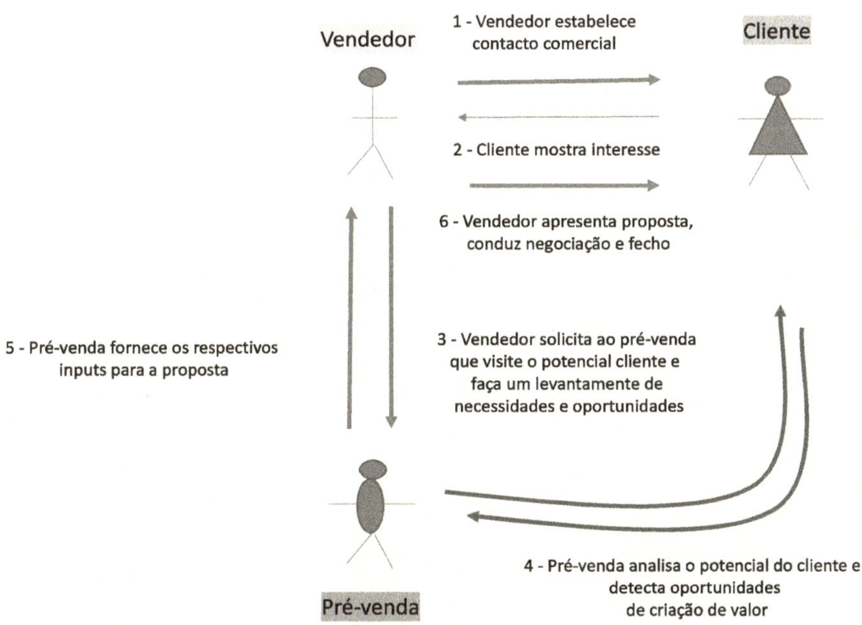

Reflexão n.º 41: exemplo de intervenção de um pré-venda

Neste caso concreto, é evidente a importância do pré-venda no sucesso da proposta comercial e, por isso, o seu sistema de recompensa, pelas

[97] Adaptando-se aqui a designação de Evert Gummesson aplicada no marketing relacional de *full-time marketeers* e part-time *marketeers*.

mesmas razões apontadas aos vendedores, deverá ter uma componente variável ligada ao sucesso da operação.

Em suma, se existe uma empresa vendedora em que se implementa uma cultura de todos estarem envolvidos na venda (negócio), deverá existir alguma remuneração variável a pagar a todas as pessoas da organização na proporção das vendas, para sinalizar e concretizar a relação das pessoas com os resultados obtidos.

Esta comissão ou bónus é diferente da comissão/bónus das pessoas de vendas. Uma das formas comuns é existir uma percentagem sobre vendas totais a distribuir por todas as pessoas da organização (por trimestre ou semestre ou anualmente), que pode ser ajustada por função, antiguidade ou qualquer outro factor. O que é importante é que o incentivo funcione para focar as pessoas naquilo que realmente interessa, que é o negócio.

Contributo n.º 15 — Bruno Lucas

Fazer diferente, fazer melhor — Motivação

Bruno Miguel Lucas[98]

A globalização, fruto das tecnologias de comunicação cada vez mais rápidas e mais baratas, impôs novos conceitos, ideias, produtos e desenvolvimentos. No Marketing, a face mais visível foi o surgimento do Marketing Digital. O conceito do Marketing Digital enquanto área independente do Marketing deixou de fazer sentido, passando a ser uma área a ser tratada como todas as outras e nunca independente.

Os canais de vendas são áreas sensíveis e nas grandes organizações são geridos com grande rigor e através de direcções próprias e independentes de outras áreas.

Por outro lado, nas pequenas organizações, o nível de rigor é mais baixo, mas muitas vezes são geridos por profissionais que acumulam diferentes funções e, consequentemente, beneficiam dessa sinergia entre áreas.

[98] Licenciado em Gestão de Marketing pelo IPAM. Director comercial da Goldenergy (AXPO Group).
Foi gestor nacional do canal de vendas directas da EDP e cumulativamente *Product Owner* (Scrum) da EDP Light. Coordenador da zona comercial Lisboa na MEO (2012); gestor nacional do departamento de apoio às vendas ZON (2010); director comercial Randstad Angola (2008); gestor da unidade de negócio Randstad (2007); coordenador de vendas SONAE (2004); gestor de duas lojas TMN (2002); coordenador de Contact Center TMN (2000). LinkedIn — Bruno Miguel Lucas.

O primeiro mito que importa destruir é a separação dos canais de vendas e respectivas equipas das outras direcções.

Vantagens:

- Conhecimento dos consumidores;
- Avaliação dos produtos e serviços;
- Co-criação de produtos;
- Conhecimento da concorrência.

Desvantagens:

- Influência negativa das equipas de vendas nas outras áreas.

Em suma, a visão futura passa por uma integração em pleno da gestão das equipas de vendas ao mais alto nível, de forma a garantir a máxima potencialização.

Um segundo mito que importa desmistificar é o de que a comunicação digital, ao invés dos canais de vendas, vai ser o garante de toda a actividade comercial, e as equipas de vendas teriam os dias contados há muitos anos; esta ideia, veiculada pelos profetas da desgraça, está muito longe da realidade.

A facilidade e investimento cada vez mais baixo nos meios digitais garantem que todas as organizações, de grande ou pequena dimensão, poderão ter acesso ao mercado global digital e, desta forma, apenas igualar a concorrência, sem terem qualquer factor relevante de diferenciação.

A grande oportunidade futura está claramente nas organizações que apostam nas equipas de vendas, pois estas, numa fusão com toda a comunicação da empresa, digital ou não, vão garantir uma experiência de comunicação plena com o mercado e consumidores.

Como exemplo, basta pensar na quantidade de e-mails ou *banners* que recebemos com propostas aliciantes, e estamos decididos a adquirir um qualquer produto que depois, numa visita à loja, após uma conversa com um vendedor especialista, percebemos que um produto similar irá garantir melhor a supressão da necessidade.

Em suma, a oferta das empresas cada vez mais irá ter de atender a uma crescente tendência de personalização de produtos e serviços, e claramente equipas de vendas autónomas, com meios, formação e altamente motivadas, irão fazer a experiência de cliente um momento único e que irá fomentar a satisfação plena dos consumidores e a respectiva recomendação e novas oportunidades de venda nestes clientes.

A rotatividade das equipas comerciais implica custos elevadíssimos, uma vez que implica directamente nas vendas, e na facturação, e por isso importa manter as equipas de vendas motivadas.

Nas próximas linhas, procurarei dar orientações base na gestão de equipas de vendas na vertente da motivação.

A organização deve atender a vários factores para potenciar a motivação e, consequentemente, a melhor *performance* das equipas de vendas, que divido em quatro pilares:

- Condições base;
- Equipa;
- Dicotomia;
- Liderança situacional.

As condições base são os pressupostos que importa garantir em qualquer tipologia de equipa de vendas, começando por equiparar condições semelhantes às do sector; balanceamento ajustado entre fixo e variável (dependente do seu esforço); métricas claras, simples e sem limites; tempos de comissionamento adequados ao negócio; plano de incentivos financeiros e de outro tipo bem definidos. Como exemplo, se tivermos uma equipa de loja, cuja remuneração base ou a componente variável é inferior face às lojas concorrentes (que até podem ser de produtos diferentes), corremos o sério risco de perdermos a equipa para outras organizações.

No segundo pilar temos a equipa de vendas, que importa conhecer profunda e genuinamente. Um modelo que tenho utilizado com sucesso é o de Kenneth Blanchard[1], que, através de uma simples avaliação, permite aferir a maturidade psicológica e técnica de cada elemento e, desta forma actuar eficientemente com cada elemento. Este modelo identifica quatro tipos diferentes de perfis:

- O «Novato», com baixa competência técnica; para este tipo de elemento a orientação é muito virada para a tarefa directa e instrução clara;
- O «Aprendiz», com alguma competência técnica; a instrução para a tarefa e a instrução também para as relações;
- O «Experiente», com bastante competência técnica; a orientação é muito virada para as relações e nenhuma para a tarefa;
- O «Autónomo», com total competência técnica; aqui devemos claramente delegar a totalidade das tarefas, organização e relações.

Podemos entender o pilar da dicotomia como o combustível que alimenta a motivação de cada elemento da equipa de vendas, e existem dois tipos: eliminação da dor e proporcionar satisfação. Profissionais com os quais trabalhamos só atingem a sua motivação máxima através da lembrança constante de que a sua actividade diária irá permitir-lhes terminar com a dor, como sejam problemas financeiros, familiares, saúde; como exemplo: a confidência de um elemento da equipa que está a atravessar problemas financeiros, ao ser recordado que o atingimento de um determinado patamar de vendas, irá permitir-lhe um ganho extra. Por outro lado, mais comum, temos os profissionais que se motivam pela satisfação, como seja o reconhecimento/notoriedade, financeira extra ou carreira, e, como exemplo, aquele profissional que procura o reconhecimento nos encontros/reuniões de vendas, bastando recordar que está a apenas algumas vendas do primeiro lugar do *ranking*. O conhecimento pessoal e genuíno de cada elemento é que nos irá permitir perceber qual é o combustível mais eficiente.

Por fim, o pilar da liderança situacional, que conjuga em perfeita sintonia com o segundo pilar, o da equipa de vendas. Por estarmos a falar de pessoas cuja actividade é altamente stressante por força da recusa normal dos clientes à venda e de lidarem directamente com o consumidor, o estilo dos líderes não poderá ser único. O estilo deverá adequar-se às situações e, mais importante que tudo, a cada elemento da equipa de vendas, por forma a potenciar a motivação e evitar quebras da mesma.

Em suma, existem variadas teorias sobre motivação de pessoas e de equipas de vendas. A experiência quer de *contact centers*, lojas e equipas de venda directa, aliada à teoria escolástica, permitiu-me perceber que certos modelos funcionam e permitem atingir *performances* superiores. Importa referir que, tratando-se de pessoas, e ao contrário de máquinas, não existem duas pessoas iguais, por isso, importa em todos momentos adequarmo-nos a cada um enquanto elemento individual de uma equipa maior.

(1) Este autor tem vários livros publicados e *workshops*, tem desenvolvido ao longo dos tempos a temática da liderança situacional, bem como da avaliação das equipas de profissionais através da motivação das mesmas. Estas teorias, aplicadas à minha experiência e das equipas comerciais das quais fui responsável, têm permitido atingir níveis de *performance* excelentes.

MIND MAP 8

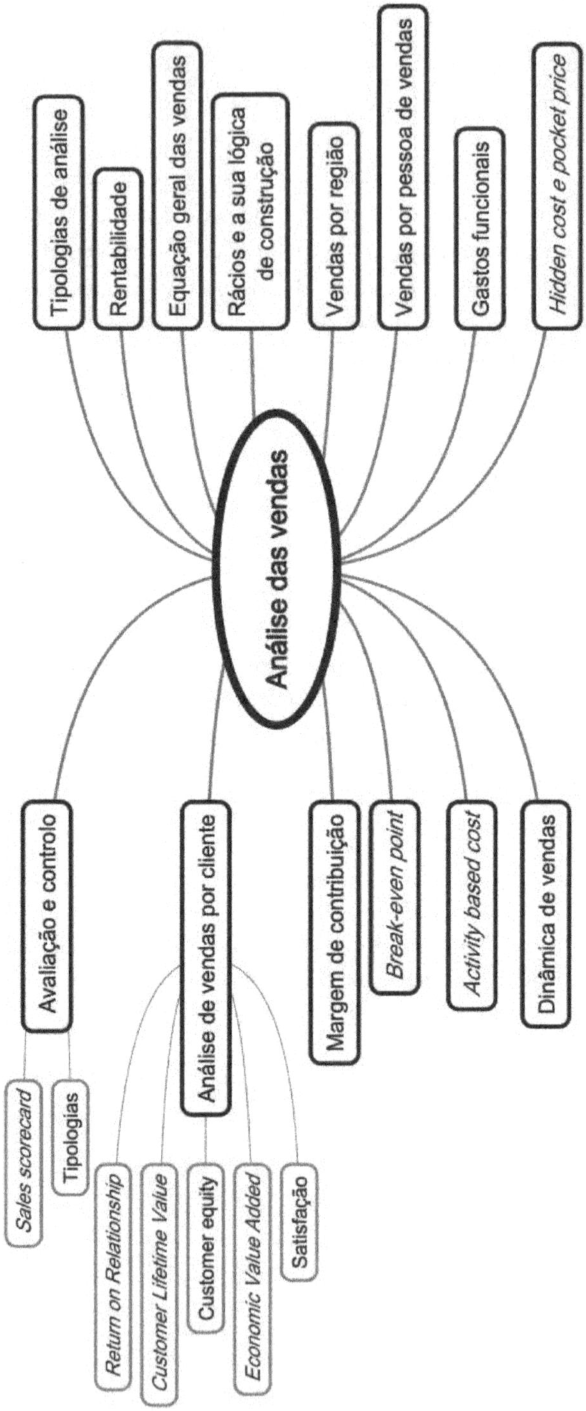

Análise das vendas
Tipologias de análise
Rentabilidade
Equação geral das vendas
Rácios e a sua lógica de construção
Vendas por região
Vendas por pessoa de vendas
Gastos funcionais
Hidden cost e pocket price
Avaliação e controlo
Sales scorecard
Tipologias
Análise de vendas por cliente
Return on Relationship
Customer Lifetime Value
Customer equity
Economic Value Added
Satisfação
Margem de contribuição
Break-even point
Activity based cost
Dinâmica de vendas

8. Análise das vendas[99]

8.1 VISÃO GERAL DE VENDAS

A avaliação de qualquer actividade implica sempre uma comparação entre objectivos e resultados. Por isso, a fixação de objectivos é tão importante, pois se os **objectivos forem mal fixados**, a **avaliação será impossível de realizar**.

Numa progressão lógica, o que acontece é o seguinte:

FIGURA 54 **Análise e avaliação de vendas**

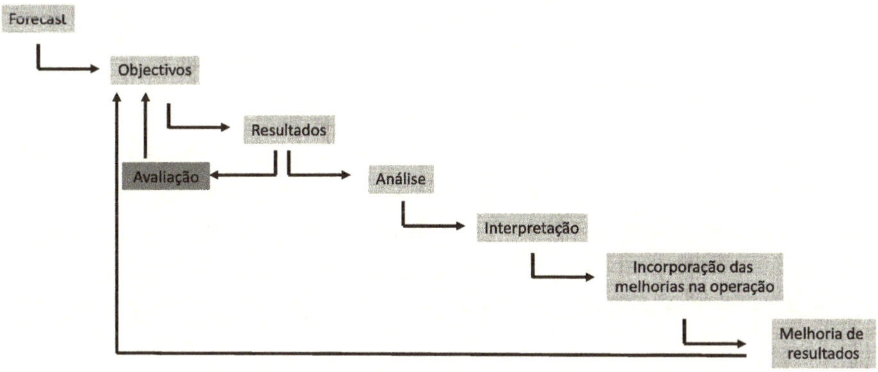

[99] Importa referir que, ao longo deste capítulo, irão ser utilizados termos como gastos, custos e despesas, que apesar de poderem ter aplicações diferentes, são mencionados com o mesmo sentido, e por isso deverão ser considerados no sentido mais geral da sua utilização. O mesmo princípio aplica-se aos termos proveitos, receitas e ganhos. Poderá haver, nas organizações, uma troca dentro dos termos em causa, consoante a abordagem seja económica, financeira ou de tesouraria, o que será perfeitamente normal, mas o sentido geral da sua aplicação mantém-se.

A Figura 54 ilustra uma sequência lógica em qualquer organização, sendo o *forecast* o ponto de partida para a definição dos objectivos. No decorrer e/ou no final de um ciclo de negócios, é efectuada uma análise dos resultados para compreender como os **processos foram geridos** e quais os **resultados obtidos**.

Os resultados obtidos deverão então ser analisados e tratados por forma a produzir **inteligência de negócio**, ou seja, deverá haver na empresa sistemas de informação que sejam capazes de transformar dados em informação e informação em conhecimento e conhecimento em inteligência de negócio (cf. ponto 3.8.1 — Sistemas de informação).

Tendo esse conhecimento, a empresa deverá partir para uma melhoria dos processos que culminarão com a melhoria de resultados.

Por exemplo, a empresa detecta que o melhor desempenho de vendas está associado à capacidade das pessoas de vendas em efectuar *bundling*[100]. Por isso, identificadas as pessoas de vendas que têm valores de *bundling* abaixo da média ou mesmo nenhum, são desenhadas as acções que deverão decorrer em termos de *coaching*/formação para melhorar o desempenho da pessoa em causa e, por conseguinte, das vendas da empresa.

É essencial compreender como as **métricas de negócio** são estruturadas e implementadas na organização.

A ideia **básica de métrica** é a de permitir a medição de um acontecimento, de um fenómeno, de uma dinâmica, de um desempenho, de uma característica ou de um processo.

As métricas podem ser apresentadas em valores isolados ou em **rácios**, quando se comparam pelo menos dois indicadores.

A análise de vendas é um tema multifacetado, que pode ser executado de diferentes maneiras. Essencial é a leitura e interpretação de dados para transformar esses dados em inteligência de negócio e, com isso, melhorar o desempenho da organização. Aqui, essa reflexão dar-se-á ao nível das vendas.

De uma forma geral, em termos de análise, podemos ter as seguintes metodologias:

Descritivas
Diagnósticas
Preditivas
Prescritivas

[100] *Bundling* pode ter várias interpretações. Neste caso, assumimos que são vendidos vários produtos em conjunto.

Esta divisão é muito interessante, pois a lógica do foco no cliente, bem como a evolução dos sistemas de informação e de inteligência das organizações, espelham bem esta evolução.

No que respeita à análise **descritiva**, ela incide sobre o que aconteceu, focando-se obviamente no passado e no presente, tendo como objectivo descrever os eventos.

A **diagnóstica** tem como objectivo perceber o porquê de um determinado evento, quais são as variáveis que podem estar relacionadas na causa de um determinado evento.

A **preditiva** tem como objectivo aprender com o passado e prever o que acontecerá num futuro próximo.

A **prescritiva** tem como objectivo fornecer pistas à organização de como ela deve actuar num determinado contexto.

Todas elas são importantes para a organização, dependendo do nível de maturidade de análise pretendido, e têm uma evolução natural, pois se a empresa não consegue analisar o que se passou até hoje, dificilmente conseguirá prever o futuro.

A metodologia **prescritiva** é a que engloba maior atenção hoje, por todos os aspectos relacionados sobretudo com o digital, *social media*, inteligência artificial e com a necessidade de desenvolvimento de capacidade pró-activa de resposta por parte das organizações.

A análise de vendas pode ser efectuada em várias dimensões. Em primeiro lugar, por **segmento**, isto é, por unidade que será analisada, podendo ser uma SBU[101], um departamento, uma equipa, uma pessoa de vendas, uma categoria de produto/serviço, um produto/serviço ou cliente.

Outro aspecto a analisar é a **dinâmica das vendas**, como elas evoluem face a um determinado período, o crescimento das vendas, vendas por período, vendas comparadas com um período anterior.

A **rentabilidade das vendas** indica uma produtividade dos recursos utilizados, seja dinheiro, tempo, esforço, sendo um dos principais indicadores da qualidade da gestão, pois um aumento de produtividade de qualquer recurso é um forte indicador de uma boa gestão, do mesmo modo que o seu contrário indica uma gestão deficiente.

Na maioria dos casos de análise de rentabilidade, o que interessa é o valor vendido, menos os gastos incorridos, o que é simples de entender. Contudo, do lado dos gastos, nem sempre os elementos são claros, e a variabilidade de

[101] *Strategic Business Unit* — unidade de negócios.

considerações empresa a empresa é enorme. Por isso, antes de entrar na análise de vendas, é conveniente algumas considerações sobre gastos.

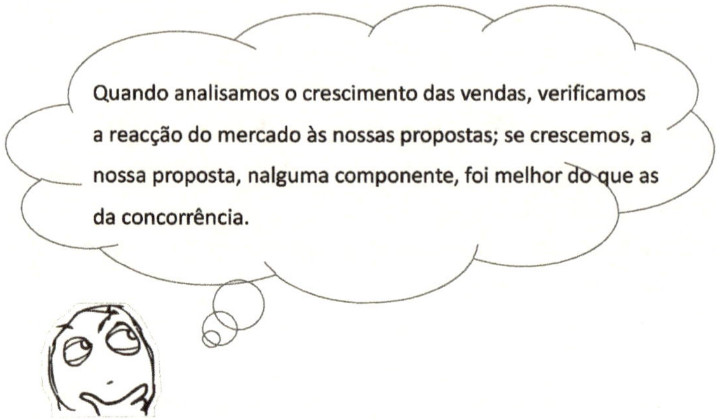

Reflexão n.º 42: análise dinâmica de vendas

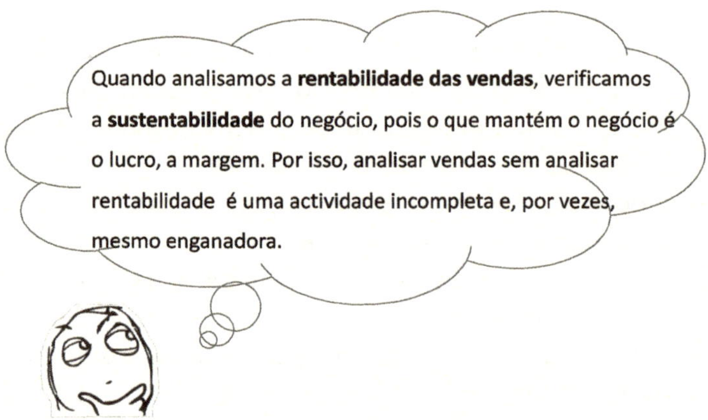

Reflexão n.º 43: análise de rentabilidade

Por fim, é de referir que, hoje, os sistemas de *intelligence marketing* e de apoio à decisão lidam com grandes volumes de dados, o que faz com que os painéis de controlo de vendas sejam estruturas muito complexas, de difícil leitura e, pior, indutoras de paralisia no que respeita a acção, pois com muita facilidade uma liderança se «perde» nos dados e não consegue definir a acção seguinte.

Por isso, e apesar de ser muito apelativo medir tudo, importa, numa primeira fase, medir aquilo que pode ser compreendido e realmente importante no negócio.

Peter Drucker referiu que aquilo **que é medido pode ser melhorado.** Por isso, a ideia da medida, aferição, quantificação é essencial na análise de vendas. Apesar de ser referido ao longo do livro a questão da *customer centricity*, muita da actividade de vendas da organização ainda é e continuará a ser medida por indicadores mais tradicionais. Mais uma vez é importante referir que a evolução das vendas não implica, na maioria dos casos, o abandono daquilo que é essencial em vendas, mas antes uma maior sofisticação pelo **acréscimo de novos indicadores.**

Desafio n.º 16: ***keep your eye on the ball***[102]

Independentemente da informação que seja produzida e analisada por si, defina **três ou quatro** factores que são **realmente decisivos** no seu negócio e foque-se nestes para produzir as acções necessárias à consecução dos objectivos. Nunca permita que o excesso de dados e de informação conduza à confusão, à inacção ou que o acessório afecte o essencial.

8.2 EQUAÇÃO GERAL DE VENDAS

A fórmula mais utilizada para análise de vendas, e que tem sido a base para a grande maioria das forças de vendas, é:

$$\textbf{Vendas} = \textbf{\# oportunidades no pipeline} \times \textbf{Taxa de sucesso} \times \textbf{Receita média por venda}$$

Esta é uma equação tradicional, que funciona numa lógica de produto, mas que importa aprofundar, dada a sua utilização na generalidade das organizações.

Com base na equação acima, muitas empresas organizam a lógica, os objectivos, KPI e esforços da sua força de vendas.

Importa referir alguns aspectos da equação em mais detalhe.

O **número de oportunidades no *pipeline*** é um indicador que resulta de várias acções precedentes e resume as oportunidades de negócio

[102] Expressão que significa que devemos estar concentrados no que é essencial e não dispersar a atenção noutras coisas. Por exemplo, se estivermos a jogar ténis, a condição fundamental para a vitória é olhar para a bola e não para a bancada, para a envolvente ou para o opositor.

(*prospects* e repetição de compra dos clientes) que serão consideradas com potencial e, por isso, objecto de atenção e de acções por parte da força de vendas.

As **fontes** de **oportunidades** para a venda da organização são normalmente avaliadas, com especial foco nos esforços de angariação e capacidade de atracção[103]. Por isso, a eficácia das campanhas de atracção de potenciais clientes e tráfego de sites, bem como dos *inputs* da força de venda, são os aspectos que devem ser identificados e tratados sempre com base no retorno do investimento respectivo[104].

A definição de oportunidade depende da empresa e de várias especificidades do negócio, mas pressupõe sempre **uma qualificação** efectuada por alguém de vendas/marketing de que um *prospect* ou num cliente já existente é classificada como oportunidade de negócio. A **qualificação é cada vez mais importante**, pois o foco no cliente faz com que cada processo de vendas, dada a especificidade necessária ao seu sucesso, implique uma **maior afectação de recursos**, por isso, na prática, cada empresa, com os recursos que tem, pode ir a **menos processos de venda do que no passado**; uma qualificação **mal feita** pode significar um **negócio não realizado** e outros que não **puderam ser iniciados por falta de recursos** (cf. Contributo n.º 6).

Depois de consideradas as oportunidades, poder-se-á efectuar a taxa de sucesso.

Taxa de sucesso: # fecho de negócio (vendas) /# oportunidades

A taxa de sucesso é calculada por pessoas de vendas quando o processo é conduzido/liderado por uma pessoa, ou equipa, quando a oportunidade é entregue a uma equipa, para além de haver um valor geral para a empresa. O objectivo é obter-se uma taxa de conversão, que será utilizada como referência para futuras previsões e também perceber se existem vendedores melhores na qualificação e o que pode a organização aprender com estes. No caso das várias fases do *pipeline*, e mesmo de quem utilize funil de vendas,

[103] Incluem-se todas as actividades de *Inbound Marketing*, que são aquelas efectuadas junto dos potenciais clientes e que os estimulam a ir ao encontro da organização.

[104] A lógica de *Return on Investment* (ROI) é uma constante em tudo aquilo que é feito numa organização, ou seja, quando existe uma campanha, uma actividade de angariação ou outra acção qualquer, o que interessa é saber qual foi o retorno obtido por euro investido.

é importante efectuar o rácio entre as fases intermédias para compreender se ocorreu alguma perda ao longo do caminho e identificar o porquê.

Quanto à receita média por venda, obtém-se da seguinte maneira:

Receita média por venda: total vendas/# fechos de venda(negócios)

De posse destes valores, a empresa pode determinar o valor ideal de oportunidades, para um determinado volume de vendas, mantendo a taxa de conversão e a receita média por venda.

No mundo ideal de maior foco no cliente, o número de oportunidades diminui, pois a empresa concentra recursos naquelas oportunidades com maior probabilidade de sucesso, a taxa de conversão, por isso, é maior e o valor médio por vendas aumentará.

Curiosamente, muitas forças de vendas ainda têm nas oportunidades um dos principais indicadores avaliados pela gestão.

8.3 PRINCIPAIS RÁCIOS DE VENDAS

Os rácios mais utilizados procuram comparar o que se designa por **medidas de resultado com medidas de esforço/investimento**. Pretende-se definir quais são as acções/processos que produzem melhores resultados.

Outras medidas que interessam particularmente às áreas de vendas são as **dinâmicas temporais**, isto é, como as vendas ou outros indicadores de resultado **evoluem ao longo do tempo**.

Também poderão ser elaborados rácios com as **mesmas medidas,** quando se quer definir o peso de uma parte no seu todo, por exemplo, o custo de uma região no custo total da organização.

Por fim, importa realçar que todas as métricas obtidas podem ser, e normalmente são, **comparadas** com os **objectivos/previsões**, sendo assinalados os respectivos desvios.

O quadro abaixo apresenta os elementos mais comuns, organizados por grupos, que são utilizados em métricas de vendas e que podem ser combinados de inúmeras maneiras.

Segmento	Tempo	Medidas de esforço/ /investimento	Medidas de resultados
Empresa Região Equipa Pessoa de venda Cliente Categoria de produtos Produto Outros elementos da oferta	Ano Semestre Trimestre Mês Semana Dia Um período, por exemplo, de 5 anos Período homólogo	Custos funcionais Dias trabalhados Número de visitas/ /contactos Número de propostas entregues Investimento Custos total de vendas Tempo despendido Tempo de *pipeline*	Volume de vendas Quantidade vendida Número de encomendas Valor médio das encomendas Número de clientes activos Vendas médias Número de novos clientes Número de clientes perdidos Número de pré-clientes (*leads* ou *prospects*) Satisfação de clientes Retenção de clientes Margem bruta Margem líquida Rentabilidade (produto) Rentabilidade (clientes)

QUADRO 20 **Elementos e medidas mais utilizados para a formação de rácios de venda**

Por isso, dar-se-ão exemplos de análise de vendas por **região**, por **pessoa de vendas** (vendedor, KAM, SAM, CVM[105]...) e por **cliente. Chama-se a atenção para o facto de, dentro da lógica de *customer centricity*, os indicadores por cliente serem os elementos-chave da avaliação de negócio hoje.**

Um dos indicadores mais gerais utilizados na área de vendas é o ROS, ou seja, o *Return on Sales*.

O seu cálculo é feito da seguinte forma:

$$ROS = \frac{EBITDA(ou\ EBIT)}{VENDAS\ LÍQUIDAS}$$

O ROS indica como a receita (vendas) da empresa é convertida em resultado operacional, sendo por isso um forte indicador de **eficiência** e utilizado na análise de **desempenho das organizações**, permitindo

[105] KAM — Key Account Manager; SAM — Strategic Account Manager.

a comparação entre o desempenho de empresas diferentes e também analisar a evolução da empresa em momentos diferentes.

A utilização do EBIT (*Earning Before Interests and Taxes*) ou do EBITDA (*Earning Before Interests and Taxes, Depreciation and Amortization*) varia consoante a empresa; no caso do EBIT, incluem-se depreciações e amortizações na análise, enquanto no EBITDA, **não**. Por isso, muitas empresas preferem o EBITDA (conceito largamente utilizado nas forças de vendas em Portugal), pois reflectirá melhor a operação, não incluindo nenhuma dedução financeira ou contabilística, sendo, por isso, considerado melhor indicador do desempenho da empresa em termos da capacidade de geração de liquidez.

8.4 VENDAS POR REGIÃO

FUTUREX, SA.	Total da FUTUREX, SA.	% vendas	Região A	% vendas	Região B	% vendas	Região C	% vendas
Vendas	4 150 000,00 €		1 000 000,00 €		1 500 000,00 €		1 650 000,00 €	
Custo dos produtos vendidos	2 750 000,00 €	66%	750 000,00 €	75%	950 000,00 €	63%	1 050 000,00 €	64%
(A) Margem bruta	1 400 000,00 €	34%	250 000,00 €	25%	550 000,00 €	37%	600 000,00 €	36%
Outros gastos								
remunerações	575 000,00 €	14%	125 000,00 €	13%	200 000,00 €	13%	250 000,00 €	15%
administrativas de vendas	170 000,00 €	4%	50 000,00 €	5%	55 000,00 €	4%	65 000,00 €	4%
comunicação	235 000,00 €	6%	65 000,00 €	7%	80 000,00 €	5%	90 000,00 €	5%
(B) Total outros gastos	980 000,00 €		240 000,00 €		335 000,00 €		405 000,00 €	
(MLV) Margem líquida das vendas (A) (B)	420 000,00 €	10%	10 000,00 €	1%	215 000,00 €	14%	195 000,00 €	12%
overhead	45 000,00 €	1%	15 000,00 €	2%	15 000,00 €	1%	15 000,00 €	1%
outros gastos	80 000,00 €	2%	20 000,00 €	2%	25 000,00 €	2%	35 000,00 €	2%
outros gastos da sede	150 000,00 €	4%						
(C) Total de outros gastos	275 000,00 €	7%	35 000,00 €	4%	40 000,00 €	3%	50 000,00 €	3%
Margem líquida (MLV) - (C)	145 000,00 €	3%	(25 000,00) €	-3%	175 000,00 €	12%	145 000,00 €	9%

QUADRO 21 **Exemplos de vendas por região**

FUTUREX, SA.	Total da FUTUREX, SA.	Região A	Região B	Região C
Vendas	4 150 000,00 €	1 000 000,00 €	1 500 000,00 €	1 650 000,00 €
Objectivos de venda	**4 000 000,00 €**	**1 250 000,00 €**	**1 250 000,00 €**	**1 500 000,00 €**
Vendas ano passado	**3 800 000,00 €**	**1 150 000,00 €**	**1 200 000,00 €**	**1 450 000,00 €**
Vendas sector	**55 000 000,00 €**			
Crescimento face ao ano anterior	9%	-13%	25%	14%
% consecução face aos objectivos	104%	80%	120%	110%
Quota de mercado (vendas €)	8%			
Peso da região nas vendas da empresa		24%	36%	40%

QUADRO 22 **Análise vendas Futurex e por região**

No Quadro 21, são apresentados registos de uma empresa, a Futurex, com três regiões. Em cada uma das regiões, os custos e os resultados obtidos são representados em percentagem das vendas[106]. Por isso, e assumindo os elementos constantes do Quadro 22, para avaliar o peso de cada região nas vendas da Futurex, temos:

Região 1 = vendas/vendas totais Futurex x 100 = (1 000 000 €/4 150 000 €) * 100 = **24%**
Região 2 = vendas/vendas totais Futurex x 100 = (1 500 000 €/4 150 000 €) * 100 = **36,2%**
Região 3 = vendas/vendas totais Futurex x 100 = (1 650 000 €/4 150 000 €) * 100 = **39,8%**

A região 3 aparece com maior peso nas vendas.

É normalmente analisada a relação entre as vendas e o custo directo das vendas, que neste caso resulta do somatório, dos valores de remuneração, dos custos administrativos de vendas e de comunicação por região.

Então temos:

Vendas por custo = vendas/custos de vendas

Região 1 = 1 000 000 €/240 000 **€** = **4,17 €**
Região 2 = 1 500 000 €/335 000 **€** = **4,48 €**
Região 3 = 1 650 000 €/405 000 **€** = **4,07 €**

Estes valores permitem aferir por cada euro gasto especificamente na actividade de vendas quantos euros foram «gerados».

Para além dos valores obtidos, será sempre interessante verificar a margem de contribuição da região para o negócio, em que são visíveis os problemas da região 1 face aos das outras duas.

Para além disso, em termos de margem líquida, a região apresenta como resultado uma margem líquida negativa.

Outro aspecto importante diz respeito aos objectivos de vendas por região. De seguida, calcular-se-á o cumprimento dos objectivos.

Região 1 = (resultado/objectivo) * 100 = (1 000 000 €/1 250 000 €) * 100 = **80%**
Região 2 = (resultado/objectivo) * 100 = (1 500 000 €/1 250 000 €) * 100 = **120%**
Região 3 = (resultado/objectivo) * 100 = (1 650 000 €/1 500 000 €) * 100 = **110%**

[106] As vendas referidas nestes exercícios são sempre vendas líquidas, isto é, vendas – devoluções.

Verificam-se novamente os problemas da região 1 de só conseguir atingir 80% dos objectivos fixados. Para além desses valores, verifica-se que a quota de mercado da Futurex, SA foi de cerca de 7,5% (4 150 000 €/5 5000 000 €), e que teve um crescimento de vendas face ao ano anterior (((4 150 000 € – 3 800 000 €)/3800000€)*100) de aproximadamente 9%. Refira-se também que a Futurex, SA, em termos de objectivos de vendas, superou o objectivo em cerca de 3,75%.

8.4.1 VENDAS POR PESSOA DE VENDAS[107]

A avaliação de vendas por pessoa de vendas é feita de acordo com determinados parâmetros dos objectivos e deve ser comparada com estes. Contudo, tendo como exemplo o Quadro 23, no qual se analisa uma força de vendas da Futurex, SA:

FUTUREX, SA.	Vendas	CMVMC	Margem bruta	Gastos administrativos e de vendas	Margem líquida de vendas	Margem líquida das vendas em % das vendas
Carolina	2 600 000 €	1 950 000 €	650 000 €	260 000 €	390 000 €	15,0%
Francisca	2 600 000 €	1 950 000 €	650 000 €	450 000 €	200 000 €	7,7%
Alexandre	2 400 000 €	1 800 000 €	600 000 €	480 000 €	120 000 €	5,0%
Inês	2 300 000 €	1 725 000 €	575 000 €	400 000 €	175 000 €	7,6%
Mafalda	2 100 000 €	1 575 000 €	525 000 €	290 000 €	235 000 €	11,2%
Bernardo	2 000 000 €	1 500 000 €	500 000 €	280 000 €	220 000 €	11,0%
Rafael	1 900 000 €	1 425 000 €	475 000 €	350 000 €	125 000 €	6,6%
Heitor	1 800 000 €	1 350 000 €	450 000 €	400 000 €	50 000 €	2,8%
Diogo	1 750 000 €	1 312 500 €	437 500 €	120 000 €	317 500 €	18,1%
Sofia	1 200 000 €	900 000 €	300 000 €	260 000 €	40 000 €	3,3%

QUADRO 23 **Vendas por pessoa de venda**

A tabela está ordenada por volume de vendas. Importa analisar o volume de vendas e rentabilidade e a margem líquida das vendas de cada pessoa para o negócio.

Por forma a tornar a leitura dos dados mais fácil, faz-se uma matriz 2 x 2, em que se cruzam as vendas com a margem de contribuição. Pode-se

[107] Manter-se-á, mais uma vez, a designação de pessoa de vendas, podendo cada um aplicar a designação corrente na empresa, de vendedor, *account*, etc.

construir esta matriz a partir de médias de cada um dos indicadores e colocar os pontos respectivos de cada uma das pessoas[108].

FIGURA 55 **Matriz vendas por margem líquida das vendas**

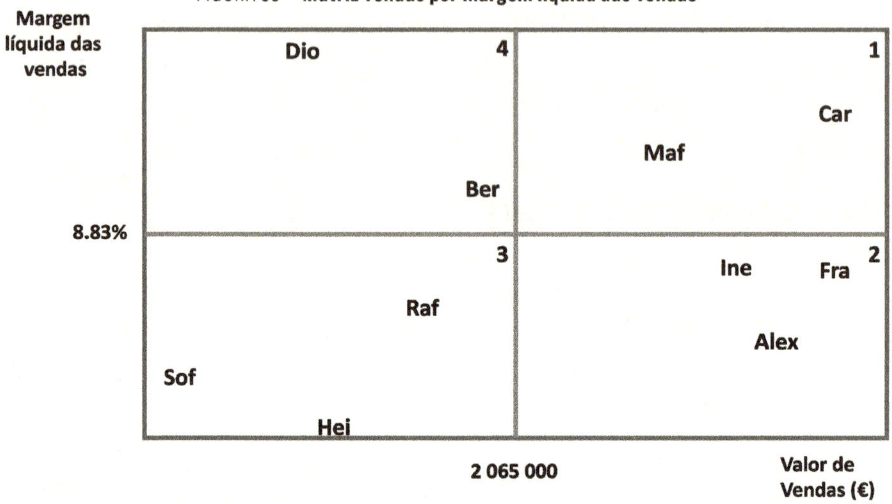

O quadro apresenta resultados interessantes para a liderança de vendas. O quadrante 1 é o quadrante desejado, é aquele das pessoas com mais vendas e com mais margem, e aqui a liderança deverá reflectir:

1 — Se os mecanismos de motivação e, por conseguinte, de retenção destas pessoas estão adequados;
2 — Identificar atitudes e comportamentos destas pessoas para discussão com os restantes elementos da equipa;
3 — Identificar novos desafios que possam ser lançados a estas pessoas, numa lógica de evolução e de manutenção da motivação; risco, se a motivação não for bem gerida, de diminuição de desempenho.

[108] Podem ser utilizadas técnicas estatísticas mais apuradas na construção desta matriz, contudo, o objectivo aqui é uma leitura que, apesar de simples e de fácil execução, permite retirar informação importante para a acção. O princípio de cruzar volumes de venda com indicadores de margem/rentabilidade é fundamental na análise da actividade da organização em diferentes áreas da sua operação.

No quadrante 2:

1 — Se os mecanismos de motivação e, por conseguinte, de retenção destas pessoas estão adequados;
2 — Avaliar como podem melhorar o desempenho em termos de margem (verificar-se o que se passa com os gastos, descontos comerciais e outros);
3 — O aumento de margem e (no mínimo) a manutenção do volume de vendas são os desafios claros deste quadrante.

No quadrante 3:

1 — Identificar, pessoa a pessoa, as razões do desempenho inferior ao dos colegas;
2 — Elaborar um plano de melhoria das pessoas nos problemas detectados anteriormente;
3 — Implementar o plano e acompanhar de perto a evolução das pessoas;
4 — No caso de não ocorrer nenhuma evolução no posicionamento nesta matriz, colocar a hipótese de alteração de funções ou prescindir das pessoas.

No quadrante 4:

1 — Identificar os aspectos positivos da margem e como obtém uma margem que a empresa considera alta;
2 — Identificar quais os problemas em termos de volumes de venda (problemas em fecho de vendas, aumento do trabalho, tentar mais novos negócios, prospecção...);
3 — Preparar um programa de formação, evidenciando a pertinência do aumento do volume de vendas, sem afectar a margem;
4 — Discutir o caso dentro da equipa.

Em suma, a matriz acima realça a importância da avaliação da actividade de vendas sempre em termos de **volume de vendas e de margem líquida de vendas**. Por isso, estes dois indicadores devem fazer parte dos objectivos das pessoas e das equipas.

Os quadros seguintes apresentam uma outra equipa de vendas e mais detalhes sobre as vendas, a partir de um P&L[109] simplificado.

P&L			
Vendas			2 518 040 €
CMVMC			1 754 630 €
Margem bruta			763 410 €
Gastos administrativos e			
de vendas (GAV)			
	salários	156 000 €	
		22 534 €	
		176 890 €	
		342 €	
		20 527 €	
		51 318 €	
		42 000 €	
		120 000 €	
total do GAV			589 611 €
Margem líquida			173 799 €

QUADRO 24 **P&L Simplificado**

Vendedor	N.º visitas	N.º propostas entregues	N.º encomendas	N.º unidades vendidas			Total
				A	B	C	
Carlos	60	45	30	3409	5902	2410	11721
Maria	50	25	20	5100	3510	1890	10500
Pedro	45	32	30	2627	3624	5740	11991
TOTAL	155	102	80	11136	13036	10040	34212

QUADRO 25 **Actividade por vendedor e vendas em unidades**

Produtos	Preço venda	CMVMC	Margem bruta unitária	Vendas no período (unidades)	% das vendas totais	Vendas no período	% das vendas totais	Margem bruta total por produto	% da margem bruta total
A	45 €	30 €	15 €	11 136	33%	501 120 €	20%	172 191 €	22%
B	70 €	50 €	21 €	13 036	38%	912 520 €	36%	273 270 €	36%
C	110 €	80 €	32 €	10 040	29%	1 104 400 €	44%	317 949 €	42%
			total	34 212	100%	2 518 040 €	100%	763 410 €	100%

QUADRO 26 **Margem bruta**

[109] P&L — *Profit and Loss.*

Vendedor	Vendas produto A	% total	Vendas produto B	% total	Vendas produto C	% total	Total de vendas	% total de vendas da equipa
Carlos	153 405 €	18%	413 140 €	50%	265 100 €	32%	831 645 €	33%
Maria	229 500 €	34%	245 700 €	36%	207 900 €	30%	683 100 €	27%
Pedro	118 215 €	12%	253 680 €	25%	631 400 €	63%	1 003 295 €	40%
total	501 120 €	20%	912 520 €	36%	1 104 400 €	44%	2 518 040 €	100%

QUADRO 27 **Vendas por produto e por vendedor**

Vendedor	Margem bruta total produto A	% total	Margem bruta total produto B	% total	Margem bruta total produto C	% total	Margem bruta por vendedor	% total de margem bruta da equipa
Carlos	52 712 €	21%	123 722 €	49%	76 320 €	30%	252 754 €	33%
Maria	78 859 €	37%	73 579 €	35%	59 853 €	28%	212 291 €	28%
Pedro	40 620 €	14%	75 969 €	25%	181 776 €	61%	298 365 €	39%
total	172 191 €	23%	273 270 €	36%	317 949 €	42%	763 410 €	100%

QUADRO 28 **Margem bruta por vendedor**

Vendedor	GAV	% dos GAV equipa
Carlos	198 243 €	34%
Maria	136 518 €	23%
Pedro	254 850 €	43%
total	589 611 €	100%

QUADRO 29 **Gastos administrativos e de vendas por vendedor**

Vendedor	Margem bruta total por vendedor	GAV	Margem líquida de vendas por vendedor	% margem líquida de vendas da Equipa
Carlos	252 754 €	198 243 €	54 511 €	31%
Maria	212 291 €	136 518 €	75 773 €	44%
Pedro	298 365 €	254 850 €	43 515 €	25%
total	763 410 €	589 611 €	173 799 €	100%

QUADRO 30 **Margem líquida por vendedor**

Vendedor	Vendas	Margem bruta (MB)	MB/vendas vendedor	MB Vendedor/ MB equipa	Margem líquida de vendas (MLV)	MLV/vendas vendedor	MLV Vendedor/ MLV equipa
Carlos	831 645 €	252 754 €	30%	33%	54 511 €	7%	31%
Maria	683 100 €	212 291 €	31%	28%	75 773 €	11%	44%
Pedro	1 003 295 €	298 365 €	30%	39%	43 515 €	4%	25%
Total	2 518 040 €	763 410 €	30%		173 799 €	7%	

QUADRO 31 **Margem bruta e líquida de vendas por vendedor**

Desde o Quadro 25 até ao Quadro 31 é apresentado um conjunto de indicadores de actividade de venda que deve ser explorado para a retirada de informação relevante à gestão da equipa de vendas e das vendas em geral.

Entrando nos típicos rácios de resultado/esforço, neste quadro poder-se-iam realizar, por exemplo:

N.º encomendas/n.º visitas;
N.º encomendas/n.º propostas entregues.

Se analisarmos por vendedor, teríamos:

	# encomendas/ # visitas	#encomendas/ #proposta
Carlos	0,50	0,67
Maria	0,40	0,80
Pedro	0,67	0,94

QUADRO 32 **Exemplos de rácios**

Nesta, os resultados apontam para que o Pedro seja o vendedor em termos de produtividade das visitas. Este valor poderá levar à interpretação de que o Pedro prepara melhor cada uma das visitas do que os outros dois vendedores.

No caso das propostas, o Pedro aparece, mais uma vez, como o vendedor que tem melhores resultados por proposta entregue, o que poderia significar que as suas propostas são mais bem elaboradas do que as dos colegas. Se não existirem regras claras para o momento de entrega de proposta, alguns vendedores entregam propostas para marcar uma posição ao longo de uma negociação, enquanto outros entregam somente quando o fecho está quase certo. Por isso, o rácio depende de uma interpretação mais alargada.

Nos dois casos acima, podem existir várias interpretações diferentes, contudo, e sendo um caso muito simples, o que verdadeiramente interessa é a comparação entre uma medida de resultado com uma medida de esforço.

No Quadro 26 é identificável a margem bruta por produto, a quantidade vendida por produto e o valor vendido por produto, bem como a percentagem da margem bruta total por produto, em que fica claro que o produto C, com preço mais elevado, é aquele que gera mais volume de vendas em euros e maior margem bruta total, mas o produto B é o que tem maior número de unidades vendidas.

O Quadro 27 é um quadro interessante, que fornece informação sobre vendas por vendedor e por produto. Nele, vemos que o Pedro, em termos totais, é o vendedor que vende mais (40%). Na análise vendedor/produto, vemos que o Carlos vende mais do produto B, a Maria tem as vendas equilibradas entre produtos e o Pedro vem mais do produto C. Dependendo dos objectivos de cada um, importa verificar o porquê da diferença das vendas no Carlos (produto B) e do Pedro (produto C). Vale a pena especializar os vendedores por produto? Por vezes, os vendedores optam por aquele produto que é mais fácil de vender, ou aquele com o qual estão mais familiarizados, o que deve ser analisado pela gestão de vendas. É muito comum nas empresas, onde os objectivos são somente por volume de vendas em euros, que os vendedores optem pelos produtos mais fáceis de vender e que lhes permitem atingir valores de vendas dentro dos seus objectivos, mesmo que para a empresa, estrategicamente, fossem outros produtos os mais interessantes para vender. Aqui configura-se, mais uma vez, um problema de má fixação de objectivos, que deve incluir uma lógica de rentabilidade de portefólio ou, especificamente, quotas por produto.

No Quadro 28, a leitura é directa e analisa a margem bruta por produto e por vendas, e aqui, mais uma vez, o Pedro tem melhores resultados.

No Quadro 29, apresentam-se os gastos administrativos e de vendas, em que os tipos de gastos considerados estão elencados no Quadro 25. Aqui estão incluídos os gastos efectivos com cada um dos vendedores, pois somente poderemos analisar a rentabilidade de cada vendedor levando em conta todos os seus gastos, fixos e variáveis. Vê-se que o Pedro é aquele que tem um valor de gastos mais alto do que os seus colegas.

No Quadro 30, são apresentados valores importantíssimos para entender a rentabilidade por vendedor. Aqui fica claro que a Maria, que vendeu menos, tem uma margem bruta total mais baixa, mas é a vendedora mais rentável da equipa.

Este valor deve estimular a discussão interna da equipa e de acordo com os objectivos traçados, para perceber o diferencial entre vender mais (Pedro) e ser mais rentável (Maria). Essa aprendizagem de equipa poderia ser feita no sentido de desenvolver competências na Maria para vender mais (se a sua região ou tipologia de clientes permitir) e o Pedro ter um desafio no sentido da diminuição de gastos, aumentando a rentabilidade da sua operação. Mais uma vez, a análise de vendas sem análise de rentabilidade da operação é uma análise deficiente em termos de gestão.

O Quadro 31 apresenta a margem bruta e a líquida de vendas por vendedor, permitindo também ver peso de cada indicador comparado com os valores da equipa. Enquanto em termos de MB, face às vendas, os vendedores têm valores muito semelhantes, entre 30 e 31%, na margem líquida por vendedor, a Maria, com 11%, destaca-se dos demais.

Estes são alguns exemplos do tipo de análise que interessa efectuar para compreender melhor o desempenho dos vendedores. Importa ter o apoio da área de contabilidade e finanças para uma avaliação correcta, sobretudo dos custos.

Contributo n.º 16 — Eduardo Shana

Produtividade, tempo e equipe de vendas

Eduardo Shana

Como medir a produtividade na Era da Prestação de Serviços? Segundo Peter Drucker, o recurso mais precioso nas organizações é o tempo: «Se não pode gerenciar seu tempo, não pode gerenciar mais nada.»

O tempo é um mistério para muitas pessoas. Ele é invisível e intocável, mas é o grande recurso que define a produtividade nos dias actuais. Qualquer ofício exige qualificação das pessoas, ferramentas específicas, máquinas adequadas e métodos confiáveis de produção. Tudo isso, além de processos, rotinas, normas, metas e técnicas sofisticadas de abordagem, acompanhamento, atendimento, venda e pós-vendas, já está disponível e ao alcance de qualquer equipe em todo o mundo.

O foco desta discussão pode estar nas pessoas, nos processos, nos produtos (e serviços), na logística, nos preços, na concorrência ou no «marketing», mas é preciso dar mais atenção ao tempo. Ao tempo consumido por pessoa em cada etapa do processo. Cada trabalhador tem apenas oito horas por dia para planejar, executar e relatar os eventos produzidos por ele.

Um mesmo produto poderia ser vendido para o mesmo cliente com outros roteiros ou por diferentes pessoas, e certamente consumindo tempos desiguais para atingir a mesma venda. Podemos perceber que sempre existe um roteiro que oferece mais desempenho, que produz mais em menos tempo. Seja no tempo gasto na abordagem, na argumentação, na apresentação, no pedido, na produção, na entrega ou na cobrança.

Motivar e preparar as pessoas para buscar os roteiros ideais de desempenho e consumo de tempo vai ser o desafio das organizações. Desta forma, um dos indicadores da produtividade de uma equipe de vendas deve ser fundamentado nas «inerências de tempo» suficientes para realizar todos os eventos do processo de vendas.

> Em nossas pesquisas, desenvolvemos uma metodologia muito simples, que é TEvEP, que permite um novo olhar sobre os mesmos processos. Com o TEvEP, consideramos que tudo na vida seja um evento que acontece na relação tempo/espaço e que é realizado e consumido por pessoas.
>
> Cada evento necessita de uma quantidade específica de tempo de uma ou mais pessoas para acontecer. Por exemplo: um banho pode consumir oito minutos da vida de uma pessoa. Se essa pessoa esquecer a toalha, esse tempo pode passar para dez minutos. Esses dois minutos são como uma penalização do tempo por se entrar no banho sem pensar, sem identificar o melhor roteiro.
>
> Sendo assim, se uma empresa contrata oito horas de uma pessoa, ela deveria receber oito eventos de uma hora a cada dia. Os eventos individuais precisam ser alinhados com eventos de outras pessoas e departamentos e formar o mecanismo produtivo que gera valor ao final dos macroprocessos de cada organização produtiva.
>
> Imagine quantas «toalhas», metaforicamente falando, cada pessoa esquece no dia a dia, a cada hora, a cada evento. Quando custa um roteiro mal elaborado? Um tempo enorme desperdiçado? Chegar no cliente atrasado, ou sem o cartão de visitas, com o catálogo antigo, esquecer o nome do cliente, demorar a dar retorno ou consumir mais tempo do que seria necessário em cada abordagem...
>
> Temos um defeito de origem na busca de produtividade em vendas. O modelo de gestão adotado pelas empresas de serviço foi criado para a indústria dentro do movimento chamado fordismo, no início do século XX. Estamos no século XXI, em plena revolução digital, e continuamos com o modelo de Ford, Taylor e Fayol na maior parte das nossas ações: comando e controle...
>
> Tentamos utilizar métricas de produtividade, metas de produção e análise de tempos e movimentos que funcionam muito bem para a esteira industrial, na qual o tempo e espaço andam juntos, para balizar vendas, atendimento e pessoas diferentes.
>
> Para esse novo mundo, precisamos de um novo paradigma. Um planejamento compartilhado que possa ser criado, executado e acompanhado pelos próprios responsáveis pelos eventos. Seja de venda ou não. Um planejamento em quarto dimensões. Que considere a dimensão das pessoas, do espaço, dos eventos e do tempo.

8.5 GASTOS FUNCIONAIS

Do lado dos gastos e da sua imputação, muitas empresas utilizam a notação de gastos funcionais, que são aqueles que farão ou poderão fazer parte de uma análise de rentabilidade, de uma equipa, escritório, unidade de negócio ou outro. O quadro seguinte apresenta os conjuntos de gastos funcionais mais utilizados:

Grupo	Exemplos
Remunerações	**Salário da força de vendas, incentivos, comissões, bónus, despesas de representação, viagens, contactos, instalações de venda, formação, estudos de mercado**
Deslocações	**Viagens, refeições, estadias, despesas de representação**[110]
Comunicação[111]	**Página web, produção de conteúdos para web, criação de aplicações e manutenção, promoções de vendas (planeamento, implementação e controlo), custos relacionados com promoções de vendas (custo de oportunidade, perda de vendas...), material de comunicação (folhetos, *flyers*...), publicidade tradicional e online, *merchandising*, brindes**
Armazenamento e transporte	**Armazenamento de bens acabados ou em vias de fabrico, se for o caso, seguros, transporte**
Gerais e administrativas	**Processamento de encomendas, facturação e recebimento, custos financeiros de incumprimento, equipamento informático específico de vendas, *software* de vendas e geral (CRM, aplicações...), compra de indicadores de mercado, estudos, consultoria de vendas, traduções, estrutura de apoio de vendas**

Consoante os gastos funcionais envolvidos, poder-se-á efectuar uma análise de rentabilidade por qualquer unidade/segmento pretendido.

8.6 *HIDDEN COST* E *POCKET PRICE*

Um aspecto importante é perceber muitas vezes os factores que afectam a rentabilidade e como alguns estão escondidos numa análise ligeira de vendas.

Os *hidden costs*, ou gastos escondidos, ainda subsistem em empresas em que a contabilidade analítica não é muito refinada e não está pensada

[110] Havendo diferentes formas de compreensão das despesas de representação, estas são normalmente consideradas quando existem despesas aquando da relação com prospects ou clientes, isto é, um almoço de uma pessoa de vendas sozinha é uma despesa de alimentação e com um cliente é uma despesa de representação.

[111] Numa lógica de *Integrated Marketing Communication*.

em termos mais finos, no sentido da definição de gastos por pessoa de venda, por cliente e mesmo por transacção.

A Figura 56 representa uma situação que ajuda a compreender a importância da identificação dos *hidden costs.*

FIGURA 56 ***Hidden costs* e *pocket price***

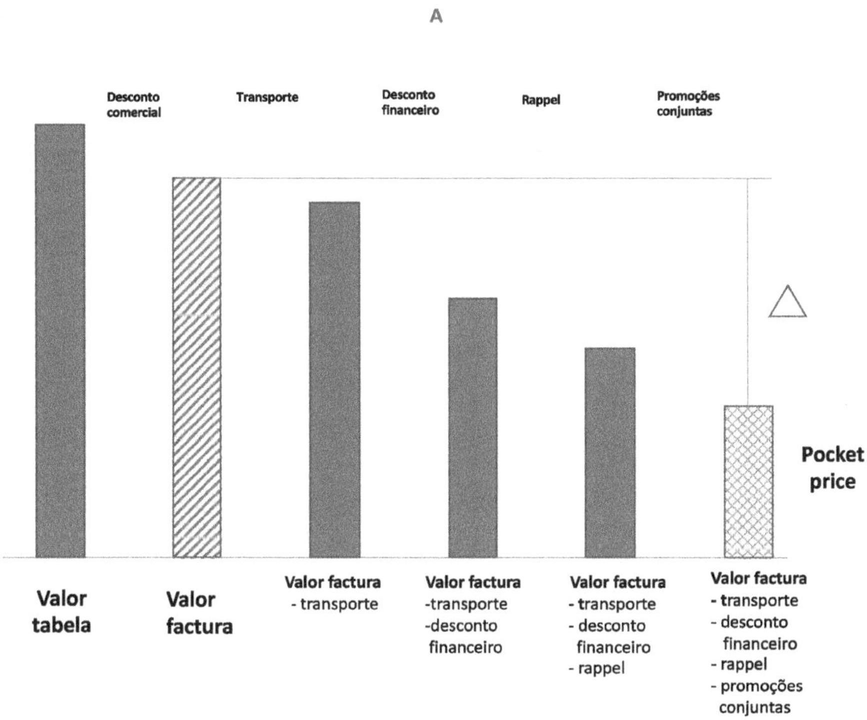

Em qualquer situação, existe um valor de tabela e descontos comerciais que resultarão num preço de vendas que será convertido no valor facturado. Este valor facturado servirá como indicador de vendas, para o pagamento de comissões e incentivos, para análise de rentabilidade, entre outros.

Contudo, existem aspectos negociais em **cada transacção**, que influenciam directamente o valor efectivo que entrará na empresa, isto é, o ***pocket price***.

Na Figura 56, partindo do valor facturado, começam a aparecer reduções neste valor motivadas por oferta de transporte dos produtos adquiridos, por um desconto financeiro por antecipação de pagamento, por um *rappel* por consecução de volumes de venda por parte do cliente (distribuidor, por exemplo) e pela realização de um conjunto de promoções de vendas com partilha ou mesmo assunção de custos por parte da empresa vendedora.

No final, o Δ dá a dimensão da diferença entre o valor que foi considerado o de venda (facturado) e aquele que, retiradas todos as **reduções específicas da negociação**, entrará na empresa.

O Quadro 33 ilustra uma situação na qual uma pessoa de vendas conduz cinco negociações ao longo do ano num cliente, que resultaram em negócio. Transacções de 1–5.

		Transação 1		Transacção 2		Transação 3		Transação 4		Transação 5
Receitas										
Vendas (unidades)		10 000		8 000		20 000		15 000		10 000
Preço vendas (unitário)		120 €		120 €		120 €		120 €		120 €
comercial (unitário)		20 €		15 €		25 €		30 €		20 €
unitário facturado		**100 €**		**105 €**		**95 €**		**90 €**		**100 €**
Total facturado		**1 000 000 €**		**840 000 €**		**1 900 000 €**		**1 350 000 €**		**1 000 000 €**
Descontos e promoções										
Transporte		5 000 €		5 000 €		10 000 €		7 500 €		7 000 €
Desc.Financ. (%valor inicial)	4%	40 000 €	6%	50 400 €	6%	114 000 €	6%	81 000 €	6%	60 000 €
Rappel (%)	5%	50 000 €	6%	50 400 €	8%	152 000 €	5%	67 500 €	7%	70 000 €
Promoções conjuntas (custo total)		50 000 €		60 000 €		55 000 €		60 000 €		75 000 €
Pocket price total		**855 000 €**		**674 200 €**		**1 569 000 €**		**1 134 000 €**		**788 000 €**
Pocket price unitário		**85,50 €**		**84,28 €**		**78,45 €**		**75,60 €**		**78,80 €**
Diferença entre o preço unitário facturado e o pocket price unitário		14,50 €		20,73 €		16,55 €		14,40 €		21,20 €
Diferença em % do preço unitário facturado		14,50%		19,74%		17,42%		16,00%		21,20%

QUADRO 33 ***Hidden costs* e *pocket price***

Em todas as transacções, o valor inicial de tabela foi de 120 € por unidade. Consoante a negociação, foram dados alguns descontos, que resultaram em valores de *pocket price* diferentes, consoante a transacção. Nas duas últimas linhas, observam-se as diferenças em valor e percentagem entre o que foi facturado e o *pocket price* efectivo.

A contabilização correcta dos valores negociais para posterior análise é um dos aspectos centrais da análise das operações. Saber o que acontece em cada negociação é fundamental para identificar a rentabilidade e desempenho do próprio vendedor.

Muitas empresas impõem controlo sobre aspectos negociais de descontos, mas estes são, em geral, visíveis apenas nos momentos anteriores ao fecho da negociação, ou seja, em todos os momentos que se reflectem no preço final de venda, o **facturado**, não existindo um controlo igual nos aspectos dos gastos escondidos.

Os gastos serão sempre **imputados**, mas não especificamente a uma transacção ou a um cliente. Estes gastos serão agrupados, ou seja, o transporte será considerado em conjunto com outros transportes, as promoções com outras promoções, o *rappel* muitas vezes com outros descontos, e por aí afora, **não se fazendo uma análise fina** por cliente, transacção ou vendedor.

O que se pretende com a chamada de atenção dos *hidden costs* é a necessidade da contabilização correcta dos gastos por cliente, por vendedor e por transacção para **uma maior transparência** e **uma melhor análise de vendas**.

Prestando atenção às transacções 1 e 5, é visível que as unidades vendidas são as mesmas, ao mesmo preço (100 €) e com o valor facturado igual 1 000 000 €. Contudo, imagine-se que, no período 5, a pessoa de vendas está no limite para atingir a sua quota de vendas e é mais agressiva nos **descontos pós-facturação**, que se reflectem num transporte urgente e por isso com custos mais elevados para a mesma quantidade, maiores descontos financeiros e de *rappel* e com uma participação maior nas promoções de vendas junto do cliente. O resultado na empresa vendedora, em termos de valor facturado, é igual, mas o valor que fica para a empresa vendedora é **completamente diferente** quando se analisar em termos de ***pocket price***.

Por isso, é muito útil definir o que a empresa consideraria ***pocket price*** e construir gráficos, como o da Figura 57, que podem ser produzidos por cliente, por vendedor, por produto, por transacção, por equipa, para perceber quais são os descontos e como as negociações são verdadeiramente conduzidas na organização.

FIGURA 57 **Exemplo de *pocket price* por transacção**

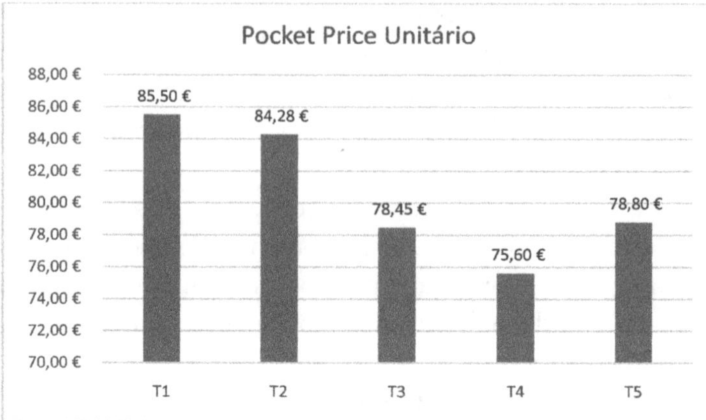

A imputação de custos é cada vez mais precisa nas organizações, não deixando margem para falhas na qualidade da informação. Contudo, um conjunto de custos considerados *hidden costs*, ou custos escondidos, pode afectar a análise da rentabilidade das vendas e, sobretudo, do desempenho do vendedor.

8.7 DINÂMICA DAS VENDAS

Um dos pontos que importa realçar na análise de vendas é a dinâmica das vendas e o seu registo. Quando se analisa crescimento, os valores nominais de crescimento são importantes, mas também o são as **taxas de crescimento**, que na maioria dos casos são negligenciadas ou mal calculadas.

Por exemplo, o Quadro 34 apresenta as vendas da Futurex, SA de 2012 a 2017.

Futurex, SA	Vendas
2012	**2 000 000 €**
2013	**2 430 000 €**
2014	**2 860 000 €**
2015	**3 290 000 €**
2016	**3 720 000 €**
2017	**4 150 000 €**

QUADRO 34 **Crescimento de vendas**

A primeira questão prende-se com a representação gráfica deste quadro (Figura 58):

FIGURA 58 **Crescimento das vendas**

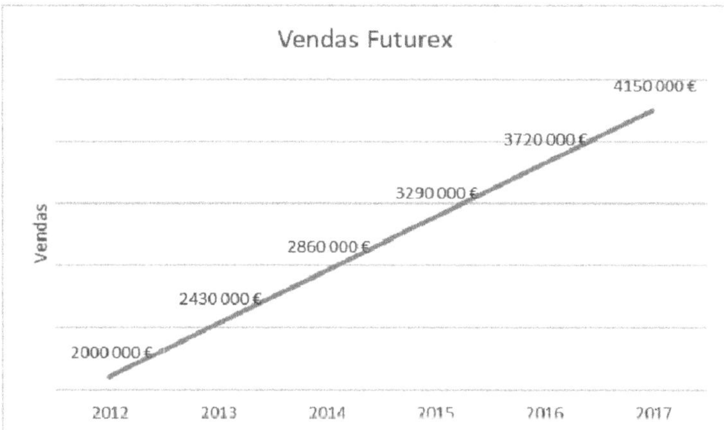

A sua representação não exibe contestação, pois as vendas crescem 430 000 € todos os anos, e o que o gráfico induz é que temos crescimentos constantes por ano. Todavia, quando observamos as taxas de crescimento, temos:

Futurex, SA	Vendas	Tx. crescimento
2012	2 000 000 €	
2013	2 430 000 €	21,50%
2014	2 860 000 €	17,70%
2015	3 290 000 €	15,03%
2016	3 720 000 €	13,07%
2017	4 150 000 €	11,56%

QUADRO 35 **Crescimento de vendas com taxas**

Fica igualmente claro que o **crescimento de vendas** está de ano para ano a diminuir, o que é uma leitura completamente diferente da Figura 58.

Por isso, quando se faz uma representação da evolução das vendas, é correcto produzir um gráfico numa escala própria, por exemplo, logarítmica, ou acrescentar uma *trendline*, que ilustra o que se passa em termos de taxa de crescimento, como na figura abaixo, na qual a linha a tracejado representa uma *trendline* em escala logarítmica. Assim, a informação sobre vendas chega numa escala nominal e numa escala de crescimento, sendo claro para os *targets* da informação qual é a dinâmica das vendas.

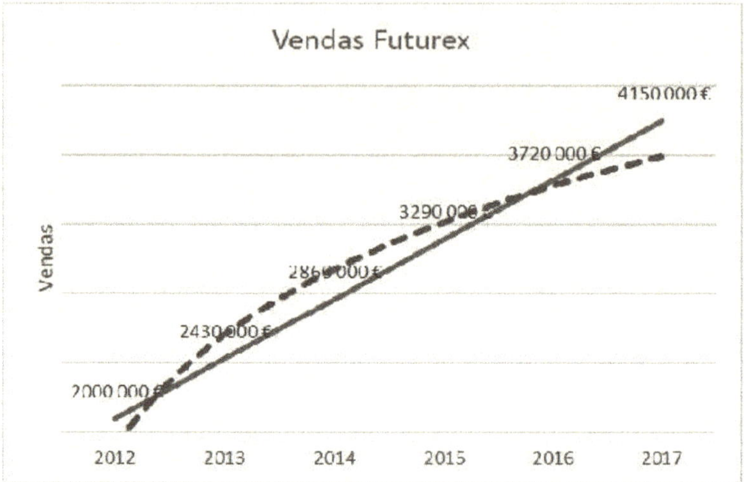

Na análise da dinâmica de vendas ao longo de anos, por vezes surge também alguma imprecisão na forma de apresentar os valores, sobretudo a taxa média anual de vendas.

Poder-se-á utilizar a mesma lógica do *Compound Annual Growth Rate* (CAGR), muito utilizado na área financeira e que tem a seguinte formulação:

$$CAGR = \left(\frac{\text{valor final}}{\text{valor inicial}}\right)^{\frac{1}{n-1}} - 1$$

O *n* representa o número de período ao qual se subtrai 1, pois para o primeiro valor (2 000 000 €) não existe taxa de crescimento. O valor resultante indica-nos uma taxa anual constante de crescimento ao longo do período considerado.

No caso da Figura 58:

Valor inicial: 2 000 000 €

Valor final: 4 150 000 €

$n - 1 = 6 - 1 = 5$ períodos

CAGR = ((4 150 000 €/2 000 000 €) ^ (1/5)) –1 = **15,7187%,** o que é a taxa (constante) anual de crescimento de vendas no período considerado[112]

Por isso, convém utilizar a escala certa para aquilo que se quer referir. Normalmente, interessa falar de taxas de crescimento, pois estas dão uma ideia da tendência do crescimento das vendas na organização.

8.8 MARGEM DE CONTRIBUIÇÃO E *BREAK-EVEN POINT*

Por vezes, a **margem de contribuição** é considerada uma forma alternativa de apresentação da rentabilidade, pois salienta as componentes de custo variável e fixo, o que também será útil para uma análise de *Break-Even Point* (BEP), a efectuar pela organização.

Sempre que os custos são separados e refinados, melhora a capacidade de gestão da organização, até em questões negociais, sendo mais fácil para a compreensão dos vendedores, levando em conta a componente fixa e variável.

O BEP identifica o ponto (quantidade) a partir do qual os custos estão cobertos e a empresa passa a converter toda a margem de contribuição em lucro.

[112] Este valor poderá ser sempre verificado através de $vf = vi\ (1 + r)^n$, em que *vf* é o valor final, *vi* valor inicial, o *r* a taxa de crescimento (neste caso = valor obtido do CAGR) e *n* o número de anos com crescimento.

Esquematicamente, temos:

FIGURA 59 **Crescimento de vendas com taxas**

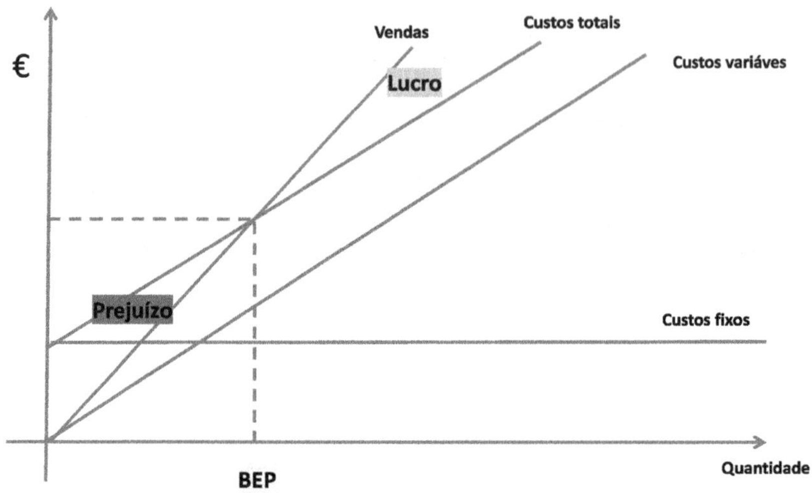

Então, da análise da figura, o BEP significa o ponto em termos de quantidades que devem ser vendidas na circunstância em causa, que cubram os custos, e, a partir daí, toda a margem de contribuição passa a ser lucro. Até ao BEP, a empresa não consegue cobrir os custos, estando assim com prejuízo.

FIGURA 60 **Estrutura de custo e margem**

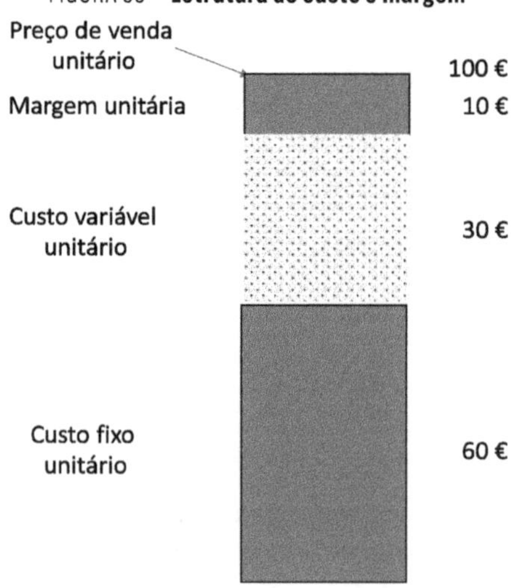

Na Figura 60, temos três componentes do preço: custo fixo unitário, custo variável unitário e margem unitária. Os três somados resultam no preço de venda unitário. Então, a **margem de contribuição** (MC) resulta do preço de venda unitário menos o custo variável unitário MC = Pvu – Cvu.

O *break-even point* pode ser calculado da seguinte forma:

$$(1) BEP = \frac{CFt}{MC}$$ [113]

Em que MC = Pvu - Cvu

Então

$$(2)\ BEP = \frac{CFt}{Pvu - Cvu}$$

A lógica da margem de contribuição assume que a componente do custo variável está relacionada com os custos de vender algo, sendo, por isso, **consumido na altura da venda.**

Imagine que o único custo variável é uma comissão de vendas, paga na altura da venda. Por isso, neste caso, quando a empresa vender, por cada unidade, terá de pagar os 30 euros ao comissionista, ficando 70 € para a empresa. Então, considera-se que cada unidade vendida **contribui** com 70 € para a organização (**margem de contribuição**) por unidade vendida. Assume-se também que todo o dinheiro que entra na organização irá, em primeiro lugar, cobrir o investimento/custo fixo total e só depois de coberto é que a empresa olhará para o montante da margem de contribuição com lucro.

Desafio n.º 17: é efectuada uma campanha promocional, cujo único objectivo é o incremento das vendas. O investimento total da campanha é de 150 000 €, o preço de venda unitário do artigo a ser publicitado é de 120 €, com 10 € lucro (margem unitária), 20 € de custo fixo unitário e 90 € de custo variável unitário. Quantas unidades devem ser vendidas a mais para justificar esta campanha?

[113] CFt = custo fixo total; pode também ser um determinado investimento.

Utilizando a fórmula (2), temos:

CFt = 150 000 €

Cvu = 90 €

CFu = 20 €

Margem unitária (lucro) = 10 €

BEP = CFt/MC

MC = PVu-CVu

Então, substituindo os valores:

BEP = 150 000 €/ 120 € – 90 € = 150 000 €/30 € = 5000 unidades

Logo, a empresa precisa de vender mais, pelo menos, 5000 unidades para justificar a campanha. A partir deste valor, a margem de contribuição passa a ser lucro.

8.9 *ACTIVITY BASED COST* E *HIDDEN COSTS*

Importa também referir que, para a análise da rentabilidade das vendas, a analítica dos custos é fundamental, pois, como referido anteriormente, quanto mais refinada for a análise dos custos, melhor será a capacidade de gestão e a escolha de opções dos gestores. A contabilidade **ABC — Activity Based Cost** — é um método de custeio que reflecte o facto de serem as actividades que consomem os custos e não os produtos, e muitas vezes os custos são distribuídos por quantidades de produto ou outros, o que não corresponde à sua verdadeira incidência.

Um pequeno exercício ajuda a compreender a imputação correcta de gastos por actividade.

Uma unidade de negócio que está segmentada por regiões tem uma região que vende três produtos — A, B e C.

Serão produzidas 300 000 unidades de cada produto, em que o custo unitário de produção é de 0,2 e o único outro custo será o de embalamento.

O custo total de embalamento será de 900 000 € e como os produtos A, B e C totalizam 900 000 unidades, será assumido que cada unidade terá um custo de embalamento de 1 €. A análise seria então:

Custo total embalamento produtos A, B, C	900 000,00 €
N.º total de unidades produzidas produtos A, B, C	900 000
Custo unitário embalagem	1,00 €

QUADRO 36 **Valor unitário embalamento**

A análise de rentabilidade das vendas pelo método tradicional seria:

	Produto A	**Produto B**	**Produto c**
Preço venda unitário	**1,60 €**	**1,60 €**	**1,60 €**
Número unidades produzidas	**300 000**	**300 000**	**300 000**
Custo unitário embalagem	**1,00 €**	**1,00 €**	**1,00 €**
Outros custos produção	**0,20 €**	**0,20 €**	**0,20 €**
Custo total unitário	**1,20 €**	**1,20 €**	**1,20 €**
Margem bruta unitária	**0,40 €**	**0,40 €**	**0,40 €**
Volume de vendas (unidades)	**300 000**	**300 000**	**300 000**
Margem bruta total	**120 000,00 €**	**120 000,00 €**	**120 000,00 €**
Margem bruta total região	**360 000,00 €**		

QUADRO 37 **Margem bruta total região A**

Assumindo que, em termos de **actividade total por produto**, os valores não são iguais, pois o produto A consome *x* recursos (tempo do colaborador, por exemplo), o produto B 3x e o produto C 5x.

Recalculando o custo unitário de embalamento, teríamos:

Custo total embalagem (prod. A, B e C)	**900 000,00 €**
Total actividade consumida pelos três produtos	**9x**
Custo por actividade consumida (*x*)	**100 000,00 €**

QUADRO 38 **Cálculo unidade de consumo**

Aplicando a nova lógica a cada um dos produtos, temos:

Produto A		Produto B		Produto C	
Actividade	x	Actividade	3x	Actividade	5x
(A) custo total da actividade (X x 100 000€)	100 000,00 €	(A)custo total da actividade (3x x 100 000€)	300 000,00 €	(A)custo total da actividade (5x x 100 000€)	500 000,00 €
(B)n.º unidades produzidas	300 000	(B)n.º unidades produzidas	300 000	(B)n.º unidades produzidas	300 000
Custo unitário embalamento = (A)/(B)	0,33 €	Custo unitário embalamento = (A)/(B)	1,00 €	Custo unitário embalamento= (A)/(B)	1,67 €

QUADRO 39 **Cálculo custo unitário de embalamento lógica ABC**

Calculando novamente o Quadro 37, resulta:

	Produto A	Produto B	Produto c
Preço venda unitário	1,60 €	1,60 €	1,60 €
Número unidades produzidas	300 000	300 000	300 000
Custo unitário embalagem	0,33 €	1,00 €	1,67 €
Outros custos produção	0,20 €	0,20 €	0,20 €
Custo total unitário	0,53 €	1,20 €	1,87 €
Margem bruta unitária	1,07 €	0,40 €	**(0,27) €**
Volume de vendas unidades	300 000	300 000	300 000
Margem bruta total	321 000,00 €	120 000,00 €	**(81 000,00 €)**
Margem bruta total região	**360 000,00 €**		

Fica patente a **enorme diferença** entre o impacto na utilização de uma metodologia tradicional de imputação de custos **por quantidade** ou por **imputação por actividade**, isto é, apesar de o total da região ser igual, a rentabilidade por produto é completamente diferente e pode induzir em opções de **gestão erradas** e, por vezes, apostar em linhas de produtos que não só não são as mais rentáveis, como conduzem a **resultados negativos**.

Ainda com o exemplo anterior, os vendedores dessa região propõem numa reunião de planeamento de vendas, e assumindo a igualdade de margem entre os produtos, que, para o ano seguinte, o produto C seja a principal aposta da organização, pois é mais fácil de vender, aumentando a sua venda em 50%, o que é aceite pelo gestor, e o produto A, o menos «dominado» pela equipa de vendas, seja reduzido para metade.

Refazendo os cálculos do Quadro 37, pelo método tradicional, teríamos:

	Produto A	Produto B	Produto c
Preço venda unitário	1,60 €	1,60 €	1,60 €
Número unidades produzidas	150 000	300 000	450 000
Custo unitário embalagem	1,00 €	1,00 €	1,00 €
Outros custos produção	0,20 €	0,20 €	0,20 €
Custo total unitário	1,20 €	1,20 €	1,20 €
Margem bruta unitária	0,40 €	0,40 €	0,40 €
Volume de vendas unidades	150 000	300 000	450 000
Margem bruta total	60 000,00 €	120 000,00 €	180 000,00 €
Margem bruta total região	360 000,00 €		

QUADRO 40 **Impacto na margem bruta com alteração de unidades via método tradicional**

Portanto, sem impacto na margem bruta total, apenas uma maior facilidade das vendas.

O mesmo cálculo via ABC:

	Produto A	Produto B	Produto c
Preço venda unitário	1,60 €	1,60 €	1,60 €
Número unidades produzidas	150 000	300 000	450 000
Custo unitário embalagem	0,33 €	1,00 €	1,67 €
Outros custos produção	0,20 €	0,20 €	0,20 €
Custo total unitário	0,53 €	1,20 €	1,87 €
Margem bruta unitária	1,07 €	0,40 €	**(0,27) €**
Volume de vendas unidades	150 000	300 000	450 000
Margem bruta total	160 500,00 €	120 000,00 €	**(121 500,00) €**
Margem bruta total região	159 000,00 €		

QUADRO 41 **Impacto na margem bruta com alteração de unidades via método ABC**

É notório o impacto da utilização de uma **metodologia de afectação de custos correcta**, que transforma um negócio com margem bruta de 360 000 € em 159 000€, para além de transformar produtos de aparentes fontes de rentabilidade em fontes de prejuízo.

8.10 CLIENTE

Toda a lógica apresentada ao longo do livro incidiu sobre a *customer centricity*. **Sem métricas de cliente**, essa lógica não faria nenhum sentido. Para além de métricas mais correntes, que serão apresentadas já a seguir, discutir-se-ão **três formas de avaliar** a relação com o cliente: ***Return on Relationship*, *Customer Lifetime Value* e *Economic Value Added*.**[114]

As métricas e rácios mais comuns na análise de clientes são:

	OBS.
Vendas (€) média por cliente	**= vendas líquidas (€) / n.º clientes (se dividir em A, B e C, o denominador passará a n.º clientes A, n.º clientes B, n.º clientes C)**
Crescimento de vendas por cliente	**= [(vendas período n-vendas período *n* — 1) / vendas período *n* — 1]x 100 resultado em %**
Taxa de retenção de clientes	**= [(# clientes no final do período *n* — # clientes adquiridos no período *n*) / # clientes no início do período *n*] x 100 resultado em %**
N.º de novos clientes	**Directo**
N.º de clientes activos[115]	**Directo**
N.º de encomendas colocadas	**Directo**
Valor médio por encomenda	**= vendas € / n.º encomendas (ordens de compra ou pedidos)**
Satisfação	**(cf. ponto 8.11 — Satisfação)**
Taxa de reclamações	**= # reclamações / # clientes (poder-se-á segmentar por qualquer critério para refinar mais a análise)**
Taxa de conversão de propostas	**= # fechos / # propostas entregues**
Cost-to-serve	**Englobar os custos (gastos) específicos da gestão do cliente, que vão desde o acompanhamento (tempo despendido por recurso), custos financeiros, manutenção, entre outros.**
Rentabilidade média por cliente	**= resultado líquido € / # clientes**

QUADRO 42 **Métricas e rácios mais comuns da análise de cliente**

[114] Mais uma vez, foram mantidas as designações em inglês, dado o seu largo uso na comunidade de negócios que fala português. A tradução livre seria, respectivamente, retorno do relacionamento, valor do cliente ao longo da vida e valor económico acrescentado.

[115] Depende da política e do ciclo de negócio da empresa. Um cliente activo é um cliente que efectua uma compra num determinado período. Uma empresa pode considerar activo todo o cliente que tenha efectuado uma compra nos últimos 12 meses.

Alguns dos indicadores acima mencionados são calculados em valores médios por cliente, mas podem ser calculados também cliente a cliente, sobretudo nos casos dos clientes mais importantes para a empresa, quer em termos de rentabilidade quer em termos de volume de vendas.

Toda a lógica de *customer centricity* só faz sentido se existirem **métricas** de cliente que permitam aferir que todo o trabalho e investimento feitos no acompanhamento do cliente resultaram para a organização.

Embora os rácios e métricas do Quadro 42 sejam muito comuns, importa destacar então formas cada vez mais utilizadas em termos de avaliação do cliente numa óptica de *customer centricity*: Return on Relationship, Customer Lifetime Value e Economic Value Added.

8.10.1 *RETURN ON RELATIONSHIP*

O **Return on Relationship** é um conceito desenvolvido por um dos maiores autores de Marketing, Evert Gummesson[116], que propõe que os relacionamentos sejam avaliados e que, conceptualmente, esta equação seja também uma forma (lógica) de gerir a própria relação.

Na fórmula:

$$\textbf{Return on Relationship (ROR) 1=} \frac{\textit{ganhos da relação} - \textit{investimento na relação}}{\textit{investimento na relação}}$$

Existe uma lógica de Return on Investment já referida noutros pontos do livro. Aqui, o que interessa é avaliar os ganhos da relação (receita, margem bruta ou rentabilidade), menos o investimento feito no cliente, que pode passar pelo custo de aquisição e o custo em servir (*cost-to-serve*).

No final, a empresa deverá poder ter um valor por cliente, de quanto investiu neste cliente e de qual foi o retorno desde investimento. O **ganho** deverá ser definido **empresa a empresa**, bem como aquilo que se considera **investimento.** Abaixo temos um exemplo muito simples do que pode ser o ROR.

[116] Para além da vastíssima bibliografia ligada ao autor, recomenda-se o livro *Total Marketing Relationship*.

Investimento
Um cliente teve um custo de aquisição de 5000 €.
Em termos de *cost-to-serve* (visitas, despesas de representação, acompanhamento, manutenção, amostras, testes e outros) 30 000 €

Ganho
A margem bruta anual com este cliente foi de 60 000 €

ROR = (60 000 € – 35 000 €) / 35 000 € = 0,71 (71%)
Significa que por cada euro que a empresa investe na relação, ganha 0,71 cêntimos com este cliente.

Elencando os clientes e o seu ROR, consegue-se ter uma ideia clara do que se passa em cada um dos clientes em termos de criação de riqueza para a empresa fornecedora e deve-se tentar perceber o porquê dos diferentes valores de rentabilidade.

No que respeita ao ganho, poder-se-á sofisticar ainda mais a avaliação do cliente. No mundo de vendas hoje, a relação C2C (*customer-to-customer*) tem um papel decisivo na geração de novos negócios. Uma recomendação (***referral value***) pode ter impacto na aquisição/manutenção de clientes, sendo que o valor deste negócio pode ser atribuído, total ou parcialmente, à empresa que recomendou, ou apenas como supressão dos custos de aquisição de cliente.

Outro ganho que se pode ter com clientes está relacionado com a exposição ao nível de **comunicação** que um cliente pode fazer da empresa fornecedora (por exemplo, se uma empresa ganha um prémio com *software* feito em parceria com a empresa fornecedora; se um cliente organiza um evento de fornecedores em que a marca da empresa é exposta a outros potenciais clientes; se o cliente faz uma comunicação na qual refere o nome do fornecedor, entre outros).

Para além disso, pode haver um **efeito reputacional**, em que a empresa estima que um determinado cliente lhe confere uma reputação que lhe permite obter novos negócios/manter negócios existentes.

Por isso, o ROR pode ser reescrito da seguinte maneira

$$\text{ROR 2} = \frac{(\textit{margem bruta} + \textit{reputação e comunicação} + \textit{referências}) - \textit{investimento na relação}}{\textit{investimento na relação}}$$

A quantificação desta relação deverá ser feita empresa a empresa, negócio a negócio. No caso do ROR 2, será mais difícil a **quantificação** em muitas empresas, mas, mesmo assim, a **fórmula não perde importância**, pois permite desenvolver uma lógica orientadora das opções de gestão de clientes, estimulando empresas a escolher/reforçar a presença nos clientes onde podem obter uma maior reputação, comunicação e referenciação.

8.10.2 *CUSTOMER LIFETIME VALUE*

Por isso, e para permitir uma melhor avaliação da relação com os clientes, as áreas de marketing e vendas têm desenvolvido ferramentas que colocam o cliente no centro da análise. Um destes instrumentos é o **Customer Lifetime Value** (CLV),[117] que será abordado de uma forma que possa ser utilizado por diferentes organizações de diferentes dimensões.

Poder-se-á considerar que a lógica do CLV é semelhante à de um **projecto de investimento**, em que cada cliente é considerado como se de um projecto independente se tratasse.

De seguida, apresentam-se as etapas de elaboração dos cálculos de CLV

Para cada cliente, calcular-se-á o **rendimento**, considerando todos os produtos/ /categorias e serviços que são vendáveis (fontes de facturação) e quais as **vendas que se estimam efectuar**, por exemplo, nos próximos cinco anos.

Depois, estimam-se os **gastos**, considerando todos os gastos em cada cliente, que podem estar relacionados com manutenção, serviços, administrativos, financeiros e outros. Importa referir que uma das grandes vantagens do CLV é que se pretende que os gastos imputados sejam efectivamente os do cliente em causa e não médias, pois a análise do cliente perde força se for efectuada com gastos médios. Contudo, é melhor fazer com gastos médios se não existir uma analítica que permita os gastos específicos.

A seguir obtém-se uma margem líquida por ano.

Aplica-se o mesmo procedimento de um projecto de investimento, calculando o valor actualizado líquido, e obtém-se o valor daquele cliente calculado a cinco anos (por exemplo).

[117] Outro exemplo de designação que será mantida na língua original, dada a sua larga aplicação na academia e nas empresas.

A componente dos gastos é uma das principais vantagens do CLV, pois permite identificar gastos específicos por clientes, com todas as vantagens inerentes ao facto.

Os quadros abaixo ilustram casos concretos de um cliente, com a designação de Clientex, SA.[118]

Clientex, SA.	N	N+1	N+2	N+3	N+4
Rendimentos					
(A) Venda produtos					
A	120 000 €	125 000 €	125 000 €	130 000 €	130 000 €
B	160 000 €	165 000 €	170 000 €	175 000 €	180 000 €
C	300 000 €	320 000 €	325 000 €	330 000 €	335 000 €
D	350 000 €	400 000 €	405 000 €	410 000 €	415 000 €
E	185 000 €	220 000 €	220 000 €	225 000 €	225 000 €
(B) Prestação de Serviços					
A	50 000 €	50 000 €	55 000 €	57 000 €	59 000 €
B	65 000 €	68 000 €	69 000 €	70 000 €	75 000 €
C	60 000 €	60 000 €	60 000 €	65 000 €	68 000 €
(AB) Total receitas	1 290 000 €	1 408 000 €	1 429 000 €	1 462 000 €	1 487 000 €
Gastos					
(C) Gastos de aquisição do cliente	5 000 €				
CMVMC					
A	90 000 €	93 750 €	93 750 €	97 500 €	97 500 €
B	96 000 €	99 000 €	102 000 €	105 000 €	108 000 €
C	195 000 €	208 000 €	211 250 €	214 500 €	217 750 €
D	192 500 €	220 000 €	222 750 €	225 500 €	228 250 €
E	120 250 €	143 000 €	143 000 €	146 250 €	146 250 €
Gastos com prestação de serviços					
A	20 000 €	20 000 €	22 000 €	22 800 €	23 600 €
B	29 250 €	30 600 €	31 050 €	31 500 €	33 750 €
C	30 000 €	30 000 €	30 000 €	32 500 €	34 000 €
(D) Total de gastos para margem bruta	773 000 €	844 350 €	855 800 €	875 550 €	889 100 €
(MB) Margem bruta (AB -D)	517 000 €	563 650 €	573 200 €	586 450 €	597 900 €
Gastos de Vendas e de gestão de clientes					
Visitas	12 000 €	12 000 €	12 000 €	12 500 €	13 000 €
Acompanhamento	56 000 €	56 000 €	57 000 €	57 000 €	60 000 €
Desp. Representação	10 000 €	12 000 €	12 500 €	12 000 €	13 000 €
Transporte	15 000 €	15 000 €	16 000 €	15 500 €	17 000 €
Custos promocionais	220 000 €	245 000 €	255 000 €	270 000 €	260 000 €
Financeiros	20 000 €	10 000 €	15 000 €	10 000 €	10 000 €
Administrativos	15 000 €	20 000 €	22 000 €	22 000 €	22 000 €
Eventos	45 000 €	55 000 €	60 000 €	80 000 €	60 000 €
Planeamento e monitorização	12 000 €	12 500 €	12 500 €	15 000 €	15 000 €
(E) Total de gastos para margem líquida	405 000 €	437 500 €	462 000 €	494 000 €	470 000 €
Margem líquida = MB - (C) - (E)	107 000 €	126 150 €	111 200 €	92 450 €	127 900 €
"VAL"	427 636 €				

QUADRO 42 **CLV1**

[118] Uma análise de projecto de investimento baseia-se em *cash-flows*, o que não é o caso do CLV. Por isso, e para manter o rigor da sua aplicação, iremos assumir que todos os rendimentos e os gastos serão recebidos e pagos nos períodos considerados.

O Quadro 42 apresenta uma simulação de um CLV a cinco anos. Uma das vantagens do CLV é a apresentação daquilo que se estima vender e os gastos específicos por cliente. Por isso, para cada ano, tem-se o *cash-flow*, que resulta da actividade por cliente. O «VAL» que se calcula permite assumir o valor que o cliente terá para a empresa nos próximos cinco anos.

Depois de construir um CLV por cliente, será possível identificar quais os clientes com maior valor para a empresa, **não pelo volume de vendas, mas pela sua rentabilidade**, melhorando o processo de decisão.

No caso de um cliente VAL com 427 636 €, significa, por exemplo, que se o cliente abandonar a empresa no ano *n*, esta terá uma **perda de potencial de vendas no montante do VAL**. Este conhecimento e determinação do valor do cliente para a empresa permite, por um lado, **focar** efectivamente naqueles clientes com maior potencial e racionalizar melhor as acções. Por exemplo, no caso de um cliente com um VAL de 500 mil euros a três anos que esteja sob forte ataque de um concorrente, a empresa percebe que se tiver de gastar (investir) 10 mil euros em acções promocionais para defender aquele cliente o porquê desta acção.

O CLV, como reflecte vendas e gastos **específicos por cliente**, consegue-se uma melhor informação, e **melhor informação permite uma melhor gestão**.

Para além dessa visão dos valores futuros dos clientes, as empresas têm aplicado a lógica do quadro do CLV **em termos correntes**[119]. Por exemplo, no Quadro 43, ao invés de construirmos colunas com os próximos anos, colocamos os **meses do ano corrente**. A partir daí, é possível fazer o acompanhamento ao longo do ano, cliente a cliente, neste formato, identificando em tempo real os rendimentos e os gastos, ressaltando sempre a geração da margem por cliente, o que suporta melhor as decisões cliente a cliente.

[119] Aplicar o formato de CLV para acompanhamento corrente do cliente não altera nada em relação à lógica do CLV. Permite que a área de vendas trabalhe num formato que será o formato de análise e registos do valor do cliente para a organização.

Clientex, SA	Jan.	...	Dez.	Total
Rendimentos				
(A) Venda produtos				
A	10 000,00 €			
B	13 333,33 €			
C	25 000,00 €			
D	29 166,67 €			
E	15 416,67 €			
(B) Prestação de Serviços				
A	4 166,67 €			
B	5 416,67 €			
C	5 000,00 €			
(AB) Total receitas	107 500,00 €			
Gastos				
(C) Gastos de aquisição do cliente	5 000,00 €			
CMVMC				
A	7 500,00 €			
B	8 000,00 €			
C	16 250,00 €			
D	16 041,67 €			
E	10 020,83 €			
Gasto da prestação de serviços				
A	1 666,67 €			
B	2 437,50 €			
C	2 500,00 €			
(D) Total de gastos para margem bruta	64 416,67 €			
(MB) Margem bruta (AB -D)	43 083,33 €			
Gastos de Vendas e de gestão de clientes				
Visitas	1 000,00 €			
Acompanhamento	4 666,67 €			
Desp. Representação	833,33 €			
Transporte	1 250,00 €			
Custos promocionais	18 333,33 €			
Financeiros	1 666,67 €			
Administrativos	1 250,00 €			
Eventos	3 750,00 €			
Planeamento e monitorização	1 000,00 €			
(E) Total de gastos para margem líquida	33 750,00 €			
Margem líquida = MB - (C) - (E)	4 333,33 €			
VALOR DO CLIENTE NO ANO N	SOMATÓRIO MARGEM LÍQUIDA 12 MESES			

QUADRO 43 **CLV2**

Este formato permite um acompanhamento e uma gestão muito melhor do cliente em tempo real, pois permite perceber as vendas, os gastos específicos dos clientes e a rentabilidade dos clientes ao longo do período analisado.

Para além disso, este formato permite obter valores médios[120] e comparar os desvios num cliente face à média dos clientes de um CVM, de uma equipa ou dos clientes da empresa.

O Quadro 44 exemplifica o que acima foi referido.

Nos rendimentos, comparar os valores de venda produto a produto, serviço a serviço, de um cliente com a média dos clientes. Se, numa determinada empresa, o produto D tem um valor muito superior ao da média de vendas, pode ser interessante perceber o porquê, qual a particularidade daquela relação que faz com que o D seja mais vendido? Pode ser replicada para outro cliente? Depende do vendedor/CVM? Da mesma forma, um produto que se vende menos é possível dinamizar a sua venda no cliente onde vende menos?

Muitas empresas têm vindo a detectar nos gastos uma das maiores utilidades deste formato. Normalmente, o registo é feito em percentagem das vendas, pois é a melhor forma de se ter uma comparação, exceptuando o caso do gasto médio de aquisição por cliente, que poderá ser em valor. Algumas empresas adoptam o valor não como percentagem das vendas, mas como percentagem da margem bruta. Importa encontrar o melhor indicador, dada a realidade da empresa e o nível da analítica, por forma a servir de elemento orientador de uma melhor gestão[121].

Posto isso, em termos de CMVMC, não deverá haver diferenças. No caso dos gastos na prestação de serviços, é lançado o valor de produção, que dada a natureza dos clientes e da prestação do serviço, pode haver diferenças de valor. Depois de lançados os valores, estes são comparados com a média da prestação daquele serviço nos clientes. No caso de um gasto na prestação de serviço muito superior à média, poder-se-á estar perante um desenho deficiente do serviço, ou as «promessas» feitas aquando das vendas irrealistas e que devem ser corrigidas numa venda futura. Isso é **gerir** com **base em informação**.

[120] Com toda a subjectividade que os valores médios podem ter.

[121] Não é possível a construção de uma lógica de CLV sem a participação activa das pessoas de finanças e contabilidade.

Clientex, SA	Jan.	Média p/cliente	Desvio
Rendimentos			
(A) Venda produtos			
A	- €	S	
B	- €	T	
C	- €	U	
D	- €	V	
E	- €	W	
(B) Prestação de Serviços			
A	- €	X	
B	- €	Y	
C	- €	Z	
(AB) Total receitas	**- €**	**100 000 €**	**(100 000) €**
Gastos			
(C) Gastos de aquisição do cliente	5 000 €	8 000 €	3 000 €
CMVMC			0 €
A	- €	- €	0 €
B	- €	- €	0 €
C	- €	- €	0 €
D	- €	- €	0 €
E	- €	- €	0 €
Gasto da prestação de serviços			0 €
A	- €	x% vendas	
B	- €	x% vendas	
C	- €	x% vendas	
(D) Total de gastos para margem bruta	**- €**	**- €**	**0 €**
(MB) Margem bruta (AB -D)			
Gastos de Vendas e de gestão de clientes	- €	x% vendas	
Visitas	- €	x% vendas	
Acompanhamento	- €	x% vendas	
Desp. Representação	- €	x% vendas	
Transporte	- €	x% vendas	
Custos promocionais	- €	x% vendas	
Financeiros	- €	x% vendas	
Administrativos	- €	x% vendas	
Eventos	- €	x% vendas	
Planeamento e monitorização	**- €**	**- €**	**0 €**
(E) Total de gastos para margem líquida	**0 €**	**0 €**	
Margem líquida = MB - (C) - (E)			

QUADRO 44 **CLV3**

Nos gastos de vendas e gestão de clientes, imagine-se uma situação de uma empresa que vende uma máquina industrial, com manutenção incluída. Utilizando o formato do Quadro 44, o CVM detecta um valor de manutenção quatro vezes superior à média dos clientes. Vai averiguar o que se passa. Detecta que as pessoas que operam a máquina tiveram uma formação (que ficou ao cargo do cliente) deficiente e, por isso, operam mal a máquina, o que provoca avarias mais frequentes, sobrecarregando a manutenção.

Então, o fornecedor estabelece e implementa um plano de formação, tendo como resultado uma diminuição das avarias, um aumento da produtividade no cliente e reduzindo os gastos em manutenção (*win-win*), com o consequente incremento da **rentabilidade do cliente**. Isto é *customer centricity*. Só é possível gerir o **cliente com informação.** E **informação de qualidade**.

O CLV é um instrumento que permite a avaliação de uma política relacional, cliente a cliente.

Uma questão importante emerge em termos de **avaliação da base de clientes** numa lógica de CLV.

A Figura 61 ilustra como se pode considerar o **conjunto dos clientes** em termos de CLV. Normalmente, as forças de vendas referem o conjunto de clientes de um vendedor, de uma equipa ou de uma empresa como **carteira de clientes**, e o valor da carteira resulta do somatório das vendas efectuadas.

Em termos de CLV, utiliza-se o termo ***Customer Equity***[122] **(CE).**

[122] O termo *equity* representa o capital próprio de uma empresa. É utlizado em muitas situações como o valor que uma empresa detém com algo, por exemplo, *brand equity* indica o valor que uma marca representa para uma empresa. No caso de *customer equity*, esta designação indica o valor do conjunto de clientes, não em termos de volume de vendas, mas em termos de resultado líquido.

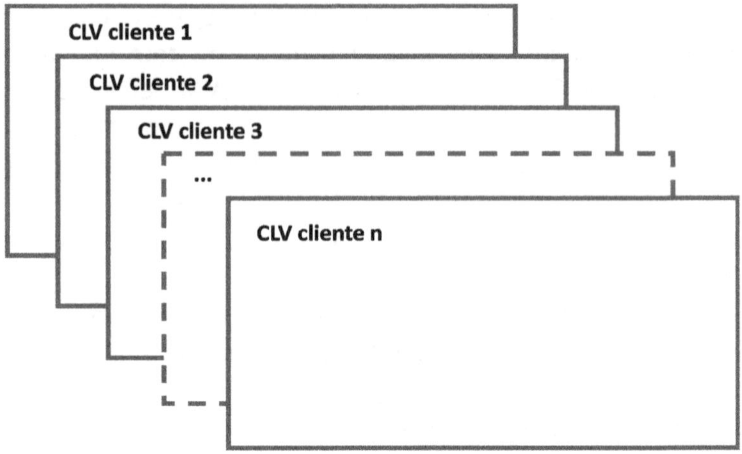

FIGURA 61 **Customer Equity**

O **CE resulta do somatório dos CLV dos *n* clientes** da empresa, indicando o valor da sua base de clientes, não em termos de volume de vendas, mas sim em termos de resultados líquidos consolidados.

Customer equity = Σ *CLV n clientes*

De referir que, depois de 2008 e dos problemas motivados pela crise do *subprime*, que teve como um dos principais *milestones* a falência da Lehman Brothers, a comunidade de negócios tem vindo a procurar indicadores financeiros **mais perenes**, que não sejam tão facilmente manipuláveis e que **reflictam melhor** o negócio e a solidez das empresas.

Vários autores têm sugerido que o CE cumpre uma série de requisitos nesse sentido e, por isso, muitos trabalhos têm sido feitos com base no CE, alguns com resultados interessantes, indicando uma **correlação positiva muito forte** entre a variação no CE e a valorização bolsista de empresas.

Isto é mais uma evidência da importância da *customer centricity* e de que as **métricas de clientes** ganham terreno na gestão moderna.

8.10.3 EVA E AVALIAÇÃO FINANCEIRA DE CLIENTES

Uma outra forma interessante de avaliar a rentabilidade dos clientes é aplicando o conceito de EVA — *Economic Value Added* — à gestão de clientes. O EVA procura identificar o desempenho financeiro da organização (daí ser também designado de lucro económico), deduzindo o custo do capital do seu resultado operacional, ajustado pelos impostos. O objectivo é ter uma noção dos valores que a empresa é capaz de gerar com os recursos financeiros que foram colocados ao seu dispor. Se consideramos um cliente um micronegócio, poderemos aplicar este princípio de EVA cliente a cliente, como uma forma muito clara de avaliação deste cliente, levando em conta a componente financeira.

De seguida, o Prof. Miguel Violante Rodrigues ilustra esta situação com um exercício sobre Margem de Contribuição Residual (no final, é feita a relação com o EVA).

Contributo n.º 17 — Miguel Rodrigues

MCR — Margem de Contribuição Residual

Miguel Violante Rodrigues[123]

Uma das métricas que pode ser utilizada para avaliar a rentabilidade de um cliente é a Margem de Contribuição Residual gerada por esse mesmo cliente.

Esta métrica tem a grande vantagem de medir a contribuição do cliente para o valor. Contempla não apenas os rendimentos e gastos gerados pelo mesmo, mas também o custo dos recursos utilizados.

Atente-se no seguinte exemplo:

N.º encomendas/mês	2
Valor médio por encomenda	100 000 €

A aceitação deste cliente levaria a uma variação de vendas anual de 2 400 000 €. Se a empresa trabalhar com uma margem bruta de 10%, a aceitação deste cliente redundaria numa margem bruta incremental de 240 000 €.

[123] Licenciado em Administração e Gestão de Empresas pela Universidade Católica Portuguesa e MBA pelo ISCTE. Detém o título de Especialista em Ciências Empresariais. Exerce actividade docente em várias instituições de ensino superior ao nível de licenciaturas, mestrados, MBA e pós-graduações.
Desde 1991 que exerce a sua actividade como consultor de empresas, em particular nas áreas de apoio ao empreendedorismo, estudos de viabilidade económica e financeira, avaliação de empresas, elaboração de planos de negócio e candidaturas a sistemas de incentivos comunitários. É *partner* da Topvalor — Consultoria de Gestão.
É formador desde 1988, com milhares de horas em sala e em colaboração com algumas das empresas de referência nacional e internacional em Portugal.

A questão que se coloca é se a análise da margem bruta é suficiente.

Pode-se aprofundar a análise por calcular a margem de contribuição directa, ou seja, os rendimentos menos os gastos directos, gerada por este cliente.

Dada a dimensão do cliente, torna-se necessário proceder à contratação de pessoal e proceder a alguns investimentos em activos fixos tangíveis.

Está ainda disponível a seguinte informação:

N.º colaboradores a contratar	2
Salário médio mensal	800
Taxa Social Única + acidentes de trabalho	25,75%
Investimento em activos fixos tangíveis	600 000 €
Taxa de depreciação	12,5%

Num cálculo minimalista, ter-se-ia que os gastos com pessoal incrementais ascenderiam a 28 168 € e as depreciações a 75 000 €.

Ainda assim, a margem de contribuição directa, sem imputação de gastos indirectos, seria de 136 832 €.

Mas a análise de rentabilidade do cliente pode ser ainda aprofundada recorrendo à MCR.

Ao aceitar este cliente, não só o activo fixo iria aumentar como também o denominado investimento em fundo de maneio. Ambos têm de ser financiados pela empresa. Quer esse financiamento se consubstancie por capitais próprios quer por capitais alheios, existem sempre custos associados, quer sejam directos quer de oportunidade.

Dado o poder negocial do prospectivo cliente, foram negociados três meses de crédito. A empresa, dada a sua natureza, tem, por norma, um prazo médio de armazenagem de dois meses e um prazo médio de pagamentos de um mês. A empresa adopta igualmente a política de ter uma reserva da segurança da tesouraria equivalente a 2% das vendas.

Sendo as vendas de 2 400 000 € e a margem bruta de 10%, o custo das vendas seria de 2 160 000 €. Este valor será usado para calcular a rubrica de *stocks* e de fornecedores por *proxy* às compras. Apesar de ser irrealista, assume-se que a aceitação deste novo cliente, implicando a contratação de dois novos colaboradores, não tem impacto marginal nos fornecimentos e serviços externos. Pode-se, pois, calcular o investimento em fundo de maneio que decorre da aceitação deste cliente:

Clientes	600 000 €
Stocks	360 000 €
RST	48 000 €
Fornecedores	180 000 €
FMN — Fundo de Maneio Necessário	828 000 €

Neste caso, desconsiderou-se o impacto incremental na rubrica estado, por diminuto, mas que à partida mitigaria um pouco o FMN.

O CAPEX médio originado pela aceitação do cliente seria de 562 500 €, pelo que o activo económico incremental seria de 1 390 500 €.

O WACC — Weighted Average Cost of Capital — resulta de uma média entre o custo do passivo e o custo (de oportunidade) do capital próprio.

Veja-se a seguinte tabela:

WACC	11%	12%	13%
Remuneração activo económico incremental (€)	152 955	166 860	180 765
Margem de contribuição residual (€)	-16 123	-30 028	-43 933

A remuneração do activo económico é obtida através da multiplicação do activo económico pelo WACC.

A margem de contribuição residual resulta da margem de contribuição directa menos a remuneração do activo económico.

Conclusões:

1. A margem de contribuição residual gerada pelo cliente é decrescente com o aumento do WACC;
2. Em qualquer dos cenários apresentados acima a margem de contribuição residual é negativa, ou seja, a margem libertada pelo cliente não remunera os custos dos recursos necessários para satisfazer o cliente, e, nesse sentido, o cliente destrói valor para o negócio;
3. Enquanto a MCR é antes de impostos, o EVA — Economic Value Added — é calculado depois de impostos, o que, à partida, no caso em apreço, agravaria a referida análise, ou seja, o cliente, além de destruir valor para o negócio, também destrói valor para o accionista.
4. Saliente-se a diferença entre medidas contabilísticas, como a margem bruta e a margem de contribuição directa, que são positivas, e medidas de natureza económica, como a MCR e o EVA, que já são negativas.

Contributo n.º 18 — Miguel Rodrigues

Vendas e Finanças

Miguel Violante Rodrigues

Vendas e finanças. Porque é que alguém na área das vendas precisa de ter conhecimentos de finanças?

Não basta vender. É preciso vender bem, e vender bem tem também que ver com finanças.

Vender bem o quê?

É necessário perceber se estamos a vender o que cria valor, para o cliente, como é óbvio, mas também para a organização! Nem sempre os produtos mais vendidos são os mais lucrativos, os mais «fáceis de vender» poderão até estar a destruir valor!

Que critérios vamos usar para analisar as vendas? Volume, margens, idade? Qual a rentabilidade de cada família de produto? Que tipo de margens existem? Quais são as grandes estratégias de fixação de preços que existem? Vamos ter em conta os custos directos ou indirectos? Fixos ou variáveis? E os custos de oportunidade? Será que estou a utilizar o método de custeio mais adequado? Quanto preciso de vender para não ter lucro nem prejuízo? Devo utilizar o CBA? Em que circunstâncias e como?

Vender bem a quem?

A fim de vendermos bem, a gestão de crédito oferece preciosos *insights*. A organização tem um Manual de Crédito devidamente estruturado? Como seleccionar os clientes? Como vamos estabelecer *plafonds* de crédito? Que tipos de informações precisamos de ter? Vamos fazer a cobertura do risco de crédito? Com que instrumentos? Como é que as perdas por imparidade em dívidas a receber afectam a criação de valor? A fase do ciclo económico afecta a quem vender?

Vender bem como?

Push ou *pull*? Que promoções? Que descontos usar? Como é que a utilização de descontos, quer comerciais quer financeiros, afectam as margens? Uma descida do desconto de pp de 1% tem que consequências para a organização? Quais descontos devo usar e em que circunstâncias?

Vender bem — controlo!

Como vamos efectuar um adequado controlo das vendas? Como poderemos decompor o desvio de vendas? Volume, *mix*, preço? Ou mercado, quota de mercado e preço? Que mecanismos poderemos criar para termos um vínculo entre vendas e a remuneração dos comerciais?

Estes são alguns dos *apports* que a área financeira, em sentido lato, poderá ter para melhores vendas! Para o cliente, para a empresa e para o comercial.

8.11 SATISFAÇÃO

8.11.1 SATISFAÇÃO GERAL

A satisfação é um conceito central em toda a lógica relacional. Pode ser compreendida como a **comparação entre a expectativa e a realidade** de uma determinada transacção.

FIGURA 62 **Satisfação**

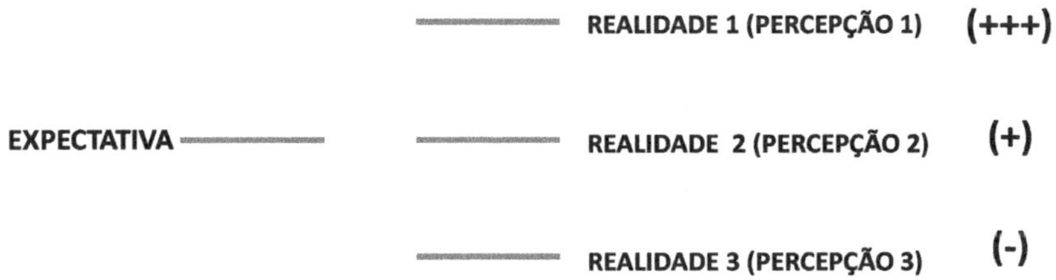

A Figura 62 esquematiza o raciocínio sobre a satisfação de uma forma geral. A comparação entre expectativa e realidade tem então três realidades possíveis: uma ficou **aquém** da expectativa, por isso a satisfação é **negativa**; outra ficou **ao nível** da expectativa, e por isso é **positiva,** e outra fica **acima das expectativas,** e por isso é **muito positiva**.

Um exemplo muito simples:

Imagine-se uma situação de atendimento em dois bancos distintos. O banco A promete atender os clientes em 10 minutos (expectativa criada); o banco B promete atender os clientes em 5 minutos (expectativa criada). Ambos atendem em 7 minutos, a realidade é a mesma, mas os resultados são diferentes, como ilustra a figura seguinte.

FIGURA 63 **Exemplo de satisfação**

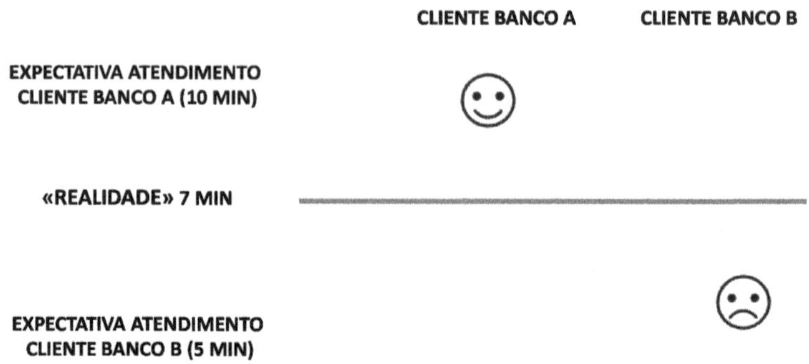

Dada a centralidade da satisfação para as vendas relacionais, importa destacar o seguinte:

1 — Quando se fala em «**realidade**», fala-se que foi entregue pela empresa; por isso, a realidade é um conceito muitas vezes subjectivo, e o termo mais adequado seria «**percepção**», pois uma empresa pode ter o mesmo *delivery* a 10 clientes diferentes e ter 10 avaliações diferentes.
Como desde o início do livro a ideia foi considerar cada cliente único, a «**percepção**» é verdadeiramente o termo correcto, pois cada cliente tem uma determinada «**percepção**» do que lhe foi entregue (neste caso, do valor que foi co-criado).

2 — Depois, referir que se vive uma era de **inflação de expectativas**, ou seja, como o cliente tem acesso a um **elevado volume de informação**, idealiza, muitas vezes, a **oferta perfeita**, pois compara as ofertas de concorrentes diferentes e cria a oferta ideal, o que muitas vezes **não é realista**. Por isso, exceder a expectativa do cliente é cada vez mais difícil de ser conseguido.

3 — Sendo a satisfação um conceito relativo que depende da expectativa e do *delivery* (traduzido na percepção), as empresas preocupam-se **muito com o *delivery*** e **pouco com a gestão de expectativa**. Por isso, em muitos casos, o **problema** da satisfação do cliente decorre não do *delivery*, mas sim de uma expectativa **mal gerida**.

4 — Em momentos com vendas **mais difíceis**, há uma tendência das forças de vendas para **aumentar (exagerar) a expectativa** sobre a oferta da empresa. Se do ponto de vista de venda de produto é um procedimento normal, numa lógica relacional de **continuidade**, quando se promete algo em **demasia**, já se sabe que a **satisfação** ficará obrigatoriamente **comprometida**, e, com isso, a repetição de compra e a recomendação, ou seja, os negócios futuros.

5 — Um dos aspectos centrais da gestão de expectativas em B2B é que a sua gestão não deve ser feita apenas no **início do processo** de vendas, mas até à **entrega e implementação**, sobretudo em processos longos. Por exemplo, numa

venda de *software*, imagine-se um desenvolvimento que levará um ano. Fica claro o que o cliente pretende, a expectativa está bem definida e gerida pelo fornecedor. Começa o desenvolvimento, ao final de um ano, já com o *roll out* feito e, tendo o fornecedor **dado mais** do que acordado inicialmente, o cliente **não ficou satisfeito**. O problema é que, durante aquele ano, o cliente **viu outros projectos, foi a feiras, foi visitado pela concorrência** e a sua expectativa **alterou** ao longo do tempo, e como o fornecedor **não actuou nesta dimensão**, quando entregou, mesmo **mais do que o acordado**, já a **expectativa do cliente era outra**.

6 — Um dos maiores erros das empresas em B2B em termos de satisfação aquando da entrega de algo é a não realização do **reforço comunicacional** sobre a entrega, deixando a percepção do cliente **formar-se sozinha**, sem a influência do fornecedor, o que pode fazer com que o cliente se foque em algo menos importante da entrega. O reforço comunicacional implica **vincar**, **realçar** ao cliente determinado aspecto da entrega, seja a **qualidade** do que foi entregue, o **cumprimento** de prazos, ou o **excedente** face ao que foi pedido, enfim, **qualquer atributo** que não deixe margem para dúvidas sobre os aspectos positivos da entrega.

Importa então fazer a seguinte pergunta:

Devemos dar ao cliente o que ele quer?

Normalmente, a resposta é sim, contudo, importa ter algum cuidado.

O foco do vendedor é a **co-criação máxima de valor** no seu cliente. Por isso, se o cliente **percebe** do que precisa e o que precisa é o que lhe cria mais valor, a resposta é **sim**; se o cliente **não tem** a informação correcta, **não percebe** da oferta em causa ou tem um **problema mal diagnosticado**, a resposta é **não**.

Exemplo: uma empresa pretende adquirir licenças para um *software* de CRM com os módulos X, Y, W e Z. O fornecedor pergunta quais são os objectivos da empresa ao adquirir o CRM. Da resposta fica claro que os módulos que a empresa deveria adquirir são o X, Y, L e o F, e não o W e o Z. Por isso, mais uma vez, o que deverá guiar o fornecedor é aquilo **que cria mais valor para o cliente**. Sempre.

Um exemplo geral de avaliação de satisfação, que tem maior aplicação em B2C, mas que, por vezes, é utilizado em B2B, é o Net Promoter Score (NPS).

Tomamos como exemplo um indicador de satisfação de clientes, o *Net Promoter Score* (NPS), largamente utilizado hoje em dia.[124] O NPS consiste numa pergunta sobre se determinada pessoa ou empresa recomendaria a oferta da organização/marca a terceiros. A resposta é dada numa escala de 0 a 10, sendo 0 não/nunca (ou semelhante) e 10 claro que sim/sempre (ou semelhante)[125]. Normalmente, as empresas adicionam a questão do **porquê**, que é fundamental para se perceber quais foram os principais motivos (positivos ou negativos) de determinada pontuação. Imagine-se que um cliente pontuou 4 uma questão sobre um determinado vendedor; com o porquê, a empresa fica a saber o motivo que fundamenta a pontuação e pode actuar sobre o motivo, **reforçando-o** (no caso de uma votação alta) ou **eliminando-o/solucionando-o** (numa pontuação baixa).

Reflexão n.º 44: Net Promoter Score

Na posse das respostas, o NPS = % promotores – % detractores. Por isso, como se obtém um resultado numérico, por exemplo, **10**, o objectivo para a companha seguinte pode bem ser atingir **10** no NPS no final da campanha.

8.11.2 SATISFAÇÃO COM A FORÇA DE VENDAS

Um modelo já testado sobre a satisfação dos clientes com forças de vendas é o **Salesperf**, baseado no conhecido servqual.

Este Salesperf parte de cinco dimensões que são importantes na avaliação da satisfação sobre o desempenho da força de vendas. Contudo, dada a

[124] Aqui não se entrará no mérito do NPS, muito utilizado hoje pela sua simplicidade e rapidez de aplicação. Apenas importa referir que a discussão no meio académico é muita sobre a sua validade e é inegável que, como regra, avaliar um determinado aspecto apenas através de um indicador é sempre limitado. Apesar disso, é sempre melhor ter um a não ter nenhum.

[125] Normalmente, as empresas adicionam a pergunta do porquê, o que lhes permite reforçar aspectos positivos ou corrigir aspectos negativos.

transformação digital em curso, uma sexta dimensão deve ser acrescentada ao modelo. As cinco dimensões originais estão numeradas de 1 a 5 e a sexta é a nova dimensão de avaliação:

1 — Fiabilidade
2 — Capacidade de resposta
3 — Domínio
4 — Empatia
5 — Apresentação
6 — Domínio do digital

Por conseguinte, uma empresa deverá elaborar um questionário com três a cinco questões sobre cada um dos pontos. De notar que o questionário deverá ser desenhado por forma a não tomar muito tempo dos clientes, **5 minutos** como tempo de referência. Um questionário deste tipo é dado ao **cliente uma, no máximo duas, vezes ao ano**. Do leque de clientes que um vendedor gere, é definida uma amostra que seja representativa e o questionário é então aplicado à amostra. Em caso de gestores de clientes com poucos clientes, um a cinco, poder-se-á conduzir inquéritos a todos uma vez por ano.

De seguida, apresenta-se um exemplo de questionário, sendo necessário refinar os questionários de acordo com o sector, fornecedor, objectivos de avaliação do vendedor e tipologia de cliente:

Exemplo de questionário

	☹	1	2	3	4	5	6	7	8	9	10	☺
1 — Fiabilidade												
1.1 — Quando é preciso, o vendedor X responde aos nossos pedidos?												
1.2 — As soluções que o vendedor X apresenta são implementadas e resultam da maneira prometida?												
1.3 — As soluções que o vendedor X apresenta são implementadas no tempo prometido por ele?												
2 — Capacidade de resposta												
2.1 — O vendedor X responde dentro de um tempo considerado por si como satisfatório? (poderia ser... de acordo com os SLA[126] em vigor?)												
2.2 — O vendedor costuma estar disponível quando precisa dele?												
2.3 — O vendedor X coloca-o em contacto directamente com quem resolve a sua situação?												
3 — Domínio												
3.1 — O vendedor X faz normalmente diagnósticos correctos daquilo de que precisa?												
3.2 — O vendedor X mostra domínio das matérias que discute consigo?												

[126] SLA — Service Level Agreement — são os níveis de serviços acordados entre as partes aquando de um acordo comercial que inclua serviços. Um tempo de resposta de reparação para um problema tipificado é um exemplo de SLA.

3.3 — Quando o vendedor X recomenda uma solução, sente--se seguro?												
4 — Empatia												
4.1 — O vendedor X é uma pessoa com quem é fácil lidar?												
4.2 — Em conversa consigo, sente que o vendedor X está realmente focado em resolver o seu problema?												
4.3 — Sente que o vendedor X é honesto?												
5 — Apresentação												
5.1 — Em situações de contacto com o vendedor X, considera que a forma como se apresenta do ponto de vista físico é adequado?												
5.2 — Os materiais informativos que o vendedor X lhe entrega são cuidados e têm boa apresentação?												
5.3 — O vendedor X entrega--lhe informação que é fácil de compreender?												
6 — Domínio do digital												
6.1 — O vendedor X demonstra domínio das ferramentas de reunião e de comunicação digitais?												
6.2 — O vendedor X escolhe os canais de comunicação mais adequados para si?												
6.3 — O vendedor X gere reuniões digitais de forma interessante?												

Utilizando as dimensões acima, uma das formas de a empresa avaliar o vendedor é somar a sua pontuação em cada uma das dimensões. Ainda pode adicionar um ***score***, isto é, como uma ou outra dimensão podem ser mais importantes para a empresa, dá-se-lhes um peso maior na pontuação, como exemplifica o quadro seguinte:

Vendedor X			
	Ponderação	Pontuação	Valor final
1 - Fiabilidade	0,2	24	4,8
2 - Capacidade de resposta	0,2	22	4,4
3 - Domínio	0,3	28	8,4
4 - Empatia	0,05	27	1,35
5 - Apresentação	0,05	26	1,3
6 - Domínio do digital	0,2	25	5
Total	1	152	25,25

QUADRO 45 **Exemplo de resultado de avaliação de satisfação de clientes**

O exemplo acima teve como base um modelo preexistente. A empresa pode fazer o questionário que quiser com base naquilo que for mais relevante. Importa também alargar o inquérito relativo a satisfação com a força de vendas a outros pontos de contacto e canais de comunicação que existam no processo de vendas, nomeadamente redes sociais, página da empresa, aplicações de *ecommerce, mcommerce* e *scommerce.*[127]

8.12 AVALIAÇÃO E CONTROLO

Um processo de avaliação tem, na sua essência, a comparação entre objectivos e resultados.

FIGURA 64 **Avaliação**

[127] Ecommerce — comércio electrónico tradicional, feito normalmente em sites; mcommerce — mobile commerce, feito por *apps* em contexto essencialmente *mobile*; scommerce — social commerce, comércio efectuado em redes sociais e/ou em locais com interacção entre pares.

1 — A avaliação começa na fixação de objectivos. Objectivos mal fixados implicam que a avaliação é impossível ou de baixo valor para a compreensão do desempenho do colaborador e da organização. Os objectivos são claros? Cumprem o A MAD ACT? Reflectem o que a empresa pretende para aquela campanha de vendas? Existe algo que a empresa pretende e que não esteja reflectido nos objectivos?[128]

2 — A avaliação não é punitiva, é um processo normal numa organização. É apenas isso. Pretende detectar se os objectivos foram cumpridos e como foram cumpridos. Não é possível gerir correctamente sem avaliação, que também tem implicações ao nível da motivação das pessoas de vendas e da sua remuneração.

3 — Como o objectivo de qualquer organização é que os elementos da força de vendas tenham óptimos desempenhos, todo o processo de avaliação deverá permitir a auto-avaliação, isto é, que cada indivíduo possa fazer a sua avaliação ao longo do caminho, para corrigir o que tiver de ser corrigido e para atingir os resultados pretendidos. Implica o acesso do vendedor à informação adequada e atempadamente. Por exemplo, elementos financeiros (como pode alguém controlar o seu desempenho ao nível de rentabilidade se não tiver estruturas de custos actualizadas?). A auto-avaliação liberta a liderança desta tarefa, responsabiliza o vendedor e permite-lhe corrigir o caminho enquanto é possível. É efectivamente um instrumento de controlo. Processos em que a avaliação ocorre somente *a posteriori* são processos que não orientam nem ajudam na consecução dos objectivos, apenas conferem se os resultados foram atingidos.

4 — A avaliação deverá ser discutida entre as partes interessadas (gestão de pessoas, liderança de vendas e vendedor) antes da implementação dos processos que avalia, para verificar se a metodologia utilizada é compreendida por todos e se existe concordância com o seu desenho e objectivos e implementação.

5 — A avaliação deverá ser discutida entre as partes interessadas (gestão de pessoas, liderança de vendas e vendedor) depois do processo que avalia para verificar aprendizagens da metodologia utilizada e melhorias para a próxima campanha.

[128] Já foi referido anteriormente que nas forças de vendas é comum pedir-se ou medir-se algo no final da campanha que não fazia parte do objectivo. Por exemplo, a satisfação de clientes não é um objectivo de vendas (que pode ser quantificado por NPS ou por um índice geral do Salesperf), e no final da campanha o vendedor é classificado em relação a este item.

Conceito-chave n.º 11: controlo

É o conjunto de acções e princípios que visam prever, acompanhar, prevenir, verificar, apoiar e avaliar alguém num percurso em direcção a um objectivo.

O controlo em forças de vendas tem duas formas extremas:

FIGURA 65 **Extremos do controlo de vendas**

No extremo da **actividade**, considera-se quase em exclusivo a verificação dos comportamentos e mesmo atitudes de um vendedor, isto é, o vendedor deve reportar onde está, o que irá fazer, a informação recolhida, bem como os acontecimentos que tiveram lugar numa base diária de partilha de agenda e informação, e de controlo de tempo de trabalho.

No outro extremo, o do **resultado**, a liderança apenas se preocupa com os resultados obtidos, não se interessando minimamente por quais as actividades desempenhadas pelo vendedor, onde andou e o que fez.

Como é evidente, estes casos são extremos e dificilmente implementados isoladamente. O normal é um meio-termo entre o controlo de actividade e o controlo por resultado, em que existe algum controlo das actividades do vendedor ao mesmo tempo que os resultados auxiliam ou não a percepção do seu desempenho.

Contudo, existem casos em que um predomina sobre o outro:

FIGURA 66 **Situações indicadas a extremos do controlo de vendas**

Em suma, a **avaliação e o controlo estão interligadas**, sendo que o controlo, sobretudo por resultado, deveria ser encarado como um mecanismo intermédio de avaliação. De seguida, apresenta-se um *framework*, o ***sales scorecard***, muito utilizado nas forças de vendas, tendo por base o *balance scorecard*, proposto por Kaplan e Norton e que durante muitos anos funcionou como um elemento essencial de controlo nas organizações.

8.12.1 *SALES SCORECARD*

O *sales scorecard* poderá funcionar como elemento de **avaliação** no **final** de um ciclo de vendas ou como elemento de **controlo durante** um ciclo de vendas. Existem vários formatos possíveis, quer ao nível de cada componente da estrutura (1, 2, 3 e 4, na Figura 67) quer ao nível dos elementos dentro de cada estrutura.

FIGURA 67 **Modelo geral Sales Scorecard**

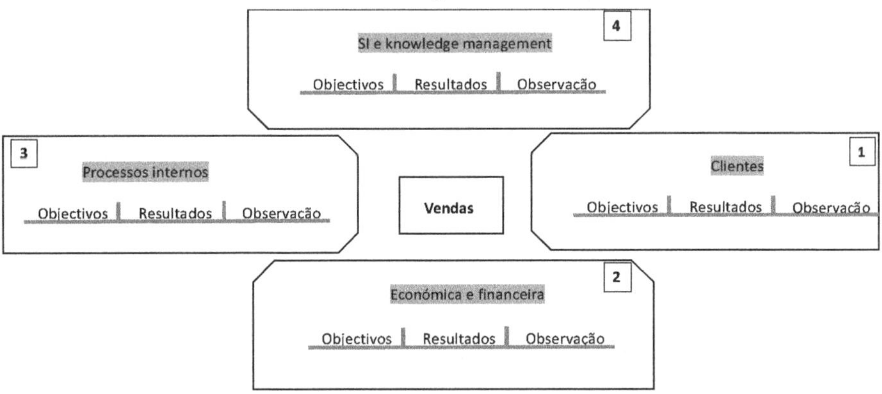

Dentro de cada componente, dever-se-ão referir os **objectivos, resultados e algum comentário sobre a comparação entre os objectivos e resultados**. Uma das grandes vantagens do *sales scorecard* é garantir que os objectivos são fixados de forma a abranger as áreas essenciais ligadas à função vendas. Assim, no exemplo em causa, existiram objectivos ao nível de **gestão de clientes, sistemas de informação** e ***knowledge management***[129], **económicos e financeiros e de processos internos**. Outra vantagem é

[129] Gestão do conhecimento.

a simplicidade para efeito de organização e apresentação de resultados. A seguir, serão exemplificados, componente a componente, objectivos, resultados e observações analisadas no durante ou no final de um determinado ciclo.

8.12.1.1 GESTÃO DE CLIENTES — EXEMPLO

CLIENTES **1**

Objectivos	Resultados	OBS
Retenção de 80% do número de clientes	Taxa de retenção 95%	Conseguido e superado em 15%
Aumento de NPS para 10	NPS final 5	Falhado em 5 pontos
Aumento da rentabilidade média por cliente em 10%	Aumento da rentabilidade média por cliente 12%	Conseguido e superado em 2%

8.12.1.2 ECONÓMICA E FINANCEIRA — EXEMPLO

Económica e financeira **2**

Objectivos	Resultados	OBS
Volume de vendas de 40 000 000 €	Volume de vendas 45 000 000 €	Conseguido e superado em 5 000 000 €
Aumento margem líquida das vendas em 15%	Aumento da margem líquida das vendas em 12%	Falhado em 3% da margem líquida das vendas
Taxa de crescimento das vendas 8%	Taxa de crescimento das vendas 8%	Conseguido

8.12.1.3 PROCESSOS INTERNOS — EXEMPLO

3 **Processos Internos**

Objectivos	Resultados	OBS
Melhoria da produtividade geral das vendas em 10% face ao ano anterior	Produtividade geral das vendas 11%	Conseguido e superado em 1%
100% da facturação por via electrónica	100% da facturação por via electrónica	Consecução total do objectivo
80% das reclamações resolvidas até 72 horas	85 % das reclamações resolvidas até 72 horas	Conseguido e superado em 5%

8.12.1.4 SI E *KNOWLEDGE MANAGEMENT* — EXEMPLO

SI e knowledge management **4**

Objectivos	Resultados	OBS
Toda a informação sobre clientes trocada via CRM	E-mails trocados no interior da equipa= 0	Consecução total do objectivo
100% das acções de promoção decididas e geridas através da plataforma de CRM	30% das acções não passaram pelo CRM	Falhado em 70% do número de acções
Todas as pessoas de marketing e vendas acedem à versão mobile do CRM	Somente as pessoas de vendas acedem ao CRM em versão mobile	Falhado, pessoas de marketing não tem acesso à versão mobile do CRM

Contributo n.º 19 — João Paulo Nascimento

«Uma cultura de vendas sem objectivos claros é uma cultura de vendas sem resultados.» Avaliação e controlo das equipas de vendas

João Paulo Nascimento[130]

Em primeiro lugar, agradeço genuinamente ao autor deste livro, o Prof. Doutor Luís Schwab, ter-me convidado para participar nesta obra, com uma análise da minha experiência sobre a avaliação e controlo das equipas de vendas. Foi um dos professores que mais me marcou no meu percurso académico pela sua inteligência, experiência, latitude de conhecimentos e pela extraordinária capacidade de trabalho. Tenho a certeza de que o leitor, até este momento, já foi desafiado várias vezes sobre o paradigma da venda.

Assim, e ainda antes de elaborar o tema, gostaria de referir que a metodologia de vendas e as organizações de vendas evoluíram bastante nestes últimos 15 a 20 anos. Coincidentemente ou não, a verdade é que desde que a plataforma web começou a suportar redes sociais e fontes diversas de formação e informação, o processo de compra sofreu tremendas mudanças. Esta democratização do conhecimento ao nível do consumidor — *shopper* — mudou o paradigma de vendas e com ele o perfil do vendedor.

Na equação da proposta de valor de uma venda, o consumidor/cliente passou a estar incluído na função que liga a empresa ao mercado. As organizações tornaram-se mais *customer centric* e menos *product oriented*. E é nesta transformação que as equipas de vendas deixaram de ser um órgão secundário, isoladas da organização, para passarem a ter uma função mais cerebral na estratégia das empresas.

O modelo *Golden Circle*, criado por Simon Sinek (Fig. A), evidencia bem o que é fundamental sob o ponto de vista organizacional e particularmente ao nível das equipas de vendas para dar resposta à mudança anteriormente referida. A estrutura organizada por vasos comunicantes permite à organização, e sobretudo às equipas de vendas, saber para além do que é tradicional: o que fazer — *what to do* —, saber igualmente como fazer — *how* — e, sobretudo, porque é que o fazem — *why*.

[130] João Paulo Nascimento é licenciado e pós-graduado em Gestão Marketing pelo IPAM (Instituto Português de Administração e Marketing). O seu percurso incluiu também, entre outros, o Programa Executivo de Marketing da Universidade Católica. Profissionalmente, tem 26 anos de indústria farmacêutica, 15 dos quais na indústria de genéricos, onde foi director comercial da Ratiopharm e da Generis. Actualmente, é country manager da ToLife, do Grupo Pensa.

Este não é um tema novo no êxito das organizações. São vários os autores que atribuem o sucesso de Steve Jobs e Martin Luther King Jr. à capacidade que tiveram de explicar o seu *why* em áreas tão diferentes.

Figura A

Este novo paradigma que o processo de compra introduziu nas organizações, onde o segmento que mais cresce é o do desconto, forçou as empresas que dependem de uma estrutura comercial para transaccionar os seus produtos ou serviços a evoluir no processo de venda — do tradicional *hard selling* para o modelo de *soft selling* —, a venda consultiva.

Um modelo que, por definição, obriga a que as estruturas comerciais tenham hoje um conjunto de competências base, sobretudo técnicas, que vão para além do que tradicionalmente se procurava no recrutamento de um vendedor. É muito comum ver nos dias de hoje estruturas comerciais com áreas de formação académica em comunicação, marketing e gestão.

É neste âmbito e em mercados altamente competitivos, *customer centric*, em que a variável margem é afectada por via do desconto ou posicionamento directo do preço, que os requerimentos base sobre a avaliação e controlo da equipa de vendas se alteraram, passando por modelos de avaliação de desempenho com indicadores internos e externos.

Em primeiro lugar, é necessário garantir que os territórios têm equidade do ponto de vista do potencial. É fundamental que assim seja para que o estabelecimento dos objectivos seja rigoroso e não crie assimetrias motivacionais. Em segundo, o modelo de objectivos em si deve ser tão ambicioso quanto alcançável, até pela componente de remuneração variável que pressupõe a actividade comercial. Por fim, os objectivos têm de ser claros. Isto é, ninguém numa estrutura comercial pode ter dúvidas de como é avaliado. Uma cultura de vendas sem objectivos claros é uma cultura de vendas sem resultados.

Sempre que possível, e considerando as competências das estruturas comerciais, deve procurar-se que as métricas de avaliação sejam de base 100. Isto significa que temos toda a estrutura comercial avaliada no mesmo patamar de linguagem matemática e num modelo relativo. Por exemplo, nas variáveis externas ou de mercado, a utilização de métricas como a de Market Index[1] (MI) e o Evolution Index[2] (EVOL) para medir o desempenho de um produto ou grupo de produtos. O primeiro indicador dá-nos a posição relativa de quota mercado (QM) e o segundo a posição relativa de crescimento.

Através da fórmula, percebemos que, se tivermos uma região de MI = 100 e EVOL = 100, estamos perante um vendedor que tem uma QM de um produto na sua região igual à QM que a empresa tem a nível nacional. Por outro lado, em termos de crescimento, este vendedor tem um desempenho sobreponível ao mercado concorrente. Naturalmente que estas variáveis podem e devem ser medidas em diferentes períodos, o que indica que temos uma avaliação com uma dinâmica que permite verificar qual a tendência das variáveis em análise.

1) $$\frac{\text{quota mercado produto}}{\text{quota mercado nacional}} \times 100$$

2) $$\frac{1 + \text{crescimento produto}}{1 + \text{crescimento mercado}} \times 100$$

Ao colocarmos em perspectiva a análise destas variáveis numa matriz BCG através de um exemplo, podemos inclusivamente orientar o *coaching* de um vendedor.

No gráfico 1, no quadrante onde se encontra o vendedor A, temos um desempenho negativo nas duas variáveis em análise (MI; EVOL) e é onde os esforços de acompanhamento devem estar concentrados, na medida em que a QM é inferior à QM nacional e o crescimento é inferior ao crescimento dos concorrentes inseridos no seu mercado. Já no caso do vendedor C, pese embora tenha uma QM inferior à QM nacional, o seu desempenho de crescimento é claramente um indicador de ganho de QM.

gráfico 1

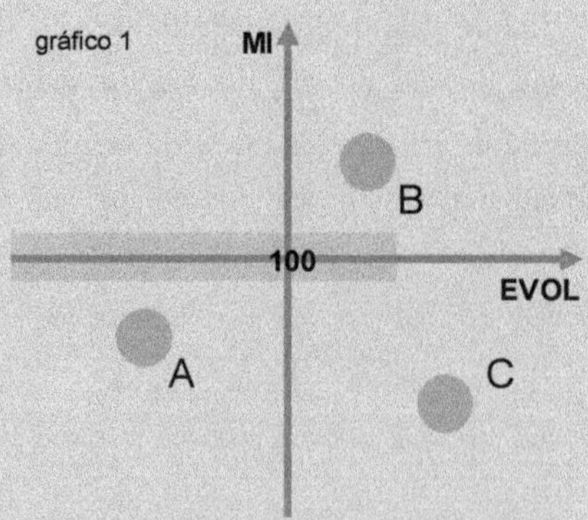

gráfico 2

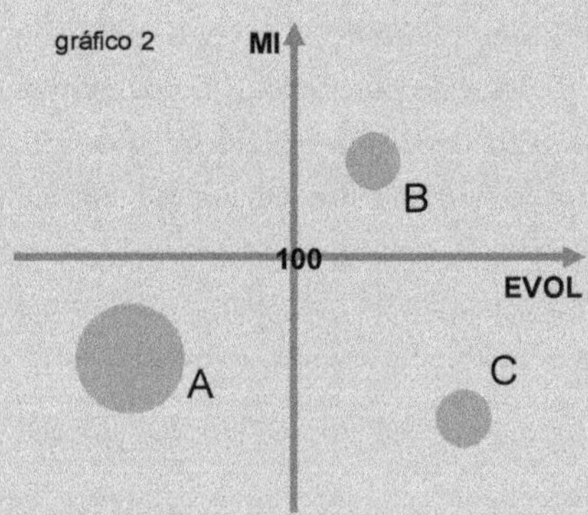

No entanto, e como referi, neste contexto de mercado é necessário introduzir métricas internas de avaliação, por exemplo, a margem (margem = preço NET – custo venda) que um vendedor liberta. No gráfico 2, demonstra-se essa alteração na dimensão das bolas, o que sublinha o regime de urgência na intervenção. O vendedor que mais margem liberta está a perder posição de mercado.

Por outro lado, a actividade comercial deve ter um planeamento de acordo com o potencial do cliente e o nível de adopção. A classificação dos clientes é um critério essencial na execução de uma estratégia e a pressão promocional está intimamente ligada ao momento em que a empresa se encontra; por exemplo, poderá estar perante um lançamento de um produto ou perante uma estratégia de manutenção de margem.

Na classificação da tabela X, temos nove segmentos de clientes. As letras A, B, C correspondem ao potencial de vendas e os números à adopção (QM da empresa nos clientes). Desta forma, a letra A corresponde ao número de clientes com maior potencial de vendas e a letra C ao menor potencial de vendas. Na numeração, o número 1 representa o número de clientes onde a empresa tem a maior QM e o número 3 o inverso.

Assim, nesta simulação de 485 clientes, temos a seguinte distribuição:

Tabela X	1	2	3
A	14	23	32
B	21	37	53
C	53	104	148

O planeamento da actividade deve ser por ciclos de trabalho e, mais uma vez, de acordo com as necessidades da empresa. Dentro desta linha de raciocínio e simulação, vamos planear um ciclo de trabalho com os mesmos três vendedores da análise BCG numa estratégia de ganho de quota de mercado. Para o efeito, é nos clientes A2, A3, B2 e B3 que se vai incidir a maior pressão de visitas e frequência de visitas, dado terem maior potencial e menor exploração de QM.

Na tabela X1, definimos a cobertura e frequência de visita que pretendemos para cada grupo de clientes, considerando a maior pressão promocional nos clientes nos quais se ambiciona a alavancagem de QM. Por consequência, a tabela X2 representa o número total de visitas que cada cliente tem como objectivo.

Objectivo de visitas por cliente

Tabela X1	1	2	3
A	3	4	4
B	3	4	4
C	2	1	1

Objectivo total de visitas por cliente

Tabela X2	1	2	3
A	42	92	128
B	63	148	212
C	106	104	148

Por conseguinte, na tabela X3 verificamos que, de acordo com os dias de trabalho (75 dias), o número de visitas/contactos com clientes que um vendedor consegue realizar por dia (5 visitas) e o número de vendedores (3 vendedores), a capacidade que a equipa de vendas tem é de 1125 visitas. De acordo com os objectivos pretendidos (tabela X1), verificamos que, pela capacidade instalada da estrutura comercial, é possível atingir 100% dos objectivos de actividade, já que os mesmos são 93% da capacidade instalada. Isto significa que os objectivos de actividade estabelecidos são exequíveis.

Tabela X3	
N.º dias trabalho ciclo	75
N.º visitas por dia	5
N.º vendedores	3
Capacidade equipa de vendas	1125
Objectivo do ciclo	1042
Objectivo / Capacidade	93%

Em suma, os objectivos de vendas ou margem, os objectivos de actividade e os indicadores de *performance* de mercado podem traduzir-se em análises comparativas (tabela X4).

	Objectivos vs. cumprimento vendas				Objectivos vs. cumprimento actividade (total e clientes-alvo)					Indicadores Mercado	
Tabela X4	Objectivo valor ou margem	% Cumprimento objectivo	Objectivo volume	% Cumprimento objectivo	% total Clientes	A2	A3	B2	B3	Market Index	Evolution Index
Vend. A											
Vend. B											
Vend. C											
TOTAL											
	Análise em % do nacional										
Nacional											
Vend. A											
Vend. B											
Vend. C											

No entanto, existem hoje sistemas de CRM (Customer Relationship Management) suportados em plataformas de BI (Business Intelligence) que possibilitam ter num mesmo *dashboard* o cruzamento de variáveis internas e externas num formato *user friendly*, com algoritmos que reportam a cada momento os desvios e sugestões de correcção.

Numa era fortemente tecnológica, não utilizar a sua eficiência e dispô-la ao serviço das estruturas comerciais é um erro na alocação do investimento.

Existem outras variáveis para avaliar as equipas de vendas, sobretudo qualitativas. No entanto, entendo que nos devemos concentrar nas mais relevantes e evitar a dispersão de indicadores. A actividade diária de um vendedor tem inúmeras condicionantes e tendencialmente dissonantes do alinhamento/foco nos objectivos.

Garantir o foco nos objectivos através de uma correcta execução da estratégia comercial é um processo contínuo de monitorização e *feedback* à própria estratégia comercial.

MIND MAP 9

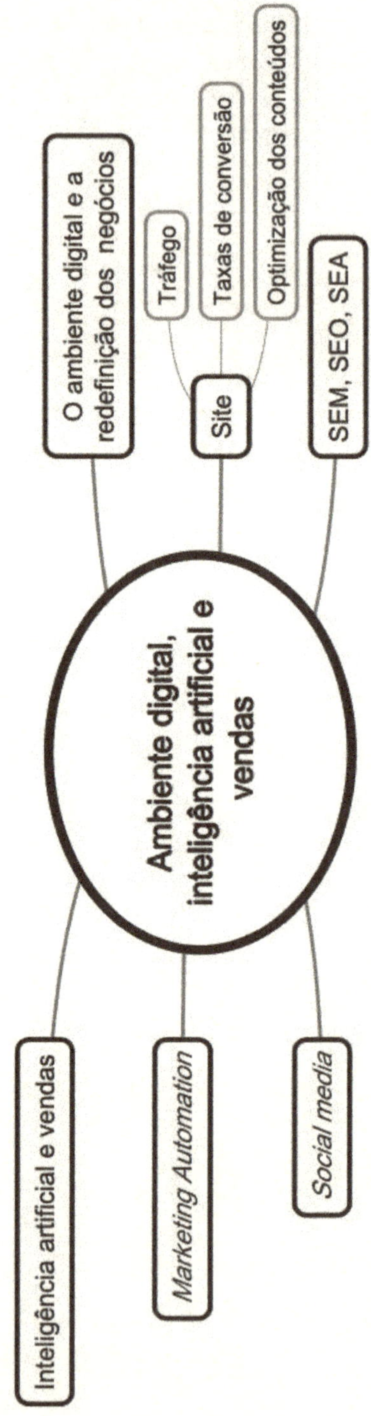

Ambiente digital, inteligência artificial e vendas
O ambiente digital e a redefinição dos negócios
Site
Tráfego
Taxas de conversão
Optimização dos conteúdos
SEM, SEO, SEA
Inteligência artificial e vendas
Marketing Automation
Social media

9. Ambiente digital, inteligência artificial e vendas

Assumindo, mais uma vez, que as vendas num contexto de Business 5.0 são relacionais, interactivas (não só entre comprador e vendedor, mas entre vários actores de uma *network* de valor), preditivas, lidam com enorme volume de dados e informação, adaptadas cliente a cliente e com uma forte incorporação de inteligência artificial no dia-a-dia das operações, as pessoas de vendas obrigatoriamente devem desenvolver competências[131] nos novos meios digitais, incluindo as tecnologias associadas.

Importa separar o que deve ser **compreensão** e **coordenação** daquilo que é a **especialização**, isto é, a área de vendas não é a responsável pela gestão de SEO, AdWords, e-mail marketing, entre outros, mas deve ter **conhecimento** sobre **estes temas**, **participar** activamente na sua definição e implementação, e saber como **incorporar os elementos do digital** no seu processo de vendas[132], combinando o **digital com o não digital**, por forma a ter uma gestão eficaz do cliente e das oportunidades de negócio.

Por isso, este capítulo deve ser encarado como uma sugestão de temas[133] que as pessoas de vendas devem dominar na sua actividade, com implicações claras ao nível dos planos de formação.

Assim, as competências desenvolvidas no digital pelas pessoas de vendas permitirão interagir com diferentes funções como *web designers*, programadores, *digital marketeers*, garantindo uma gestão da actividade de vendas adequada. São também apresentados *softwares* e plataformas, mais utilizados

[131] O termo «competências» engloba o tradicional KSA (*Knowledge*, *Skills* and *Abilities*).

[132] Um dos elementos da formação moderna referidos no ponto da formação de vendas.

[133] Evidentemente, os temas relacionados com a actividade digital de vendas não se esgotam naqueles que são aqui abordados; procurou-se sensibilizar as pessoas da área de vendas para a necessidade do domínio dos temas principais.

no meio de negócios e que permitem a concretização dos elementos abordados no âmbito da componente digital do negócio que normalmente é incluído no campo do marketing digital.

O termo marketing digital tem sido abundantemente utilizado, nalgumas vezes com alguma imprudência, pois desenvolve-se a ideia de que é possível ter um marketing digital **«caído do céu»**, completamente dissociado das demais componentes de marketing. O que acontece com frequência é que algumas empresas investem no digital, sem conhecimento efectivo de marketing, sem lógica de comunicação integrada entre o físico e o digital, sem estratégia concertada de marca, sem alinhamento de canais, entre outros.

Marketing digital não existe, o que existe é a **componente digital de marketing**. A empresa não deve ter um «marketing digital» separado ou dissociado do marketing da organização; a experiência do cliente é omnicanal, social e contínua; assim deverá ser também a lógica da interacção da empresa.

Reflexão n.º 45: marketing digital

Isso não é desejável, a coerência no planeamento e na acção implica uma visão **integrada** da empresa e da actividade de marketing e vendas. Em termos práticos, marketing digital independente não existe; o que existe é a **componente digital de marketing**; quem não sabe e não tem nenhuma competência em marketing não pode ter sucesso sustentado no digital.

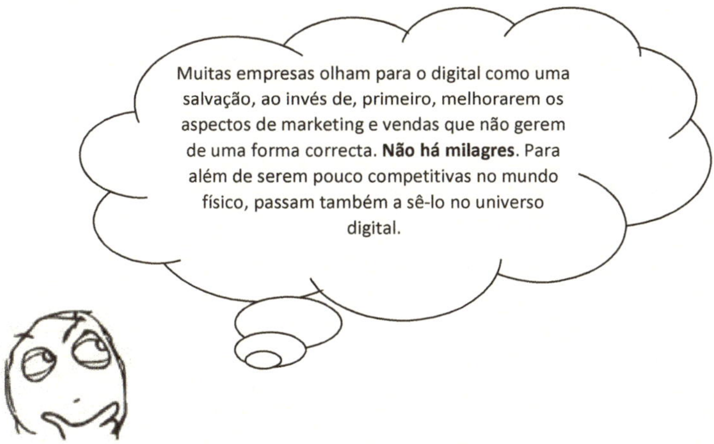

Reflexão n.º 46: digital como salvação

Posto isto, o digital evolui, mesmo em B2B, como a interface de excelência e de enorme potencial de vendas, onde o mobile ganha um terreno especial, em termos de comportamento de compra[134].

Se para vendas B2C a **localização** foi sempre a questão-chave, agora a **visibilidade online** tem ganhado superior importância. Nas vendas B2B[135], a web e o *social media* possibilitaram **novas formas** de contacto, procura e negociação, alterando radicalmente alguns dos principais pontos de encontro entre compradores e vendedores, sendo as **feiras** um bom exemplo.

Exceptuando as grandes feiras internacionais, que são referências nos respectivos sectores, as **feiras mais pequenas** têm vindo a perder importância, pois a utilidade principal das feiras sempre foi colocar em contacto compradores e vendedores; ora, esta questão fica resolvida, quer a nível de informação quer ao nível de contacto, via web, de uma forma mais eficaz e com custos muito mais reduzidos.

Outro aspecto onde o digital teve um impacto forte em B2B foi ao nível dos ***marketplaces*** e da forma como as plataformas electrónicas de compra[136] (cf. Contributo n.º 3 — Eduardo Nader) alteraram completamente os processos de compra e os comportamentos dos actores neles envolvidos.

[134] Os responsáveis de compras acompanham, verificam e decidem processos de compra em *mobile*.

[135] Importa referir mais uma vez a questão que por B2B, neste livro, é representada toda a transacção entre entidades que não o consumidor final, por exemplo, o B2G, que é o *business to government*.

[136] De que são bons exemplos as empresas Ariba, Bravo solutions, Mercado Eletrônico, Saphety e Vortal.

A área de *procurement* tem vindo a alterar o seu comportamento em termos de utilização do digital no processo de compra, e os estudos apontam em média que:

¾ dos clientes têm menos interacções com as forças de vendas e confiam mais nos meios digitais
68% dos compradores em B2B preferem contactos online a contacto presenciais com vendedores
Os compradores gastam o dobro do tempo em procura online comparado com o que gastam com vendedores
Confiam mais nos conteúdos dos meios digitais do que nos vendedores

Estes factos levantam um desafio muito grande às forças de vendas e à área de vendas em geral, que reside no facto de o aspecto mais central da actividade de vendas, **a relação pessoal vendedor-comprador**, estar a mudar e de uma forma profunda, e implica que as forças de vendas **deixaram de ser o único canal de comunicação** durante o processo de vendas, para passarem a **ser um dos canais de comunicação** com os *prospects* ou clientes.

Acresce também que mesmo a forma de contacto entre o vendedor e o comprador, o presencial, **está a mudar**, o que significa que uma grande parte do **contacto síncrono** dar-se-á de **forma remota**, por exemplo, por videoconferência, **alterando** um dos pilares de vendas, que é o **contacto presencial** entre as partes, e todo o conjunto de ***insights*** que se obtém pessoalmente, que muda radicalmente quando o contacto é virtual.

Por conseguinte, surge uma necessidade de **novas competências** (sem perder as antigas!) que as pessoas de vendas precisam de adquirir ao nível do digital (e que foram referidas no ponto da formação da força de vendas), e também o **redesenho dos processos de vendas** (a todos os níveis, objectivos e métricas incluídas), para se compatibilizarem com o novo ecossistema de negócios.

Em suma, as forças de vendas devem desenvolver competências nos seguintes aspectos do novo ecossistema tecnológico:

WEBSITE
SEM, SEO, SEA
SOCIAL MEDIA
MARKETING AUTOMATION
INTELIGÊNCIA ARTIFICIAL

9.1 SITE

Um site é uma porta de entrada para a organização, compreendendo em si múltiplas funções, que passam por comunicação, informação, negociação e mesmo distribuição, como no caso de consultoria, *software* ou *e-books*. É parte da *journey* de um cliente ao longo do processo de compra, inicialmente em consumidores finais, mas hoje largamente utilizado por clientes empresariais.

Não se pretende entrar em detalhes da criação de um site, mas sim focar em aspectos para os quais as forças de vendas devem estar despertas, pois, nas **estruturas híbridas de vendas**, os vendedores podem, consoante a empresa, passar a gerir componentes digitais de vendas.

Quando uma empresa parte para o desenho de um site, assume-se que as questões estratégicas, de *targeting* e de posicionamento estejam definidas e também que já estejam desenhadas as *buyer personas* e as *customer journeys*.

Para além de responder ao que foi acima referido, do ponto de vista funcional, é importante que um site tenha:

1 — Facilidade de navegação	• Mapa do site claro e simples • Botões e conteúdos facilmente identificáveis • Retorno fácil à *homepage* • O tráfego entre páginas fácil e o histórico de navegação facilmente consultável
2 — Seja rápido no carregamento da página	• Vital num mundo instantâneo, decisivo num contexto *mobile*; consultar, por exemplo, o PageSpeed da Google ou o Pingdom.

3 — Defina o Shopping Carts[137]	• Uma das falhas mais comuns nas pequenas empresas, em que muitas vezes processos de colocação dos produtos no carrinho, os preços e as promoções não são claros, o que torna necessária a comunicação com a empresa para fechar negócio, o que constitui um obstáculo à compra. Não esquecer que cada obstáculo é um convite à desistência do processo de compra. É importante ter métricas da percentagem de clientes que desiste no carrinho, pois indica se o processo de compra online está bem desenhado.
4 — Tenha links externos e internos funcionais	• Inaceitável *Page not found,* para além de ser uma informação não facultada ao visitante, denota falta de actualização do site e mais uma falha na *customer journey*.
5 — Seja *mobile responsive*	• Já referido anteriormente, dever-se-á garantir nos vários *devices* móveis (*smartphones* e *tablets*) que o site está adequado em termos de visualização e funcionalidade.
6 — Tenha hipótese de *reviews* e fóruns	• Garantir que existe possibilidade de os clientes efectuarem *reviews* dos produtos e das experiências que tiveram com a organização • Fóruns que possibilitem a troca de opiniões entre membros da comunidade de clientes • Tanto *reviews* como fóruns deverão ter um acompanhamento próximo e atempado da organização.
7 — Cumpra a regra de protecção de dados	• Regras explícitas e claras sobre *cookies* e demais elementos da protecção de dados
8 — Tenha suporte ao cliente 24/7	• Independentemente dos horários de maior procura, um site funciona 24/7 e o suporte ao cliente é algo que deve ser planeado, sendo uma das formas possíveis a utilização de aplicações como o LiveChat.
9 — Conteúdos	• Os conteúdos, para além de cumprirem esclarecimentos sobre a oferta da organização, são elementos que estimulam o tráfego de um determinado site, contribuem para a imagem da empresa e aumentam a utilidade junto dos clientes. É da maior importância o envolvimento das pessoas de vendas na sugestão, produção e partilha de conteúdos existentes na organização e no site.
10 — Simplicidade	• Animações, esquemas complexos, muitos produtos e promoções que aparecem ao mesmo tempo criam confusão e estimulam o visitante a sair. Na dúvida, simplifica-se. Organiza-se. Os textos devem ser curtos, com palavras-chave claras e imagens auto-explicativas.

[137] Carrinhos de compras, em tradução livre.

> O site, dada a sua importância na captação, comunicação, vendas e gestão da relação com os clientes, deverá ser sempre definido e monitorizado por marketing e vendas; as áreas de webdesign e de TI deverão implementar o que é definido por marketing e vendas.

Reflexão n.º 47: definição de um site de uma organização

Depois de construído um site, de acordo com as boas práticas, a preocupação seguinte está relacionada com o tráfego, isto é, atrair pessoas e/ou empresas ao site, e, na maioria dos casos, convertê-las em compradoras. Esta é uma actividade que pode funcionar exclusivamente online ou resultar de uma forte interacção entre o online e o mundo real (aqui com intervenção directa de pessoas de vendas).

9.1.1 TRÁFEGO E TAXA DE CONVERSÃO

Sendo o site «a porta de entrada» o principal elo da empresa no digital, é absolutamente essencial que os clientes e potenciais clientes cheguem ao site.

Para isto, muito contribui o posicionamento que o site tem nos motores de busca. Aqui, deve-se ter presente o conceito do IMC[138], **Integrated Marketing Communication**, em que a política de comunicação deve estar definida e ser conhecida pelos diferentes actores internos, e no qual os termos a utilizar em todos os formatos de comunicação têm uma lógica comunicacional integrada.

Para aumentar o potencial de atracção de um site, uma empresa deverá gerir especialmente o seguinte:

[138] Integrated Marketing Communication — Comunicação integrada de marketing.

Palavras-chave
Programa de afiliados
Publicidade
Conteúdos
Eventos
Promoções

Desafio n.º 18: numa empresa, os responsáveis de marketing e vendas devem responder ao seguinte:

1. **Quais são os termos, no seu negócio, que os seus *targets* utilizam, quando fazem uma busca na web?**
2. **Como procuram?**
3. **Para além das campanhas de comunicação em digital, pode a força de vendas orientar, dirigir, influenciar a busca num determinado sentido? Qual?**
4. **Como é a relação entre quem concebe o site, o marketing e as vendas para garantir que são utilizadas as palavras-chave mais eficazes nos motores de busca?**
5. **O material promocional, físico e virtual está de acordo com as definições de palavras-chave utilizadas no online?**

Deve-se analisar com mais detalhe o tráfego, a taxa de conversão e a conversão por tipologia de visitante.

Tráfego por período/ /hora do dia	Ajustável à cultura e aos hábitos dos compradores. Importa referir que, apesar da divisão que será apresentada, qualquer site funciona 24 horas/7 dias por semana. Importa saber o tráfego nestes períodos, para, por exemplo: • Ser mais eficaz na publicidade, tornando-se visível nos períodos em que os clientes estão mais activos; • Lançar promoções com maior probabilidade de sucesso; • Dimensionar equipas de suporte em tempo real. Normalmente, pode considerar-se em quatro períodos de compras, • primeira manhã — 6 às 9 — antes do início do horário de trabalho — neste período, a percentagem de compras é reduzida

	• horário comercial — das 9 às 18 — considerado o período mais movimentado para compras dos profissionais entre 25 e 60 anos, com procura de informação e mesmo fecho de compras, chegando ao pico de ambas actividades na hora do almoço; • horário pós-comercial — tipicamente das 18 às 24, quando as pessoas chegam a casa • horário tardio — claramente o mais reduzido, muito específico para determinados negócios Fins-de-semana: têm uma tipologia própria, com picos variáveis por sector e por empresa. Em empresas com oferta internacional, os fusos horários devem também serem tidos em conta na análise.
Taxa de conversão	Implica analisar o número de visitantes que se convertem em compradores. Contudo, nem sempre este rácio reflecte o sucesso do site, pois depende do seu objectivo. O site pode ter sido desenhado para ser, em primeiro lugar, um veículo de informação e comunicação num elemento omnicanal. Características que podem estimular o seu visitante a comprar: • Segurança que o site inspira, sobretudo ao nível de pagamento, protecção de dados e garantias sobre defeito e troca; • Múltiplas opções de pagamento; VISA, MasterCard, PayPal, MB (Portugal)... • Reduzido número de cliques e etapas até ao fecho (tenha sempre presente a regra dos três cliques); • Simplicidade e visibilidade dos catálogos e explicações — a maioria dos clientes irá fazer parte ou totalidade da *journey* em *mobile*, com uma forte probabilidade de ser em omnicanal; • Acções que estimulam a compra naquela visita, *call to action*, como promoções de preço, quantidades ou transporte incluído; • Suporte em tempo real, sendo mais comuns dúvidas sobre bens (ex.: dimensões ou garantias técnicas), logística e entregas, manutenção, garantias e facturação. Este suporte poderá ser efectuado por pessoas ou por *chatbots*[139]. • *Reviews* de clientes, muito comuns na hotelaria e restauração, importante também noutros sectores.
Conversão por tipologia e fonte de visitante	Essencial para identificar o que está a acontecer em termos de tráfego. Em termos de tipologia, dever-se-á poder identificar • novo visitante, • visitante repetente (já visitou, mas não comprou), • cliente (já efectuou compras anteriormente).

[139] *Chatbots* podem ser definidos como programas de inteligência artificial que simulam conversação humana interactiva. São referidos também como entidades de conversação artificial (*artificial conversational entity* — ACE), *chatterbox*, *chatterbot* ou *talkbot*.

Quanto à fonte, será útil ter informação sobre a proveniências dos visitantes, isto é, • sites afiliados[140], • Google Ads, • procura orgânica, • websites terceiros, • *social media* sites, • recomendação de outros clientes, • influência da força de vendas.

Todos estes elementos permitirão entender melhor a origem e o interesse dos clientes, bem como a eficácia das campanhas e da gestão comunicacional, servindo de importantes fontes de conhecimento para a força de vendas.

9.1.2 OPTIMIZAÇÃO DE CONTEÚDOS E O IMPACTO EM SITES

Os **conteúdos** desempenham um papel-chave na atractividade dos sites, redes sociais e blogues. A sua produção deve ser alvo de uma atenção particular, não só pelo interesse e actualidade, mas também pelo impacto que terá no posicionamento em termos de motores de busca.

A área de vendas **produz e promove conteúdos**. Por isso deve ter conhecimento sobre como os conteúdos podem ter um impacto positivo nas vendas. Aqui serão destacados alguns pontos:

1. A utilização das palavras-chave no primeiro parágrafo dos textos é normalmente importante, pois os motores de busca podem não «varrer» todo o texto com a mesma importância.
2. Actualização — conteúdos actualizados são atractivos e fonte de interesse; a frequência de actualização varia com o tipo de empresa e indústria, mas é recomendável uma actualização pelo menos duas vezes por mês ou, no mínimo dos mínimos, uma vez por mês.
3. Evitar esquemas dentro de figuras, animações em *flash* e outros elementos que os motores de busca não conseguem ler.
4. Estabelecer *inbound links e external links.* Aqui importa definir quais são as páginas ou outros que podem originar tráfego para o site da

[140] Sites afiliados ou programas afiliados: são acordos com websites que geram tráfego para outros websites, normalmente tendo remuneração, uma comissão ou valor fixo por clique ou por preenchimento de um formulário, ou, no limite, acordos de reciprocidade.

empresa e também quais os sites que podem ser recomendados a partir do site da empresa; mais um exemplo de trabalho interessante a ser desempenhado por marketing e vendas em conjunto;

5. Efectuar a gestão de SEO, análise de tráfego próprio e de outras empresas em ferramentas como o moz.com e alexa.com.

9.2 SEM, SEO E SEA

Estes acrónimos referem-se a Search Engine Marketing (SEM), Search Engine Optimization (SEO) e Search Engine Advertising (SEA), podendo ser relacionados da seguinte maneira:

SEM = SEO + SEA[141]

O **SEO** contempla todas as acções que se devem tomar no sentido de promover o tráfego orgânico, que é, em termos simples, o tráfego que resultará dos motores de busca, onde o Google é o mais importante. O objectivo é obter uma maior visibilidade, **aparecer primeiro** em buscas correctamente relacionadas com a empresa e com o negócio.

Na distribuição tradicional, três factores eram considerados fundamentais: **localização, localização** e **localização.** No online, a **localização é aparecer no cimo de uma lista** de resultados, sendo esta posição decisiva no processo de vendas que passa pelo site.

O Google é o principal motor de busca, e para a área de marketing e vendas a consulta ao *Search Engine Optimization Guide*, da Google, fornecerá indicações importantes para ter uma base de conhecimento para um futuro diálogo com especialistas da área digital[142].

Em termos práticos, é ideal que a empresa **apareça nos 10 primeiros lugares** da listagem do motor de busca. Este deve ser um objectivo inicial da construção de uma estratégia de SEO, partilhado com as vendas.

Importa também referir que a maioria das buscas são feitas até quatro palavras escritas em conjunto; quanto maior a frase ou o número de palavras utilizadas em conjunto, maior a probabilidade de sucesso na atracção ao site.

[141] SEO origina o que muitas vezes é designado por «tráfego orgânico»; SEA origina o que muitas vezes é designado por «tráfego pago».

[142] https://developers.google.com/search/docs/beginner/seo-starter-guide.

A intervenção da área de vendas na definição das palavras-chave é absolutamente essencial ao sucesso de vendas.

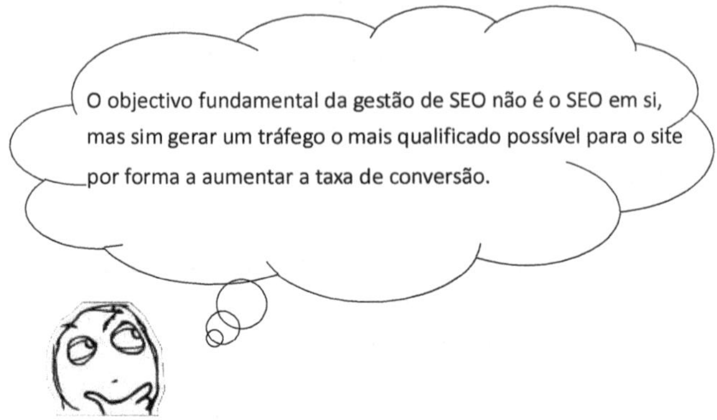

Reflexão n.º 48: objectivo gestão de SEO

O **SEA** consiste na colocação de anúncios nos motores de busca, onde o Google aparece mais uma vez como o principal, sendo por isso de especial importância tudo o que está relacionado com o Google Ads[143], que também terá um impacto no SEO e no *ranking* que uma determinada empresa terá em buscas no Google. Embora muito do orçamento para anúncios seja afecto à área de marketing, hoje, grande parte do orçamento para Google Ads encontra-se repartido por marketing e vendas.

Tanto para o SEO como para o SEA, as palavras-chave são fundamentais na posição em que a empresa aparecerá numa procura; **sem uma correcta definição das palavras-chave**, toda a estratégia do digital pode ficar comprometida. Mais uma vez, a força de vendas deverá ser um parceiro interno activo neste ponto em qualquer organização.

9.2.1 ESCOLHA DAS PALAVRAS-CHAVE[144]

No processo de escolha das palavra-chave, importa:

- Efectuar um *brainstorming* com vendedores, clientes e outros, para a identificação das principais palavras-chave utilizadas pelos clientes ao longo da sua *journey*;

[143] https://ads.google.com/intl/pt_PT/home/?pli=1.

[144] O termo *tag* é utilizado muitas vezes como sinónimo das palavras-chave.

- Incluir os produtos-chave, o tipo de serviços, informação e outros elementos da oferta;
- Utilizar ferramentas que auxiliam na geração de palavras-chave e as qualificam;
- Analisar a concorrência de duas formas:
    1. Escolher os seus concorrentes principiais e identificar as palavras--chave que utilizam;
    2. Introduzir a partir das palavras-chave que pretende utilizar e identificar quais são as empresas que aparecem como concorrentes; será curioso verificar que as duas listas conterão vários concorrentes diferentes, o que traduz a importância de perceber como o digital induz diferenças no contexto competitivo e em tudo o que está inerente a esta diferença.
- Gerar um *tag cloud*.[145]

A seguir, listam-se *softwares* úteis nestes pontos.

Ferramenta	Explicação
1 — Google Trends	Apresenta tendências de procuras ao nível internacional
2 — Google Wonder heel	Contribui para gerar palavras relacionadas para *brainstorming* sobre palavras-chave
3 — Google Keyword Planner	Contribui para a geração de palavras-chave, ligado também à componente paga dos anúncios
4 — Wordtracker	Contribui para a sugestão e análise de palavras-chave
5 — SEMrush	Contribui para a sugestão e análise de palavras--chave e análise de concorrência

[145] *Tag cloud* é um arranjo de palavras-chave que permite visualizar a frequência de utilização de determinadas palavras-chave num conteúdo específico, seja num site, blogue ou texto.

9.3 *SOCIAL MEDIA*

O *social media* é um ecossistema com importância crescente para as vendas e o relacionamento com os clientes. Algumas das principais vantagens da utilização do *social media* nos negócios são:

Adquirir *insights* sobre *prospects*, clientes e *influencers*, fora da relação com a empresa.
Identificar *prospects* e *influencers* relevantes para a organização e novas oportunidades de negócios em clientes.
Conhecer os clientes **fora** da relação directa com a organização.
Conectar com **actores relevantes** através de *networking* e participação interactiva em grupos e outros.
«*Engage*» com os actores através de **conteúdo** com valor, por forma a influenciar os actores a investir recursos na relação com a empresa e com outros actores (ex.: B2B2C). Esse *engagement* foge da «conversa tradicional de vendas», assentando em interesses, objectivos e problemas dos actores — **relevância e valor** do conteúdo.

A **gestão de redes sociais**, dado o potencial de negócio que representa, o seu papel na relação com os clientes e outros *stakeholders*, mas também pela sua exposição e potencial de dano, exige equipas treinadas. Algumas empresas têm o que se designa por *social media teams*, que, em geral, tem boas práticas ao nível de:

Desenvolvimento de normas e políticas para operação no *social media*	**1. Responsabilização e «etiqueta»** **2. Transparência e precisão da comunicação** **3. *Guidelines* para a equipa e para toda a organização sobre a política e prática de comunicação online**
Gestão de comunidades externas	**1. Ter ferramentas que permitam um *scan* constante das redes na procura de comentários e *posts* sobre a organização — Google alerts, blog trackers...** **2. Identificar líderes de comunidades** **3. Desenvolver políticas de dinamização das comunidades**
Gestão de comunidades internas	**1. Identificar líderes de comunidades internas** **2. Identificar pessoas com competências em cada um dos principais *social media*** **3. Identificar pessoas com competências para ligar as comunidades internas da organização**

Frontalidade, rigor e capacidade de resposta	**1. Reconhecer erros da organização num determinado processo quando tal for evidente** **2. Afastar rapidamente crises** **3. Ser selectivo e não aceitar o envolvimento de pessoas/empresas com comportamentos e atitudes incompatíveis com os princípios da empresa**

Dentro dos diferentes *social media,* o **LinkedIn** assume um papel especial para as forças de vendas B2B. Como plataforma que reúne profissionais de diferentes áreas, o LinkedIn é a plataforma ideal para promover a empresa, identificar *targets* e estabelecer contactos, efectuar a recolha de informação dentro da área de negócio pretendida e lançar e gerir campanhas.

Tendo hoje mais de 700 milhões de membros, as suas características permitem um elevado potencial de negócio. Aspectos importantes a referir em relação ao LinkedIn:

A empresa pode ter a sua página e páginas associadas — ***showcases***, que permitem um foco maior da comunicação.
Diferentes tipos de publicidade — (*sponsored content, sponsored messaging, text ads, dynamic ads*)
O nível de escolha de *targets*, por características profissionais (empresa, sector, cargo) e pessoais (várias características sociodemográficas), é muito desenvolvido e fino, o que permite a produção de conteúdos e acções dirigidos a grupos/pessoas muitos específicos.
A ferramenta própria do LinkedIn designada de Sales Navigator permite, entre outros: identificar *leads*, recolher *insights* de clientes e *leads*, identificar quem segue o perfil da empresa e do vendedor, determinar quem da equipa tem melhores *links* para um determinado contacto e como estabelecer, gerir e avaliar campanhas e melhorar a comunicação.
A analítica disponível sobre toda a actividade relacionada com a conta (impressões, cliques; interacções, seguidores conquistados, taxa de interacção, demo e firmografia)
Possibilidade de criação de um blogue no âmbito do LinkedIn, o Pulse
Compatibilidade de dados e informação com diferentes CRM
O potencial de criação de grupos temáticos abertos ou fechados, o que pode funcionar como uma gestão de comunidade ou comunidade de práticas.

Por tudo isso, o LinkedIn deve ser uma prioridade em B2B na intervenção de empresas B2B no *social media*. A **actividade de angariação e mesmo de acompanhamento** não se resume ao LinkedIn, mas nenhuma força de vendas de topo opera sem considerar o LinkedIn nestas fases do processo de vendas.

Para além do LinkedIn, as forças de vendas devem ter em atenção um suporte para o *social media*: **o vídeo**.

Omnipresente em quase todas as redes sociais, o vídeo tem hoje uma importância acrescida. Uma das maiores agências de publicidade e comunicação do mundo, a Saatchi and Saatchi[146], propôs, há algum tempo, que a comunicação deveria ter uma lógica de SiSoMo, acrónimo que significa *sight* (visão), *sound* (som) e *motion* (movimento).

O vídeo é o elemento comunicacional por excelência e implica duas situações: a **qualidade** dos vídeos (comunicacional e de produção) e o seu **meio de divulgação**.

O vídeo, com os conteúdos em diferentes formatos, é um cartão-de-visita. A qualidade exigível de um vídeo implica que **não exista lugar a amadorismos**; não há qualidade, não se publica. A empresa tem duas hipóteses: investe em material próprio ou recorre a estúdios com a competência para o efeito.

Em termos de publicação, praticamente todas as plataformas têm capacidade de reprodução de vídeos, e a empresa deverá ter uma lógica da razão pela qual fez o vídeo e quais os objectivos da publicação do vídeo, que pode ser uma demo, uma substituição de um catálogo, a explicação de um produto, uma simulação, testemunhos ou outros. Ressaltando a questão do tempo, sobretudo assumindo que muitos dos vídeos serão vistos em ***mobile***, deve limitar-se a duração idealmente até um minuto, um minuto e meio.

Logicamente que o YouTube é a plataforma de excelência para a sua publicação. Toda a versatilidade, como os canais que uma empresa pode criar, bem como a óptima segmentação que o YouTube proporciona, tornam esta rede muito interessante para a comunicação e/ou apoio da força de vendas.

Os restantes *social media* devem então ser ponderados pela empresa (por exemplo, Instagram e Facebook) em termos da sua política digital de negócio.

[146] https://saatchi.com/en-us/.

9.4 *MARKETING AUTOMATION*

No seu formato mais simples, é o e-mail marketing. Permite a gestão da comunicação com visitantes e clientes, a construção e utilização de *landing pages* e o registo de métricas relacionadas com campanhas de e-mail marketing.

Reforçarmos o conceito de *landing page*, que é uma página muito utilizada em vendas e que é concebida para estimular acções, que normalmente fornecerão *leads* à organização ou iniciam um processo de vendas aos já clientes.

Estas páginas têm esta designação pois são páginas onde a pessoa «aterra» e não têm ligação a mais nada. Existe uma acção que é sugerida, como o *download* de um vídeo, de um *whitepaper*, de uma demo, e, mediante o registo do visitante, poderá ser construída uma base de dados para ser explorada a seguir pela empresa num processo de vendas.

Para organizações com maior dimensão, existem variadíssimas soluções, como o Marketo (www.marketo.com); para pequenas e médias empresas existem soluções mais simples, como o Pardot (www.pardot.com) e o Mailchimp (www.mailchimp.com). A visita a estes portais é muito útil para que as forças de vendas percebam a tecnologia ao seu dispor e como podem complementar a sua actividade de vendas.

Curiosamente, muitos gestores subestimam o e-mail marketing, mas os resultados apontam o contrário e têm sido têm sido animadores para as forças de vendas.

9.5 INTELIGÊNCIA ARTIFICIAL E VENDAS

A **Inteligência Artificial** (IA) está na fase de *hype* de inovação e a área de vendas deve compreender cada vez mais a sua utilidade e como incorporá-la no dia-a-dia das vendas e antever os cenários de um futuro próximo em termos de *change management* motivado pela IA.[147]

[147] Não se pretende fazer futurologia nem discutir quais são as funções que serão substituídas pela IA. Estes temas estão fora do âmbito deste livro e existem outros fóruns sobre estas discussões.

O termo «inteligência artificial» foi cunhado por John McCarthy em 1956[148], e representa o potencial de uma máquina em ter capacidades cognitivas, como compreender um determinado ambiente ou situação, resolver problemas, formular decisões para atingir um objectivo, tudo de forma autónoma, ou seja, sem ser programada especificamente para tal.

Dado o elevado volume de dados gerados hoje (Big Data[149]), as principais vantagens da IA, para além da capacidade de lidar **com um enorme conjunto** de dados, são a capacidade de lidar **com dados não estruturados**[150], trabalhar em situações nas quais a **relação entre diferentes variáveis** é importante e **não está determinada**, e situações em que ocorre uma **mudança frequente nas variáveis.**

Tendo em conta que muito daquilo que é exigido num processo de vendas é a análise de inúmeras variáveis e de informação não estruturada (como comportamento de clientes, comentários nas redes sociais, reclamações, pedidos específicos, entre outros), é inevitável a **aplicação da IA** na área de vendas.

De destacar que a IA tem uma capacidade de aprender com dados e informação que existem na empresa; se a empresa **não tem dados ou informação** disponíveis de anos anteriores, a aplicação de IA fica **muito comprometida**.

A IA não é uma questão de futuro ou de ficção; já esta presente em vários níveis da organização e na área de vendas e já é utilizada em muitas empresas.

As primeiras áreas de incidências da IA foram as das tarefas **repetitivas de baixo valor**. Tipicamente, a componente inicial de um processo de vendas de **conversão de um *lead* em cliente** tem, nas **primeiras fases**, etapas muito intensivas de trabalho que geram, normalmente, pouco valor.

148 Importa aqui referir também o conceito de *machine learning*, que se funde com o de IA, e que foi proposto por Arthur Lee Samuel em 1959, que é a capacidade que as máquinas têm em aprender a responder a uma situação sem serem explicitamente programadas para tal.

149 Parece claro que aquilo a que se chama hoje de Big Data se transformará rapidamente em *Normal Data*.

150 *Unstructured data*, em inglês. Bernard Marr, da Enterprise Tech, refere estes como dados que não se podem organizar automaticamente, não são estruturados. São dados e informação que não estão organizados de uma maneira pré-definida, não seguem um padrão. Por exemplo, informação num e-mail, informação recolhida num processo negocial, fotografias, esquemas, opiniões, etc. Sendo importante destacar que se estima que entre 80 e 90% da informação no mundo dos negócios seja não estruturada.

Por exemplo, quando uma empresa tem uma *landing page* que origina centenas ou milhares de *downloads* de um *whitepaper* ou de um vídeo, deverá fazer o *follow-up* das pessoas que fizeram o *download* para perceber se estão interessadas ou não em fazer negócio com a empresa.

Este é um processo **moroso**, que pode resultar numa taxa de conversão **muito baixa** e por isso a afectação de recursos de vendas a esta tarefa pode ter um **retorno muito baixo**. Várias empresas actuam nesta fase (ex.: Conversica) e têm algoritmos prontos para interagir com os *leads* e determinarem os *leads* que têm uma alta probabilidade de estarem interessados em fazer negócio com a empresa, «passando» então o contacto desses leads para um vendedor.

A seguir, mencionam-se algumas das funcionalidades que já são aplicadas nas áreas de vendas no âmbito da IA:

Identificação de quem procura, anonimamente, as soluções da empresa via web
Identificação de potenciais clientes através de comentários e informações que estes colocam em redes sociais e na web
Identificação de oportunidades de negócio em clientes já existentes através de comentários e informação que estes colocam em redes sociais e na web
Identificação do que está a decorrer em termos de procura num determinado sector
Determinação da melhor altura para entrar em negócio com alguma empresa
Definição da *customer journey* de um potencial cliente/cliente
Sugestões de texto para entrar em contacto com o potencial cliente/cliente
Actualizações automáticas de informação de contas pré-definidas, por exemplo, por incorporação de comentários efectuados numa rede social sobre a empresa ou os seus produtos
Diversidade de métricas e rácios sobre campanhas e gestão relacional com potenciais clientes/clientes
Elaboração de anúncios personalizados e a definição do melhor momento para a sua publicação
Desenho e gestão de campanhas
Alertas para forças de vendas sobre momentos e formas de actuação num potencial cliente/cliente
Priorização dos negócios com maior potencial
Identificação do *buying center*

Participação na formação e treino das pessoas de vendas, através da revisão de reuniões de vendas gravadas e *inputs* (da IA) sobre o que poderá ser melhorado
Acompanhamento em tempo real de uma reunião virtual com mensagem sobre como aproveitar pistas que o comprador dá e/ou como melhorar o discurso de vendas
Captura de metadados e dados específicos
Priorização das acções que devem ser executadas junto de um cliente ou potencial cliente para um determinado resultado
Registo automático de informação, evitando que a força de vendas perca tempo com a tarefa
Caracterização do perfil de determinado comprador

Para além de todas as utilizações acima referidas, existe hoje imensa IA «**embebida**» nos produtos e que tem um papel importante de integração num ecossistema. Por exemplo, um sistema de IA que detecta uma potencial avaria numa peça num voo comunica esta avaria ao departamento de manutenção do aeroporto de destino e a um determinado armazém, que verifica automaticamente o *stock* da peça e agenda a reparação para o momento da chegada do voo, economizando horas de paragem.

A ideia de **transformação digital** está também intimamente ligada à IA e vai mais longe, ao combinar **digitalização, IoT, IoE e inteligência artificial, recursos e conhecimento**, não só para melhorar o que existe, mas para promover **inovação disruptiva** no sentido de nova criação de valor; não é só acelerar o que a força de vendas fazia, é «fazer vendas» de uma forma diferente.

É expectável que a **produtividade dos vendedores aumente**, pelo facto de a IA libertar as pessoas de vendas de tarefas de baixo valor. Depois, a melhoria da capacidade de previsão de fecho de negócio conferido pela incorporação de IA fará com que o esforço das pessoas de vendas seja mais bem aplicado, pois os *targets* escolhidos serão aqueles com maior probabilidade de negócio.

Outro aspecto importantíssimo do ponto de vista relacional é o facto de que, com a digitalização, muitos dos ***insights* que os vendedores obtinham na relação presencial** serão obtidos através de **ferramentas de IA**, quer pela recolha de informação em reuniões virtuais quer pela recolha de informação de comentários e publicações de compradores em redes sociais e na web em geral (conferências, *whitepapers* e outros).

Um detalhe que não pode ser esquecido é o de que os clientes (compradores) preferem fazer grande parte do processo de compra **sem a intervenção de um vendedor**. **Não são as compras que se adaptam às vendas**, mas sim o contrário.

Insistir em visitas de vendedores quando os compradores não querem não só não ajuda, como **prejudicará** o processo de vendas.

Para além disso, vender hoje num contexto de uma maior digitalização envolve uma capacidade de articulação em termos de *network* com novos parceiros (ex.: agentes logísticos) e novas formas de operar e de acompanhar os clientes ou potenciais clientes (ex.: social CRM).

Existem fenómenos de **desintermediação** — em que os intermediários tradicionais perdem importância ou desaparecem (ex.: agentes de viagem) — e de **reintermediação** — com o surgimento de novos intermediários (ex. Booking, Amazon), por isso, toda a lógica de parceiros no processo de vendas deve ser permanentemente revista.

De uma forma geral, **tudo o que puder se digitalizado, será**. A informação e a comunicação são duas áreas muito facilmente digitalizáveis e, por isso, a área de vendas continuará a ser uma área muito exposta à aplicação da IA.

Toda a mudança introduzida pelo digital, *social media* e IA pode deixar muitas pessoas da área de vendas apreensivas. Contudo, como em qualquer processo de mudança, é impossível prever o que o futuro reserva. Talvez o melhor começo seja ter uma noção realista daquilo que é já a inovação que existe no presente e o que esse presente exige para que se tenha um negócio competitivo.

Contributo n.º 20 — Henrique Soares

Sobre a influência da Inteligência Artificial na função de vendas

Henrique Soares[151]

As vendas são uma actividade que decorre maioritariamente num contexto de humano para humano, sendo a própria natureza do exercício das vendas inteiramente construída com base na comunicação entre humanos.

Na sua essência, a função de vendas assenta na capacidade de um ser humano criar e estabelecer uma ligação a outro e depois convencê-lo de que ele necessita de, ou está motivado para, comprar o que o proponente tem à venda.

Neste processo, a construção de relacionamentos bem-sucedidos é a chave para concretizar o objectivo de uma venda bem-sucedida. E é por isso que o deter de fortes habilidades de comunicação pode ser um factor extremamente importante para quem trabalhe em vendas. Com os recursos que a inteligência artificial (IA) disponibilizou, a forma como a função de vendas está a ser revolucionada como actividade é muito significativa e tratada num contexto de transformação digital.

Presentemente, já existem casos em que as equipas de vendas utilizam a IA como forma de alavancar os negócios, de comunicar melhor e de operar de forma mais inteligente num campo que se verifica cada vez mais abrangente e competitivo. Uma forma interessante de aplicação actual da IA às vendas é ajudar as prospectivas de vendas ao vendedor mais adequado. Os sistemas de IA podem ainda, com base nas necessidades de um cliente, recolher as informações necessárias sobre o mesmo e encaminhá-las ao vendedor que, de acordo com as necessidades identificadas, assegure mais probabilidade de realizar a venda.

Com base nas necessidades de uma pessoa, os sistemas de IA podem recolher as informações necessárias no cliente e garantir que elas sejam enviadas a uma pessoa com maior probabilidade de efectivamente as vender de acordo com suas necessidades.

Podemos ver um futuro em que esses sistemas são capazes de reconhecer necessidades da perspectiva da personalidade e encontrar correspondências adequadas para comunicações futuras.

[151] Empreendedor e gestor de negócios, com mais de 25 anos de experiência em trabalho executivo, no sector de tecnologia de informação. Histórico de larga experiência de trabalho nos sectores automotivo, telecomunicações, consultoria de TIC e *software*, em geografias que incluem Portugal, Espanha, Holanda, Reino Unido, América do Sul e África.
É co-fundador e conselheiro da Hexastep, Pedra Basilar & M Square, SGPS.

Com sistemas de IA, é possível criar e fornecer perfis complexos para um cliente, eles não são apenas capazes de identificar quais podem ser as suas necessidades, mas também podem fazer sugestões hiperpersonalizadas para que um vendedor se alinhe às preferências específicas desse cliente. Isto pode ser utilizado para fazer combinações mais eficazes ao longo do tempo. À medida que esses sistemas continuam a aprender sobre comunicação, padrões de fala e tons, é mais provável que possam oferecer informações personalizadas aos representantes de vendas, antes, durante e depois das interacções com os clientes.

Os sistemas poderão futuramente também sugerir que um representante fale mais devagar numa ligação de vendas ao cliente ou ofereça serviços adicionais baseados em palavras-chave no e-mail ou conversa telefónica com o cliente.

Quando esses sistemas obtiverem uma compreensão mais concreta das subtilezas do diálogo, parece provável que a IA possa fornecer informações ou sugerir informações úteis ao representante para garantir que o cliente esteja a responder a todas as perguntas.

A IA também pode criar um perfil completo para um cliente, para que as suas necessidades individuais não se percam se o representante principal deixar a empresa.

Outra forma interessante de usar esta mesma tecnologia é na formação. À medida que os sistemas de IA aprendem mais sobre o que deve ou não ocorrer numa chamada telefónica, eles poderão fornecer *feedback* personalizado sobre as interacções com os clientes. Isto pode ser eficaz para os funcionários num grupo de formação que aprendem novas competências, porque a IA poderá treiná-los e oferecer informações sobre como lidar com chamadas ou e-mails de clientes.

Um sistema habilitado para IA fornece um mecanismo inestimável de treinar, e de treinar consistentemente, diferentes representantes à medida que estes progridem na sua carreira. Além da sala de formação, estes tipos de sistemas também poderão fornecer *feedback* e orientação personalizada para ajudar os representantes existentes a tornarem-se mais eficientes na execução dos processos em que intervêm. Isto será útil para manter níveis de desempenho uniformes e pode aumentar a receita individual e colectiva desses funcionários. Embora os seres humanos sejam notoriamente propensos a cometer erros, os sistemas de IA são capazes de manter uma vigilância consistente sobre o comportamento, sem fadiga ou degradação de desempenho. Isso possibilita que esses sistemas reconheçam quando um cliente está incrivelmente chateado e um gerente deve ser informado da situação.

Os sistemas de vendas habilitados para IA estão a ajudar os funcionários a concentrarem-se no que mais precisam: obter mais vendas. Os robôs (*bots*) de IA são mais do que capazes de assumir parte da actividades com a qual os funcionários têm, actualmente, de lidar.

Ao usar esses *bots*, os vendedores podem economizar tempo em análises e consequentes relatórios, inserindo informações nos sistemas e convertendo informações de um sistema para outro.

Tal pode proporcionar-lhes mais disponibilidade para trabalhar no estabelecimento de relacionamentos concretos com os seus clientes, para que eles possam efectivamente fechar mais vendas.

Este é um benefício óbvio para os funcionários e para as suas empresas. Além de apenas lidar com trabalho e relatórios básicos, a IA em vindo gradualmente a assumir o papel de assistente de vendas perfeito.

Os *bots* de IA são capazes de identificar as necessidades dos clientes e dos vendedores para tirar o máximo proveito das suas interacções. Isto pode significar que a IA manipulará as etapas preventivas com um cliente, respondendo a perguntas, fornecendo informações e interagindo com os clientes por e-mail ou mensagem de texto.

Como a IA é capaz de analisar dados em massa, num nível de complexidade elevada, consegue reconhecer os *leads* que estão em processo de desaparecer e, consequentemente, tomar medidas para manter esses relacionamentos activos. Isto pode significar entrar em contacto com um cliente para detectar o seu nível de interesse ou apenas fornecer informações sobre o facto de que seu nível de interesse está a aumentar e fornecer essas informações ao funcionário para que ele possa estimular o relacionamento.

MIND MAP 10

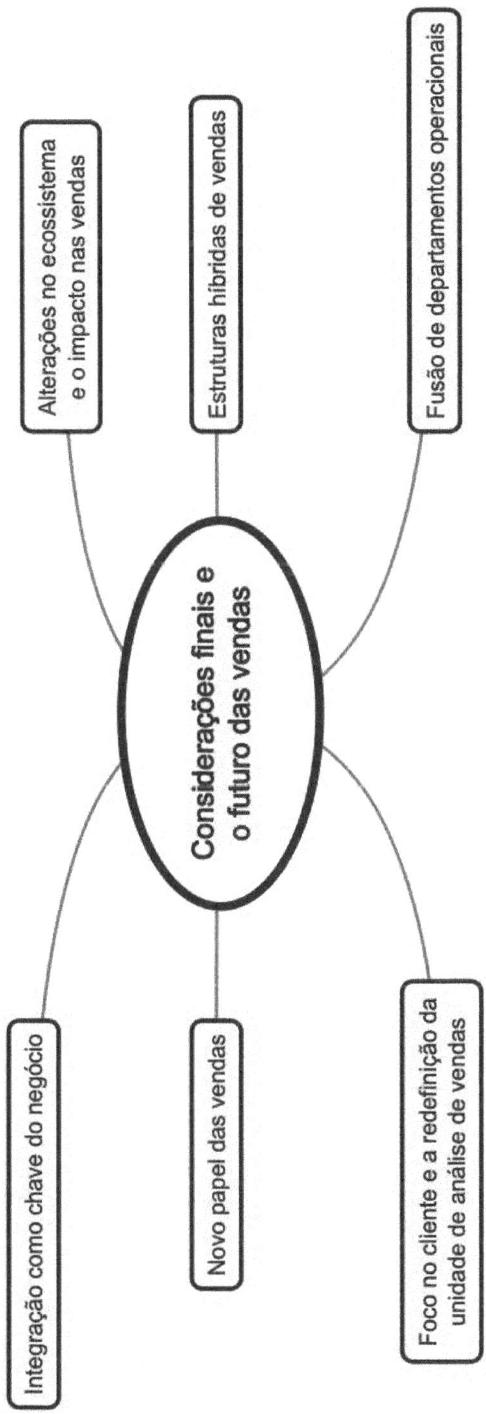
Considerações finais e o futuro das vendas
Alterações no ecossistema e o impacto nas vendas
Estruturas híbridas de vendas
Fusão de departamentos operacionais
Integração como chave do negócio
Novo papel das vendas
Foco no cliente e a redefinição da unidade de análise de vendas

10. Considerações finais e o futuro das vendas

Ao longo do livro, tem sido feita uma «viagem» que procurou «motivar» as pessoas envolvidas em vendas, quer sejam gestores, vendedores ou estudantes, para o desafio de gerir vendas num contexto hiperdinâmico.

Não sendo futurologia a nossa especialidade, será importante fazer o *wrap up* de muito do que foi falado, abrindo também caminho para o futuro próximo das vendas.

Por isso, importa destacar:

1. As vendas já não são um **departamento** que possa trabalhar **isolado do marketing** e dos demais departamentos, o que torna imperativa a **integração** das várias áreas da organização vendedora.
2. A vendas já não são vistas como um processo que resulta da interacção entre dois actores, comprador e vendedor, mas sim um processo em que um **conjunto de actores** se junta para, numa lógica de ecossistema, produzir uma determinada solução **criadora de valor.**
3. Isto implica **alinhamento** entre **diversos parceiros**, caso a caso, na busca da melhor solução potenciadora de criação de valor e que depende da **transparência** interorganizacional e do desenvolvimento de **lógicas de parcerias** entre os actores; empresas que não têm competências em **gestão de projectos partilhados** e em **gestão de conhecimento** começam a ter dificuldade em vender a este nível.
4. As **alterações profundas** que se dão no lado da **produção** permitem concretizar a ideia de uma oferta cada vez mais adaptada ao cliente. Efeitos como **robotização** e **impressões 3D têm** tido um impacto muito grande na produção e, sobretudo, na **produção em pequena escala**, com custos competitivos. A **mudança** de paradigma fabril de bens de consumo e industriais, das **tradicionais mega-estruturas**

de produção localizadas em mercados distantes do europeu e americano (ex.: China) para estruturas com elevada incorporação de **automação e de IA**, com baixa intervenção humana, permite uma **grande flexibilidade** de produção e **uma localização próxima dos mercados de elevado consumo** (ex.: europeu e americano). Essa mudança de paradigma fabril permite que seja desenvolvida uma **oferta efectivamente adaptada** cliente a cliente, a um preço **semelhante** ao preço de produtos massificados e feitos em larga escala; o que suporta, também do lado da produção, o **foco no cliente**.

5. A **transformação digital**, com a utilização do ambiente web, *social media* e da IA na função de vendas, é já uma realidade e liberta as pessoas de vendas para outras tarefas de maior valor acrescentado.
6. De salientar, em termos de vendas, que muitas tecnologias autonomizam os clientes no processo de compra, permitindo a co-criação entre a empresa e o cliente com **reduzida ou nenhuma interferência** da força de vendas, o que significa que muitos dos processos de vendas **não terão a intervenção** do que se conhece hoje como o «vendedor clássico». A empresa deverá estar preparada para actividades deste tipo, pois **não é o cliente que se adapta ao vendedor, mas sim o contrário**. Quem determina o seu percurso é o cliente. Se o cliente não quiser comunicar directamente e em pessoa com uma pessoa de vendas e a empresa insistir nisso, **acabou a interacção**.
7. Os clientes não querem **ouvir soluções básicas e generalistas** nos contactos com a organização, querem, sim, soluções **desenhadas por medida**, que demonstrem a compreensão dos seus problemas, necessidades e desejos, que sejam compatíveis com o **modelo de negócio da empresa compradora** e que, de uma maneira clara, **mostrem um impacto positivo no negócio da empresa compradora** (*value-based proposition*).
8. Em relação ao ponto anterior, a **multiespecialização** da equipa de gestão de clientes será norma, tendo pessoas com diferentes competências — produção, financeira, gestão de pessoas e outras — que participarão nas equipas de projecto.
9. O conhecimento tácito **deixará de ser dominante na área das vendas**; a ideia que a pessoa de vendas retém o conhecimento sobre o cliente não será aceite numa organização moderna. Os modelos de gestão de conhecimento hoje promovem a evolução do conhecimento

tácito para conhecimento explícito, disponível para toda a organização. Se uma empresa não for eficaz nessa gestão, fica incapacitada de criar e utilizar um factor fundamental de competitividade, que é a **inteligência sobre o cliente**.

10. Uma empresa é um todo, focado no negócio. O negócio é **co-criar valor** com os clientes, através da experiência que o cliente tem com a empresa. Esta co-criação de valor é feita de uma **forma que a concorrência não consegue ultrapassar**. Isto é o que garante o presente e o futuro de uma empresa. Sem divisões, com partilha de informação e alinhamento de objectivos.
11. As tarefas de maior valor acrescentado estão intimamente ligadas à **gestão do cliente**, quer na componente de gestão de conhecimento sobre o cliente, passando pela gestão da **interacção, *a customer experience e journey***. A equipa que interagirá com cada cliente determinará a competitividade da empresa e a sustentabilidade do negócio, através da produção da maior utilidade (valor, benefício) possível junto do cliente. **Estas são efectivamente as actividades de futuro em vendas.**

Na sequência do que foi referido nos pontos 1 a 11, importa então apresentar duas formas de organização das vendas.

A primeira está relacionada com as estruturas híbridas de vendas, de acordo com a Figura 68.

FIGURA 68 **Estrutura híbrida de vendas**

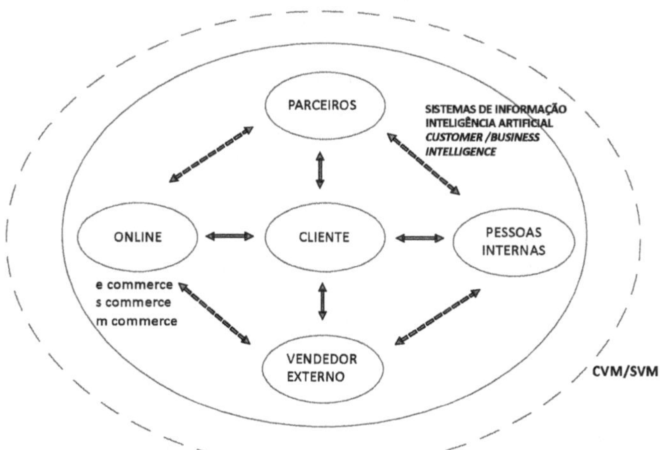

A estrutura híbrida de vendas é já aplicada em várias empresas e tem por objectivo orientar a empresa na estruturação dos canais de interacção[152] com os clientes. O que é proposto nesta estrutura é o seguinte:

A empresa deve estabelecer e gerir os canais de interacção com o cliente tendo em conta os vendedores tradicionais (externo no esquema), as vendas online, as pessoas internas de suporte às vendas e o canal entre os parceiros e o cliente.
Vendedores externos são aquelas pessoas de vendas que estabelecem mais contactos com os clientes, que visitam o cliente e que interagem com o cliente de uma forma regular — próximo do que se pode entender como vendedor tradicional.
Pessoas internas em muitos casos são designadas como *inside sales*[153], englobando as pessoas da organização que não estão no «terreno», mas que participam activamente no processo de venda. Como foi assumido ao longo do livro que todas as pessoas da organização participam no processo de vendas na lógica de *customer experience*, poder-se-ão considerar neste canal de interacção todas as pessoas que estão no modo de vendas em *part-time*[154] e aquelas que, participando em vendas, não têm actividade externa (o que cada vez mais será o dominante).
O canal online é evidente desde o momento em que a interacção com o cliente é *digical* (*digital e physical*) e deve ser desenhado com base na *customer journey* que se pretende para o cliente.
Um dos canais menos trabalhado é o canal dos parceiros da empresa fornecedora. As parcerias são cada vez mais presentes, sendo óbvias na logística, em sistemas de informação, nos casos de *outsourcing*, entre outros. Por isso, a interacção entre parceiros e clientes deve ser pensada e coordenada pela empresa vendedora, por forma a ter controlo da situação, uma vez que a interacção entre cliente e parceiros está incluída na experiência que o cliente tem com uma empresa fornecedora. Por exemplo, uma empresa X de mobiliário de escritório que recorre a arquitectos externos para desenhos de ambientes de trabalho e a agentes logísticos para a entrega e instalação tem aqui dois pontos de contacto que deve gerir, pois estes parceiros influenciarão a avaliação da experiência do cliente com a empresa X.

[152] Realça-se aqui a designação de canais de interacção e não canais de comunicação, pois considera-se que a designação de interacção é mais abrangente do que comunicação, mais adaptada à realidade actual e mais indutora de acção. Por exemplo, o esclarecimento de uma factura com o cliente não é comunicação, é interacção; o controlo remoto de uma máquina não é comunicação, é interacção, a redefinição de uma nota de encomenda não é comunicação, é interacção.

[153] *Inside sales, inside selling* — são termos indutores de grande confusão, pois são utilizados com variadíssimos significados, desde vendas a partir da empresa até vender internamente na organização. Por isso, a opção foi utilizar o termo «pessoas internas» para identificar esse canal.

[154] Cf. ponto de sistemas de recompensa.

O esquema mostra que todas as interacções decorrem embebidas em ecossistemas suportados por sistemas de informação, com incorporação de inteligência artificial, capazes de produzir conhecimento e, sobretudo, inteligência de negócio sobre o cliente e o negócio. Os *softwares* de topo de CRM são capazes de gerir essas interacções com a resposta pretendida e com a partilha e geração constante de inteligência sobre os clientes, o negócio e os desempenhos dos diferentes actores.

Todo este processo deverá ser controlado pelo gestor de clientes, designado ao longo do livro como CVM e SVM.

Por fim, a reorganização da função vendas leva a que se olhe para a **estrutura da organização** de uma forma **desafiadora e quase disruptiva**. Novas formas organizacionais têm sido propostas para tornar as empresas mais capazes de responder. Nas Figura 69 e 70 apresentamos dessas propostas.

FIGURA 69 **Fusão de departamentos operacionais**

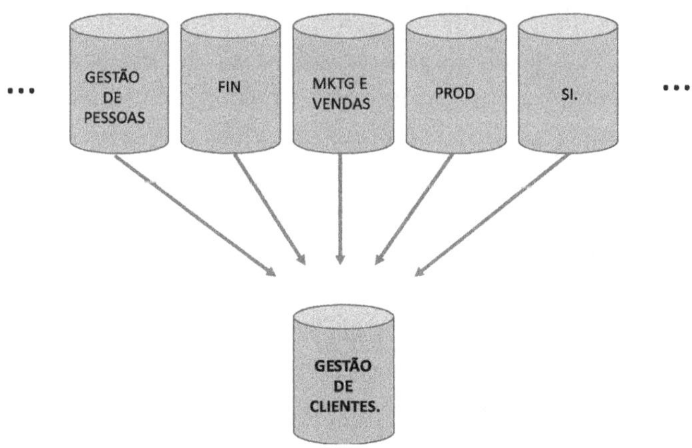

O desafio apresentado na Figura 69 passa por assumir verdadeiramente o **fim do efeito de silo.** Assim, do ponto de vista **operacional,** se verdadeiramente o foco é o cliente, então não faz sentido continuar **com diferentes departamentos**, que na prática significam barreiras ao funcionamento na gestão do cliente.

Se o **cliente é o negócio**, então deverá existir um **único departamento** desenhado de raiz para servir o negócio, isto é, o cliente. Dentro deste departamento, existiriam as diferentes competências para constituir uma equipa de gestão de cliente, ajustada cliente a cliente.

Por exemplo, se a **informação, o conhecimento e a produção de inteligência** sobre o cliente servem de base à criação de uma vantagem competitiva, qual é a lógica de os sistemas de informação não serem geridos por quem gere o cliente? Em várias empresas de topo, os sistemas de informação estão sob a tutela de marketing ou da área de *customer experience*.

Se a co-criação de valor é o mote essencial da *customer centricity*, faz sentido ter uma área de **produção desligada** do cliente e longe daquilo de que o cliente precisa? Em várias empresas de topo, a produção integra equipas de gestão de cliente e participa activamente no desenho da oferta do cliente.

Assumindo que a **rentabilidade** por cliente é um indicador-chave num negócio *customer centric* e que a gestão de preço migra para uma lógica de **preços dinâmicos**, em que cada oferta em cada transacção pode ter um preço diferente[155], faz algum sentido ter uma área financeira separada da área de gestão de clientes? Claro que não. A competência financeira no acompanhamento da rentabilidade dos clientes é essencial à boa gestão do cliente,[156] na formulação dos preços cliente a cliente, transacção a transacção, que traduzam a conversão do valor co-criado junto do cliente em retorno para a empresa, o que só pode ser feito correctamente se a equipa de gestão de clientes tiver uma forte competência financeira.

Da mesma forma, a gestão de clientes envolve diversidade e um conjunto de ***soft skills*** que nunca foram exigidos no passado. A dinâmica de equipas, *coaching*, diferentes necessidades de formação, motivação, incentivos e de relacionamento são uma constante, e por isso não faz nenhum sentido que a gestão de pessoas esteja fora da gestão de clientes.

Em suma, a Figura 70 apresenta uma visão mais geral da estrutura.

155 O racional dos preços dinâmicos é intuitivo e implica que o preço varia transacção a transacção, consoante o valor co-criado. Num mundo B2C já acontece há muito. Qual é o preço de uma viagem entre o Porto e Londres? Depende (hora, dia, altura do ano, antecedência de compra...). Estamos perante uma situação clara de dinamismo de preços. Em B2B acontece frequentemente. Imagine uma empresa que fornece um serviço de manutenção a um cliente que tem um corpo de manutenção interno. Agora, imagine-se que esse corpo de manutenção interno fica mais reduzido com a saída de algumas pessoas; aumenta a importância do serviço externo, o valor criado e, por conseguinte, o preço.

156 Basta imaginar o preenchimento de uma *spreadsheet* de um CLV para concluir a necessidade das competências financeiras na equipa de gestão de clientes.

FIGURA 70 **Estrutura organizacional de vendas *customer centric***

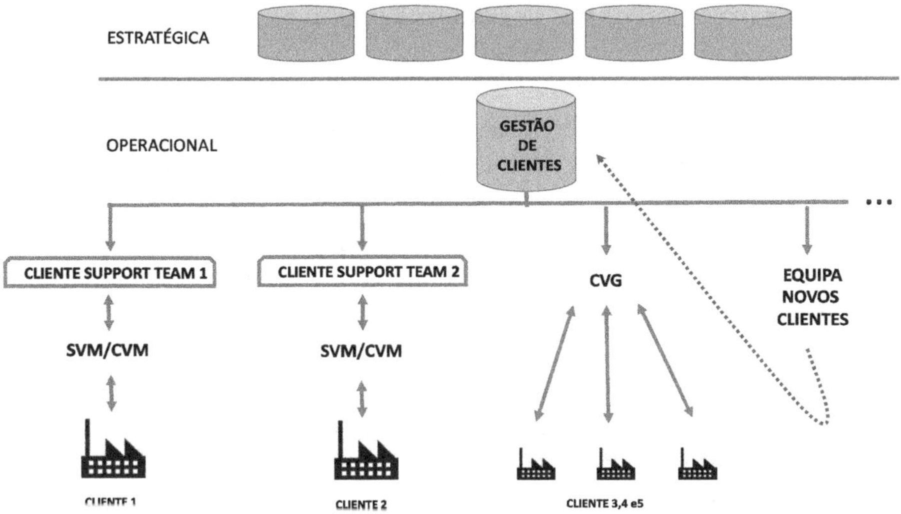

Uma empresa teria, então, uma organização com **áreas estratégicas** (departamentos) separadas e um **único departamento operacional**, que poderia ser designado como gestão de clientes ou *customer experience*.

Do ponto de vista **estratégico**, existiria uma diferenciação entre aquilo que são áreas de gestão para definir os «grandes» objectivos e as «grandes» políticas da empresa. De seguida, são apresentados alguns exemplos de questões estratégicas:

- O desenho de identidade de marca
- A política de sustentabilidade na produção (processos, materiais...)
- A remuneração dos accionistas
- A política geral de gestão de pessoas de não discriminação
- A definição de política de parcerias

Na **componente operacional**, para além do que já foi referido, este departamento de gestão de clientes (ou *customer experience*) teria nos **CVM** e nos **SVM** os elementos de topo, **verdadeiros gestores de negócio**, sendo a interface entre a empresa e os clientes.

A sua função seria gerir a *customer experience* em toda a sua dimensão e definiria as competências necessárias e a constituição da ***Customer Support Team*** (CST), que seria fluido cliente a cliente e mesmo em momentos diferentes para o mesmo cliente.

O CST participaria na gestão relacional, nas etapas de detecção de oportunidade de co-criação de valor, *customer success* e processo negocial, coordenados pelos CVM e SVM.

O CVG gere mais clientes e, na consecução dos seus objectivos, contaria também com o apoio das diferentes competências existentes no departamento.

Existiria também uma **equipa de novos clientes**, constituída pelas pessoas com função de angariação de novos clientes e a sua «entrega» aos gestores de clientes (CVG, CVM e SVM). Os gestores de clientes, sobretudo o CVG, também fariam a angariação de novos clientes sempre que existisse essa oportunidade ao longo das suas funções principais.

As formas organizacionais e os demais processos de adaptação à mudança variam de acordo com os negócios, os sectores, as culturas organizacionais e outros; **não existe uma poção mágica**, uma receita universal de sucesso.

O que deve existir, na **boa gestão,** é uma compreensão do ecossistema, das tendências evolutivas e da visão de como se faz e fará o negócio num futuro próximo, para preparar a resposta da empresa ao contexto de negócio, e de uma forma melhor do que os seus concorrentes.

Não há dúvida de que conceitos como **valor** (utilidade, benefício), ***customer centricity*, co-criação e *value-in-use* (evoluindo para *value-in-context*), interacção, ecossistema de vendas**, ***marketing relationship*, *customer experience*** e ***customer journey*** vieram para ficar e para moldar os negócios.

O importante é a empresa compreender que o processo de mudança deve merecer uma **profunda reflexão**. A mudança não é uma **escolha**, a forma de **responder** a ela, sim. Entender que nem tudo o que se apresenta como **novo** se aplica ao negócio e à empresa; é importante seleccionar dentro do «menu» de novidades aquilo que seja mais adequado à situação.

Algumas mudanças podem ser mais **rápidas**, enquanto outras devem ser introduzidas **gradualmente**. Deve **manter-se o que de bom** a empresa sabe fazer[157] e introduzir, testar e avaliar as mudanças. Esta é a arte de gerir!

As vendas são inerentes ao negócio, por isso, enquanto houver **negócio, há vendas**. O que é certo é que os processos de vendas **continuarão a mudar**, as métricas de vendas **evoluirão**, as pessoas deverão adquirir

[157] Obviamente, **nem tudo o que é novo é melhor** e deve ser aplicado cegamente **nem tudo o que vem do passado está errado.**

novas competências e a estrutura organizacional será cada vez mais **flexível** e capacitadora de respostas mais rápidas.

Este livro apresentou fundamentação teórica, conceitos, princípios, evidências, *frameworks*, práticas e métricas que desafiam os administradores, gestores, vendedores e alunos das áreas de gestão a repensar e redefinir, de uma forma contínua, os processos de vendas, a sua estrutura e gestão, para que as organizações, proactivamente, mantenham a sua competitividade nos negócios.

Da mesma forma que a mudança é inevitável, o surgimento de **oportunidades** também o é. Os desafios estão aí. **A aceitação dos desafios pertence a cada um**.

No início do livro, dirijo-me a si na primeira pessoa e volto a fazê-lo para agradecer a confiança ao longo da nossa conversa. Tudo na vida é mudança e melhoria. Por isso, gostaria muito de ouvir de si sugestões, dúvidas, exemplos, o que teve mais utilidade, para si, neste livro, para que, numa versão futura, este seja cada vez melhor. Agradeço a sua confiança e a sua co-criação. Desejo-lhe tudo de bom, boas vendas e muito sucesso profissional. Até breve.